U0947069

9 月 10 日，北京交通大学举办建校 120 周年庆祝大会

校党委书记曹国永主持	校长宁滨讲话
教师代表传递象征交大精神的火炬给青年学子	五所交通大学共同发布《交通大学北京宣言》

9月8日，北京交通大学与科技日报联合举办“轨道交通创新发展与‘一带一路’战略论坛”

9月9日北京交通大学举办“2016全球大学校长高峰论坛”

9月11日，北京交通大学举办第九届中国交通高层论坛

4 月 18 日，十二届全国人大常委会副委员长严隽琪出席交通大学美洲校友总会校友返校座谈会，为 120 周年校庆纪念石揭幕

9 月 1—4 日学校举办交通大学 120 周年校庆两岸五校羽毛球交流赛

9 月 7—11 日，北京交通大学举办庆祝建校 120 周年主题晚会

8月31日，中共中央政治局委员、北京市委书记郭金龙来校进行专题调研

11月24日，教育部党组书记、部长陈宝生来校调研考察

9月2日，交通运输部党组书记、部长杨传堂来校调研指导工作

4 月 28 日，学校党委召开北京交通大学“两学一做”学习教育动员部署大会

9 月 11 日，北京交通大学兰卡斯特大学学院揭牌仪式暨 2016 级新生开学典礼在威海校区举行

6 月 29 日，北京交通大学“十三五”发展规划（2016—2020 年）正式印发实施

1 月 11 日，北京交通大学通信工程、车辆工程 2 个专业接受工程专业认证考查和《华盛顿协议》专家观摩

编号：2016B01033

国家国际科技合作基地
认定证书

根据《国家国际科技合作基地管理办法》的相关条件与要求，同意认定“轨道交通控制与安全国际联合研究中心”为国家国际科技合作基地（国家级国际联合研究中心类）。

中华人民共和国科学技术部
2016 年 11 月 29 日

12 月 16 日，由北京交通大学牵头的“轨道交通控制与安全国际联合研究中心”正式获批建立

1 月 26 日，北京交通大学经济管理虚拟仿真实验教学中心入选国家级虚拟仿真实验教学中心

9 月 24 日，北京交通大学承办第三届北京市大学生创新创业教育成果展

12 月 25 日，北京交通大学师生赴燕房线参观体验全自动化运行地铁

10 月 28—30 日，学生艺术团排演大型声乐套曲《长征组歌》，纪念长征胜利 80 周年

7月3日，刘延东副总理为北京交通大学与莫斯科国立交通大学、圣彼得堡国立交通大学联合成立的中俄高铁研究中心揭牌

8月1日，北京交通大学牵头成立的“中国－东盟轨道交通教育培训联盟”揭牌

7月14日，北京交通大学承办的2016年秘鲁、巴西等国两洋铁路建设研修班开班

北京交通大学年鉴

2016

《北京交通大学年鉴》编委会　编

北京交通大学出版社
·北京·

图书在版编目（CIP）数据

北京交通大学年鉴. 2016 /《北京交通大学年鉴》编委会编. —北京：北京交通大学出版社，2018. 11

ISBN 978-7-5121-3773-8

Ⅰ. ①北…　Ⅱ. ①北…　Ⅲ. ①北京交通大学-2016-年鉴　Ⅳ. ①G649. 281-54

中国版本图书馆 CIP 数据核字（2018）第 252252 号

北京交通大学年鉴 · 2016

BEIJING JIAOTONG DAXUE NIANJIAN · 2016

责任编辑：赵彩云

出版发行：北京交通大学出版社　　电话：010-51686414　　http：//www. bjtup. com. cn

地　　址：北京市海淀区高梁桥斜街 44 号　　邮编：100044

印 刷 者：艺堂印刷（天津）有限公司

经　　销：全国新华书店

开　　本：185 mm×260 mm　　印张：26. 25　　字数：668 千字　　彩插：8

版　　次：2018 年 11 月第 1 版　　2018 年 11 月第 1 次印刷

书　　号：ISBN 978-7-5121-3773-8/G · 1824

定　　价：200. 00 元

本书如有质量问题，请向北京交通大学出版社质监组反映。对您的意见和批评，我们表示欢迎和感谢。

投诉电话：010-51686043，51686008；传真：010-62225406；E-mail：press@bjtu. edu. cn。

《北京交通大学年鉴》编委会

《北京交通大学年鉴·2016》

主要撰稿人名单

（以姓氏笔画排序）

王子君　王顺淞　王铁江　王瑞霞　王德芳　邓少亭　申屠利条
史　越　邢朝晖　曲　斌　曲立忠　任一豪　刘　洵　刘冬薇
刘自尊　许　娟　孙　鹏　孙全学　李　京　李　蓉　沙　迪
迟琳琳　陈　尘　陈　伶　陈　博　陈志新　武慧姣　范　磊
竺超今　岳　冶　周　婉　郑　超　郑冰然　房国彦　赵　冉
赵　樱　胡　滢　咸晓红　侯育栋　贾长忠　贾卓生　原思成
晏　曦　徐　梁　翁良姝　栾国翠　高　杰　高爱军　黄　微
董丽敏　温俊英　蔡　雪　潘　悦

编 辑 说 明

《北京交通大学年鉴》起编于 1998—1999 卷，2006 卷开始公开出版发行，是综合性资料工具书，是系统记录学校年度改革发展情况的史料文献。

《北京交通大学年鉴 · 2016》以条目和文章为基本载体，以条目为主。卷首设彩色插图、学校简介、特载、组织机构；其后采取分类编纂的方法，设栏目/篇目/条目三级结构层次，分 12 个栏目反映 2016 年度学校各项事业发展情况；卷末有大事记、附录和索引。

《北京交通大学年鉴 · 2016》选题范围为 2016 年 1 月 1 日至 2016 年 12 月 31 日间的学校重大事件、重要活动及各领域改革发展成果与创新性工作，部分内容依实际情况向前略有回溯。

本年鉴收录的文章、条目、表格均由学校各单位主要撰稿人组织编写和提供，并经本单位主管领导审核确认。统计数据由学校相关部门审定提供。彩色图片由党委宣传部等提供。

《北京交通大学年鉴 · 2016》由北京交通大学年鉴编委会主持编纂，学校档案馆承担年鉴的策划、组稿、编校、统稿等具体工作。

年鉴的编纂工作得到学校各级领导的支持以及全校各单位的大力协助，在此编辑部表示诚挚的感谢。年鉴内容涉及面广、加之编者水平所限，年鉴中存在的不足和疏漏敬请读者批评指正。

目　录

学校简介

特　载

组织机构

党群与思想政治工作

人才培养

学科、科研与社会服务

教职工队伍建设与管理

发展规划与战略研究

国际交流合作与港澳台工作

国有资产管理

办学条件保障

学院工作

威 海 校 区

首都大学生思想政治教育研究中心

独立学院

学校大事记

附录

索引

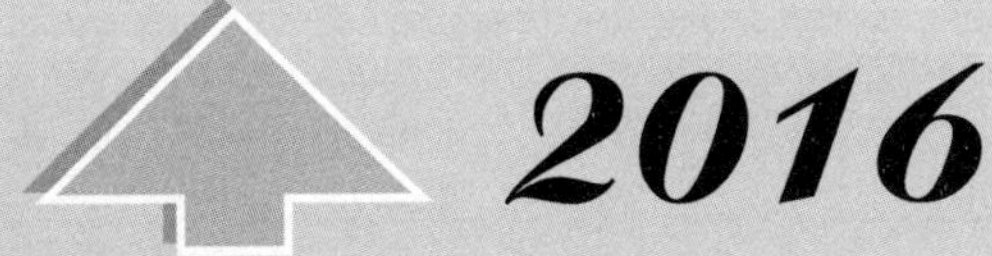

学校简介

学 校 简 介

北京交通大学是教育部直属，教育部、中国铁路总公司、北京市人民政府共建的全国重点大学，是国家“211 工程”“985 工程优势学科创新平台”项目建设高校和具有研究生院的全国首批博士、硕士学位授予高校。学校牵头的“2011 计划”“轨道交通安全协同创新中心”是国家首批 14 个认定的协同创新中心之一。2016 年，学校跻身 QS 世界大学排行榜；QS 2016 金砖国家大学排名进入前 60；3 个学科保持 ESI 世界前 1%；4 个学科继续入围 QS 全球学科 400 强；两个专业接受《华盛顿协议》国际专家现场考察，为中国成为协议正式成员国提供重要支撑。在全国第三轮学科评估中，学校系统科学学科排名第一，交通运输工程学科排名第三，信息与通信工程学科排名第八，其中系统科学学科在连续三轮学科评估中均名列全国第一。

北京交通大学作为交通大学的三个源头之一，历史渊源可追溯到 1896 年，前身是清政府创办的北京铁路管理传习所，是中国第一所专门培养管理人才的高等学校，是中国近代铁路管理、电信教育的发祥地。1917 年改组为北京铁路管理学校和北京邮电学校，1921 年与上海工业专门学校、唐山工业专门学校合并组建交通大学。1923 年交通大学改组后，北京分校更名为北京交通大学。1950 年学校定名北方交通大学，毛泽东主席题写校名，著名桥梁专家茅以升任校长。1952 年，北方交通大学撤销，京唐两院独立，学校改称北京铁道学院。1970 年恢复“北方交通大学”校名。2000 年与北京电力高等专科学校合并，由铁道部划转教育部直属管理。2003 年恢复使用“北京交通大学”校名。学校曾培养出中国第一个无线电台创建人刘瀚、中国第一台大马力蒸汽机设计者应尚才、中国第一本铁路运输专著作者金士宣、中国铁路运输经济学科的开创者许靖、中国最早的四大会计师之一杨汝梅，以及中国现代作家、文学评论家、文学史家郑振铎等一大批蜚声中外的杰出人才。“东京审判”担任首席检察官的向哲浚，中国著名的经济学家、人口学家马寅初等都曾在我校任教。2016 年学校 120 周年校庆，国务院副总理刘延东、全国人大常委会副委员长严隽琪，以及郭金龙、王安顺、陈宝生、盛光祖和杨传堂等领导同志以各种形式向学校表示祝贺。

学校始终瞄准科技发展前沿和国家重大战略需求，依托信息、管理和交通科学与技术等优势特色学科，通过智力支持、人才保障和专业服务，全面参与了铁路大提速、青藏铁路建设、大秦铁路重载运输、高速铁路建设和城市轨道交通核心技术自主研发等中国轨道交通发展的重大历史事件，取得了一系列具有完全自主知识产权、处于国际先进水平的一系列原创性重大成果，为服务国家交通、物流、信息、新能源等行业以及北京经济社会发展作出了积极贡献，成为支撑和引领国家、行业和区域科技创新发展的重要力量。学校全面推进实施学校“十三五”规划和《综合改革方案》各项任务，启动“双一流”建设方案编制工作，力争按照“三步走”战略，到本世纪中叶初步建设成为特色鲜明世界一流大学。

学校已形成“一校两区”办学格局。在被称为“学府胜地”的北京市海淀区建有东西两个校区，总面积近 1 000 亩，建筑面积 100 余万平方米。2015 年 9 月，位于山东省威海市的威海校区正式投入使用。学校各校区均具有完善的教学、科研设施，校园环境优美。

历经双甲子发展，学校形成了以信息、管理等学科为优势，以交通科学与技术为特色，工、管、经、理、文、法、哲等多学科协调发展的完备的学科培养体系。学校设有电子信息工程学院、计算机与信息技术学院、经济管理学院、交通运输学院、土木建筑工程学院、机械与电子控制工程学院、电气工程学院、理学院、语言与传播学院、软件学院、马克思主义学院、建筑与艺术学院、法学院、国家保密学院等 14 个学院；设有研究生院以及远程与继续教育学院；与企业合作在河北省黄骅市创办独立学院——北京交通大学海滨学院。学校有交通运输工程、信息与通信工程 2 个一级学科国家重点学科，产业经济学、桥梁与隧道工程 2 个二级学科国家重点学科，包括一级学科所涵盖的二级学科国家重点学科总数达到 8 个；建有博士后科研流动站 15 个；有一级学科博士点 21 个，一级学科硕士点 35 个，有 MBA、工程硕士、会计硕士、法律硕士等 12 类专业学位。

学校把建设高素质的教师队伍作为提高办学实力的关键，大力实施人才强校战略。全校在职教职工 2 959 人，其中专任教师 1 843 人（具有副高级及以上专业技术职务的 1 199 人，具有硕士及以上学历的 1 622 人）。学校有中国科学院院士 4 名，中国工程院院士 8 名，国家级教学名师 5 人，国务院学位委员会学科评议组成员 6 人，“973”首席科学家 4 人，国家“千人计划”入选者 9 人，国家“万人计划”入选者 6 人，在聘“长江学者”特聘教授和讲座教授 9 人，百千万人才工程国家级人选 11 人，国家杰出青年基金获得者 9 人，优秀青年基金获得者 12 人，享受政府特殊津贴专家 161 人。

学校始终把人才培养作为办学的根本任务，素质教育成绩斐然。办学 120 年，向国家输送了大量人才。学校 1997 年、2006 年参加全国本科教学工作水平评估均获得优秀。学校有在校本科生 14 253 人，博士研究生 2 773 人，硕士研究生 7 909 人，在职专业学位研究生 6 353 人，成人学生 7 810 人，长期外国留学生累计在校 1 779 人。

近三届教学成果奖评选中，获国家级特等奖 1 项、一等奖 3 项、二等奖 12 项，北京市级特等奖 1 项、一等奖 27 项、二等奖 29 项。近 5 年来获批国家教育体制改革试点项目 3 项，国家教育体制改革试点学院 1 个；8 个专业进入国家卓越工程师教育培养计划，获批国家级专业综合改革试点专业 7 个；获评“十二五”国家级实验教学示范中心 2 个、国家级虚拟仿真实验教学中心 3 个、国家级大学生校外实践基地 3 个、国家级工程实践教育中心 7 个、北京市级实验教学示范中心 1 个、北京市示范性校内创新实践基地 3 个；建有国家级教师教学发展示范中心；获批 6 门国家级“精品视频公开课”，25 门“精品资源共享课”立项项目课程，“十二五”普通高等教育本科国家级规划教材 34 种 42 册。通过设立理科试验班（思源班）、基础学科拔尖人才试点班（知行班）、海外项目经理班、轨道交通试点班、本硕（博）连读班、詹天佑班、茅以升班、国际班等多样化人才培养模式，加强了拔尖创新人才的培养。学校生源质量和培养水平逐年提高，就业率稳定在较高水平，本科生、研究生就业率在 98%以上，本科生深造率超过 50%，学校获评教育部全国首批创新创业典型经验高校和北京市创新创业教育改革示范高校。学生艺术团在全国和首都历次高校比赛中取得优异成绩，获全国第一、二、三、四届大学生艺术展演器乐组一等奖，并多次赴海外及台湾地区演出。北京交通大学学生排演的大学生版《长征组歌》在人民大会堂和国安剧院演出，在社会上引起强烈反响，原创话剧《茅以升》成功入选“共和国的脊梁——科学大师名校宣传工程”，在校内外演出多场，赢得社会各界广泛好评。高水平运动队在国家级及以上各类比赛中获得冠军 118 项（次），其中羽毛球队在世界大学生羽毛球比赛等国内外重大赛事中获得冠军 85 项。

学校把加强科技创新作为发展的战略重点，不断提升社会服务能力。《城市交通管理理论与方法》获批创新研究群体科学基金项目。首个国家级国际科技合作基地“轨道交通控制与安全”国际联合研究中心正式获批成立。“数字媒体信息处理创新团队”获科技部批复。学校拥有省部级及以上科研平台（自然科学类）49 个，包括国家重点实验室 1 个，国家工程研究中心 1 个，国家工程实验室 6 个（其中 5 个参与），国家能源研发中心 1 个，国家国际科技合作基地 1 个，国家认可实验室 4 个，国家大学科技园 1 个，教育部重点实验室/工程研究中心 9 个，北京实验室 1 个，北京市重点实验室/工程技术研究中心 17 个，交通运输行业重点实验室 1 个，其他省部级科研平台 5 个。近 5 年，学校承担了“973”计划、“863”计划等国家科技计划项目，国家社会科学基金重大项目，国家自然科学基金以及有关部委的各类科研课题 1 万余项，科研经费 37.8 亿元；发表 SCIE 检索论文 3 647 篇、EI 检索论文 6 037 篇、ISTP 检索论文 2 229 篇；申请专利 2 135 项，获授权专利 1 410 项。创立学术交流品牌并连续主办 2 届（累计 9 届）“中国交通高层论坛”和 32 场“交大大讲堂”，主办和承办高水平国际学术会议 38 场。获得国家级奖励 12 项，省部级科技奖励 156 项，其中主持完成项目获国家科技进步奖二等奖 1 项和国家技术发明奖二等奖 2 项。主持完成的 8 项人文社会科学研究成果获高等学校科学研究优秀成果奖（人文社会科学）。拥有教学、科研仪器设备资产 11.65 亿元；图书馆纸本藏书、电子图书、网络资源等总量 884 万册，建有交通运输特色数据库。

学校把加强合作交流作为提高办学水平的重要途径，国内外影响力不断提升。与美、英、德、法等 38 个国家的 205 所大学及著名跨国企业建立了合作关系。在比利时鲁汶、美国休斯敦和巴西坎皮纳斯办有孔子学院，积极传播中国文化。2016 年，学校主办了“2016 全球大学校长高峰论坛”“中俄高铁研究中心揭牌仪式暨中俄高铁发展圆桌会议”“中国–东盟轨道交通教育培训论坛暨成果展”等多个高级别人文交流活动，邀请并接待了来自美国、英国、法国、俄罗斯、泰国、越南等国家和地区的高校、企业以及相关国家驻华大使馆五百多名嘉宾参加相关活动。7 月，作为中俄人文合作委员会第十七次会议期间领导人高访配套活动之一，国务院副总理刘延东专程前往圣彼得堡，为北京交通大学牵头成立的中俄高铁研究中心揭牌并发表讲话；8 月，刘延东和 4 位东盟副总理级政要共同为北京交通大学牵头成立的中国–东盟轨道交通教育培训联盟揭牌，并在参观成果展时对学校工作给予高度肯定。承办铁路信号工程师学会年会、第四届铁道工程关键技术国际学术会议等多个大型学术国际会议。每两年举办“国际文化节”，促进中外学术文化交流。申报的“汉能新能源学院”入选“高校国际化示范学院推进计划”。学校外专引智经费逐年上涨，有长期外籍专家 18 人，其中国家“外专千人计划”专家 3 人；有中外合作办学项目 6 个、涉外办学机构 2 个，开展本科、研究生层次学位教育，提升学校国际化办学水平。充分发挥校友会、基金会、董事会的作用，深化“政产学研用”协同创新，在海内外成立地方校友会 48 个，吸纳董事单位 81 家，与交通、物流、信息、能源等行业企业及地方政府等单位建立战略合作关系，在人才培养、科研合作等领域开展长期、广泛的合作。

“饮水思源，爱国荣校”。有着 120 年辉煌历史的北京交通大学，秉承“知行”校训，肩负新的使命，以更加开拓进取的精神向着特色鲜明世界一流大学的目标迈进。

2016

特　　载

曹国永书记在学校2016年年度工作会议上的讲话

（2016年3月10日）

老师们、同学们、同志们：

今天会议的主要任务是部署学校“十三五”和今年重点工作。下面，我代表学校党委讲几点意见：

一、主要工作回顾

2015年，学校领导班子认真贯彻执行党的路线方针政策以及中央和上级党组织各项决策部署，坚持党的教育方针和党委领导下的校长负责制。一年来，学校领导班子抓住“一带一路”、京津冀协同发展、高速铁路和城市轨道交通发展以及全面深化高等教育综合改革等重大机遇，坚持抓方向、谋发展、议大事、求实效，团结带领全校师生员工，重点围绕深化综合改革、依法治校、从严治党，协调有序推进各项工作，学校事业发展继续保持良好态势，综合实力和办学水平得到进一步提升。主要体现在以下几个方面：

（一）加强党的领导，落实全面从严治党责任

一是加强党的领导和领导班子队伍建设。坚持党要管党、从严治党，全面加强党对学校工作的领导。认真学习贯彻习近平总书记系列重要讲话精神和中央一系列重要文件，强化思想武装。认真贯彻中央印发的党委领导下的校长负责制实施意见，修订全委会和常委会会议制度，完善议事规则和决策程序。制定校领导年度调研方案，以问题为导向，加强调查研究。坚持正确用人导向，做好干部选任、调整和“一报告两评议”工作。完成干部教育培训、人事档案专项审核、个人有关事项报告抽查核实等相关工作。组织开展针对干部违规办理和持有因私出国（境）证件、处级及以上干部在企业兼职、领导干部参加社会化培训、违规设置院（部、处）长助理等情况的专项检查和整治工作。

二是加强宣传思想政治工作。注重提高师生思想政治教育的针对性和实效性，努力构建全员全过程全方位育人格局。出台了学校推进思想政治理论课建设工作方案，加强马克思主义理论学科与思政课建设。通过新生入学教育、毕业生主题教育、主题团日、节日庆典等形式，不断深化中国特色社会主义和中国梦学习宣传教育。推进“青年马克思主义者培养工程”，深入开展学生骨干集中培训。深入推进“五星文明宿舍”创建，获第四届首都大学生思想政治教育工作实效奖特等奖。组织开展“部长进校园”活动以及多种形式的教职工政治理论学习，举办第三期青年教师暑期学校。进一步加强和改进辅导员队伍建设。加强网络思想政治教育，完善网络思想政治教育平台建设。

三是加强意识形态工作和安全稳定工作。出台《意识形态阵地管理办法》，进一步明确阵地管理责任分工，对学校意识形态工作开展专项摸底和调研。完善维稳工作机制，坚持安稳会商制度，加强隐患排查和研判预判，提高应急处置能力。严格执行保密管理制度，依托国家保密教育实训平台对涉密人员进行培训考核。深入推进平安校园建设，切实维护学校安全稳定。

四是加强基层党组织建设。推进基层服务型党组织建设，严格组织生活制度，强化党组织作用。召开学校党建工作研讨会，聚焦党风廉政建设、意识形态工作和教师思想政治工作。开展全校基层党建工作的述职评议考核。积极稳妥推进党内民主建设，落实党代会代表任期制和提案制。全面推进学生党员先锋工程，完善校、院、支部三级教育培训体系。开展大学生思想入党专题研究，对党员发展工作进行全面检查和问题整改，进一步提高党员发展质量。

五是开展“三严三实”专题教育。按照中央及教育部统一部署，制定了专题教育实施方案。学校领导班子成员坚持以上率下，认真学习研讨，带头讲党课。在深入学习研讨的基础上，通过多种渠道和方式征求师生意见建议。召开校领导班子“三严三实”专题民主生活会，深入查摆“不严不实”问题。制定了校领导班子民主生活会整改方案，确定了 25 项整改措施，明确了责任校领导、责任部门和完成时限。

六是加强党风廉政建设。进一步落实中央八项规定精神，减少问题存量、遏制问题增量。制定了一系列厉行节约，反对浪费，加强管理的制度和办法。配合上级部门开展了国内公务接待、MBA 教育等专项检查，对检查中发现的问题及时进行了核查和整改，并对相关责任人进行了严肃问责。贯彻落实教育部党组违反中央八项规定典型案例通报视频会议精神，在全校范围内针对干部管理、津补贴发放、财务管理、办公用房、物资设备采购、科研经费管理、基建及修缮项目管理、违规办班等开展了全面核查，对发现的问题进一步进行整改。

七是加强统战、工会、共青团和离退休工作。加强党外代表人士队伍建设，积极为统战人士建言献策以及参与学校民主管理、民主监督创造条件。进一步加强教代会工作，推进学校民主管理。继续推进二级工会职工小家实体化建设。加强共青团工作，服务学生成长成才。认真落实老同志政治、生活待遇，支持关工委、老教授协会、老年大学开展工作。开展纪念抗日战争胜利 70 周年慰问抗战老战士、老同志活动。做好特困人员帮扶工作。

（二）统筹推进学校改革发展

一是完成“十三五”规划编制。制定了学校“十三五”发展规划，经广泛征求意见，目前已经党委全委会审议通过。

二是稳步推进综合改革。研究制定了学校综合改革方案以及落实推进计划。推进大类招生及培养改革，努力提高生源质量和人才培养质量，今年 9 月将在本科新生中开始实施。依托威海校区探索一校两区，一校两制的管理体制和办学模式。主动服务国家高铁“走出去”战略，建立了“中俄交通学院”，中俄、中英高铁研究中心和中美国际合作联合实验室等机构，探索跨境办学和合作科研。调研并确定机关机构改革方案，理顺内部关系。研究探索新建住宅使用改革方案。

三是贯彻落实大学章程。学校章程已经教育部核准，自去年 6 月正式发布、生效。学校将学习宣传贯彻落实章程作为当前及今后一个时期的一项重要工作，积极推进依法治校进程。制定了贯彻落实章程的工作方案，开展了校内规章制度的“立改废”工作。新修定的《学术委员会章程》已经党委常委会原则通过，即将颁布实施。

四是正式启用威海校区。威海校区于去年 4 月获教育部正式批复，9 月份迎来了首批 116 名新生。校区占地 1 000 余亩，总建筑面积 22.6 万平方米，一期工程已经完成，二期工程部分项目已开工建设。目前正在积极推进“北京交大－兰卡斯特大学学院”中英合作办学机构审批，力争今年全面招生。

（三）全面提升学校办学水平

一是人才培养质量进一步提高。积极适应高考招生制度改革、教育专业认证等新形势，推进本科人才培养方案改革，开展“3+1+2”产学联合人才培养试点、双学位教育试点及本科教学审核评估试点工作。制定大类招生改革及推进方案，探索人才选拔的综合评价体系。调整博士生导师遴选及招生年度审核政策，完善研究生奖助学金评选体系。启动研究生课程质量认证体系建设，推进“科教融合”实验室建设。成立创新创业教育中心和创业指导中心，多举措支持学生创业项目落地。出台本科生综合素质培养与认定实施方案，完善学生荣誉体系，引导学生多元发展。深化科学道德和学风建设，注重学生心理健康教育，做好家庭经济困难学生帮扶、资助与教育工作。学生艺术团积极开展国际、校际文化交流，话剧《茅以升》排演再获成功，影响进一步扩大。创新开展群众性体育活动，着力提高学生身体素质，学校高水平运动队取得优异成绩。

二是学科建设与科学研究水平明显提升。继续实施学科推进计划，积极准备第四轮学科评估。制定学位授权点自我评估工作方案，对 4 个学位授权点进行自我评估。网络空间安全成为一级学科博士学位授权点，我校一级学科博士点增加到 21 个。6 位教授被聘为国务院学科评议组成员。2011 协同创新中心通过教育部中期检查，安评中心可研方案评审工作基本完成。3 个国家工程实验室通过第一轮专家评审和第二轮实验室评估。建成国家保密教育实训基地并已承担中央和国家机关以及北京市共计 3 万多人的培训任务。完善科研项目与经费管理制度，修订科技奖励政策，积极组织各类成果推广活动，促进成果转化。2015 年新增省部级平台 3 个，新增科研项目 2 113 项，合同经费 6.42 亿元。新增主持“863”计划课题 1 项，获批国家自然科学基金项目 132 项、国家社科基金项目 9 项。获得省部级及以上科技奖励 33 项。

三是国际化进程加快。学校将 2015 年确定为“国际化建设年”，首次在全校层面研究部署国际化战略。一年来，学校在跨境办学、合作科研、专业培训、师资建设、人文交流等方面取得重要进展。在国际化人才培养方面，与俄罗斯圣彼得堡交通大学共建中俄交通学院，与英国兰卡斯特大学共建的“北京交大－兰卡斯特大学学院”正在积极筹备，“汉能新能源学院”正式入选国家“高校国际化示范学院推进计划”。对接国家高铁“走出去”战略，积极开展涉外培训，为泰国、印度等国举办多期铁路高层管理人员研修班。与巴西坎皮纳斯大学合作设立的孔子学院揭牌。在国际学术交流及合作科研方面，通过举办“中俄交通大学校长论坛”、“交通运输研究国际学术会议”和组建“中俄交通大学校长联盟”、学校国际咨询委员会等，形成了比较广泛的国际影响力。“中俄高铁研究中心”“中英高铁研究中心”“中美高速铁路安全运营与服役国际联合实验室”已分别纳入中俄、中英、中美三大人文交流机制成果。在师资队伍建设方面，从师资结构国际化和师资水平国际化两个方面着手，做好人才引进与培育工作。获批外专引智项目 82 项，1 个创新引智基地获“111 计划”立项，1 人正式入选“外专千人计划”。在全年补充师资中，具有海外经历的占 41.9%。

四是人才队伍建设稳步推进。以构筑重点学科、优势学科、新兴交叉学科人才高原和人才高峰为主要任务，加大高层次人才引进力度。以提高师资队伍国际化水平为重点，加大师资补充力度。完成第二批校内人才计划遴选。人才引育工作初见成效，国家各项人才工程申报人数和质量有所提高。入选“千人计划”、国家杰出青年科学基金等各类国家高层次人才项目 5 人，入选青年千人、优青等各类国家青年人才项目 5 人。5 人获国务院政府特殊津贴，1 人获宝钢优秀教师特等奖。进一步完善管理队伍建设，探索以职业化、专业化为导向的职员制度改革。修订实验技术系列晋升申报条件，更加尊重岗位特点及差异，鼓励立足岗位发挥特长。

五是管理和服务保障能力进一步提升。学校住宅改造一期工程主体结构完工，配租方案正在制定中，计划今年完成配租工作。海淀校区综合体育馆项目进展顺利，威海校区教师公寓建设已列入计划。提高教职工交通费和午餐费标准，提高离退休人员基本离退休费。加强“智慧后勤”和节约型校园建设，探索后勤设施在学生实践教学中的育人作用。积极发挥校友会作用，推进校友工作参与人才培养全过程。启动学校 120 周年校庆筹备工作。全年筹集资金 4 748 万元，签署合作协议 17 份。此外，学校的财务工作、信息化工作以及校医院、图书馆、档案馆、出版社等部门工作，都取得了良好成绩，为学校建设做出了重要贡献。

学校 2015 年工作为“十二五”划上了圆满的句号。五年来，全校师生员工戮力前行，基本实现了“十二五”规划确定的主要发展目标。办学定位更加明确。2012 年 4 月，学校第十次党代会准确把握高等教育发展趋势，科学谋划学校未来发展，确定了“到本世纪中叶，把北京交通大学初步建设成为特色鲜明世界一流大学”的奋斗目标和“三步走”战略。教育质量稳步提高。7 个专业获批国家专业综合改革试点专业，8 个专业获批国家卓越工程师教育培养计划试点专业，8 个专业通过国家级专业认证（评估）；获得国家教学成果奖 2 项，研究生教育成果奖 1 项；入选全国优秀博士学位论文 2 篇、提名 5 篇。学科建设和科研水平显著提升。5 个一级学科进入全国前 20%；系统科学在连续三轮学科评估中均为全国第 1。3 个学科进入 ESI 排名前 1%；6 个学科曾进入 QS 世界顶尖学科 400 强。我校牵头建设的“轨道交通安全协同创新中心”成为国家首批认定的 14 家“2011 协同创新中心”之一；2 个主持项目获国家技术发明奖二等奖，1 个主持项目获国家自然科学奖二等奖，1 个主持项目获国家科技进步奖二等奖。开放办学持续推进。新增 5 个中外合作办学项目，与 38 个国家和地区的 205 所高等院校和科研院所建立了合作关系；每年有 1 000 余人次学生赴境外联合培养、访学和攻读学位；目前在校学习的国际学生达到 1 766 人。建设国家轨道交通安全评估研究中心、国家轨道交通技术教育与服务中心，为支撑共建“一带一路”、高铁“走出去”等战略的实施以及区域、行业发展发挥了重要作用。办学保障条件明显改善。数字化校园硬件基础设施全面升级，建成高性能计算平台和云服务器平台；威海校区完成一期建设，新增用地 1 000 余亩，首批学生已入学；全校开竣工 37.68 万平方米，在一定程度上改善了师生学习、工作生活条件和科研环境；教职工收入逐年增长。校院两级筹资体系不断完善，基金会共筹资 6.73 亿元。教育改革有序开展。完成 3 项国家教育体制改革项目，推进试点学院改革；学校综合改革方案获得批复；坚持依法治校，《北京交通大学章程》经教育部核准发布，现代大学制度不断完善。党的领导和党的建设全面加强。认真贯彻落实党委领导下的校长负责制，以党的群众路线教育实践活动和“三严三实”专题教育为契机，加强了党员干部作风建设，夯实基层党组织建设，积极探索新形势下加强教职工和学生思想政治教育工作的新方法新途径，安全稳定工作取得新实效，统战工作创新发展，党建和思想政治工作取得了系列重要成果。

二、以新的发展理念为引领，提升办学水平

党的十八届五中全会提出了创新、协调、绿色、开放、共享五大发展理念，对党和国家事业发展具有重要的指导意义，也为高等教育的改革发展和我校创建特色鲜明世界一流大学进一步指明了前进方向。去年下半年，国务院印发了《统筹推进世界一流大学和一流学科建设总体方案》，明确了建设一流师资队伍、培养拔尖创新人才、提升科学研究水平、传承创新优秀文化、着力推进成果转化等 5 方面建设任务，以及加强党对高校的领导、加快完善内部治理结构、加快实现关键环节突破、加快构建社会参与机制、加快推进国际交流合作等 5 方面改革任务。2016 年全国教育工作会议强调：世界一流大学和一流学科建设，要坚持继承和创新相结合，坚持发展方向，改进实施方式。高校要以学科为基础，强化已有优势，自主确定建设目标，避免平均用力。政府要强化绩效评价，根据高校办学目标实现程度，对支持力度动态调整，有多有少，避免只增不减。要形成开放机制，对支持的学科适时调整，有进有出，避免身份固化。

“双一流”建设方案是继“211 工程”“985 工程”之后，国家在高等教育领域推出的又一重大举措，也是当前和今后一个时期高等教育发展改革的行动纲领。“双一流”建设对我校来说既是巨大挑战，更是重大发展机遇。我们能否在新一轮建设和发展中抓住机遇、赢得先机，事关学校的发展和未来。我校第十次党代会确定的建设特色鲜明世界一流大学的奋斗目标和“三步走”发展战略符合国家“双一流”建设的总体方案，大方向和总体思路以及时间节点与国家的总体要求是一致的，关键是看我们能否统一思想，能否明确重点，能否确定一个好的方案和目标。创建特色鲜明世界一流大学，推进“双一流”建设，必须创新发展理念，以“五大发展理念”引领学校事业改革发展，提升学校整体办学水平。

（一）坚持创新发展

要主动服务和融入国家发展战略，把创新摆在学校发展全局的重要位置，坚持在创新中求发展，形成由创新驱动引领学校发展的新生态。一是加强人才培养创新。坚持立德树人，以学生成长成才为中心，深化教育教学改革，创新人才培养机制，进一步完善“四个一体化”的联动机制，全面提高人才培养质量。二是加强科技创新。健全科技创新支撑和保障机制，加强科技创新服务和管理体系建设，对接国家创新驱动发展战略布局，加强高水平创新平台建设，产出一批高水平研究成果。三是加强协同创新。瞄准国家重大需求，深化体制机制改革，加强校校协同、校企协同、学科协同和国际协同，加强协同创新中心建设，探索适应不同需求的协同创新模式，不断提升服务国家、区域、行业发展的实际能

力。四是加强管理创新。以学校章程为统领，以推进学校综合改革为抓手，进一步完善现代大学制度，推进学校治理体系和治理能力的现代化。加强信息化建设，提升信息服务水平，推进数字化校园向智慧型校园转型。

（二）坚持协调发展

要正确处理发展中的重大关系，增强发展的整体性和协调性。一是协调学科之间的发展关系。适应经济社会发展新常态，加强顶层设计，调整和优化学科布局，提升学科建设整体水平，促进部分优势特色学科冲击世界一流水平。二是协调教学与科研的关系。加强教师教学能力建设，鼓励和支持教育教学改革，完善教学评价和考核机制。推进以学科建设为载体的教学与科研交叉融合，实现二者良性互动、协同发展。三是协调本科教育与研究生教育培养的关系。统筹本科与研究生教育教学，推进本硕博课程一体化建设，贯通式安排本硕博课程学习与科研训练。四是协调事业发展与条件保障的关系。全面深化综合改革，激发学校发展动力和活力。统筹“一校多区”发展模式，继续拓展办学空间。加强后勤服务和平安校园建设，为学校改革发展稳定提供坚实的条件保障。

（三）坚持绿色发展

要树立可持续发展理念，注重内涵式发展。加强学风和师德师风建设，营造良好的学术生态环境。要加强师生绿色教育，倡导绿色生活方式，建设绿色校园。全面节约和高效利用资源，推进节约型校园建设，进一步完善节能监管平台，确保完成国家及北京市下达的减排指标。

（四）坚持开放发展

要主动对接国家“一带一路”和高铁“走出去”战略，全面实施国际化战略，在跨境办学、合作科研、专业培训、人文交流等方面取得新突破。对接一流大学和一流学科建设，重点加强优势特色学科与世界高水平大学的深入交流与合作，进一步提升我校的国际化办学水平，扩大国际影响力。要加强学校与社会和企业的深度有效合作，不断拓展办学资源。

（五）坚持共享发展

注重供给侧改革，提供优质教育供给。充分运用现代信息手段推进课程、师资等优质教育资源共享。加大各类优质教育资源向学生开放力度。加大对青年教师的关心支持，为他们的成长和发展提供更多机会。要主动关注家庭经济困难等特殊学生群体的发展，完善困难教职工帮扶机制，做好离退休老同志服务工作。改善师生员工学习工作和生活条件，稳步提高教职工收入水平，让全校师生员工共享改革发展成果。

总之，面对新形势新任务，我们要坚持新理念，引领新发展，主动服务和融入国家发展战略，加快推进综合改革，完善机制体制，提升办学水平，为建设特色鲜明世界一流大学和冲击“双一流”提供坚实基础和可靠保障。

三、“十三五”主要任务和2016年重点工作

（一）关于“十三五”主要任务

3月3日，学校“十三五”规划已经党委全委会审议通过。“十三五”规划的制定，历时2年，集中了全校师生员工的智慧，是指导学校未来发展的纲领性文件。规划系统总结了“十二五”发展情况，分析了学校发展面临的机遇与挑战，紧密对接国家重大战略以及“双一流”建设，提出了学校未来五年改革与发展的指导思想、主要原则、目标定位、主要任务以及支撑保障。“十三五”期间，学校要围绕建设特色鲜明世界一流大学的远景目标和建成国内一流、国际知名研究型大学的第一步发展目标，遵循教育规律，以立德树人为根本任务，以提高质量的内涵式发展为主线，以全面深化综合改革为突破，以推进依法治校、全面从严治党为保障，以助力创新驱动、“一带一路”、“京津冀协同发展”等国家战略、服务首都“四个中心”建设和高铁“走出去”、轨道交通大发展为导向，着力提升学校的人才培养质量和学术声誉，为实现“中国梦”和“两个一百年”的奋斗目标做出应有贡献。

“十三五”期间，学校发展的主要原则是“四个坚持”，即：坚持内涵发展，围绕一流目标，提升办学质量；坚持服务导向，聚焦国家战略，增强核心能力；坚持依法治校，深化综合改革，促进科学发展；坚持党的领导，全面从严治党，凝聚发展合力。

依据第十次党代会确立的“三步走”战略的第一步，学校确定了“十三五”的总体目标，即：到2020年，把北京交通大学建设成为以信息、管理等学科为优势，以交通科学与技术为特色，多学科协调发展的国内一流、国际知名研究型大学，为建设特色鲜明世界一流大学奠定坚实基础。“十三五”规划确定了“123”目标，即：1个重点突破，2个显著提高，3个明显提升。1个重点突破就是实现学科建设水平的重点突破，当前国家确定了“双一流”建设战略，学校要围绕主干学科，强化办学特色，建设若干一流学科，部分优势特色学科率先冲击世界一流水平，在高层次人才、团队、高水平项目、平台、成果等方面取得重大进展。人才培养和科学研究是高等教育的两大核心职能，要确保人才培养质量和学术影响力两个方面实现显著提高。大学治理能力、办学条件、党的建设是学校改革发展的重要保障，要实现这3方面的明显提升。

为确保上述目标的实现，学校“十三五”规划提出了8大主要任务和4方面的支撑保障。主要任务包括学科建设、人才培养、队伍建设、科学研究、社会服务、国际化、文化建设、党建思政等8个方面，支撑保障部分涉及体制机制、信息服务、资源配置、校园建设等4个方面，“十三五”规划明确了未来5年这些工作的目标、思路、体系、机制、制度、改革重点、重大举措。

下一步要狠抓“十三五”规划的落实。2016年是“十三五”的开局年，从今年开始，“十三五”规划的核心内容将分年度纳入学校的重点工作。学校将制定规划推进计划，按照总体指标、中期指标和年度指标任务进行细化分解。各部处和学院要根据总体规划，结合“双一流”方案的制定以及第4轮学科评估，修改完善专项规划和学院规划。干部换届工作结束后，将与学院（单位、部处、团队、个人）签订目标责任书，强化规划任务完成情况的督查考评，作为各级领导班子及干部考核聘用的重要依据。

（二）关于 2016 年重点工作

2016 年是学校“十三五”开局之年，是深化综合改革攻坚之年，也是落实全面从严治党的重要一年，做好全年工作对实现“三步走”战略第一步发展目标具有十分重要的意义。2016 年学校工作的总体要求是：深入学习贯彻党的十八大和十八届三中、四中、五中全会精神以及习近平总书记系列重要讲话精神，贯彻落实“四个全面”战略布局，牢固树立创新、协调、绿色、开放、共享的发展理念，统筹谋划，攻坚克难，狠抓落实，为学校“十三五”开好局、起好步，加快特色鲜明世界一流大学建设步伐。

1. 抓好顶层设计，优化学校总体战略布局

一是制定并实施学校“十三五”规划。总结“十二五”规划完成情况，完成“十三五”规划以及总体指标、中期指标和年度指标任务的分解，强化规划任务完成情况的督查考评。

二是编制并启动“双一流”建设规划。对接国家建设世界一流大学和一流学科规划以及学校“三步走”发展战略，统筹资源，明确方向，制定“双一流”建设规划，全面推进我校一流大学和一流学科建设。做好第四轮学科评估组织工作。

三是推进实施学校综合改革方案。制定综合改革分年度推进计划，明确目标任务、责任人及时间表，及时研究新情况、新问题，确保各项改革协调有序推进。推进学校机构改革，完善学校机关机构设置和校院两级管理机制。

四是贯彻落实《北京交通大学章程》。全面推进现代大学制度建设，完善内部治理结构，落实学校《学术委员会章程》，加快学校规章制度“立改废”，建立系统完备、科学规范、运行有效的制度体系。

2. 做好战略性基础性工作，全面提升办学质量

第一，在提高人才培养质量方面。

一是探索实施大类招生与培养改革。落实《大类招生改革及推进方案》，实施以学院为招生单位的大类招生方案，进一步探索教育教学模式改革。加强教学内涵建设，继续推进学院本科教学审核评估。

二是继续推进人才培养四个一体化改革。深化本研协同，加强本科生和研究生课程建设，完善本科生研究生授课体系及相关政策。完善招生宣传等制度政策，扩大优秀生源选拔渠道，切实提高本科生和研究生生源质量。修订学生管理规定及配套制度规范。探索大类招生后学生综合素质提升的新模式，完善并实施学生综合素质培养与评价体系。

三是深入推进创新创业与就业工作。出台学校创新创业工作配套制度，完善学生创新创业教育体系，实现创新教育、创业实践和自主创业一体化建设。开展毕业生精准就业服务，提升毕业生就业质量。

第二，在加强平台和科技工作方面。

一是加强高水平创新平台建设。建设好已有国家级平台，着力推进轨道交通国家实验室筹建工作。做好中俄、中英高铁研究中心和中美高速铁路安全运营服役国际联合实验室的建设工作，推动实质性国际科技合作。推进我校中国特色新型高校智库建设。

二是提高服务国家战略能力。对接国家重大战略和重点行业需求，组织培育重大项目、重大成果。多渠道参与国家重点研发计划任务，做好“先进轨道交通”国家重点研发

项目的申报组织工作。召开学校科技工作会议，积极适应国家科技体制改革，完善相关科技政策，提升学校科技创新能力。

第三，在改革人才工作体制机制方面。

一是加大优秀人才引育力度。做好“十三五”期间岗位资源配置及优秀人才引育的布局，将引育任务和目标分解到学院、学科、责任教授，纳入年度考核重点指标。

二是实施职员制和教师分类管理改革。出台并实施加强管理队伍建设的相关文件，拓展职员职业发展通道，构建“职级+职务”双通道晋升机制。以 1 个学院或 1 个一级学科为试点，实施分类设岗、分类聘任、分类评价、分类激励为重点的人事制度改革，探索构建与世界一流大学相适应的教师队伍建设制度体系。

第四，在提升国际化水平方面。

一是提高国际交流合作水平。推进国际化年确定各项工作的落实，进一步完善国际化战略布局，拓展与非洲和东南亚国家的交流与合作。组织召开第八届信息与通信领域大学校长论坛等高水平国际学术会议。推进双向留学工作，加大在校生出国（境）留学及交流比例，提高来校留学生培养质量和层次，留学生规模力争达到 2 000 人，学位生占比 60%。扩大“111”引智基地等外专高水平项目，加大外籍教师引进力度。

二是增强国际合作办学能力。做好“北京交通大学兰卡斯特大学学院”申报工作，确保年内招生。进一步推进中俄交通学院和汉能新能源学院建设工作。做好高铁“走出去”相关国家外方人员培训工作，确保商务部援外培训基地竞标成功。

3. 推动重点专项工作实施，实现关键环节实质性突破

一是做好 120 周年校庆工作。精心组织校庆系列活动，突出学术特色，与其他 4 所交大合力打造“交通大学国家名片”。努力完成校庆筹资任务。集中推出一批校园文化研究成果，正式出版《北京交通大学志》。

二是统筹推进一校多区建设。积极争取有关方面支持，拓展学校发展新空间，全力推进新校区筹建工作。积极推动“两个中心”建设，力争国家轨道交通安全评估研究中心尽快获得可研报告批复，推进国家轨道交通技术教育与服务中心的报批工作。力争海淀校区新体育馆开工建设。全面启动威海校区二期工程建设。

三是完成新建住房建设和配租工作。完成新建住房工程竣工验收。出台新建住房配租实施办法并完成配租相关工作。完善并实施《周转房（床）使用机制改革实施办法（试行）》。

四是推进“学校信息化年”各项建设任务。成立学校大数据中心，建立信息资源统筹与共享机制。加强全校范围的网上办公系统建设，启动网络课程平台建设，提高教学、科研、管理、服务和文化建设的网络化、数字化和智能化水平。

4. 加强党的领导，为学校改革发展稳定提供坚强保障

一是加强党的领导，落实全面从严治党。坚持党委领导下的校长负责制，落实党建工作责任制。出台并落实党风廉政建设“两个责任”实施办法。落实《北京交通大学领导班子“三严三实”专题民主生活会整改方案》和学校《贯彻落实教育部党组违反中央八项规定典型案例通报视频会议精神工作方案》。进一步贯彻执行中央八项规定精神，坚决纠正“四风”。创新并强化基层党组织建设，提高党员发展质量，严格党员和干部教育与管理。在全体党员中深入开展“学党章党规、学系列讲话，做合格党员”学习教育。

二是完成中层干部换届工作。进一步完善干部培养选拔任用考核机制，制定学校贯彻落实《党政领导干部选拔任用工作条例》的实施办法，完善有关规章制度，加强干部教育、管理与监督。

三是加强意识形态和思想政治工作。健全意识形态工作机制，制定校院两级党委意识形态工作责任制具体实施办法，加强意识形态阵地管理。研究出台学校加强和改进新形势下宣传思想工作的实施意见，构建宣传思想工作大格局。大力培育和践行社会主义核心价值观，创新师生思想政治教育载体和方式，并形成长效机制。全面贯彻落实《中国共产党统一战线工作条例（试行）》，形成大统战格局。推进“平安校园”提升工程建设，维护校园安全稳定。

四、加强党的领导，狠抓工作落实

一分部署，九分落实。学校“十三五”、2016 年的重点工作任务已经确定，下一步关键是抓好落实，要着力抓好三方面工作：

（一）加强党的领导

落实好“十三五”规划和年度重点工作，关键在加强党的领导。一要充分发挥学校党委的领导核心作用。全面贯彻落实党的教育方针，坚持社会主义办学方向，坚持党委领导下的校长负责制。二要充分发挥基层党组织的战斗堡垒作用。今年学校将组织开展全校基层党建工作的述职评议考核，推进二级党组织书记党建工作责任制的落实。我们要通过抓党建促发展，进一步强化战斗堡垒作用的发挥，推动各项重点工作任务的完成。三要充分发挥党员的先锋模范作用。按照中央统一部署，在全体党员中开展“学党章党规、学系列讲话，做合格党员”学习教育。这是面向全体党员深化党内教育的重要实践，是中央推动党内教育从“关键少数”向广大党员拓展、从集中性教育向经常性教育延伸的重要举措。广大党员要通过“两学一做”学习教育进一步增强政治意识、大局意识、核心意识、看齐意识，在各自的工作岗位上发挥好先锋模范作用，确保 “十三五”规划和年度重点工作的落实。

（二）加强干部队伍建设

政治路线确定后，干部就是决定因素。“十三五”规划和年度工作大政方针已定，蓝图已经绘就，如何将蓝图变成现实，关键靠干部。对干部最重要最基本的要求就是 6 个字，忠诚、干净、担当。忠诚是指理想信念坚定，对党忠诚。干净是指干干净净做事、干干净净做人，严格要求自己、家属和身边工作人员，在党风廉政建设方面切实履行一岗双责。担当是指有干事创业的担当精神，想干事、能干事、敢担当、善作为。各级党组织要激发和保护干部干事创业的积极性、主动性和创造性。我们要通过干部换届，把忠诚干净担当的干部选拔进领导班子，并通过加强干部队伍建设，进一步提高干部队伍的素质和能力。一要选优配强各级领导班子，提高班子战斗力。要选优配强“一把手”，把最优秀最适合的干部选配到重要岗位上来。要优化领导班子知识结构、能力结构、年龄结构，要特别重视年轻干部的选拔培养。二要加强干部培训和培养工作，提高干部实际工作能力。要继续加大干部的教育培训力度，全面提升各级各类干部能力素质。要加大干部交流力度，进一步完善党政之间、校院之间的干部交流制度。三要强化干部管理，要坚持从严管理干部，营造良好的政治生态和干事创业的工作氛围。干部工作当前的重点是做好中层干部换届工作，今天会后将进行专题部署，提出明确工作要求。

（三）加强作风建设

整体而言校院两级机关的工作作风近年来有明显改善。但是，在敬业精神、责任意识和法治观念特别是精神状态方面仍存在一些不容忽视的问题。另外，违反中央八项规定精神的问题也时有发生。因此必须大力加强干部的作风建设。一要倡导领导干部带头讲学习，重点要学习习近平总书记系列重要讲话精神和党章党规，加强理论武装。二要倡导加强调查研究，敢于坚持实事求是，敢于直面问题、解决问题。三要倡导强化责任担当，敢于迎难而上、敢于开拓创新、敢于真抓实干。四要倡导依法廉洁用权。抓好制度建设和制度落实，形成用制度管权管人管事和廉洁从政的良好氛围。

同志们，“十三五”时期是我国全面建成小康社会、实现第一个百年奋斗目标的决胜阶段。让我们团结一心，锐意进取，以持之以恒、锲而不舍的态度和踏石有印、抓铁有痕的精神，认真贯彻落实中央的战略部署和各项要求，扎实做好今年各项重点工作，为“十三五”开好局起好步，为实现建设特色鲜明世界一流大学“三步走”战略第一步发展目标奠定坚实的基础，开辟北京交通大学更加美好的未来！

宁滨校长在学校2016年年度工作会议上的讲话

（2016年3月10日）

老师们、同学们、同志们：

国永同志回顾了学校2015年工作取得的成绩，全面阐述了如何以党的十八届五中全会提出的创新、协调、绿色、开放、共享五大发展理念为引领，提升学校办学水平，系统解读了“十三五”的主要任务和2016年的重点工作，并就如何落实2016年的工作提出了“坚持‘三个加强’”的明确要求。国永同志的讲话对于做好学校各项工作，推动学校事业长远发展具有重要指导意义，请同志们认真思考领会，深入讨论，全面贯彻落实。下面，就做好2016年的工作，我再提几点要求：

一、坚定信心、抢抓机遇，推动各项顶层设计工作有效落实

2016年是学校“十三五”规划的开局之年，学校“三步走”战略的“第一步”将进入冲刺阶段，与此同时，学校发展的内外环境不断变化，特别是国家“四个全面”战略的实施和“双一流”建设方案的提出，带来了关乎我校未来发展的历史性机遇，也对我们工作能力与水平提出了重大考验。我们要通过科学的顶层设计，找准下一阶段工作的着力点，通过切实有效的措施，确保各项顶层设计的落实，把学校工作推上一个新的高度。

在顶层设计的落实上，2016年要高度重视以下几项工作。一是“十三五”规划的实施。当前，学校“十三五”规划的制定工作已基本完成，接下来就是要将“十三五”规划涉及的各类指标任务进行分解，落实到学院、部处和学科，同时强化督查考评，确保规划完成情况可检验。二是“双一流”建设方案的编制和启动。要对接学校“三步走”战略，明确目标，使“双一流”方案成为引领我校一流大学和一流学科建设的“纲”。今年我们将面临第四轮学科评估，这次评估结果必将成为国家实施“双一流”方案的重要依据，我们必须全力以赴做好相关组织工作，力争取得最好成绩。必须强有力地执行我校既定的“学科建设推进计划”，全方位集中资源建设好特色、优势学科和新兴交叉学科。三是综合改革方案的进一步推进。要制定分年度推进计划，明确目标任务、责任人及时间表，通过推进机构改革完善学校管理服务机构设置和校院两级管理机制。四是《北京交通大学章程》的贯彻落实。落实《学术委员会章程》，完善和规范各类学术组织运行规则与监督机制，加快规章制度“立改废”，全面推进现代大学制度建设。

二、开拓进取、求真务实，推动各项基础工作稳步提升

在制定2016年重点工作时，为了突出重点，一些常规工作我们没有提及，但这并不意

味着常规工作不重要。常规工作是学校生存发展的基础，形势越严峻、任务越艰巨，这些基础性的工作越是不能懈怠，否则，我们的顶层设计就成了空中楼阁，重大专项工作就成了无本之木。近年来，学校各方面的发展呈现持续向好的态势，正是得益于我们团结一致，在“抓质量、上水平”这条主线上持续着力。2016 年，我们要继续大力推进人才培养、科学研究、队伍建设、国际交流合作等各个领域的工作，锐意进取、真抓实干，确保学校办学实力和社会影响力不断提升。

在人才培养方面，要实施好大类招生方案，进一步探索相应的教育教学模式改革，加强教学内涵建设。要大力推进创新创业与就业工作，继续深化“四个一体化”建设，进一步提升生源质量，全方位提升学生综合素质。在科学研究方面，要进一步加强高水平创新平台建设，着力推进轨道交通国家实验室筹建和中俄、中英高铁研究中心及中美高铁联合实验室的建设工作，积极适应国家科技体制改革，提升学校科技创新能力，对接国家重大战略和重点行业需求，组织培育重大项目、重大成果，建设高水平智库及“一带一路”对应的国别研究等战略研究。在队伍建设方面，要紧密围绕学科建设需要，加大优秀人才引育力度，合理分解引育任务目标并纳入年度考核，实施职员制和教师分类管理改革，探索构建与世界一流大学相适应的教师队伍和职员队伍建设制度体系。在国际交流合作方面，要大力推进国际化建设年各项成果的落实，在完善国际化战略布局的基础上，围绕重点特色学科建设，开展国际交流合作，在留学生工作、国际科研合作、引智工作方面迈开新的步伐。要加快推动北京交通大学兰卡斯特大学学院的申报以及中俄交通学院、汉能新能源学院的建设工作，做好高铁“走出去”相关培训工作。

三、凝聚共识、协力攻坚，推动各项专项工作顺利实施

2016 年，我们将迎来交通大学 120 周年校庆。我们要抓住这个机遇，与其他四所交大合力打造“交通大学国家名片”。在组织开展校庆活动的过程中，我们一是要注重校际交流，通过校庆学习其他四所交大的优点与长处；二是要突出学术特色，在相关活动组织和成果凝练中融合学术性与文化性；三是要做好相应筹资工作；四是要充分调动师生积极性。

2016 年，我们还要进一步统筹推进一校多区建设。虽然当前因为国家政策的变化，我们的平谷新校区建设遇到了挫折，但是学校班子始终没有放弃拓展学校发展空间的努力。2016 年，我们将继续积极争取有关方面支持，全力推进新校区筹建工作。与此同时，我们还要积极推动“两个中心”落地建设，力争海淀校区新体育馆开工建设，全面启动威海校区二期工程建设。

当前，教职工住宅建设工程已近尾声，相关配租实施办法正在制订之中。教职工新建住宅的配租是关系教职员工切身利益的大事，我们一是要按期完成教职工住宅工程竣工验收；二是要出台配租实施办法并完成配租相关工作，最大限度保障教职员工利益；三是推进学校周转房（床）使用机制改革。

2016 年将作为学校的“信息化建设年”，我们要全面推进校园信息化建设。包括推进网上办公系统建设，成立学校大数据分析中心，建立信息资源统筹与共享机制，全面提高各项工作的信息化水平，使我校的信息化建设有效服务于我校的“双一流”建设目标，有关部门要做好学校信息化建设年的总体设计，明确学校信息化建设年的年度目标和总体目

标，使我校信息化建设实现可持续发展。

四、明确责任、严格要求，推动党建工作不断加强和完善

建设世界一流大学离不开党的坚强领导，在国务院颁布的“双一流”建设方案中，“加强和改进党的领导”是重要改革内容之一。2016 年，各级党委要紧紧围绕深入学习宣传贯彻党的十八届三中、四中、五中全会精神和习近平总书记系列讲话精神，全面领会、深刻理解并严格落实到各项工作中，通过加强党的领导，为学校改革发展提供强大动力和坚强保障。

我们要进一步坚持和完善党委领导下的校长负责制。扎实开展党风廉政建设，全面落实党风廉政建设主体责任和监督责任，加强重点领域和关键环节的监督检查。要抓好“三严三实”活动的整改落实，严格党员和干部教育与管理，进一步贯彻执行中央八项规定精神，坚决纠正“四风”。要在党委领导下，在全体党员中，做好“学党章党规、学系列讲话、做合格党员”学习教育。要进一步完善干部培养选拔任用机制，完成中层干部换届工作。要健全意识形态工作机制，加强意识形态阵地管理，切实维护校园安全稳定。要构建宣传思想工作大格局，大力开展社会主义核心价值观教育并将其融入教书育人全过程。

老师们、同志们、同学们， 2016 年，我们面临着前所未有的严峻形势和艰巨任务，面临着内外环境变化所带来的重大机遇与挑战。我们必须统一思想、坚定信心、迎难而上、勇于担当。让我们牢固树立大局意识与忧患意识，以高度的责任感和使命感，团结一致、奋力拼搏，不断开创我校特色鲜明世界一流大学建设的新局面！

曹国永书记在学校 2016 年暑期工作会议上的讲话

（2016 年 9 月 2 日）

同志们：

今年的暑期工作会议是在重要时刻召开的一次重要会议。一方面，我们即将举行 120 周年校庆庆典，学校历史将翻开崭新的一页；另一方面，我们正处于研究制定“双一流”方案的关键时期，教育部即将颁布“双一流”实施细则，我校“双一流”建设的方向和领域将进一步明确。今年会议聚焦学科建设和信息化建设两个主题符合学校实际，其中学科建设是“双一流”建设的基础与核心；信息化建设是“双一流”建设的重要支撑和保障。上午，宁滨同志作了重要讲话，守光同志、祖俊同志分别作了专题报告，都讲得很好。下午，大会安排了分组讨论和大会交流，四个学院和部门负责同志的发言也讲得很好，体现了对学科建设和信息化建设的深入思考与积极探索。下面，我再讲几点意见。

一、认清形势，增强机遇意识和危机意识

从学校发展的角度看，我们今天又站在了一个新的十字路口。回顾历史，211 工程和 985 工程的先后实施，拉开了高校间的距离，我校首批进入 211 工程，但没能进入 985 工程，这对学校过去一个时期的发展产生了较大的影响。能否进入“双一流”，是我校当前面临的一个严峻挑战。现在，接力棒传到我们手里，学校领导班子和各位老师都感觉压力很大。但总的来看，学校的发展态势是好的，机遇与挑战并存，机遇大于挑战。

从国家和宏观层面看，近期有几件大事与学校工作关系密切。

一是今年 8 月，中央召开推进“一带一路”建设工作座谈会。习近平总书记出席会议并发表重要讲话，为“一带一路”建设进一步指明了方向。“一带一路”战略实施的重点是“五通”，即政策沟通、设施联通、贸易畅通、资金融通、民心相通。其中，“设施联通”主要靠交通，“民心相通”主要靠教育，我校处在交通与教育的交汇点、结合点上，地位特殊、大有可为。近年来，我校立足优势特色，在服务国家“一带一路”建设上有所作为，包括在跨境办学方面建立了中俄交通学院和北京交大兰卡斯特大学学院，在合作科研方面建立了 3 个高铁研究中心等研究机构，在特色培训方面进行了一万多人次的中外培训。下一步，我们一方面要进一步落实已经开展的工作；另一方面还要进一步思考如何为“一带一路”建设提供更好的人才和智力支撑。

二是全面实施创新驱动战略和全国科技创新大会的召开。习近平总书记号召建设世界科技强国，发展科学技术新的春天即将到来，这对高等学校、科研院所、骨干企业提出了明确的要求。我校的科学研究等工作应当密切追踪国家科技工作的政策变化，调整思路、

深入研究、积极行动，努力实现两个转变，即从行业中的“追赶者”“并跑者”向“领跑者”转变，从国内首创向国际首创转变。

三是今年 3 月，中央颁布了《关于深化人才发展体制机制改革的意见》。高校是培育人才的摇篮，是做好人才工作的主阵地，文件的出台为高校当前和今后一段时期人才工作明确了方向、提供了依据，也有利于高校完善人才评价机制、人才引育机制，进一步激发人才创新创业创造活力。学校、学院以及责任教授都应结合中央的要求和学校的实际，认真思考谋划，理清人才引育和学校教学、科研等基础性工作之间的关系，注重人才引育的实效性和人才潜质的挖掘。

四是今年 6 月，国务院常务会议审议通过《中长期铁路网规划》。该规划第一次在铁路规划中，明确提出了建设“八纵八横”的“高速铁路网”，同时规划了“普速铁路网”，两张网相互衔接，形成中国铁路布局的整体网络。我校作为行业领军院校，如何发挥特色优势为这个规划提供智力和人才支撑，如何将自身工作与行业战略规划对接，都值得认真研究。

五是去年底，根据中央的统一部署，国务院印发了《统筹推进世界一流大学和一流学科建设总体方案》。今年 4 月 15 日，李克强总理在北京大学主持召开高等教育改革创新座谈会并指出，推进“双一流”建设，可以考虑重点放在一流学科上，精准施策、精准支持；并表示国家初步考虑支持 100 个一流学科建设，不仅给予一定的资金支持，而且给予政策支持和改革空间。当前，学校上下及广大校友都对“双一流”建设高度关注，10 月份教育部将颁布方案的实施细则，我们如何把基础工作做好，把规划做好，这是当前工作的重中之重。

总的来看，“十二五”期间我们取得了一系列重要成果，学校发展呈现良好的态势，现在又迎来了新的战略机遇期。但我们也要清醒地看到，目前我校的发展，特别是从上一轮学科评估的情况看，主要存在人才、成果、国际化这三大短板，虽然在我们工作和努力下，有的短板有了比较明显的改观，但三大短板仍然存在，要彻底改变这种状况需要全校同志长期不懈的共同努力。

同时，我校工作在文化方面也存在两个问题。一是执行力不强；二是能突击、打硬仗，基础性工作不扎实，与当前新形势新任务新要求不相适应。全校同志要高度重视这两个问题，逐步改变这种文化现象。

二、突出重点，大力推进“双一流”建设

建设“双一流”，核心是突出重点，“建什么、怎么建”，需要统一思想认识。在突出重点的过程中，要特别注意处理好以下五方面关系。

（一）统筹好学校总体发展战略、发展目标与“双一流”建设的关系

我校第十次党代会确定的建设特色鲜明世界一流大学的奋斗目标和“三步走”发展战略符合国家“双一流”建设的总体方案，总体思路以及时间节点与国家的总体要求是一致的。下一步，关键是看我们能否统一思想、确定一个好的重点建设方案。

在“双一流”建设方案制定中，一方面要处理好“双一流”建设方案与学校办学目标和“三步走”战略之间的关系。我们要坚持建设特色鲜明世界一流大学的奋斗目标不动

摇，坚持“三步走”的工作方针和基本内容不动摇，按照“优势学科发展壮大，特色学科与时俱进，新兴交叉学科异峰突起，基础学科重点突破，哲学社会科学学科蓬勃发展”的指导思想来规划和发展。另一方面要坚持科学民主决策。科学决策就是要力求决策正确，使我们确定的重点切合学校实际和事物发展的客观规律；民主决策就是要体现大多数人的意志，并且符合大学章程等制度性规定确定的决策程序。制定“双一流”方案的过程是一个统一思想认识、明确重点的过程，不光在学校层面，全校都要坚持科学民主决策。

（二）统筹好重点建设学科和其他学科建设的关系

重点建设学科和其他基础学科总体上看应该是“高峰”和“高原”的关系。在“双一流”建设中，一方面要突出重点，集中力量建设若干处于国内前列、在国际同类学科中居于一定优势地位的学科，使部分优势特色学科率先冲击世界一流水平，进而带动学校整体步入世界一流大学行列。另一方面也要积极推进其他基础学科的建设发展，以“高原”孕育“高峰”，及时建立动态调整机构，适时淘汰绩效差的重点建设学科，适时补充建设成果好的其他基础学科为重点建设学科。

在学科建设中，既要重视评估和学校排名，也要保持对自身发展目标的“定力”，特别是要保持自身特色，不能简单地迎合。

（三）统筹好学校和学院、学科的关系

“双一流”建设是一项系统工程，需要学校和学院、学科形成工作合力。学校层面上，一是要加强顶层设计；二是要完善包括资源配置在内的各项服务保障；三是要建立公平客观的绩效评价机制和动态调整机制。学院层面上，要主动思考、主动作为，根据一流学科建设方案，结合学院和学科自身情况，做好本学院的学科发展建设规划并抓好落实；责任教授要强化责任，发挥应有作用和示范效应。学科层面上，要积极推进改革，打破学院之间的藩篱，坚持“跨界交叉思维”和“宏观整体思维”，以学科体系为基础在全校范围内统筹和配置资源，提升学科整体实力。

（四）统筹好队伍建设和学校发展的关系

创建“双一流”需要做好各方面的工作，核心是要建设高水平的人才队伍。要把引育并举加强队伍建设作为一项长期的战略性任务来抓，引进不放松，培育更要加强，特别要注重抓好梯队建设，使优秀的人才有用武之地，能够脱颖而出，防止出现“青黄不接”的现象。队伍建设是关系学校长远发展的重大问题，也是各级领导班子、责任教授的最大任务。

（五）统筹好中心工作和服务保障的关系

学校各职能部门，特别是涉及人、财、物的管理部门及后勤集团，一要强化服务意识，把服务中心工作作为最重要的任务，积极主动做好工作。二要转变工作职能，能下放的权力尽量下放，能简化的程序尽量简化，扩大学院办学的自主权。三要转变工作方式，精简文山会海，综合利用信息化手段开展工作，让教师少跑腿，进一步提高工作质量和效率。要以学校“信息化建设年”为契机，加强顶层设计，服务好“一校多区”新格局；要

创新教育内容方式，通过信息化的手段方便教师工作和学生自主学习；要加强智能校园建设和信息工作队伍，注重网络安全，发挥网络空间安全学科和保密学院的重要作用。四是转变工作作风，坚决反对“四风”，严格执行八项规定精神，形成风清气正的校园文化和校园氛围，切实为教学科研等中心工作服好务。

三、全力以赴，扎实做好新学年重点工作

新学年除了推进“双一流”建设等工作外，还要抓好以下几项重点工作与专项工作：

（一）深入开展“两学一做”学习教育

“两学一做”学习教育是今年学校党建工作的重中之重。自今年 4 月学校开展以来，总体情况是好的，但由于受干部换届等因素影响，工作中仍存在一些亟待改进的问题，主要包括思想上重视不够，学做结合不够，党支部的主体作用发挥不够等。在下一步的工作中，要进一步从严从实抓好学习教育的组织实施，确保取得实效。希望学院党委书记、院长和部处主要负责人高度重视、积极参与、率先垂范，做好“规定动作”，做活“自选动作”。

（二）配合做好教育部巡视工作

按照教育部的统一部署，本学期将对我校进行专项巡视。全校上下一是要高度重视，充分认识本次巡视工作的重要性和必要性，认识到这是对我们的一次“全面体检”；二是要积极配合，确保巡视工作顺利进行；三是要从现在开始，进一步开展自查自纠，持续加强整改落实，减少问题存量，遏制问题增量。

（三）继续推进干部队伍建设

中层干部换届工作目前已基本完成，52 名干部提拔任职，23 名干部进行了轮岗交流。此次中层干部换届工作总体比较顺利，为各方面工作的开展提供了组织保证。下一步，一是要认真做好干部换届工作的总结和扫尾工作；二是要加强干部培训，提升干部政治意识、大局意识、核心意识、看齐意识和业务能力；三是要抓好处级后备干部工作，正职的后备干部由学校主抓，副职的后备干部由二级单位配合做好工作；四是出台管理干部职员制办法并付诸实施；五是要坚持从严管理干部，特别是管好关键少数。纪检、组织、人事等部门要形成工作合力。

（四）切实加强威海校区建设

随着“北京交大兰卡斯特大学学院”首批新生入学，2016 年威海校区在校生将达到近 600 人，威海校区的二期工程也已经启动建设。《北京交通大学威海校区运行管理办法》已正式出台，明确了过渡时期管理的基本原则，希望各方面认真做好贯彻落实工作，继续推动威海校区的硬件环境及配套设施建设、运行机制和管理队伍建设、师资队伍建设以及教学管理体系等方面的建设工作。同时要强化威海校区自主发展能力。

（五）认真抓好校庆各项筹备工作

今年海峡两岸五所交大、海内外百万校友联袂庆祝交通大学120周年华诞。全年校庆纪念活动共有三个高潮，第一个高潮在今年4月，上海交大、西安交大和新竹交大举行了校庆系列活动；第二个高潮在今年5月，西南交大举行了校庆系列活动；第三个高潮即将来临，我校将隆重举行校庆系列活动，这是交通大学120周年校庆的收官之战，我们要唱好压轴戏。

迎接校庆，不仅仅在于搞好一系列的庆祝活动，更重要的是凝心聚力，扩大影响，助力特色鲜明世界一流大学建设。当前校庆筹备工作已进入最关键的时期，各项筹备工作总体比较顺利，但在争取各方面支持上任务还很重，希望各部处、各学院高度重视、积极配合、全力以赴、主动作为，对庆祝大会、庆祝晚会、主论坛以及募捐等几项重点任务，进一步加大工作力度。要进一步做好校庆前准备和校庆中的对外联络、组织协调、服务接待等各项工作，确保整个校庆活动取得圆满成功。

同志们，当前学校正站在新的历史起点上，学校的事业发展面临着难得的重大机遇，也面临着巨大的挑战。希望大家发扬敢于担当、追求卓越的精神，坚持建设特色鲜明世界一流大学目标不动摇，坚持推进“双一流”建设工作不懈怠，坚持全面提高办学水平不停步，在迈向新甲子的历史征程中努力开创我校改革发展的新局面。

宁滨校长在学校2016年暑期工作会议上的讲话

（2016年9月2日）

老师们、同志们、同学们：

今年是“十三五”的开局之年，是学校创建“双一流”的关键一年，也是我校欢庆120周年华诞、开启第三个甲子新征程继往开来的一年。今天，我们在这里召开学校暑期工作会议，专题研讨和部署学校学科建设与信息化工作，主要是要统一思想、凝聚共识，明确任务、推进落实，全面提升学科建设和信息化工作水平，加快学校“双一流”建设步伐，为建设特色鲜明世界一流大学打下坚实基础，推动学校发展实现新的跨越。

刚才余校长和孙校长分别就学校的学科建设和信息化工作作了专题报告，希望大家认真思考、深入研讨、抓好落实，下面我主要围绕如何认识“双一流”、怎样建设“双一流”以及推进学校信息化建设这三个问题谈些意见。

一、牢固树立三个意识，深刻认识“双一流”的战略意义与深远影响

《统筹推进世界一流大学和一流学科建设总体方案》是继“211工程”“985工程”之后，国家为提升我国教育发展水平、建设高等教育强国、增强国家核心竞争力做出的重大战略决策，也是当前和今后一段时期高等教育发展改革的行动纲领，将对我国高等教育战略布局带来重大而深远的影响。

“双一流”建设不仅是国家的一个战略，更是学校发展的一个机遇，是我们建设特色鲜明世界一流大学的一个重要抓手。我们能否在新一轮建设和发展中抓住机遇、赢得先机，事关学校的发展和未来，对学校来说具有极端重要的意义。我们首先应该统一思想、转变观念，围绕“北京交大加快创建世界一流大学自身的优势与特色是什么，与世界一流大学和一流学科的差距和不足在哪里”这一核心问题，充分研讨论证，在思想上理念上形成共识，理清楚想明白我们“双一流”的顶层设计和战略规划是什么，学科建设方向和路径是什么，要重点建设什么兼顾什么，要先建什么后建什么，打牢思想基础，凝聚发展合力。

（一）要树立机遇意识

创建世界一流大学和一流学科是与我们国家发展和民族振兴同向同行的过程，只要我国现代化建设和中华民族伟大复兴的进程不可阻挡，只要与我们建设的学科相关的行业领域大发展大繁荣的态势不变，我们加快创建“双一流”就有机遇，发展的空间就是巨大的。在国际高等教育发展史上，抓住国家上升趋势、依托民族崛起的战略机遇，打破常规、实现跨越、跻身一流大学，几乎成为所有世界一流大学发展的规律。

当前，世界范围内新一轮科技革命和产业变革正在酝酿，中国经济社会发展已经进入“新常态”，2020 年将实现全面建成小康社会目标，国家实施创新驱动发展、“一带一路”建设、京津冀协同发展、长江经济带发展等重大战略，推进“新四化”进程，以及高铁“走出去”“中国制造 2025”“互联网+”“大众创业、万众创新”等国家、行业、区域发展重大战略，都为学校加快创建“双一流”提供了重大机遇。

可以说，我们面临的时和势都是前所未有的，加上学校已经过 120 年的积累和沉淀，在优势特色学科方面有了很好的发展基础，使得我们有条件、有能力、也有可能迈出创建世界一流大学和一流学科的更大步伐，实现学校更好更快发展。在这个问题上，我们既不能脱离实际、心浮气躁、急功近利、背离规律，也要避免妄自菲薄、缺乏自信、无所作为、丧失机遇。要深刻认识加快创建“双一流”的可能性和可行性，牢固树立向着更高目标追求的宏伟志向和自信心，本着对交大未来负责的态度，乘势而上、有所作为、不负众望。

（二）要树立危机意识

在看到机遇的同时，我们也要清醒地认识到，我校当前面临的形势还是比较严峻的。自“双一流”建设启动以来，各兄弟院校都在抢抓机遇、积极行动，加强顶层设计和全面研讨，研究制定“双一流”建设方案，出台实施各类学科建设计划，跑步冲击“双一流”。面对激烈的竞争态势，我们不能有任何懈怠，要切实增强危机感、紧迫感，清醒地认识到学校当前发展的现状、面临的形势与处境，客观研判实力，分析短板差距，科学定位、精准施策。

与世界一流大学的标准相比，我们还缺乏有重要国际影响的一流成果，解决国家重大问题、引领技术进步和社会发展的能力有待加强，学术大师和中青年领军人才仍然匮乏，学术声誉、国际影响力与世界一流相比还有较大差距，在制度建设和文化建设方面还有待加强，这些都是我们在即将启动的“双一流”建设中要重点突破的问题。

面临“不进则退、慢近也是退”的严峻形势，我们要树立强烈的危机意识，增强紧迫性和使命感，将推进“双一流”建设作为学校发展的头等大事来抓。要坚持目标导向，既要对标世界一流大学，也要横向看兄弟院校的发展情况，查找我们的差距。一定要选好参照系，确定清晰的目标：学校的目标是什么，各学院的目标是什么、各学科的目标是什么？与目标相比，我们的差距在哪？同时，要坚持问题导向，查清并分析产生差距的根本原因，找出制约发展的关键问题。问题找到了，“双一流”建设的突破口也就找到了，发展路径也就清晰了，我们建设世界一流大学和世界一流学科的信心也就有了。

（三）要树立学科分层建设、重点突破的意识

一所大学的学科情况是其学术能力、办学水平和核心竞争力的重要体现，学科特色是大学最根本的特色。建设世界一流大学，首要的是建设世界一流学科。没有一流学科，一流大学就是无源之水、无本之木。综观当代世界一流大学建设经验，都是精准选择学科突破口，通过率先建设一流学科而闻名于世的。如斯坦福大学在 20 世纪 40 年代明确提出了“学术顶尖”的构想，打破学科均衡发展的传统做法，选择物理、化学、电子工程等学科作为突破口打造全球顶尖学科，成功跻身世界一流大学行列。卡耐基·梅隆大学抓住了计算

机科技发展的历史机遇，以计算机信息领域作为优先发展领域，在计算机、机器人、软件工程等项目研究上相继取得了重大突破，相关领域研究享誉全球，成为学校步入世界一流大学之列的标志。

就我校现状而言，我们要有清醒的认识和定位，在目前面临较为突出的资源约束和瓶颈的情况下，追求大而全的学科门类不现实也不可能，分层建设、扶优扶重、重点突破是我们有效的战略选择。不同学院、学科有自身的历史、传统和发展建设规律，要尊重历史、承认差别、协调发展。要加强对学科的规划和布局，既要借鉴国际高等教育发展的经验教训，遵循高等教育规律，也要充分依托我校的历史传统、办学定位和办学特色，全面分析我们特、优、强领域，集中力量办大事，调整结构、优化配置，重点建设有能力、有特色、能够率先冲击世界一流水平的优势学科以及具有发展潜力的新兴学科，同时鼓励其他有条件的学科后续跟进尽快实现一流，进而带动学校整体步入世界一流行列。

二、突出重点、优化结构，全面推进学校“双一流”建设

“双一流”建设是一个系统工程，涉及学校教学、科研、人才培养、国际交流、社会服务以及实验室建设、信息化建设等方方面面。其中，制定“双一流”方案和落实“十三五”规划是关键，学科建设是龙头，人才培养是核心，师资队伍是基础，科研创新是重要标志，我们要统筹推进、形成合力。

（一）抓好“双一流”建设方案的科学编制工作

推进“双一流”，做好顶层设计和战略规划是关键。下半年学校的一项重中之重的工作就是要完成“双一流”建设方案的科学编制工作，规划好学校“双一流”建设的路线图与时间表，明确分阶段建设目标与任务，并做好责任分解和落实。

1. 在方案制定的大原则上，我们一方面要抓住国家“双一流”建设的重大战略机遇不错失，根据现有的国家政策部署和即将出台的文件精神，做好方案制定；另一方面还要保持战略定力，在推进“双一流”的过程中，坚持“特色鲜明世界一流大学”的奋斗目标不动摇，坚持“三步走”的发展战略不动摇，扎扎实实地把学校各项基础工作做好，夯实打牢发展基础，不断提升质量内涵。

要统筹推进“双一流”建设方案、“十三五”规划和综合改革方案，确保顶层设计的各项战略规划之间相互贯通、相互衔接，“十三五”各专项规划的制定和落实都要紧紧围绕“双一流”建设和学科建设的规划来布局推进。全校上下都应牢固树立整体意识、大局意识和责任意识，各单位、各部门、各学院都要站在全局的高度通盘考虑学校事业发展，不仅要做好自身业务工作，还要明确学校重点工作，将推进自身工作与服务学校重点工作有机联系起来，同心协力一盘棋、全力以赴争一流。

2. 在方案的具体内容上，坚持遵循“尊重历史、面对现状、规划未来、突出重点、优化结构”的原则，按照“分类规划、分层建设”这个大局来进行谋划，进一步强化办学特色，明确学科定位，优化学科总体布局。下一步，学校学科将按照三大类三个层次的梯次结构进行建设，总体分为三大类：即重点学科、支撑学科、基础学科，重点学科是“双一流”建设的排头兵，将优先建设、重点投入、做强做优；支撑学科要突出特色、协同发展；基础学科要加强扶持、打牢根基。重点学科又分为三个层次：第一个层次是全国排名

前 3 或前 10%的冲击世界一流的学科；第二个层次是全国排名前 20%左右的冲击国内一流学科；第三个层次是国际排行榜上有名的重点培育学科。顶层设计明确了，发展路径就清晰了，全校各学科都要对照学校的学科总体布局，找准各自定位、明确发展方向，积聚力量、重点突破、分步推进、整体提升，全力支撑部分重点建设学科分阶段、分批次冲击世界一流行列，为学校建设特色鲜明世界一流大学打下坚实学科基础。同时，我们还要痛下决心，推行学位点的动态调整和淘汰机制，对缺乏良好生源、发展前景不明确、师资队伍建设薄弱的学科，在战略布局上予以调整、转向或淘汰，确保学科专业布局的科学合理。

3. 在方案的制定程序上，建设方案的制定过程也是统一思想、汇聚众智、积聚力量的过程，要严格按照大学章程和规定程序进行，确保学校决策的科学、民主，客观、真实地反映出我们的学科生态和建设规律。

（二）突出“三个着力点”，找准“双一流”建设的突破口

抓好师资队伍建设。师资队伍是我们创建“双一流”的关键和基础，我们要加快建设一支适应一流大学建设需要的教师队伍。一方面继续加大高层次人才的引进力度，面向国内外延揽一批具有国际影响力的学科带头人、科技领军人才、优秀青年骨干人才，把好师资补充入口关；同时，加强在校人才的培养和支持，特别是对有发展潜力的优秀中青年教师的培育。目前，学校开展“双百计划”效果不错，但在优势特色学科方面还做得不够。要发挥好岗位资源、职称评聘在学科建设中的“指挥棒”作用，岗位资源优先向重点学科倾斜，围绕重点学科来设岗。

抓好拔尖创新人才培养。人才培养质量是世界一流大学和一流学科的关键指标。要通过学科建设，进一步带动人才培养水平的提升，把学校一流学科、一流科研、一流成果转化为一流的教学。落实好“十三五”规划人才培养的各项任务，研究制定并分步实施一流人才培养建设方案。继续推进 “四个一体化”工作，做好大类招生后新培养方案的推进落实和修订完善，推进国际专业认证工作，建设好学校已有的中外合作办学项目并积极拓展新的优质项目，提升人才培养国际化水平。

抓好科技创新和成果转化。提升科学研究水平是世界一流大学和一流学科建设的核心任务之一，要对接国家创新驱动战略布局，将解决国家重大问题、引领行业进步与走向国际学术前沿有机结合，做到既“头顶蓝天”又“脚踏实地”。科技处要密切跟踪国家、行业、区域的重大发展战略、科技政策导向和资金投向，做好对接、寻找机遇。学校、学院、责任教授三个层面要协同合作，提前谋划和布局，在“十三五”期间花大力气培育和酝酿一批重大项目、高水平成果和国家级重要奖项。要发挥好基本科研业务费在重大项目培育中的导向作用。以今年下半年召开学校科技工作会为契机，摸清摸透科技工作存在的问题，根据国家科技体制改革和规则变化，调整完善学校相关科技政策。不仅科技管理部门，包括其他职能部处都要做到十六个字“情况要明、规则要懂、思路要清、言行要实”，对自己的家底做到心中有数，弄清国家有哪些规则在变化，我们有怎样的对策，并相应地及时调整学校的计划和政策。

三、推进信息化建设，为“双一流”建设提供有力支撑

信息化是校园基础设施建设的重要方面，是学校“双一流”建设重要的服务、支撑与

保障。当前，信息技术发展日新月异，移动互联网、物联网、云计算、大数据等技术在为教育改革发展注入新活力的同时，对高等教育领域的变革作用也日益显著，特别是MOOC、翻转课程等带来了教育理念、教育方法、学习环境和学习模式的深刻变革，打破了传统教育生态的学习时空、师生角色、教育资源的三重壁垒，使教学方式、管理模式发生了巨大的变化。

近年来，我校在网络基础设施、系统应用、教育教学平台、数据资源等方面开展了积极探索，取得了一定建设成效，提升了学校信息化水平。但是，对于信息化的基础性和革命性作用，我们目前在思想认识上尚需深化，体制机制上尚需创新，信息化工作各主体的责任需要进一步厘清，广大师生和各单位各部门的应用动力有待进一步激发，网络安全意识和防护能力尚需加强。

面临高校信息化工作已进入深化应用、融合创新的发展新阶段，我们要主动适应新趋势新要求，加强顶层设计和统筹规划，将信息化建设作为提升学校办学实力的重要战略，坚持服务学校“双一流”建设、服务教学科研工作、服务管理水平提升的原则，将信息化融入办学全过程，更好地发挥其对学校改革发展的支撑和保障作用。

在“十三五”期间，要不断完善信息平台基础建设，推进数字化校园向智慧型校园转型，重点推进网络基础设施建设、公共信息服务平台建设、教学信息化建设、科研信息化建设、管理和服务信息化建设、大数据中心建设和应用拓展、教育信息化国际交流与合作、信息安全保障体系建设等八项重点任务，使我们的教学更加个性化、科研更加智能化、管理更加精细化、决策更加科学化。

今年，结合学校“信息化建设年”的总体部署，要完成学校信息化建设总体方案制定、推进大数据中心和数据交换中心建设、“一张表”工程建设、推进高速无线网络全覆盖、启动本硕博一体化教学平台建设、建设一站式网上服务平台、构建网络与信息系统安全防护体系等几项重点工作，争取用一年左右的时间，能使我校的信息服务水平和信息化建设水平有显著的提升和改善。

老师们，同志们，“双一流”建设使命崇高、任务艰巨、责任重大。希望大家以此次会议为契机，统一思想、凝聚共识、形成合力，以改革创新的精神，高举一流学科建设的旗帜，统筹布局有序推进、整合资源重点突破，为学校顺利进入国家“双一流”建设序列、开创特色鲜明世界一流大学建设新局面而不懈努力！

宁滨校长在北京交通大学2016年人才培养工作会议上的讲话

（2016年5月18日）

老师们、同志们、同学们：

今年是我校连续第三年统筹召开本科生培养、研究生培养、学生思想道德素质教育以及招生就业一体化的人才培养工作会议。

去年底，国家颁布《统筹推进世界一流大学和一流学科建设总体方案》，开启了高校“双一流”建设的新征程；今年是学校“十三五”发展规划的开局之年，是人才培养工作立足新起点、开创新局面的关键之年。如何在推进“双一流”建设和落实“十三五”规划的进程中，统一思想、凝聚共识，明确“双一流”人才培养的定位、内涵与理念，坚持立德树人的根本任务，推进一流人才培养工作，是本次会议的主题。

今天，我的报告分为三部分内容，第一部分简要回顾2015年及“十二五”期间的人才培养工作；第二部分分析当前“双一流”建设背景下学校人才培养工作面临的形势；第三部分明确今后一段时间人才培养工作的主要挑战及对策。

一、2015年及“十二五”期间人才培养工作回顾

（一）学校办学指标概况

1. 招生及在校生规模

2015年，学校共录取本科生3 701人，硕士研究生3 120人，博士研究生457人，在职专业学位研究生855人。全日制在校学生总人数达26 183人，其中本科生13 925人，硕士研究生7 842人，博士研究生2 728人，在职专业学位研究生在学人数7 867人。2016年硕博招生刚刚结束，共招收硕士3 200人，博士生466人。

2. 师资队伍情况

全校教职工4 428人，其中专任教师数1 931人（含高职108人），具有研究生学历的教师占专任教师比例为91.8%，其中具有博士学位的教师占68.6%，具有副高及以上职称教师占65.1%。

3. 学生就业情况

学校博士研究生、硕士研究生和本科毕业生的初次就业率分别达到98.27%、99.29%和98.03%。其中，本科生国内深造率为37.68%，出国（出境）深造率为14.33%，从就业流向来看，到轨道交通行业就业的本科生和研究生分别占签约人数的36.93%和17.96%，体现出学校鲜明的行业特色。

从上述数据中可以看到，我校本科生和研究生的比例为 1.3:1，基本符合学校研究型大学的定位，但是与 985 高校相比，尤其在博士生招生规模上，还存在一定的差距；学校生师比为 17.43，刚刚达到教育部规定的办学要求，反映出学校的师资队伍在量上还需进一步补充；从师资队伍年龄结构来看，45 岁及以下教师占 64.2%，已经成为我校师资队伍的主体，如何创造条件让青年教师尽快成为“双一流”建设的骨干力量、领军人才，是需要我们共同思考和解决的问题。

（二）人才培养内涵建设

1. 本科教育方面

确定了以学院为招生单位的大类招生方案，对自主招生的选拔方式、评价标准和考核形式及内容等进行了新的探索。完成了两个学院本科教学审核评估，作为全国两个考察院校之一，接受《华盛顿协议》国际专家工程专业认证和现场考察，得到了专家一致肯定，为我国加入《华盛顿协议》成员国转正提供了支持。开展了基于 OBE 的 2016 版本科培养方案修订工作，在 7 个专业开展双学位教育试点。继续实施并优化“3+1+2”和海外项目经理班，推进产学联合人才培养。推动中俄交通学院、北京交通大学兰卡斯特大学学院等中外合作办学机构和项目建设，加强国际化人才培养。

依托课程平台开展“混合式教学”试点，推进教学模式改革，初步形成了基于手机 APP 评教实时反馈和课程平台“随堂反馈”等相结合的形成性教学评价机制。对教学管理文件进行了全面梳理和修订，综合教务双语系统、学生中英文成绩单打印系统、实践教学系统等一批教学管理信息系统上线使用，提升了教学管理的科学化和精细化水平。

2. 研究生教育方面

优化完善了研究生奖助学金评选体系，突出吸引优质生源和鼓励创新方面的作用。完善了博士招生相关制度，硕博连读、申请考核做到了全年招生、定期考核、分阶段录取，压缩定向考生招收规模。调整了博士生导师遴选方式，强化了导师招生的年度资格审核。

出台了《北京交通大学学位授权点自我评估工作方案》，完成了 8 个学位授权点专项自我评估试点。启动人才培养特区建设工作，调整研究生学制和培养方案，修订研究生课程教学大纲。出台了《北京交通大学改进和加强研究生课程建设方案》，设计并实施研究生课程质量认证制度。开展学位论文质量后评估工作，制定我校一级学科学位授予标准，启动我校硕士专业学位授予标准制定工作。修订在职专业学位研究生管理文件，首次制作在职专业学位研究生手册，启动企业导师审核备案工作。

成功举办了首届“中欧物流、信息化、管理与服务科学博士生院”暑期学校，修订了研究生出国出境管理办法，派出 119 名博士生出国交流，同比增长了 25%。组织轨道交通行业高层论坛，举办轨道交通领域专家讲座和中高层企业管理人才培训，启动北京地区产学研联合研究生培养基地的二期建设工作。

2015 年学校在本科教学和研究生教育方面取得了丰硕成果：新获批 1 个国家级虚拟仿真实验教学中心，1 个全国示范性工程专业学位研究生联合培养基地，1 个北京市示范性校内创新实践基地，1 个北京市校外人才培养基地。入选北京市教学名师 2 人。1 门课程新获批国家级“精品视频公开课”课程。

本、研学生在各类学科竞赛中共获国际级和国家级奖项 315 项，其中在 ACM 国际程序设计竞赛、全国大学生创新创业年会、“挑战杯”课外学术科技作品竞赛中均取得历史最好成绩。学生艺术团交响乐团荣获全国第四届大学生艺术展演器乐组一等奖。大型原创话剧《茅以升》荣获第五届北京大学生戏剧节“最佳编剧奖”和“最佳男演员奖”。各类学生体育竞赛获国际级奖项 9 项，国家级奖项 12 项，省部级奖项 36 项。获评全国高校社会实践优秀团队和首都高校社会实践优秀团队、优秀成果、先进个人等多项奖励。

3. 学生德育教育工作方面

深化和完善综合育人、学业发展、成长服务和机制保障平台，不断提升学生德育教育质量。从方案设计、实施效果和日常融入上，推进学生社会主义核心价值观教育的落实、落细和落小。依托网络信息技术平台和各类学生组织，形成促进学生多样化发展的平台建设与引导机制。系统构建“校－院－班－舍”四级学业辅导平台，夯实学业辅导一线力量。在部分学院试点施行本科生综合素质培养与德育达成性评价体系，支持学生多元成长与个性发展。完善本科生荣誉体系，将原“思源奖学金”调整为“思源—校长奖学金”和“知行专项奖学金”，既鼓励学生全面发展，也对专项突出的学生进行奖励。进一步完善经济困难学生、少数民族学生帮扶机制。将心理健康普及与心理危机干预相结合，提升学生心理素质。

学校获首都大学生思想政治教育工作实效奖特等奖 1 项、优秀奖 1 项，实现历史性突破。学校在全国学生资助绩效考评中获评第三名。1 名辅导员获“全国高校辅导员年度人物提名奖”，1 名辅导员获评北京高校辅导员职业能力大赛一等奖，“琪人琪语”工作室获评北京高校首批辅导员工作室。获评北京市 2014 年度征兵工作先进单位。

46 个学生集体获北京市十佳示范班集体、优秀基层组织、党支部红色“1+1”示范活动、先锋杯团支部等荣誉称号。438 名学生获北京市三好学生、优秀学生干部、优秀团员等荣誉称号。

4. 学生就业创业工作方面

通过课堂教学、校园活动、个体咨询等方式，建设精细化的就业指导工作体系，着力打造一支校内外结合、专兼职结合的专业化就业创业指导队伍。规范了校院两级就业市场建设工作，继续做好就业困难毕业生分类指导与帮扶，提供精准化就业服务。以北京市示范性创业中心建设为契机，深化创新创业教育改革，实施“创新创业种子培养计划工程”。组织第六届大学生创业项目选拔大赛，8 支获奖团队已全部入驻我校科技园进行孵化。

老师们，同学们，自 2006 年以来学校每年召开人才培养专项工作会，人才培养核心地位不断巩固，全员育人氛围不断增强，在多个方面达成了共识，其中 2013 年明确了三类拔尖人才培养目标，推进了科教融合；2014 年部署了“四个一体化”；2015 年落实了人才培养的综合改革等，相关工作均取得了显著进展和重要突破。“十二五”期间，我校共获得国家教学成果奖一等奖 1 项、二等奖 1 项，研究生教育成果奖 1 项，入选全国优秀博士学位论文 2 篇，获评国家级实验教学示范中心 2 个，国家级虚拟仿真实验中心 2 个，首批国家级大学生校外实践基地 3 个，首批国家级工程实践教育中心 7 个，全国示范性工程专业学位研究生联合培养基地 2 个，教师教学发展示范中心 1 个。建有 5 门国家级精品视频公开课，22 门国家级精品资源共享课。教授上课率由“十一五”末期的 85.9%提高到 96.9%；校外实习实践和联合培养基地数量从 168 个提高到 389 个；全校目前已有 18 个省部级以上科研平台对外开放，每年开设 30 个实验室开放课程，总量达 1 万人时数。

从以上成果可以看出，学校在“十二五”期间基本实现了人才培养工作的“1234”目标，即建成了一批品牌专业，推进了两项国家教育体制改革试点创新，夯实了理学、人文素质和实践创新三个教学平台，初步形成四个一体化全员育人格局，为学校“三步走”战略的实施及远景目标的实现奠定了重要基础。这些成绩的取得，是全校上下共同努力的结果，在这里，我代表学校向所有为我校人才培养工作付出辛勤汗水的全体师生员工表示衷心的感谢！

二、当前学校人才培养工作面临的形势

（一）国家经济社会发展对高校人才培养提出了新要求

当前，世界范围内新一轮科技革命和产业革命蓄势待发，创新成为大国竞争的制高点，人才竞争愈加激烈。为适应新一轮科技革命催生的传统工业形态的深刻变革，党和国家适时推出了创新驱动发展战略，将建设创新型国家作为战略目标，并制定了一系列强国战略：“中国制造 2025”部署打造“制造强国”，“互联网＋”推动信息化与工业化深度融合，“大众创业万众创新”不断激活市场活力，“一带一路”、京津冀协同发展、长江经济带建设“三大战略”深入推进。

人才是创新的根基，创新驱动实质上就是人才驱动。高校历来是国家创新体系中举足轻重的力量，在我国处在创新驱动、转型发展的关键时期，这些国家重大战略和经济社会发展对高等教育提出更加迫切的需求，高等教育面临着大有作为的战略机遇期，比以往任何时期都更加需要自觉承担服务国家创新发展、培育更多创新型人才、全面提升创新能力的历史使命并发挥支撑作用。

（二）高等教育改革对高校人才培养做出了新部署

为推动高校全面提升创新能力、建设高等教育强国，党和国家对高等教育改革发展做出了一系列新部署新举措。《国家“十三五”规划纲要》对教育领域提出，“全面提高教育质量，促进教育公平，提升大学创新人才培养能力”“全面提高高校创新能力，统筹推进世界一流大学和一流学科建设”的新要求。2015 年 10 月，国务院印发了《统筹推进世界一流大学和一流学科建设总体方案》，部署推动一批高水平大学和学科进入世界一流行列或前列，提高高校人才培养、科学研究、社会服务和文化传承创新的水平。

“双一流”建设吹响了中国大学积蓄力量、冲刺国际前沿的号角，是当前和今后一个时期高等教育发展改革的行动纲领，将对我国高等教育战略布局带来重大变化，对高校来说既是巨大挑战，更是重大发展机遇。能否在新一轮建设和发展中抓住机遇、赢得先机，事关学校的发展和未来。目前学校 3 个学科继续保持 ESI 世界排名前 1%，4 个学科继续入围世界顶尖学科 400 强，在 US News 2016 世界大学工科排行榜中，学校在内地排名 27，世界排名 160。2016 年教育部即将开展第四轮一级学科评估，其结果对我校推进“双一流”建设具有重要影响。学科评估的指标体系，是学科建设规律的总结与反映，希望大家认真研究，其内涵导向是我校相关工作的指导方向。

“双一流”建设的核心是培养一流人才，一流的人才培养是建设世界一流大学和世界一流学科的关键指标。国家“双一流”建设方案把培养拔尖创新人才作为五项改革任务之

一，强调要突出人才培养的核心地位，着力培养具有国家使命感和社会责任心，富有创新精神和实践能力的各类创新型、应用型、复合型的优秀人才。

“双一流”建设启动以来，各兄弟院校都在抢抓机遇、积极行动，加强顶层设计和全面研讨，研究制定与“双一流”适应的人才培养方案，以此引领“双一流”建设。我校的人才培养理念与定位如何进一步完善，是否坚持“精英教育”理念，以学生为中心，培养造就“未来社会骨干与领军人物”，需要大家深思。

站在新的发展起点，学校正面临着艰巨任务和严峻形势，我们不能有任何懈怠，必须切实增强危机感、紧迫感，认清机遇、抓住机遇、用好机遇，从“双一流”建设的高度来审视我们的人才培养工作，突出办学特色、对接国家战略、遵循教育规律，科学设计好学校“双一流”建设规划，明确人才培养目标与定位，进一步激发办学活力，释放发展潜力，全力在新一轮的竞争中站位更高、发展更好。

（三）各类教育评估认证对人才培养提出了新要求

联合国教科文组织在第二届世界高等教育大会公报中提出，“在当代高等教育中，质量保障起着至关重要的作用，质量的实现要求建立各种质量保障体系”。从国际上看，教育评估是世界许多国家保障高等教育质量的有效手段，发达国家开展教育评估已经有几十年甚至上百年的历史。

目前，教育部对高等院校采取了专业认证、自我评估、院校评估、国际认证、状态数据常态监测等“五位一体”的本科教学质量评估体系。在研究生教育方面，形成了学科评估、学位授权点合格评估、专业学位水平评估、研究生课程评估以及学位论文质量的后评估等“五大评估体系”。从 2013 年开始，每年学校必须向社会公开发布毕业生就业质量报告。

各类评估均把人才培养质量放在首位，如在第四轮学科评估中建立了“培养过程质量”“在校生质量”“毕业生质量”三维度评价模式，强化以人为本，加强在学质量评价、进一步丰富国际化指标、引入毕业后职业发展质量评价，在学科评估指标体系中，设置的人才培养的指标最多、权重最大，其中理工类 18 项三级指标中，人才培养的指标有 9 项，与人才培养密切关联的有 3 项；此外，首次试点引入在校生和用人单位问卷调查，跟踪学生在学质量和毕业后职业发展质量，将评价学生质量的话语权扩展到“系统外”。

（四）学校战略规划的新愿景对人才培养提出了新任务

我校第十次党代会确定了到本世纪中叶建设特色鲜明世界一流大学的奋斗目标和“三步走”发展战略，与国家“双一流”建设的总体方案在大方向、总体思路以及时间节点是一致的。为推进落实特色鲜明世界一流大学的建设目标，学校根据深化高等教育领域综合改革和创新发展的部署与要求，在顶层设计和战略规划方面出台了学校《综合改革方案》和《“十三五”规划》。《综合改革方案》将创新人才培养模式、提高人才培养质量作为六项重点改革任务之一。《“十三五”规划》对深化教育教学改革、提高人才培养质量也做出具体部署，要求坚持立德树人，以学生成长成才为中心，深化教育教学改革，创新人才培养机制，进一步完善“招生、培养与就业”“教学与科研”“本科生与研究生培养”“德育与学业教育”四个一体化的联动体制机制，全面提高人才培养质量。

未来五年，对学校来说非常重要，学校正面临着新一轮的发展机遇和严峻挑战。作为我校推进“双一流”建设、深化综合改革的核心内容和重点任务，我们的人才培养工作，在“十三五”规划的开局之年，在实现学校“三步走”战略第一步发展目标的冲刺阶段，在学校蓄势冲击“双一流”的关键时期，如何适应发展新常态、满足社会新需求，如何实现质量提升、内涵发展，如何抓好规划落实、推进改革任务落地是摆在大家面前的紧迫任务。

三、学校人才培养工作的挑战与任务

在“双一流”建设的背景下，与世界一流大学相比，与国家对高等教育的要求相比，与新一轮学科评估指标体系的要求相比，与学校自身的发展目标与定位相比，与兄弟院校的工作相比，我们应该清醒地看到，我校的人才培养质量和工作水平还存在着较大提升空间，我们所面临的人才培养任务仍然很艰巨，有几个重要的问题我们必须面对并回答：一是一流人才的定位和标准是什么；二是怎样培养一流的人才；三是围绕培养一流人才的目标，全校上下如何做好支撑保障。这些问题需要大家认真思考、深入研讨、统一思想、形成共识。

从长远来看，我们要进一步强化人才培养的中心地位，坚持把人才培养作为学校最基础、最根本的工作，以学科建设为龙头，以质量提升为标志，以模式创新为抓手，激发教与学双方的积极性和自主性，继续扎实推进“四个一体化”工作。同时，瞄准中长期人才培养发展目标，制定并分步实施一流人才培养建设方案，通过加大投入、改革创新、内涵发展，确保学校人才培养质量不断提升，推动“双一流”建设不断迈上新台阶。从现阶段来看，具体要落实好以下六个方面的任务。

（一）紧抓人才培养内涵建设

当前，国家招生制度改革对我校相关工作产生了巨大的影响。2016 年起，我校开始全面实施本科大类招生，除了特殊政策单独招生外，全校 49 个专业或方向按学院分为 12 个大类或专业进行招生；明年，包括 EMBA 在内的在职专业学位研究生将纳入研究生统考。另一方面，信息技术的迅猛发展深刻影响着高等教育，碎片化学习、视频学习已成为普遍趋势，特别是 MOOC 打破了传统教育生态的学习时空、师生角色、教育资源的三重壁垒，使教、学方式发生了巨大的变化。与国家社会对高素质创新人才培养的迫切需求和学生多样化成长的要求相比，我校人才培养工作还存在差距；与形势的迅速变化相比，我校适应招考制度改革的人才培养模式和机制不够完善，信息技术在教学中的应用还不充分，需要大力开展相关教学内涵建设。

1. 要健全招生工作体制机制，提高生源质量

及时应对高考改革，全面实行基本以学院为单位的大类招生方案。统筹北京威海两校区、普通类招生与中外合作办学招生，合理规划配置我校本科招生计划资源。制定完善高考招生工作体系的实施意见，形成全校协同，校院一体的招生工作体系。加大招生宣传投入，优化招生宣传队伍，建立适应大类招生的宣传工作体系，发挥本科生生源基地、暑期夏令营、本科生导师计划的作用。开展自主招生等特殊类型录取学生发展情况调研，完善特殊类型招生管理办法，改进人才选拔办法。优化接收推免生流程，建立更加科学有效的

研究生招生计划分配机制。从优势特色学科开始，进一步完善学科特色简介和导师简介及其定期更新制度。

2. 要加强本科专业建设，优化专业结构

按照 OBE 理念实施人才培养模式改革，制定与国际接轨的人才培养质量标准和课程建设标准。整合公共基础课程和大类公共课程，实施大类培养，推进综合专题研究课程、专业核心课程等系列课程建设。重点支持学校优势特色学科相关的 12 个本科专业的导论课建设，由学科责任教授和专业负责人共同负责，与国际一流大学的培养方案与课程体系对接，入学初、选专业前、保研前多次宣讲专业导论。支持鼓励学生提出具有创新性的课程设计和毕业设计课题。结合学科专业建设、师资队伍、毕业生就业等实际情况，建立本科专业的预警退出机制，促进各专业主动提高培养质量，提升竞争力。做好基础性教学建设工作，实施学院本科教学水平审核评估，对人才培养各环节进行质量监控，为迎接新一轮教育部审核评估做好准备。

3. 要强化学位点自评估工作，建立学位点动态调整机制

依据北京交通大学学位授权点自我评估工作方案，在机械工程、管理科学与工程、会计硕士、生物学等 4 个学位点先行开展自我评估试点工作的基础上，完善我校学位授权点自我评估指标体系。今年组织完成 10 个一级学科博士点和 4 个一级学科硕士点的自我评估。学位授权点评估结果与教师岗位设置、招生指标分配、绩效拨款等挂钩。提高优势特色学科数学、英语等公共课的针对性，加强信息、经济、交通学科前沿和高级课程建设，例如人工智能、高级宏观经济学等。对培养质量不高、学科特色不明显、发展能力不足的学位点实施优化调整，打破学位点“终身制”，保证学位授予质量。

4. 要转变教育理念，推进信息技术与教学深度融合

一方面要深入研究信息技术在人才培养中的地位和作用，形成“三个转变”的教育教学理念。即从“以教为中心”转变为“以学为中心”，从“知识教育为主”转变为“思维教育为主”，从“各自为政”转变为“协同管理”。

另一方面要进一步加强课程平台的建设和使用。鼓励教师将信息技术引入课程，形成系列特色 MOOC 课程，有计划地开展“混合式教学”“翻转课堂”等教学模式改革试点。加强研究生数字化课程资源建设，持续增加投入，今年重点建设研究生公共基础课 10 门、专业基础课 59 门。持续推进案例库建设和研究生优质网络教学资源支撑平台建设，按人文素质、公共基础、专业基础、专业拓展等类别，不断丰富数字化课程、课件和仿真资源。

（二）健全人才培养质量保障体系

目前我校虽然建立了一套人才培养质量标准体系，出台了一系列教学质量管理文件，但质量标准的落实和推进还需持续开展。能有效起到促进教学质量提升的形成性评价还没有完全建立，仅仅关注教师的课堂教学表现，对学生课堂学习效果评价的重视不够。同时，教师队伍结构还有优化的空间，部分教师的教育理念、方法没有与时俱进、没有与国际接轨，教师的教学水平、导师的指导水平还需要强化。

1. 要完善人才培养质量监控评估体系

构建校院两级质量监控专家队伍。逐步建立并完善包括各级人才培养与教学指导委员会、学位评定委员会、基层教学组织负责人以及“教学促进师”在内的教学咨询与督导

队伍。

完善以自我评估和教学基本状态数据为核心的校内评估体系，建立校内第三方评估机构，推进第三方评估工作。鼓励并支持各专业参加具有国际实质等效性的各类国际、国家和行业的专业认证和评估。形成学院审核评估、专业认证、基本状态数据、质量报告、日常监控相结合的学校人才培养质量保障体系。

推进研究生课程质量认证体系建设工作，加强对教学效果的评估评价。增强学术学位研究生课程内容的前沿性，强化科学方法训练和学术素养培养。优化专业学位课程体系，加强案例教学。探索和优化课程组制度，增加 10%的课时聘请课程组外专家讲授现场实际、成功案例、前沿研究等内容。

优化研究生学位论文质量监控体系，强化过程管理，实行博士学位论文统一定期集中开题，加强中期检查，推行硕士学位论文答辩末位监控制度。推行研究生学术例会制度，加强研究生与导师的交流沟通。严格落实研究生学籍管理制度。

2. 要进一步提升教师的教学和指导能力

加强教师业务水平培训。依托教师发展中心，定期面向全体教师开展教学能力提升培训，重点培训中青年教师、基础课教师和研究生助教，促进教师更新教学理念、掌握必要的教育技术和教学技能、提高教学能力。

加强导师队伍建设。完善研究生导师招生资格审核制度和教师岗位考核制度，强化导师责任。优化导师队伍特别是博士生导师队伍结构，增加导师数量，引入岗位竞争机制，完善以科学研究为主导的导师责任制。鼓励具有丰富实践经验和深厚学术造诣的企业专家协助指导博士研究生。修订完善相关管理考核办法，将聘期内指导获得博士学位的博士生数量纳入非教学型教授的考核体系。

（三）完善高水平实践平台建设

科教融合是一流大学发展的内在优势和必然要求。我校的科教融合工作虽然取得了一些成效，但科研平台尤其是高水平科研平台还没有做到完全开放，学术型研究生培养与高水平科研结合还不够，专业学位研究生专业实践尚不足，与国家重大工程结合不够，与企业联合培养深度不够，专业学位研究生导师和任课教师缺乏工程应用背景。教师要将科研成果转化为教材、新实验项目、自制实验设备等，弥补教学资源的数量不足，使学生受益面扩展。在第四轮学科评估中，将出版教材纳入科学研究的评价指标，重点要鼓励学科带头人出版教材。

1. 要加强校外实习实践基地建设，促进产学协同育人

建立有行业企业高级管理和工程人员参加的人才培养与教学指导委员会，参与制定专业标准和学生培养方案。鼓励学院聘请企业高级管理和工程人员，为学生开设实践类课程、举办专家论坛或高水平讲座，与校内教师联合制定企业学习培养方案和实践课程体系，共同指导学生参与工程实践课题。

面向我校服务领域，特别是轨道交通领域，总结我校与长春轨道客车集团、北京交控科技有限公司联合建立的全国专业学位研究生联合培养示范基地的建设经验，持续在铁路运输、地铁建设运营、轨道装备制造、规划设计、通信控制、投融资等全产业链领域，持续推动我校研究生联合培养基地的建设工作。

2. 要加强校内实践平台建设，促进科教融合育人

建立持续建设机制，不断推进国家级、北京市级实验教学示范中心和虚拟仿真实验中心建设，发挥其示范引领作用，提升全校实验中心的建设水平。

完善高水平科研平台、科研团队向学生开放机制。鼓励高水平教授利用科研平台，指导学生开展研究生学位论文、研究生创新基金项目、本科生科研导师计划、大学生创新创业训练项目、学科竞赛等科研创新实践活动。建设各类实验室开放课程，纳入教学工作量。

完善教师依托高端科研项目开设教学实验、开发实验设备的工作机制。通过推介会、评选会对高水平实验和设备在全国进行宣传推广，引导建立科研反哺教学体系的良性循环。

建设研究生科教融合型实验室。围绕轨道交通特色，将学校 23 个省部级及以上优势特色学科科研实验室更新改造为科教融合型实验室，通过信息化手段将分散的实验资源串联成完整的教学体系，提升科研实验室的教学功效。国家级科研平台应制定完善的系列实验开放课程体系，充分向学生开放。

（四）优化创新创业和就业教育体系

当前，我校已初步构建创新创业教育、项目训练以及实践的创新创业教育体系。但全校上下对创新创业教育的思想认识有待进一步深化；创新实践与创业实践结合不紧密；结合学校行业和学科特色的创业实践不足；缺乏良好的社会资源对接机制和平台；鼓励教师参与创新创业教育及实践的激励机制尚未健全；学生的创新精神、创业意识和创新创业能力仍存在短板。

1. 要优化创新创业教育体系

更新理念，将创新创业教育融入人才培养体系，鼓励有条件的学院建立“创客空间”，开展创新创业型毕业设计，鼓励教师建设创新创业教育资源，并指导学生实践，在全校范围内营造创新创业教育氛围。

强化实践，推进“创新创业教育中心”和“创业指导中心”建设，多形式多层次开展创新创业教育实践。扶持和鼓励学生成立学术创新类社团，提高“挑战杯”等创新创业类竞赛的参与度和影响力。发挥创新创业种子试点班和创业项目选拔大赛的示范带动作用。

完善服务，整合校内外资源，健全学生创业实践平台，加大对学生创业企业在政策、资金、场地、导师配备、技术指导、成果孵化等方面的扶持力度。建设一支校内外结合的创新创业指导教师团队。

2. 要完善就业指导服务体系，提升学生就业质量

结合本科生大类招生培养改革方案，制定职业发展引领计划，完善学生职业发展体系，提高学生自主就业创业能力。完善就业精准帮扶长效机制，实施动态管理、一生一策，将就业精准化帮扶落到实处。推进校院两级就业市场建设，加强就业引导，鼓励毕业生投身国家重点行业、重点区域、重点领域建功立业。

（五）提升人才培养国际化水平

2015 年是学校国际化建设年，学校在中外合作办学、国际科研合作、国际科技创新平

台、行业涉外培训等方面取得了一系列重要成果。但我校当前人才培养的国际化水平还不能完全适应“特色鲜明世界一流大学”的目标要求，与培养具有国际视野、熟悉国际规则、掌握外语基本技能、具有跨文化交流与合作能力的国际化人才标准，仍有一定差距。特别要指出的是，国际化与优势特色学科的关联度及实质性的教学科研合作不够。学校高水平的国际化专业和高质量的全英文授课课程数量仍然不足，师资队伍在数量和质量上难以满足高水平国际化人才培养的要求，具有学科和行业特色的国际化教材建设与使用数量不足。与同类高校相比，学生出国深造率偏低，名校项目和免费项目偏少。要对标“双一流”建设、提升学校国际化办学水平，需要各职能部门和学院协同合作、形成合力。

1. 要持续推进多层次的国际化人才培养

在重点建设好威海校区、北交大－兰卡斯特大学学院、中俄交通学院、汉能新能源国际化示范学院的基础上，完善涵盖中外合作办学、境外办学、联合培养、国际化试点班等各类合作项目、平台的国际化人才培养体系。积极配合高铁“走出去”战略，强化海外项目经理班建设，培养高素质国际化工程技术人才。切实提高研究生外派数量，重点在优势特色学科遴选 100 名左右博士生到国外一流的学科、师从一流导师，进行 6～24 个月的联合培养。在总结中欧可持续工程博士生院运行经验的基础上，探索推进博士生双学位项目。

2. 要建设一批优质的国际化教学资源

建设轨道交通系列全英文和俄文教材。通过课程平台，引进一批国外高水平 MOOC 课程。加强外文原版教材使用，在课程教学参考书中进行试点。提升全英文授课课程的数量和质量，在信息、经济、交通等优势特色学科专业的三年级学生中，试点实施全英文课程。试点部分优势特色学科博士生出国半年以上的制度。

3. 要进一步加强国际化师资队伍建设

引育结合，下大力气引进海外高水平人才，打造国际化教师队伍。通过拓展国际视野、加强国际交流、优化队伍结构等方式，提升全校教师国际化教育教学水平。从今年开始，以北京交通大学兰卡斯特大学学院的师资培训为抓手，在优势特色学科率先开展国际化师资培训工作。

（六）立德树人，建立学生综合培养体系

国家“双一流”建设方案中提出，高校培养拔尖创新人才需要坚持立德树人，培养学生的历史使命感和社会责任心，建立导向正确的评价体系，激励学生刻苦学习、健康成长。第四轮学科评估的指标体系中也明确指出，需要对毕业生的职业胜任力、职业道德、综合素质等方面进行评价。但当前我校部分学生学习主动性不强，部分教师投入人才培养积极性不够，学校学风、教风仍需常抓不懈。

1. 要把社会主义核心价值观教育贯穿于人才培养的全过程

开展各类主题教育活动，丰富载体内涵，构建思想引领体系，培育和践行社会主义核心价值观。重点与传统文化、校园文化紧密结合，做好新生入学教育、毕业生离校教育、重大节日庆典主题教育、日常教育和专项教育，选树一批社会主义核心价值观优秀教育项目予以支持推广。

2. 要进一步深化学风建设

鼓励一线教师参与到学业辅导之中，在理想信念、综合素质、生涯规划等方面给学生指引和指导。加强“校－院－班－舍”四级学业辅导体系建设，巩固学业辅导“三三结合”制。在不降低评选标准的前提下，通过增加项目、扩大覆盖面，突出评优评先对多元化发展成才的导向作用，带动全校学生形成良好学风。推动“研究生学期教育计划”校院两级联动落实，加强研究生科学道德、学术规范和研究方法教育，推进研究生学术道德规范承诺制度和诚信档案建设。每年在本科生和研究生中评选 10 个“潜心学习与钻研”典型学生案例，鼓励以学为主、品学兼优的典型。

3. 要建立支持学生多元化发展的综合素质培养机制

推进实施《北京交通大学本科生综合素质能力培养方案》，出具学生“综合素质成绩单”，形成支持学生多元成长与个性发展的本科生综合素质培养与德育达成性评价体系。搭建基于不同学生群体特点的培养服务平台，建设学生国际交流综合服务平台、学习科研优秀拔尖人才成长发展平台、“双创”型人才培养支持平台、青年马克思主义者教育引导平台等。拓展研究生社会实践和挂职锻炼渠道，优化研究生“三助一辅”工作方案，落实《关于研究生指导教师岗位职责与工作规范的指导意见》，形成导师与专兼职辅导员协同育人的工作机制。

4. 要持续加强第二课堂建设

科学提升社会实践和志愿服务的覆盖率和实效性，促进第一课堂和第二课堂的有机结合。加强课程设计与实践创新，扩大艺术普及教育覆盖面，不断提升广大学生的艺术修养。充分发挥学生体育总会的组织作用和高水平运动队的辐射示范作用，促进学生身体素质的全面提高。进一步提升心理健康教育的科学化、专业化和规范化水平。

老师们，同学们，人才培养是学校“双一流”建设的核心任务，人才培养质量是衡量世界一流大学的关键指标。我们要紧紧抓住“双一流”建设的契机，以落实好“十三五”规划人才培养各项任务为目标，凝聚共识、锐意进取、真抓实干，全面提升人才培养质量，全面提高办学水平，为交大顺利进入国家“双一流”建设序列、开创建设特色鲜明世界一流大学人才培养新局面而不懈努力！

宁滨校长在庆祝北京交通大学建校120周年大会上的主旨演讲

（2016年9月10日）

尊敬的王安顺市长，尊敬的杜占元副部长，
尊敬的各位领导，各位院士，各位校友，
老师们、同学们，女士们、先生们：

今天，我们在此隆重集会，庆祝北京交通大学120周年华诞，共同回首学校栉风沐雨、砥砺前行的奋斗历程，一起分享交大人锐意进取、开拓创新的时代风貌，携手展望建设特色鲜明世界一流大学的美好未来。值此四海交大人光荣与梦想交汇的美好时刻，首先，请允许我代表北京交通大学，再次向出席今天庆祝大会的全体来宾致以热烈的欢迎；向长期以来关心和支持我校发展的各级领导、海内外兄弟院校及社会各界朋友致以衷心的感谢；向全校师生员工及全体交大人致以节日的问候！今天，又恰逢我国第32个教师节，在这个特别的时刻，我提议让我们以热烈的掌声，向在座的各位老师，向曾经培养过我们的老师，向从事教育这个崇高事业的天下所有的老师，致以崇高的敬意!

百廿交大，艰难玉成。120年前，在风云激荡的时代变迁中，交通大学承载着历史与民族的厚望应运而生。1909年，在“收回路权”“实业救国”的使命召唤下，铁路先贤曾鲲化秉笔上书，疾呼“管理权为铁路之命脉”“使管理与机械、建设并行”，北京铁路管理传习所由此肇始，成为交通大学的三个源头之一。1921年，叶恭绰先生组建交通大学，下设京、沪、唐三校，交通大学血脉连通的历史根基由此奠定。在民族危亡、曲折动荡的旧时代，一代代交大人以根植于血脉的思源之情、报国之志，在争取民族独立与解放的历程中留下了浓墨重彩的篇章。五四运动中，我校学子积极投身革命洪流，杰出校友郑振铎走上革命的道路；“五卅”运动中，朱我农校长带领全校师生擎起光荣的旗帜；抗日战争的烽火中，师生跋涉四千里，辗转湘黔川，四迁校址坚持办学，开展抗日救亡运动，冒着敌人炮火，奋战在战时铁路运输的第一线；解放战争中，师生坚守学校、迎接解放，教师地下党员李炳泉在北平和平解放谈判中发挥了重要作用。更值得称道和铭记的是，历经峥嵘岁月、颠沛流离，北京交大师生始终坚持严格教章、严谨治学、培养人才，马寅初、向哲浚、翁文灏、杨汝梅、华南圭等一批名家巨擘来校执掌教鞭、广撒杏坛星火，自铁路管理传习所首批205名毕业生派往各铁路线实习，到新中国成立前，我校培养的数千名毕业生大多根植于铁路，对内悉掌路务，对外力争路权，有力地支撑着中国铁路事业的发展。

新中国成立后，我校更名为“北方交通大学”，由毛泽东主席亲题校名，得茅以升先生出任校长，于西直门外红果园新建校舍。调整院系，工管并举，延揽了一批以我国第一台大马力蒸汽机车的设计者应尚才、第一本铁路运输专著的作者金士宣、铁路运输经济学科的开创者许靖、铁道信号事业的开拓者汪禧成、铁路通信教育的奠基者杜锡钰等为代表的名师大家、科技先驱，奠定了我校在交通运输管理和通信信号领域的领跑地位。此后，我校作为全国重点大学，办学实力不断增长，学科特色更加鲜明，并成为国家首批接受留学生的高校，办学格局日益多元开放。在新中国成立百废待举的岁月里，“兴路强国”的伟大情怀内化为交大人矢志不渝的追求，在新中国铁路干线建设中，从西域边陲到北国林海，北京交大师生和校友肩挑手扛、修路架桥，攻克技术难题，奋战在成昆、宝成、焦枝等铁路建设第一线；在抗美援朝战场上，交大学子冒着生命危险，运载第一列“喀秋莎”火箭炮支援前线；在坦赞铁路援建中，交大不负国家重托，圆满完成了300 多名坦赞留学生的培养任务，为坦赞铁路的建设和运营做出重要贡献。

改革开放后，学校迎来了历史上的快速发展时期。首批跻身“211 工程”高校和设有研究生院的博士、硕士学位授予高校的行列，获批“985 工程优势学科创新平台”，首批成为“2011 协同创新计划”牵头高校，学科基础更加雄厚，优势特色学科持续攀升，理工文交叉渗透，形成了以信息、管理等学科为优势，以交通科学与技术为特色，多学科协同发展的高水平研究型大学的办学格局，为迈向特色鲜明世界一流大学建设的新征程奠定了坚实的基础。

特别是近年来，在国家、行业、区域快速发展和高等教育改革创新的新形势下，学校坚持抢抓发展机遇，主动对接国家重大战略，探索出一条服务国家发展、行业发展、首都发展、引领国际学术前沿的创新之路；坚持突出办学特色，强化质量建设和内涵发展，形成了优势突出、特色鲜明、以质图强的良性发展模式。我们这所百年老校在新时期焕发出新的生机、展现出新的风貌、迈上了新的台阶。

这里，汇聚了一批拼搏奉献的师资队伍，有两院院士，中国科学院院士徐叙瑢、简水生等，中国工程院院士王梦恕、徐寿波等；有创造中国乃至世界“第一”的科技创新成果的学科带头人，国内多媒体视听信息处理理论框架和试验平台的创建者袁保宗、国内第一套列车超速防护系统的研发者汪希时、国内铁路运输编组站综合自动化系统的开创者张全寿、国内第一台 IPV6 路由器的研制者张宏科、率先提出发展铁路数字移动通信的钟章队、国内首次建立系统磁性液体密封理论的李德才等。13 000 余名本科生、7 000 余名硕士生、3 000 余名博士生正在学校精研学理、探求新知、投身创新创造，学校毕业生就业率和深造率多年来位居同类院校前列，一大批杰出校友成长为学术精英、兴业人才和治国栋梁。

这里，见证了北京交大与国家发展、行业进步同向而行、同频共振的足迹，学校参与和推动了中国交通行业发展一个又一个重大历史进程，铁路六次大提速、大秦重载铁路、青藏铁路、高速铁路、城轨交通、综合交通、智能交通、高铁“走出去”……，在一系列关系国家经济命脉的行业领域和划时代工程建设中活跃着交大创业的身影、展现了交大创新的力量。学校核心竞争力不断增强，位列 QS 世界大学排行榜，3 个学科进入 ESI 前1%，6 个学科先后进入 QS 世界顶尖学科 400 强；国家高水平创新平台、省部级重大科研平台达 54 个，国家创新群体实现新突破；形成了一系列具有完全自主知识产权、处于国际先进水平的重大成果，“基于通信的列车运行控制系统（CBTC）”实现了城市轨道交通“中枢神经”的“中国制造”，成为高校科技成果转化的成功范例；“新能源车辆电池管理系统”为北京奥运会、上海世博会的电动汽车“助力续航”。

这里，搭建起了一座座跨文化交流与友谊的桥梁，助力国家“一带一路”和高铁“走出去”战略实施。正式建成威海国际校区并开始招生，先后成立中俄、中英、中美高铁研究中心，设立“中俄交通学院”境外办学机构，主办“第二届中俄交通大学校长论坛”，受到了国务院总理李克强、俄联邦议会主席等中俄领导人的高度重视。来自 107 个国家近 2 000 名国际学生在校学习，每年出国（境）学习学生 1 000 多人。积极开展行业涉外培训，为泰国、印度、马来西亚、肯尼亚、秘鲁、巴西等国举办多期高铁、重载铁路培训班。

学校发展所取得的成绩，凝聚着数代北京交大人的智慧和心血，饱含着各级领导、社会各界人士、广大校友、董事单位、兄弟院校的真诚关爱和鼎力相助。在此，我代表北京交通大学向积极投身学校建设与发展的全校师生员工、离退休的老领导、老同志致以崇高的敬意！向所有关心、支持学校发展的各级领导、各界朋友、各位校友表示衷心的感谢！特别是向长期以来指导和支持北京交通大学发展的教育部、北京市、交通运输部、中国铁路总公司等致以诚挚的谢意！

各位来宾，各位校友，老师们，同学们，全体交大人！回首跨越三个世纪、两个甲子的发展历程，学校一次次于危难中重生、于激流中奋进、于改革中腾飞，这些苦难与辉煌、奋斗与拼搏、创新与创造，已经深深镌刻并凝练升华于北京交大厚重而卓越的精神之中，在代代北京交大人的血脉中传递，成为学校独特的基因和独有的风骨。北京交通大学的精神内核，以“饮水思源、爱国荣校”为核心，以“严谨治学、知行合一”为精髓，以“团结勤奋、求实创新”为品格。正是这些宝贵的精神财富激励和指引着一代代交大人薪火相传、继往开来、艰苦奋斗、勇攀高峰。

不忘初心，精神永志。百廿华诞，是北京交通大学发展史上的重要里程碑，是承前启后、继往开来的关键历史节点。站在新的历史方位上反思过去、展望未来，我们对如何坚守大学的责任与使命，怎样建设世界一流大学有着更为清晰的认知。未来的北京交大将恪守大学之道、弘扬交大精神，坚持建设“特色鲜明世界一流大学”的奋斗目标不动摇，坚持推进“双一流”建设的步伐不懈怠，以更加坚定的决心和更加昂扬的斗志，在服务国家战略、引领社会发展、推动人类文明的历史进程中具有更大的担当、做出更大的贡献。

创建一流，砥砺前行，就是要坚守大学使命，关注人类命运和福祉。纵观历史长河，大学从象牙塔一步步走入社会，支撑、引领了历次工业革命，推动了人类社会的发展与进步。当前世界，新一轮科技革命和产业变革蓄势待发，全球科技创新呈现出新的发展态势。作为一流大学，我们要坚守大学使命，思考、探索和解决世界与人类共同面临的重大问题、难点和热点问题，通过传承与创新，形成推动人类文明进步的成果，引领时代潮流，彰显文明价值。

创建一流，砥砺前行，就是要坚守知行合一，积极融入与服务国家战略。当前，我国正在建设和运营着世界最大规模的高速铁路和城市轨道交通，全面推进信息化与工业化深度融合和新型城镇化建设，深入实施“一带一路”和高铁“走出去”战略。“首开中国铁路管理与电信教育之先河”的北京交通大学，将在理论、技术和人才方面支撑并引领我国交通和信息行业发展，开展汽车自动驾驶、地铁无人驾驶、高铁与超级高铁、智慧交通等交通新模式的创新，推进云计算、物联网、移动互联网、大数据、智慧城市等信息新技术的研发与应用，在交通和信息领域引领科技创新、培养领军人才，成为服务国家创新驱动战

略的排头兵。

创建一流，砥砺前行，就是要坚守育人为本，打造拔尖创新人才培养的高峰。创建世界一流大学，培养一流拔尖创新人才是我们的根本使命和不懈追求。我们将牢牢把握立德树人的根本任务，传承和弘扬交大精神，在人才培养过程中融入“交大印记”，不断创新人才培养模式，全面提高人才培养质量，努力打造有利于创新人才成长的育人环境，培养具有历史使命感和社会责任心、具有国际视野和本土情怀、富有创新精神和实践能力的各类优秀人才。

筚路蓝缕，薪火相传三世纪；历久弥新，弦歌不辍百廿年！各位校友，老师们、同学们、同志们，120 年风雨兼程，北京交通大学做出了无愧于历史的贡献；展望未来，北京交通大学也必将无愧于时代的重托。面向未来，我们充满信心，我们的信心来源于全体交大人实现交融天下、通达古今的“交大梦”和中华民族伟大复兴的“中国梦”的美好愿景，我们的信心来源于五所交大同气连枝、携手创建世界一流大学的坚定共识，我们的信心来源于百万校友凝心聚力、矢志爱国荣校所迸发的强劲动力。

今天，我们纪念 120 周年华诞，既是聚首欢歌之日，更是扬帆远航之期。以交通为名，载大学之道，让我们团结一心、携手奋进，共同谱写北京交大建设特色鲜明世界一流大学的壮丽新篇章，真正实现当年交大平院校歌里的期待——“美哉，交大，管国家流通之机！美哉，交大，看纵横宇内飞驰！”

北京交通大学2016年工作要点

2016 年是学校“十三五”开局之年，是深化综合改革攻坚之年，也是落实全面从严治党的重要一年，做好全年工作对实现“三步走”战略第一步发展目标具有十分重要的意义。2016 年学校工作的总体要求是：深入学习贯彻党的十八大和十八届三中、四中、五中全会精神以及习近平总书记系列重要讲话精神，贯彻落实“四个全面”战略布局，牢固树立创新、协调、绿色、开放、共享的发展理念，统筹谋划、攻坚克难、狠抓落实，为学校“十三五”开好局、起好步，加快特色鲜明世界一流大学建设步伐。

一、抓好顶层设计，优化学校总体战略布局

1. 制定并实施学校“十三五”规划。总结“十二五”规划完成情况，完成“十三五”规划以及总体指标、中期指标和年度指标任务的分解，强化规划任务完成情况的督查考评。

2. 编制并启动“双一流”建设规划。对接国家建设世界一流大学和一流学科规划以及学校“三步走”发展战略，统筹资源，明确方向，制定“双一流”建设规划，全面推进我校一流大学和一流学科建设。做好第四轮学科评估组织工作。

3. 推进实施学校综合改革方案。制定综合改革分年度推进计划，明确目标任务、责任人及时间表，及时研究新情况、新问题，确保各项改革协调有序推进。推进学校机构改革，完善学校机关机构设置和校院两级管理机制。

4. 贯彻落实《北京交通大学章程》。全面推进现代大学制度建设，完善内部治理结构，落实学校《学术委员会章程》，加快学校规章制度“立改废”，建立系统完备、科学规范、运行有效的制度体系。

二、做好战略性基础性工作，全面提升办学质量

（一）提高人才培养质量

1. 探索实施大类招生与培养改革。落实《大类招生改革及推进方案》，实施以学院为招生单位的大类招生方案，进一步探索教育教学模式改革。加强教学内涵建设，继续推进学院本科教学审核评估。

2. 继续推进人才培养四个一体化改革。深化本研协同，加强本科生和研究生课程建设，完善本科生研究生授课体系及相关政策。完善招生宣传等制度政策，扩大优秀生源选拔渠道，切实提高本科生和研究生生源质量。修订学生管理规定及配套制度规范。探索大类招生后学生综合素质提升的新模式，完善并实施学生综合素质培养与评价体系。

3. 深入推进创新创业与就业工作。出台学校创新创业工作配套制度，完善学生创新创业教育体系，实现创新教育、创业实践和自主创业一体化建设。开展毕业生精准就业服

务，提升毕业生就业质量。

（二）加强平台和科技工作

1. 加强高水平创新平台建设。建设好已有国家级平台，着力推进轨道交通国家实验室筹建工作。做好中俄、中英高铁研究中心和中美高速铁路安全运营服役国际联合实验室的建设工作，推动实质性国际科技合作。推进我校中国特色新型高校智库建设。

2. 提高服务国家战略能力。对接国家重大战略和重点行业需求，组织培育重大项目、重大成果。多渠道参与国家重点研发计划任务，做好“先进轨道交通”国家重点研发项目的申报组织工作。召开学校科技工作会议，积极适应国家科技体制改革，完善相关科技政策，提升学校科技创新能力。

（三）改革人才工作体制机制

1. 加大优秀人才引育力度。做好“十三五”期间岗位资源配置及优秀人才引育的布局，将引育任务和目标分解到学院、学科、责任教授，纳入年度考核重点指标。

2. 实施职员制和教师分类管理改革。出台并实施加强管理队伍建设的相关文件，拓展职员职业发展通道，构建“职级＋职务”双通道晋升机制。以 1 个学院或 1 个一级学科为试点，实施分类设岗、分类聘任、分类评价、分类激励为重点的人事制度改革，探索构建与世界一流大学相适应的教师队伍建设制度体系。

（四）提升国际化水平

1. 提高国际交流合作水平。推进国际化年确定的各项工作的落实，进一步完善国际化战略布局，拓展与非洲和东南亚国家的交流与合作。组织召开第八届信息与通信领域大学校长论坛等高水平国际学术会议。推进双向留学工作，加大在校生出国（境）留学及交流比例，提高来校留学生培养质量和层次，留学生规模力争达到 2 000 人，学位生占比 60%。扩大“111”引智基地等外专高水平项目，加大外籍教师引进力度。

2. 增强国际合作办学能力。做好“北京交通大学兰卡斯特大学学院”申报工作，确保年内招生。进一步推进中俄交通学院和汉能新能源学院建设工作。做好高铁“走出去”相关国家外方人员培训工作，确保商务部援外培训基地竞标成功。

三、推动重点专项工作实施，实现关键环节实质性突破

1. 做好 120 周年校庆工作。精心组织校庆系列活动，突出学术特色，与其他 4 所交大合力打造“交通大学国家名片”。努力完成校庆筹资任务。集中推出一批校园文化研究成果，正式出版《北京交通大学志》。

2. 统筹推进一校多区建设。积极争取有关方面支持，拓展学校发展新空间，全力推进新校区筹建工作。积极推动“两个中心”建设，力争国家轨道交通安全评估研究中心尽快获得可研报告批复，推进国家轨道交通技术教育与服务中心的报批工作。力争海淀校区新体育馆开工建设。全面启动威海校区二期工程建设。

3. 完成新建住房建设和配租工作。完成新建住房工程竣工验收。出台新建住房配租实施办法并完成配租相关工作。完善并实施《周转房（床）使用机制改革实施办法（试

行)》。

4. 推进“学校信息化年”各项建设任务。成立学校大数据中心，建立信息资源统筹与共享机制。加强全校范围的网上办公系统建设，启动网络课程平台建设，提高教学、科研、管理、服务和文化建设的网络化、数字化和智能化水平。

四、加强党的领导，为学校改革发展稳定提供坚强保障

1. 加强党的领导，落实全面从严治党。坚持党委领导下的校长负责制，落实党建工作责任制。出台并落实党风廉政建设“两个责任”实施办法。落实《北京交通大学领导班子“三严三实”专题民主生活会整改方案》和学校《贯彻落实教育部党组违反中央八项规定典型案例通报视频会议精神工作方案》。进一步贯彻执行中央八项规定精神，坚决纠正“四风”。创新并强化基层党组织建设，提高党员发展质量，严格党员和干部的教育与管理。在全体党员中深入开展“学党章党规、学系列讲话，做合格党员”学习教育。

2. 完成中层干部换届工作。进一步完善干部培养选拔任用考核机制，制定学校贯彻落实《党政领导干部选拔任用工作条例》的实施办法，完善有关规章制度，加强干部教育、管理与监督。

3. 加强意识形态和思想政治工作。健全意识形态工作机制，制定校院两级党委意识形态工作责任制具体实施办法，加强意识形态阵地管理。研究出台学校加强和改进新形势下宣传思想工作的实施意见，构建宣传思想工作大格局。大力培育和践行社会主义核心价值观，创新师生思想政治教育载体和方式，并形成长效机制。全面贯彻落实《中国共产党统一战线工作条例（试行）》，形成大统战格局。推进“平安校园”提升工程建设，维护校园安全稳定。

北京交通大学建校 120 周年庆祝活动

【综述】

2016 年，北京交通大学举行建校 120 周年庆祝活动。

一、庆祝大会

9 月 10 日上午 9 点 10 分，“大道交通 圆梦中华——北京交通大学建校 120 周年”校庆大会在天佑会堂举行。中共中央政治局委员、国务院副总理刘延东，全国人大常委会副委员长、交通大学校友严隽琪致信祝贺。北京市市长王安顺和教育部副部长杜占元出席大会并讲话。

北京交通大学党委书记、校务委员会主任曹国永主持大会。校长宁滨作题为“大道交通，筑梦一流”的主旨演讲。宁滨回顾了学校 120 年来栉风沐雨、砥砺前行的奋斗历程，系统总结了学校在人才培养、科学研究、社会服务、国际交流等领域取得的成绩。他强调，百廿华诞是北京交通大学发展史上的重要里程碑，是承前启后、继往开来的关键历史节点。学校将恪守大学之道、弘扬交大精神，坚持建设“特色鲜明世界一流大学”的奋斗目标不动摇，坚持推进“双一流”建设的步伐不懈怠，以更加坚定的决心和更加昂扬的斗志，在服务国家战略、引领社会发展、推动人类文明的历史进程中具有更大的担当、作出更大的贡献。

王树国代表国内各兄弟高校、英国兰卡斯特大学校长马克·史密斯代表海外高校、91 届铁道运输专业校友、中国铁路总公司副总经理杨宇栋代表海内外校友对学校 120 周年校庆表示祝贺。学校为徐锡安、王文辉、王幼君、梁康之、牛俊杰、李河君、任新国、王志全、钱瑞、李伟、郜春海和黄坚等 12 位校友颁发“2016 年度突出贡献校友奖”。徐寿波院士、王梦恕院士、胡思继教授、袁保宗教授、郝荣泰教授和王玉凤教授等 6 位老一辈教师代表，高自友、王均宏、李德才、张宏科、赵耀、闫学东等 6 位中青年教师代表，共同将象征交大精神的火炬传递至新生代的 6 名优秀青年学子手中。海峡两岸五所交通大学共同发布《交通大学北京宣言》，五校未来将在拓宽学子交流通道、搭建学术合作平台、广纳全球校友资源、打造交大文化品牌等方面进行合作。

中国科协副主席、中国工程院院士何华武，中国工程院副院长、中国工程院院士田红旗，中国铁路总公司副总经理杨宇栋，中国铁路总公司纪检组组长安立敏，北京市副市长王宁，中国高等教育学会会长瞿振元，国家保密局副局长梁建生，国家铁路局副局长于春孝，上海交通大学校长、中国科学院院士张杰，西安交通大学校长王树国，西南交通大学校长徐飞，新竹交通大学校长张懋中，天津大学党委书记刘建平；马志明、王梦恕、孙永福、刘尚合、邬贺铨、李京文、杜彦良、沈昌祥、陈志南、范维澄、洪涛、姚健铨、翁宇庆、徐寿波、顾国彪、钱清泉、曾广商、傅志寰等中国科学院、中国工程院院士，31 所国外高校、6 所港澳台高校和 22 所内地高校的领导；乌拉圭驻华大使卢格里斯，也门驻华大使馆全权公使穆罕默德，越南驻华大使馆公使衔参赞阮氏泰通，以及蒙古、柬埔寨、泰国驻华使馆代表；北京茅以升科技教育基金会秘书长茅玉麟；北京市委办局主要领导，海淀区主要领导，学校董事单位和共建单位代表，以及校友代表等出席庆祝大会。50 个有关部委、兄弟高校和企事业单位发来贺信、贺电。

二、校庆系列活动

4 月 18 日

交通大学美洲校友总会校友返校座谈会在北京交通大学举行。全国人大常委会副委员长、交通大学校友严隽琪，校党委书记曹国永出席，并为120周年校庆纪念石揭幕。

9 月 7—11 日

师生员工共同打造“以交通为名”校庆主题晚会演出 3 场，线上、线下观看人数超过 130 万人次。

9 月 8 日

与科技日报联合举办“轨道交通创新与‘一带一路’战略论坛”。校长宁滨、科技日报总编辑刘亚东、巴基斯坦驻华大使马苏德·哈利德、国家发改委西部开发司巡视员欧晓理先后致辞。原铁道部部长、中国工程院院士傅志寰，马来西亚陆路委员会委员长、原外交部部长丹斯里·拿督斯里·赛哈密等 11 位中外嘉宾进行演讲。

9 月 9 日

举办“2016 全球大学校长高峰论坛”，主题为“助力‘一带一路’——大数据时代的高等教育与科技创新”。教育部副部长郝平、高等教育学会会长瞿振元、教育部国际合作与交流司司长许涛、外国专家局教科文卫专家司司长聂飙出席。党委书记曹国永出席开幕式并致辞，校长宁滨作主旨报告。

9 月 11 日

举办第九届中国交通高层论坛。交通运输部副部长戴东昌，科技部原秘书长、国务院参事石定寰，交通运输部总工程师周伟，国家发改委综合运输研究所原所长郭小碚，京沪高速铁路股份有限公司副总经理陈建东，美国加州州立理工大学土木工程系主任贾旭东，国务院发展中心对外经济部研究院罗雨泽，国务院参事张元芳，北京公安交通管理局原副局长段里仁等出席开幕式。大会主席、校长宁滨致开幕词。

北京交通大学“十三五”事业发展规划

【综述】

2016 年是学校“十三五”的开局之年，北京交通大学经过深入调研、广泛发动全校师生员工总结过去、分析形势、找准差距、明确目标、研究对策、集思广益、形成共识，制定了《北京交通大学“十三五”事业发展规划》（以下简称《规划》）。规划立足学校、围绕一流目标、对接区域行业发展、对学校未来的发展具有重大的指导意义。

《规划》的制定工作，自 2014 年 4 月启动，经历前期方案准备及预研、调研、总结和起草、征求意见和修改、完善和审定发布、任务分解 6 个阶段，期间开展了广泛的调研，广泛征求在职和离退休教师代表、学生代表、部分校友和董事单位、国际咨询委员会的意见和建议，共收集意见和建议近 2 000 余条，吸收和修改 200 余处，召开规划工作各项会议 20 余次。

《规划》制定主要依据《中共中央关于制定国民经济和社会发展第十三个五年规划的建议》《教育部办公厅关于直属高校开展“十三五”规划编制工作的意见》《统筹推进世界一流大学和一流学科建设总体方案》等相关文件精神，突出全面提高高等教育质量、全面深化综合改革、全面推进依法治校、全面加强党的建设，凝聚发展共识；结合综合改革方案制定情况，坚持目标导向和问题导向相统一，坚持全面规划和重点突出相结合，坚持指导性和操作性相协调，坚持立足国内和放眼国际相统筹。

《规划》对学校“十二五”规划的完成情况进行了总结，对存在的问题和不足进行了梳理，并在此基础上分析了学校发展面临的机遇和挑战，确立了“十三五”学校发展的总体目标。到 2020 年，学校优势特色学科融合创新，理工文交叉渗透，基本形成适应建设特色鲜明世界一流大学要求的学科布局，构筑若干个国家高水平创新平台，建设一支高水平师资队伍，产生若干有影响的标志性成果，建成以信息、管理等学科为优势，以交通科学与技术为特色，多学科协调发展的国内一流、国际知名研究型大学，为建设特色鲜明世界一流大学奠定坚实基础。

《规划》提出“十三五”期间学校应实现“123”的目标。“1”即实现一个重点突破：学科建设水平实现突破。围绕主干学科，强化办学特色，建设若干一流学科，部分优势特色学科率先冲击世界一流水平。在高层次人才、团队与高水平项目、平台、成果等方面取得重大进展。“2”即确保两个显著提高：一是人才培养质量显著提高，学生综合素质特别是社会责任感、创新精神、实践能力得到进一步加强；二是学术影响力显著提高，具有契合国家重大发展战略的科技创新能力得到进一步加强。“3”即促进三个明显提升：一是大学治理能力明显提升，建成较为完善的现代大学治理体系；二是办学条件和保障能力明显提升，校园基础设施与环境适应建设研究型大学的需要，教职工收入高于北京同类高校平均水平；三是党建思想政治工作科学化水平明显提升，为建设特色鲜明世界一流大学提供坚强保证。

为实现上述目标，规划确定了学科建设、人才培养、队伍建设、科技创新、社会服务、国际合作交流、校园文化建设和党建思政等 8 个方面的任务，以及体制机制、信息服务、资源配置、校园建设等 4 个方面的支撑保障，提出了推进规划落实的措施。

2016

组 织 机 构

2016年成立和调整的学校部分委员会和领导小组

以下为2016年1月1日至12月31日学校部分委员会和领导小组成立及调整变化情况。

学校治理“小金库”工作领导小组

（2016年3月22日成立）

学校治理“小金库”工作领导小组负责审核《深入开展“小金库”专项治理工作方案》，狠抓治理工作的落实情况，对于检查发现的问题，提出处分与整改建议，建立治理“小金库”长效机制。

组　长：校长宁滨

副组长：副校长关忠良

校党委副书记、纪委书记颜吾佴

成　员：学校办主任、财务处处长、纪委副书记、监察处处长、审计处处长、房地产处处长、实验设备处处长、后勤集团总经理、人事处处长、科技处处长、社科处处长

领导小组下设治理“小金库”工作办公室：

主　任：财务处处长张真继

副主任：财务处副处长刘晓薇、监察处副处长吴俊、审计处副处长陶宏

成　员：财务处孙天骄、赵涓、孟永丽，监察处翁良殊，审计处吴振惠

学校国有资产清查工作领导小组

（2016年4月21日成立）

学校国有资产清查工作领导小组作为国有资产清查工作领导机构，全面组织和领导学校资产清查工作。

组　长：校长宁滨

副组长：副校长关忠良、孙守光

校长助理郑广天

组　员：财务处、国资处、图书馆、基建处、科技处、社科处、外联处、资产公司、后勤集团、威海校区管委会、学校办、审计处、人事处、纪委监察处主要负责人

领导小组下设学校资产清查工作办公室：

主　任：财务处处长张真继

副主任：财务处、国资处、图书馆、基建处、科技处、社科处、外联处、资产公司、后勤集团、威海校区管委会、学校办、审计处、人事处、纪委监察处分管负责人

成　员：财务处赵淑敏，国资处何凌、金妍，资产经营公司赵冉，后勤集团刘宝呈，威海校区卢茂楠

中共北京交通大学委员会“两学一做”学习教育协调小组

（2016 年 4 月 28 日成立）

组　长：曹国永、宁滨

成　员：颜吾佴、高福廷、高艳、陈峰、张星臣、孙守光、关忠良、刘军、余祖俊

协调小组下设办公室：

主　任：高艳

副主任：许安国、文海涛、蓝晓霞、王宏军

成　员：姚念龙、屈晓婷、陈志新、田永静

学校新建住房配租工作委员会

（2016 年 5 月 30 日调整）

主　任：孙守光

副主任：高福廷、关忠良

成　员：国资处（杨培飞）、工会（王雪松）、人事处（于洁）、财务处（张真继）、基建处（王德瑜）、离退休处（连会仁）、学校办（许安国）、宣传部（蓝晓霞）、后勤集团（翟儒）、审计处（孙蓝烽）、纪委监察处（王宏军）、居委会（吴刚）、教职工代表（赵成刚、汪维家、张绍茹、荣朝和、史红梅）

委员会下设学校新建住房配租保障小组和学校新建住房配租工作小组：

学校新建住房配租保障小组

组　长：高福廷

成　员：工会（王雪松）、离退休处（连会仁）、学校办（许安国）、宣传部（蓝晓霞）、审计处（孙蓝烽）、纪委（监察处）（王宏军）、教职工代表（赵成刚、汪维家、张绍茹、荣朝和、史红梅）

小组办公室设在校工会。

学校新建住房配租工作小组

组　长：关忠良

成　员：国资处（杨培飞）、工会（王雪松）、人事处（于洁）、财务处（张真继）、基建处（王德瑜）、教职工代表（赵成刚、汪维家、张绍茹、荣朝和、史红梅）

小组办公室设在国资处。

学校国有资产管理委员会

（2016 年 6 月 13 日调整）

主　任：宁滨

副主任：关忠良

成　员：学校办、财务处、国资处、科技处、社科处、组织部、人事处、图书馆、审计处主要负责人

办公室设在国资处。

北京交通大学120周年校庆筹备工作委员会

（2016年6月15日成立）

主　任：曹国永、宁滨

常务副主任：陈峰

副主任：颜吾佴、高福廷、高艳、张星臣、孙守光、关忠良、刘军、余祖俊、吴强、郑广天、徐宇工

委员会下设校庆办：

主　任：吴强

执行副主任：许安国、赵鹏、蓝晓霞、董海荣、孙长索、秦思阳、荆涛

副主任：刘彦青、王璁、王巍、宫宇、王冬梅、周阳、邓新华、徐劲松、白雁、杨金泉、李刚、安志强

主要成员单位：学校办、宣传部、科技处、财务处、国际处、国际教育中心、外联处、档案馆、基建处、后勤集团、团委、纪委监察处、学生处、人事处、工会、保卫处、离退休处、教务处、社科处、研究生院、研工部、审计处、图书馆、发展规划处、招生就业处、出版社、信息中心、体育部、校医院、威海校区、各学院校庆办设专职工作人员6人（由各部门抽调组成）。

另设综合协调工作组、督察工作组、文秘工作组、接待工作组、学生活动工作组、宣传文化活动工作组、学术科技和人才培养活动工作组、国际交流和留学生活动工作组、筹资及校友工作组、安保工作组、环境保障工作组、威海校区工作组等12个工作组，负责校庆专项工作。

学校项目管理工作领导小组

（2016年6月22日成立）

学校项目管理工作领导小组作为中央高校改善基本办学条件专项资金项目管理工作领导机构，全面组织和领导项目管理工作，负责项目规划的论证、编制、调整、组织实施等工作。

组　长：宁滨

副组长：关忠良、刘军

组　员：财务处、基建处、国资处、教务处、研究生院、审计处主要负责人

项目管理牵头部门为财务处，负责协调组织、督促推进项目管理全过程各项工作。

选举海淀区第十六届人大代表北京交通大学选区工作组

（2016年9月21日成立）

组　长：颜吾佴

副组长：高福廷、高艳、吴强、郑广天

成　员：许安国、文海涛、蓝晓霞、李彤、王宏军、王雪松、姚念龙、屈晓婷、秦思阳、 丁鹏玉、李长春、蒋大明、杨晓晖、张秋生、朱晓宁、马强、杜永平、和敬涵、赵岚、蔡红建、王虹英、黄晓慧、于亚光、吴萱、解郁、谷钧宏、陈志新、沈永清、崔迎春、裴劲松、康俊、王俊峰、李宏林、吴刚

办公室主任：许安国

办公室常务副主任：王巍

成　员：刘自尊、李丽丽、原晓敏、黄时萌、贠小琴、黄庆华

中共北京交通大学委员会统一战线工作领导小组

（2016 年 10 月 20 日成立）

组　长：曹国永

副组长：颜吾佴　高艳

成　员：学校办、组织部、宣传部、统战部、纪委监察处、学工部、国际处（港澳台办）、保卫部、教务处、研工部、人事处、各基层党委（党总支、直属党支部）等单位主要负责人

领导小组办公室设在统战部，办公室主任由统战部部长担任。

2016 年学校党委管理机构及负责人

表 1　2016 年学校机关部处负责人

单位	部长（主任、处长）	副部长（副主任、副处长）
学校办公室	吴　萱（女，—4.26，党办主任） 许安国（4.26—，党办主任） 赵　鹏（校办主任）	陈　颖（女，—8.17） 信　心 王　巍 吴轶婷（女，8.17—） 赵庆先（—7.22）
组织部（党校）	文海涛（女）	陈志新（女，—7.22） 田永静（女） 潘　金（8.17—）
宣传部	蓝晓霞（女）	宫　宇（女） 张立学
政策研究室	蓝晓霞（女，兼，5.4—）	赵庆先
统战部	李　彤（女）	
监察处	王宏军	吴　俊 翁良殊（女，8.17—）
纪委办公室	吴　俊（副处级）	
学生工作处（部） 武装部	姚念龙	张　博（—8.25） 王　巍（—8.25） 王　烜（女，6.20—） 王　皓（8.25—） 秦思阳（女，兼）
学生资助管理中心	姚念龙（兼） 屈晓婷（女，兼）	林　芳（女）
团委	秦思阳（女，副处级）	安志强 潘　金（—12.5） 李　刚 高　健（12.5—）
机关党委	高沁翔（—5.4） 解　郁（女，5.4—）	徐　民（副书记，6.30—）
保卫处（部）	孙长索（—6.6） 丁鹏玉（6.6—）	黄　宏（—7.22） 徐　民（—7.22） 刘英武（6.30—） 方宇鹏（8.25—）
离退休党委、 离退休工作处（部）	陈志新（女，书记） 连会仁（处（部）长，5.4—）	陈志新（女，兼副部（处）长） 薛成海 张岳强 连会仁（兼党委副书记，5.4—）
工会	高福廷（兼）	王雪松（女，常务副主席， 正处级） 周俞波

续表

单位	部长（主任、处长）	副部长（副主任、副处长）
教务处	李长春（—5.4） 戴胜华（5.4—）	衣立新（女，—6.30） 魏旺强 路　勇（女） 宋　瑞（女，6.30—） 董　俊（兼副处长）
教师发展中心	张星臣（兼）	李长春（常务副主任，—5.4） 戴胜华（兼常务副主任，5.4—） 许安国（兼副主任） 董　俊
科学技术处	蔡伯根（—5.4） 荆　涛（5.4—）	王冬梅（女） 张立伟（—7.22） 白明洲 宋国华（8.17—）
“2011 计划”管理办公室	冯海燕（女，副处级）	王　浩
人文社会科学处	毕　颖（女）	叶　龙
研究生院	宁　滨（兼）	刘志刚（常务副院长，正处级，—5.4） 李国岫（常务副院长，正处级，5.4—） 屈晓婷（女，兼） 荆　涛（—6.30） 绳丽惠（女） 刘世峰 刘吉强（6.30—） 郭雪萌（女）
研究生工作部	屈晓婷（女）	
在职专业学位研究生教育发展中心	郭雪萌（女，兼，副处级）	
人事处	许安国（—5.4） 李长春（5.4—）	宋　瑞（女，—7.22） 赵冠远 于　洁（女） 裘晓东（8.25—）
国有资产管理处	杨培飞（5.4—）	徐劲松（女，6.30—） 赵艳娥（女，7.18—） 郝志强（8.17—）
实验室与设备管理处	张家栋（—5.4）	赵艳娥（女，—7.18）
计划财务处	张真继	周　阳 刘晓薇（女） 曹宝忠（8.17—）
审计处	孙蓝烽（女）	陶　宏（女）
发展战略与规划处	刘　燕（女）	沙　迪
国际合作交流处 港澳台办	徐宇工（—5.4） 董海荣（女，5.4—）	刘彦青（女，兼，—8.17） 邓新华（女，—8.17） 陈保利（港澳台办副主任） 王　锋（7.12—） 吕　超（8.17—）
国际教育交流中心	刘彦青（女）	谭　洁（女，6.20—）

续表

单位	部长（主任、处长）	副部长（副主任、副处长）
招生与就业工作处（学生就业指导中心）	史贞军	黄晓慧（女，—8.25） 刘东平 梁　英（女，8.25—）
基建与规划处	王德瑜	张孝荣 王大勇（正处级，6.30—） 刘江涛（6.30—） 宋晓宇（6.30—） 祝虹煜（8.17—）
房地产管理处	杨培飞（—5.4）	刘英武（—8.17）
后勤管理处	连会仁（—5.4）	陈　剑（—7.12）
对外联络合作处	尹　澈（—4.1） 孙长索（5.4—）	徐劲松（女，—6.30） 白　雁（女） 张　博（6.30—）
信息化办公室、网络中心	贾卓生	王　锋（—8.25） 王　芳（女，8.25—）
新校区建设办公室	吴　强（—6.30）	刘江涛（—6.30） 宋晓宇（—6.30）
东校区开发办公室	王大勇（正处级，—6.30）	

表 2　2016 年学院党政负责人

单位	书记	副书记	院长	副院长
电子信息工程学院	蒋大明	王虹英（女，—6.20） 刘　颖（女，—8.25） 孙文博（6.20—） 刘　泽（8.25—）	陈后金	刘　颖（女） 戴胜华（—7.22） 周华春 闻映红（女） 刘　泽（8.25—）
计算机与信息技术学院	杨晓晖（女）	王浩业 董敬祝	钟章队（—4.26） 蔡伯根（4.26—）	韩　臻（正处级，兼，—8.25） 董敬祝 于双元（女，—8.25） 林友芳 刘吉强（—7.22） 李清勇（8.25—） 李浥东（8.25—）
国家保密学院			宁　滨（兼）	韩　臻（常务副院长，正处级） 杜　晔
经济管理学院	张明玉（—7.12） 张秋生（7.12—）	文映春（女） 崔永梅（女，—7.22） 施先亮（7.12—）	张秋生	张　力 施先亮 崔永梅（女） 郝生跃（—7.22） 华国伟（8.25—）
交通运输学院	朱晓宁	孙冬梅（女） 关　伟（—8.17） 姚恩建（8.17—）	聂　磊（女）	关　伟（—8.17） 闫学东（—8.25） 张晓东（—8.25） 姚恩建（8.17—） 何世伟（8.17—） 景　云（8.25—） 孟令云（8.25—）

续表

单位	书记	副书记	院长	副院长
土木建筑工程学院	魏庆朝（—4.26） 马　强（4.26—）	孙慧环（女） 马　强（—7.22） 韩　冰（8.17—）	张顶立	马　强（—7.22） 杨庆山（—8.25） 张鸿儒（—8.17） 高　亮 韩　冰（8.17—） 杨　娜（女，8.17—） 陈立宏（8.25—）
机械与电子控制工程学院	杜永平	王　烜（女，—6.30） 李国岫（—7.22） 潘显钟（6.30—） 房海蓉（女，7.12—）	李建勇	李国岫（—7.22） 刘志明（—8.25） 房海蓉（女） 邱　成 史红梅（女，8.25—） 郭　盛（8.25—）
电气工程学院	和敬涵（女）	丁金凤（女） 吴命利	姜久春（—4.26） 和敬涵（女，代理院长，4.26—）	王立德（—8.25） 王　毅（—8.25） 王健强 吴命利 王喜莲（女，8.25—） 夏明超（8.25—）
理学院	解　郁（女，—4.26） 赵　岚（女，4.26—）	丁鹏玉（—7.12） 刘　晓（—7.22） 刘　颖（女，7.12—） 于永光（7.12—）	冯其波	张希清（—7.22） 修乃华（—7.22） 刘　晓（—7.22） 于永光 刘玉婷（女，8.17—） 滕　枫（8.17—） 丁克俭（8.17—）
马克思主义学院	蔡红建	杨　蔚（女） 李效东（6.20—）	韩振峰	杨　蔚（女） 李效东
语言与传播学院	赵　岚（女，—4.26） 王虹英（女，4.26—）	高永峰（女） 郝运慧（8.25—）	司显柱（—5.4） 闫学东（5.4—）	杨若东 郝运慧（8.25—）
软件学院	于亚光（女，—4.26） 黄晓慧（女，4.26—）	段春荣	卢　苇	赵　宏（女，—8.17） 段春荣 魏小涛（8.17—） 张振江（8.25—）
建筑与艺术学院	李　彤（女）	陈劲松（女）	夏海山	陈劲松（女） 王丽君（女，—7.22） 张　野（8.17—） 佘高红（8.25—）
法学院	文海涛（女，兼，-4.26） 于亚光（女，4.26—）	王　莹（女）	南玉霞（女）	王　莹（女） 陶　杨（—10.10） 李巍涛（8.25—）
威海国际学院			徐宇工（兼）	李宏林（常务副院长，正处级，5.5—） 白延雷

表 3　2016 年学校直属单位负责人

单位	书记	副书记	院长（主任、总经理）	副院长（副总经理）
远程与继续教育学院	吴　萱（女，4.26—）	徐晓玉（女，兼）	司银涛	徐晓玉（女） 肖贵平（女） 李绍斌（8.25—）
图书馆	裴劲松		韩宝明（—12.17） 衣立新（女，6.6—）	郑　兰（女）
档案馆			郑铁锤（—5.4） 王　琔（5.4—）	王　琔（正处级，—8.25） 陈　颖（女，6.30—） 于　洁（女，兼）
后勤服务产业集团	谷钧宏	郝志如（女）	翟　儒	张　重（—3.1） 李燕华 杨金泉 郝志如（女） 陈　剑（7.12—）
校医院	康　俊（女，副处级）		孔令伟（女，副处级）	孙亚慧（女） 卢云涛（女） 刘红军（女）
体育部	崔迎春（女，副处级）		郑　超（正处级）	崔迎春（女，兼） 留森华（兼学校体委常务副主任，副处级）
资产经营有限公司	沈永清（兼）		沈永清	廖涌泉 何　青（女）
科技园有限公司			廖涌泉（副处级）	
出版社			章梓茂	
首都大学生思想政治教育研究中心办公室			颜吾佴（兼）	孙军昌（副处级）
国家重点实验室	王俊峰（副处级）			王俊峰
国家轨道交通技术教育与服务中心			朱晓宁	王　刚（8.25—）

续表

单位	书记	副书记	院长（主任、总经理）	副院长（副总经理）
国家轨道交通安全评估研究中心				郑　伟

注：2016年机构变动情况

1. 2016年3月3日，经学校党委常委会研究决定，撤销“房地产管理处”“实验室与设备管理处”“新校区建设办公室”“东校区开发办公室”“后勤管理处”；原“房地产管理处”与原“实验室与设备管理处”合并，成立“国有资产管理处”；原“新校区建设办公室”、原“东校区开发办公室”与“基建与规划处”合并成立新的“基建与规划处”。

2. 2016年3月11日，学校正式发文将“人文社会科学学院（马克思主义学院）”更名为“马克思主义学院”（2015年12月31日学校党委常委会研究决定）。

3. 2016年4月11日，经学校党委常委会研究决定，设立直属单位与机关党委，撤销原机关党委。

4. 2016年4月16日，学校正式发文成立北京交通大学滴滴共享交通大数据研究中心（2015年12月31日校长办公会研究决定）。

5. 2016年7月22日，经学校党委常委会研究决定，成立北京交通大学中国马克思主义与文化发展研究院。

6. 2016年10月10日，经学校党委常委会研究决定，威海国际学院直属党支部调整为党的总支部委员会。

7. 2016年10月19日，经校长办公会研究决定，成立北京交通大学交通系统科学与工程研究院。

8. 2016年11月21日，经学校党委常委会研究决定，政策研究室划转挂靠宣传部，孔子学院工作办公室划转挂靠国际教育交流中心。

9. 2016年12月1日，经校长办公会研究决定，成立北京交通大学中国铁路法研究中心、列车运行控制系统测试实验室、北京综合交通发展研究院。其中列车运行控制系统测试实验室自2016年1月起开始运行，北京综合交通发展研究院自2016年3月起开始运行。

2016

党群与思想政治工作

综合工作

【概况】

2016 年，学校党政综合工作发挥参谋助手、综合协调、服务师生、检查督促职能，制定《学术委员会章程（试行）》和《北京交通大学威海校区管理暂行办法》，起草学术委员会建设方案、《北京交通大学视觉形象识别系统管理方案》，修订《北京交通大学校长办公会议制度》，起草《北京交通大学公务用车制度改革工作方案》和《北京交通大学公务用车制度改革实施方案》，高质量完成综合协调、文稿起草、公文管理、信息报送、信息公开、信访接待、督查督办、法制建设等各项工作。

（刘自尊　刘　寞　宋　阳）

【综合服务】

完成各类重要会议的讲话、报告以及学校党政重要文件的起草，共计 60 余件近 20 万字。印发《北京交通大学通报》4 期，编辑刊载学校重要会议领导讲话 4.5 万余字。

完成 1 次党委全委会、14 次校长办公会会务工作。完成校长办公会议 70 余项议题的收集、整理和 14 次会议的组织、记录，形成纪要 3 万余字。加强信息化建设，实现校长办公会材料无纸化。做好校领导班子碰头会的协调服务工作，组织撰写《校领导班子碰头会纪要》18 期。

协调解决教职工子女入学北方交通大学附属中学、北方交通大学附属小学，与海淀区教委合作建设北方交通大学附属中学、北方交通大学附属小学，起草《北京交通大学支持交大附中、附小发展项目》和《北京交通大学支持交大附中、附小发展工作方案》。

深入贯彻落实中央八项规定和学校据此制定的实施细则，公务活动中严格按照“无公函一律不接待”的要求和“确有必要”的原则安排调研交流工作。加强校级会议及公务活动协调管理，严格执行校领导公务活动申报制度，按照“确有必要、节俭务实”的原则，强化会议活动的协调管理。完成中共中央政治局委员、北京市委书记郭金龙同志，教育部部长陈宝生同志，交通运输部部党组书记杨传堂同志来校调研；中国高等教育学会会长瞿振元来校，交通大学美洲校友总会回校巡访，南宁市政府、烟台市政府、中国铁路建设投资公司、上海申通地铁、中央财经大学、兰州交通大学来校等重要来访接待工作。

（王舒驰　宋　阳）

【公文管理】

审核发文 800 余份，文字量近 80 万字。认真落实学校《公文处理规定》有关要求，做到普通公文审核期限一般不超过 2 个工作日，紧急公文审核期限一般不超过 1 天，特急公文及时审核；普通公文印制期限一般不超过 2 个工作日，紧急公文随时印制。参与学校新入职员工和新提任干部公文培训。根据学校章程、机构调整和相关情况变化，调整公文处理相应办法，新增两类发文字号。

全年运转各类公文 3 104 件，其中上级单位和其他单位来文（含传真、传阅文件）

1 538 件，校领导批转临时文件 180 份，校内发文 898 件，校内各单位请示、报告类文件 488 件。上报各类回执 40 件，办理处级领导干部的请假单 316 份，转呈党委常委会纪要 30 期、校长办公会纪要 14 期，协助国际处代办运转出国（境）审批材料及代各部门转呈校领导材料 900 余份，联系送交法律顾问审核拟发文规章制度及法律文书 23 件，编发《要文回顾》18 期。制定《网上公开发布国务院文件下载和运转办法》。完成教育部收文平台升级更新。完成上一年度文件归档工作，共归档 29 类 94 卷文档。

制定《北京交通大学机要文件管理办法（试行）》。完成密码工作自查。本年度机要渠道收到并运转文件 1 200 余份。按照市委要求全数退还 2015 年中办、市委文件。

（王舒驰　袁　芳　李丽丽）

【信息与统计】

及时向教育部和市委教工委反映学校师生动态、重大事件、改革举措、特色工作的信息，完成教育部办公厅历次相关约稿任务，采写编发《北京交大信息》50 期 5 万余字。落实节假日及敏感期每日信息零报告制度，向教工委编报安稳信息 33 期。

完成 2016 年年报的编辑制作。完成教育事业统计工作。学校获评年度教育事业统计工作质量评估优秀单位一等奖，李丽丽同志获评优秀个人一等奖。作为牵头单位之一协调高等教育质量监测国家数据平台数据采集工作，配合完成中国大学评价指标体系、本科教学质量年报、能耗限额调查、能耗评价、学校画册、学校简介等数据核对及上级单位临时性调研统计等工作。

（王舒驰　李丽丽　袁　芳　马相阳）

【督查督办】

定期开展对折子工程、党委常委会、校长办公会议决事项和主要校领导批示事项的督促检查工作，形成督办情况报告。围绕校领导班子整改方案落实情况、议题计划和章程配套规章制度立改工作开展专项督办。做好日常文件督办。协调假期校领导巡访并编制工作简报。

（刘自尊　姚　远）

【信息公开】

完成 2016 年信息公开总结报告，根据教育部要求编制《2015—2016 学年度北京交通大学信息公开报告》，对教育部要求公开的 50 项信息公开内容全部给予公开，第三方评价良好。接受依申请信息公开 1 件，妥善处理信息公开诉讼 1 件。

（刘　寞）

【信访工作】

全年处理日常接访（含书记校长信箱）245 件，对留有联系方式的来访人员，协调部处按照时间期限予以答复，妥善处理信访案件。编发年度《信访工作简报》1 期，梳理信访重点人档案，更新 2016 年信访重点人台账，对现有重点人和突出矛盾建立分级预警机制。落实信访协同办公机制，形成有效联动格局。加强司法途径分类引导，依法多渠道化解信访矛盾。

（马相阳）

【定点扶贫】

2016 年度学校定点扶贫工作共投入资金 14 万元，全年赴定点扶贫县考察 43 人次，协

调曹国永书记等校领导赴定点扶贫旗县调研考察。协调学校投入资金 10 万元，科左后旗政府配套资金 10 万元，支持科左后旗甘旗卡镇新胜屯村贫困村民发展“养种结合”脱贫致富，被《人民日报》报道。首次协调学生艺术团和学生暑期社会实践团赴科左后旗开展社会实践活动。选调学校工会副主席周俞波同志赴科左后旗挂职副旗长，配合学校其他相关部门对在科左后旗挂职村第一书记期满的高健同志进行离任考核。协调学校新一期研究生支教团 4 人到科左后旗开展支教工作。在教育部举办的“直属高校精准扶贫精准脱贫十大典型项目”评选活动中，学校帮助科左后旗制定交通、旅游、物流三项规划项目成功入选。

（宋　阳）

【120 周年校庆工作】

两岸五所交通大学在北京交通大学议定共庆方案，在北京交通大学发布校庆纪念邮票、设立文化发展基金和发布《交通大学北京宣言》。学校设计“3 条主线、12 项核心活动、36 项重点活动、120 项整体活动”，线下覆盖超过 2 万人，线上点击率超过 300 万人次。国务院副总理刘延东、全国人大常委会副委员长严隽琪，以及郭金龙、王安顺、陈宝生、盛光祖和杨传堂等领导同志以各种形式向学校 120 周年校庆表示祝贺。中央电视台、人民日报等媒体报道 200 余篇次。近 5 000 名国内外校友在校庆日返校。近 500 名海外嘉宾参加各类校庆活动。近 3 000 名师生志愿者和一大批服务保障部门的教职员工为校庆提供服务。“点亮京津冀”主题宣传反响强烈。“交大梦”筹资计划超过亿元。校党委专门召开 120 周年校庆总结表彰大会，对 17 个先进集体、354 名先进个人表彰。

（王　巍）

【配合教育部巡视】

完成全过程联络协调、会议服务和后勤保障等工作。牵头负责入校检查相关材料准备，先后 9 次向巡视组提交各类文件 1 000 余份。完成巡视组谈话和座谈会组织工作。撰写学校党委工作报告等重要文稿，参与撰写学校巡视整改报告并印发相应通报 1 期。

（王　巍　刘自尊　姚　远）

【海淀区人大代表换届选举】

学校选举办按照海淀区总体要求完成各项工作。11 月 15 日，海淀区第十六届人大代表选举北京交通大学选区进行投票，白冰、王玉凤、全欣当选区人大代表。

（王　巍）

组 织 工 作

【概况】

2016 年学校组织工作以“两学一做”学习教育、处级干部换届聘任、二级党组织换届和筹备召开学校第十一次党员代表大会为契机，坚持突出重点工作，夯实基础工作，为推进特色鲜明世界一流大学建设提供思想、政治和组织保障。

（陈　尘）

【“两学一做”学习教育】

向全体党员发放学习读本。召开动员大会、专题集中学习大会、二级党组织书记工作会、交流推进会、校内巡回督导组工作会等。提炼典型案例，开展典型做法工作交流。迎接北京市督导组督导员入校督导相关工作。完成合格党支部建设规范和合格党员行为规范的制定。制作并印发《学习教育工作简报》4 期。

（陈　尘）

【二级党组织换届及学校党代会筹备】

制定《中共北京交通大学委员会关于 2016 年二级党组织换届工作实施办法》，召开二级党组织换届工作部署培训会，坚持从严治党，规范换届程序，严肃换届纪律，全程指导、推进学校二级党组织换届工作。按照学校党委工作部署，做好党代会各项筹备工作。

（陈　尘）

【教育部巡视和选人用人专项检查】

按照教育部巡视组和人事司选人用人专项检查组工作安排和要求，积极配合教育部巡视和选人用人专项检查工作。

（陈　尘）

【党员组织关系集中排查及党费收缴补交】

按照上级工作部署和要求，制定《关于开展党员组织关系集中排查的工作方案》，召开集中排查培训会和工作推进会，认真排查，共有 95 名失联党员回到党组织。对违法违纪党员进行摸排，对 1 名违纪党员进行处分。制定党费补缴收取工作方案，深入调研，相关部处和二级党组织共同研究相关工作，稳妥有序推进党费补缴工作。

（陈　尘）

【干部队伍建设】

按照教育部有关工作部署和要求，完成校级领导副职后备人选推荐工作。按照学校党委工作部署，完成处级干部换届工作，制定印发《关于开展处级干部任期考核工作的通知》《北京交通大学党政领导干部选拔任用工作实施办法》《北京交通大学党政处级领导干部换届聘任工作实施办法》《北京交通大学处级领导干部竞争上岗工作规程（试行）》等文件，贯彻落实《党政领导干部选拔任用工作条例》，严格工作程序，认真落实纪实制，扩大干部工作民主和信息公开，完成干部换届相关工作。115 名处级干部继续在原岗任职，23 名干

部轮岗交流，21 名“双肩挑”干部转到教学岗，提拔任职 52 人，其中民主推荐党委提名考察任职 28 人、竞争上岗 24 人。

加强干部教育培训工作。制定 2016 年干部教育培训计划，组织 29 位处级以上干部赴延安开展体验式实践培训学习，结合“两学一做”开展全体中层干部专题培训，组织开展新提任处级干部培训，组织校领导参加教育部选调培训和中国干部网络学院网上专题班学习，选派 9 位处级干部参加上级选调培训，督促处级干部按时完成 40 学时的在线学习任务。

制定《关于进一步加强和规范处级及以上干部因私出国（境）证件和因私出国（境）管理工作的通知》《中共北京交通大学委员会关于处级及以上党政领导干部兼职管理办法》《中共北京交通大学委员会关于贯彻落实中组部<关于组织人事部门对对领导干部进行提醒、函询和诫勉的实施细则>的办法》等文件，规范领导干部因私出国（境）管理、干部兼职管理，促进干部自觉践行“三严三实”。

做好干部个人有关事项报告相关工作。完成 2015 年度处级干部个人有关事项报告核查处理、2016 年处级干部换届重点抽查核实，对换届工作中拟继续任职、拟转任重要岗位、拟提任处级干部考察对象共 100 多人的个人有关事项重点抽查核实；初步完成 2016 年干部个人有关事项随机抽查核实工作，对核查反馈与填报信息比对不一致的干部进行谈话、批评教育，落实补充填报及后续工作；完成十八大以来干部个人有关事项报告核查情况总结。

完成干部考核工作。制定 2015 年度中层干部考核办法，对 205 名中层干部进行年度考核，对 12 名处级干部进行试用期满考核，对 189 名现职处级干部进行任期考核。组织完成校领导及领导班子 2015 年考核及述职大会；协助教育部组织召开校领导班子民主生活会，完成相关材料撰写和会后材料报送工作；督促各二级党组织召开民主生活会。

做好后备干部和人才队伍建设工作。结合干部换届做好处级后备干部队伍建设；选派干部赴内蒙古科左后旗挂职；配合市委组织部做好“人才京郊行”和“博士服务团”选派工作，推荐 2 名年轻教师分别到云南省和北京市平谷区挂职锻炼；组织做好有关人才荣誉称号及人才培养资助项目申报，机电学院李德才教授获评“北京市第十二批有突出贡献的科学、技术、管理人才”、2 名教师获评“北京市优秀青年人才”、1 名教师获得“北京市优秀人才培养资助项目”资助。

（陈　尘）

【基层党组织和党员队伍建设】

组织二级党组织书记述职评议考核。严格党内组织生活，开展党支部“三会一课”落实情况检查。开展以庆祝建党 95 周年、纪念长征胜利 80 周年为主题的党日活动。排查党支部换届工作，建立工作台账，督促未按时换届的党支部及时换届。改进和完善党组织设置，经学校党委常委会审议，将机关党委调整为直属单位与机关党委，将威海国际学院直属党支部调整为党总支。

加强党员管理服务及教育培训工作。为各党支部发放《向榜样学习》等多种学习资料，组织党务秘书开展“党建工作平台”专题培训，完成全校党员的信息导入工作，获 2015 年度北京高校党内统计及分析报告全优奖。制定学生党员先锋工程实施计划，开展党员教育培训工作规划中期检查评估，组织开展党员骨干参加的系列理论讲座，指导二级党组织督促教职工党员按时完成在线学习任务。

做好评先表彰与党内激励关怀帮扶工作。组织开展先进基层党组织、优秀共产党员、优秀党务工作者评选及向教工委的推荐工作。组织基层开展庆祝建党 95 周年系列活动，召开表彰大会，表彰 10 名优秀共产党员标兵、10 名优秀党务工作者、100 名优秀共产党员、20 个先进基层党组织，1 名优秀共产党员获“北京市优秀共产党员”荣誉称号。在春节、“七一”前夕组织开展老党员和困难党员走访慰问工作，做好困难党员的日常慰问。

（陈　尘）

【党校工作】

开展第 69 期和第 70 期党课培训，共培训入党积极分子 1 712 人，升级入党积极分子在线学习与考试系统。开设发展对象培训班 20 个班次，培训发展对象 1 025 人。向发展对象培训班学员发放调查问卷，了解掌握党课教师授课情况和学员学习情况，完善相关教学内容，提高培训质量。

（陈　尘）

【党建研究】

完成北京高校党建难点项目“强化大学生思想入党”课题研究，形成相关制度 4 项，理论成果 3 项，工作案例 3 项，调研报告 2 篇，公开发表文章 1 篇。

（陈　尘）

【发展党员】

制定 2016 年党员发展计划，核定二级党组织发展党员指标数，督查二级党组织发展党员指标落实情况，指导二级党组织对党员发展工作进行自查。全年发展党员 844 名，其中发展教职工党员 14 名、学生党员 830 名。

（陈　尘）

宣传思想工作

【概况】

2016 年，学校宣传思想工作围绕学校“十三五”规划和折子工程，以贯彻落实中共中央办公厅、国务院办公厅《关于进一步加强和改进新形势下高校宣传思想工作的意见》为主线，以做好校庆宣传为重点，制定学校《关于进一步加强和改进新形势下宣传思想工作的实施意见》《关于进一步加强宣传思想工作队伍建设的实施意见》，首次集中开展校园新媒体平台备案，推动新闻宣传研修基地建设，完善体制机制，加强阵地建设，创新方法手段，全面提升校园媒体质量，努力拓展对外宣传，为学校改革发展和“双一流”创建营造良好的舆论环境。

（王瑞霞）

【理论学习】

紧紧围绕“两学一做”、党的十八届六中全会、习近平总书记系列重要讲话等内容，通过个人自学、辅导报告、学习研讨等多种形式抓好学习宣传。制定校院两级中心组学习指导意见，以学习研讨为主要形式强化学习效果，全年组织校院两级中心组学习 10 场次，先后有 20 余人次作交流发言。做好“两学一做”学习教育，加强专题网站建设。积极推进理论研究和宣传，组织撰写多篇理论文章，在人民日报、中国高等教育等主流媒体主动发声。

（王瑞霞）

【意识形态工作】

完善意识形态工作责任制和相关管理办法，推进阵地管理规范化制度化。加强讲座论坛报告会日常管理，全年审批备案校内活动 300 余次。围绕重要节点开展师生思想动态调查，及时跟踪把握教师思想动态。

（王瑞霞）

【教职工思想政治教育】

开展第四期青年教师暑期学校，覆盖全校 13 个学院和直属单位近 180 名青年教师，理论教学环节邀请徐艳国、楚树龙、韩震等专家作辅导报告，实践环节分赴井冈山和延安锻炼。推进教职工政治理论学习常态化，以全国“两会”精神、长征胜利 80 周年、十八届六中全会精神等为重点，督促指导二级党组织开展教职工集中学习；及时订购发放书刊资料 10 余种，精心编印宣传通讯 3 期近 1 500 册。选送 30 余名教师参加中央部委和北京市组织的学习研修培训。推荐报送北京高校青年教师社会调研成果 10 项，共有 7 个项目获奖，其中 6 个项目获评一等奖，1 个项目获评二等奖。组织开展马克思主义经典著作、长征精神等主题征文活动。

（王瑞霞）

【媒体宣传】

官方微信共推送 279 篇，阅读总量超过 233 万，篇均阅读数 8 317；阅读总次数超过 324 万，篇均阅读次数 1.1 万次。3 条 10 万+，5 篇超过 5 万，16 篇超过 2 万，50 篇超过 1 万。单篇最高阅读量超过 37 万。荣获今日头条颁发的“高校新媒体先锋”荣誉奖杯，获得腾讯微校发布的“全国高校公众号排行榜”第二名。官方微博共发布博文 2 800 余篇，单条最高阅读量突破 100 万人次。开展校庆大会等 10 场大型活动直播。在全国高校官方微博影响力排名中，3 次进入全国前 5，全年排名位列全国前 20。校园新闻网改版升级，在线投稿系统上线运行。完成旧网站内容迁移工作。校园新闻网全年发布校园新闻近 2000 篇，访问总量超 200 万。各媒体发挥典型引路作用，全年报道优秀师生典型 52 人。摄影完成 335 场拍摄，图片总量达 297GB，向校内外媒体提供新闻用图 2 700 余张。电视台播发 40 余期 600 多条电视新闻，全年摄制新闻素材约 600 小时。完成 5 部短视频作品。广播站制作 480 期节目，主办“中华诵、春之声”朗诵艺术晚会。对外宣传开展专题报道 24 次，全年重点媒体文字报道近 500 篇次，千字以上近 200 篇，整版报道 11 篇次，头版头条 3 篇次；头版、头条报道 35 篇次；电视新闻 77 条；5 家以上媒体集中报道 24 次。联系沟通媒体记者 400 余人次。

校庆宣传完成 1 部校庆形象宣传片、1 部校庆微电影、1 次主题展览展示、1 批文化成果、1 批重磅报道、一系列原创推送。共有中央电视台新闻联播，人民日报、光明日报等国家媒体 13 万余文字总量的深度报道 50 余篇次。官方微信 3 篇推送（1 篇今日头条）阅读量突破 10 万+，1 篇微信凭借 37 万+的阅读量获 2016 年教育部直属高校微信热文榜榜首，在全国最具公信力微信排行榜两次位居全国高校榜首。官方微博校庆大会、晚会全程视频直播观看人数超过 150 万人次，单个话题最高阅读量突破 1 000 万人次，校庆当天位列新浪微博教育榜热门榜单第 3 名。

（王瑞霞）

【校园文化建设】

完成首批校园文化研究课题结题、第二批中期检查、第三批课题申报立项工作。围绕 120 周年校庆策划出版《世纪交大》《金士宣》等三大类 10 本文化成果丛书，召开丛书发布仪式，校庆当天免费向师生校友赠阅丛书 1 200 余册展示学校校史及文化研究成果。在校内制作橱窗展板 41 块展示学校近年来办学成果。在《人民日报》《中国高等教育》《铁道学报》等报纸杂志策划设计封面及版面，进行学校形象宣传。设计、制作、修订学校中英文宣传画册，总结提炼“交大始创”专题内容。完成曾鲲化、叶恭绰等交大历史人物雕塑立项工作。

（王瑞霞）

统 战 工 作

【概况】

2016 年学校统战工作落实中央统战工作会、全国高校统战工作会议精神，着力加强党外知识分子思想政治引导和党外代表人士队伍建设，推动改革创新，拓展工作平台，服务学校中心。10 月 20 日，成立由校党委统一领导、统战部牵头协调、有关部门及二级单位党组织共同参与的统战工作领导小组。

（王铁江）

【宣教培训】

对党员干部进行统战理论、方针、政策的宣传教育和培训。10 月 28 日学校召开统战工作培训会，传达中央统战工作会、全国高校统战工作会议精神，解读《中国共产党统一战线工作条例（试行）》，对当前和今后一个时期学校的统一战线工作进行部署，并就做好少数民族大学毕业生就业创业工作提出要求。

（王铁江）

【党外知识分子工作】

组织党外知识分子认真学习、贯彻党的十八大精神和习近平总书记系列重要讲话精神。1 月 21 日，学校召开统战人士迎新春座谈会，通报过去一年学校主要工作，传达中央统战工作会议和文件精神，统战人士结合自身工作，围绕学校新时期深化改革面临的问题及教学科研、学风建设、办学特色、国际合作、依法治校等方面，提出许多重要意见和建议。 4 月 8 日邀请全国政协委员和国务院参事传达“两会”精神，做好政策形势宣讲。

10 月 14 日，组织统战人士到军事博物馆参观“英雄史诗 不朽丰碑”——纪念中国工农红军长征胜利八十周年主题展览， 赴北京西山国家森林公园无名英雄纪念广场参观学习，加强党外知识分子的爱国主义、革命传统教育和多党合作的优良传统教育。

组织党外知识分子参与北京市教工委统群处举办的“高校统战大讲堂”活动。9 月在党外知识分子中开展问卷调查活动，就学校党外知识分子思想状况、政治诉求状况进行调研。

12 月 27 日，成立党外知识分子联谊会，校党委书记曹国永为联谊会揭牌，钟章队教授当选会长。

（王铁江）

【党外代表人士工作】

重视党外人士的培养选拔。6 月，推荐电信学院裴丽教授参加市委统战部在社会主义学院举办的北京市第九期无党派人士培训班。11 月，推荐无党派人士贾顺平教授参加市委统战部和市教工委共同举办的 2016 年北京高校党外代表人士高级研修班。贾顺平参加了市内理论学习和重庆实践调研活动，并作为高校无党派人士代表在大会上交流发言。

积极推荐党外代表人士担任区人大代表、政协委员，认真做好换届工作。换届后学校有 2 名海淀区党外人大代表、2 名海淀区党外政协委员，另有 1 名无党派人士担任海淀区侨联常委、3 名党外人士担任了中央统战部六局信息员。

选拔符合条件的党外代表人士进入教学、科研、管理等领导岗位。学校处级干部换届后，党外处级干部有 18 人，其中正处职 7 名，党外干部的比例有所提高。

5 月，北京市围绕推进京津冀协同发展主题启动第二批党外代表人士项目挂职锻炼工作，学校推荐经管学院张菊亮教授参与挂职市商务委的环京津冀鲜活农产品 1 小时物流圈建设项目已获批准。

（王铁江）

【民主党派工作】

支持和帮助民主党派加强自身建设。及时向民主党派成员传达中央有关统战工作的文件精神，组织学习和座谈，了解他们所关心的热点问题。支持民主党派负责人参加民主党派中央或市委组织的各种报告会、培训班、考察与调研，支持民主党派自身开展的各种公益活动、创建精神文明、敬业爱岗、提高素质的教育活动等。主动与民主党派上级组织加强联系与沟通，积极推荐学校民主党派成员到党派各级组织和专委会任职，扩大学校民主党派在北京市和海淀区的影响。民主党派区委进行换届后，建艺学院夏海山教授当选为九三学社海淀区委副主委；经管学院张菊亮教授当选为致公党海淀区委委员。

协助民主党派开展考察发展工作。进一步加强与各基层党委的联系与沟通，按计划、保质量地协助民主党派发展新成员。对于考察中存在明显问题的人员，如实向相关民主党派组织反馈，保证民主党派成员的发展质量。

（王铁江）

【民族宗教工作】

贯彻党的民族宗教政策，在师生中进行马克思主义民族观、宗教观的学习和宣传教育，传达学习全国民族、宗教工作会议精神，提高对宗教工作重要性、复杂性、长期性的认识，增强做好新时期宗教工作的责任感和使命感。

关心少数民族学生的思想、学习和生活，为他们创造条件，过好民族节日。学校统战部和学生工作部根据国家有关政策规定，按时给少数民族教职工发放开斋节补贴，给清真食堂拨付一定的开斋节聚餐活动费；临近毕业，分别召开藏族、维吾尔族学生座谈会、聚餐会。学校开展各种活动时，尊重少数民族学生习惯，并尽力为少数民族贫困学生优先提供勤工助学的机会以及其他经济资助。

按照一视同仁、照顾特点的原则，做好少数民族干部和少数民族党外代表人士的选拔培养工作。3 月，向市教工委推荐 3 人作为北京市高校少数民族代表人士。

（王铁江）

【港澳台侨工作】

在师生中开展“一国两制”方针政策的宣传教育，维护和促进祖国统一。组织港澳台学生开展多种形式的文化交流活动，增强他们对祖国的认同感和归属感。关心港澳台学生的学习生活情况，通过座谈、调研等方式侧面了解学生的思想动态，密切联系在校港澳台地区，包括交换的学生。

支持侨联工作，11 月 22 日承办第十五届北京市高校侨联中区片会，研究探讨新形势下开展侨联工作的做法和体会，15 所高校侨联及统战部代表共 40 余人参会。关心老归

侨、侨眷，启动新一轮温馨工程，聘用 3 名大学生，与 3 个归侨侨眷家庭结对进行信息交流与服务。发挥专业优势，积极开展科学普及工作，服务社会。侨联委员、电气学院新归侨杨中平教授为北京实验二小学生举办两场高铁科普讲座，普及高铁知识，安排学生参观学校牵引传统实验室和国家重点实验室的模拟驾驶台，赠送高铁模型。配合学校人才培养的需要，发挥侨的优势引智引资。牵线美国 SIE 国际暑期学校联盟与北京交通大学合作办学，与学校国际教育交流中心签订协议，11 月获得学校批准。

（王铁江）

纪检监察工作

【概况】

2016 年学校纪检监察工作深入贯彻落实中央纪委六次全会、教育部和北京市教育系统党风廉政建设工作会议精神，结合“两学一做”学习教育活动和落实八项规定精神回头看开展工作，聚焦监督执纪问责，履行纪律检查和行政监察两项职能。

（翁良殊）

【宣传教育】

结合 “两学一做”教育，开展党纪党规教育。6 月，校党委副书记、纪委书记颜吾佴为全校中层干部、党员骨干逐条解读《中国共产党章程》。4 月和 9 月，颜吾佴结合案例分别给威海校区和全校中层干部逐条讲解《中国共产党廉洁自律准则》和《中国共产党纪律处分条例》。纪委监察处负责人对毕业研究生党员开展党纪党规教育，对新提任干部进行党纪党规专题培训。通过党纪党规教育，进行正面引导和警示教育，进一步筑牢全校党员拒腐防变思想道德防线。

紧扣五一、十一、教师节、开学前后及学校 120 周年校庆等重要时间节点，通过印发《关于进一步落实中央八项规定精神的通知》等多种形式，对党员特别是党员干部开展讲纪律、守规矩的宣传教育。

（翁良殊）

【落实监督责任】

认真部署党风廉政工作任务，起草《2016 年党风廉政建设工作要点》。3 月份，召开 2016 年党风廉政建设工作会议，学习传达上级党风廉政建设会议精神，总结学校 2015 年党风廉政建设和反腐败工作。校党委书记曹国永、纪委书记颜吾佴分别传达中央、教育部和北京市委的精神，部署 2016 年工作重点，对各级党组织、广大党员干部提出工作要求。

编制学校党风廉政建设“十三五”规划，将全面落实党委的党风廉政建设主体责任和纪委的监督责任、加强纪律建设、加强党风廉政建设和廉洁文化建设、健全责任追究机制作为“十三五”党风廉政建设工作的重要内容。

（翁良殊）

【贯彻落实中央八项规定精神】

将贯彻落实中央八项规定和学校十九条实施意见情况列入党风廉政建设责任制考核内容，检查结果作为评价各级领导班子和主要负责人落实党风廉政建设责任制情况的重要依据。把八项规定的执行情况纳入干部管理和年终考核。加大作风监督检查力度，通过自查自纠、重点抽查、信访受理等方式，不断加强对贯彻落实八项规定情况的经常性监督检查。

为落实《教育部办公厅关于开展中央八项规定精神落实情况回头检查工作的通知》，纪委监察处牵头对 2015 年 11 月以来校内各单位的公务用车、公务用房、公务接待、公款出

国等落实情况开展回头检查。各主责部门在主管校领导带头下组织校内相关单位和部门进行自查，对于自查发现的问题即查即改，起草《北京交通大学关于开展中央八项规定精神报告情况回头自查工作的报告》。

协助巡视组开展对学校党风廉政建设工作的巡视检查工作，认真落实巡视组交办的工作任务。

（翁良殊）

【监督检查】

加强对拟提职、平调和外调干部的监督检查，并提出书面意见，对干部换届中收到的信访举报和问题线索进行核查。处级干部选拔竞聘，重点把好资格审查、竞职答辩、考察谈话、任前公示等环节的监督关，严格执行干部选拔、聘任工作纪律。加大干部任前廉政谈话力度，提高谈话的针对性，校党委副书记、纪委书记与 10 名新提任正处级干部进行单独廉政谈话，与全校中层干部进行集体廉政谈话；纪委副书记、监察处处长与 42 名新提任副处级干部进行单独廉政谈话。

在加大对物资采购招标、投标、开标、评标、定标各环节的监督检查力度，进一步优化评标程序，防范采购风险，对招标中的质疑和举报进行认真核查。按照教育部《教育部直属高等学校国有资产管理暂行办法》要求，加强固定资产管理，规范报废处置程序，提高资产使用效率。

执行《教育部关于深入实施高校招生阳光工程的意见》，把实施高校招生“阳光工程”的精神和要求切实落实到招生工作的全过程，强化对招生部门规章制度执行情况的监督检查，重点规范特长生招生工作，对信访举报及时核查。

加强对基建工程重大项目的过程监督。协助基建部门、后勤部门等加强基础性工作，参与基建项目的论证、招投标、重大项目变更等监督工作。

按照国有资产管理规定，重点加强对资产经营公司重大投资、扩股、股份出售等决策事项进行监督，防止国有资产流失。

（翁良殊）

【纪律审查】

2016 年共受理信访 56 件，主要涉及领导干部廉洁自律、个人事项申报、违规出国境、职称评聘、工作作风等方面。纪委监察处对所有信访件逐件核实和查办。在办理过程中，始终坚持“惩治腐败与保护党员干部权益并重”，通过内查外调取证，努力做到“事事有着落、件件有回音”，解决群众合理诉求，以实际行动取信于全校师生。受理职称评审教师申诉 5 件次，对十八大以来受到行政处罚而未进行党纪处理的 2 名党员进行调查核实。

全年给予党纪处分 2 人，转人事行政处分 1 人，诫勉谈话 1 人，通报批评 10 人（含行政处分），批评教育 1 人。

1 月和 9 月，两次召开全校干部大会通报学校查处的违纪违规问题，以身边的案例开展警示教育，通报违纪事实、剖析违纪原因，要求校内各单位领导干部从案件中吸取教训，以更加严格的要求、更加扎实的措施推进党风廉政建设责任制，认真落实领导干部“一岗双责”。

（翁良殊）

保 密 工 作

【概况】

2016 年度学校保密工作按照“积极防范、突出重点、依法管理”的方针，规范保密管理，加强技术防范，加大宣传力度，落实保密责任，巩固制度建设，狠抓监督检查，学校保密工作能力不断提高。

（徐　梁）

【保密常规工作】

6 月 1 日，学校召开 2016 年安全稳定、保密工作会，研究部署 2016 年学校安全稳定工作及保密工作。会议总结 2015 年度学校保密工作，对 2016 年保密工作进行部署。对王琴等 10 名 2015 年度保密工作先进个人和机电学院等 4 个保密工作先进集体予以表彰和奖励。保密办与招生就业处、研究生院和各相关学院联合部署，试行《北京交通大学涉密研究生毕业管理规定》。

为学校相关部门保密管理人员和涉密人员订阅 2016 年度《保密工作》等杂志书籍。1 月 18 日，组织学校全体涉密人员在国家保密学院中央和国家机关保密教育实训平台开展集中保密教育培训，全员进行保密意识和保密常识闭卷考核，优良率达到 80%以上。保密协会成功开展“密锋行动”系列活动、“保密时代”保密知识竞赛系列活动、第三届国家网络安全宣传周系列活动等。保密协会日常在微信公众账号平台推送大量保密知识，组织保密知识培训和经验交流会，

学校配备互联网保密信息保密检查系统和涉密计算机违规上互联网检查工具，由保密办和军工办组成检查组对学校涉密计算机进行专业检查。7 月及 12 月，由保密办牵头、军工办参加，组成联合检查工作组对电信学院、计算机学院、理学院、机电学院、电气学院军工基地和土建学院进行保密检查，就发现的问题提出整改措施。按照《北京交通大学保密管理规章制度汇编》（修订版）的要求，每季度对各涉密单位或部门负责人、项目负责人进行检查，组织各涉密单位、项目组和涉密人员每个月进行保密自查。12 月，保密办对保密室物防技防进行改造，并对现有涉密机、中间机进行性能和实用性评估，根据必要性和最小化原则，进行适当精简和更新，协助军工办做好学校军工项目基地集中管理中的保密管理工作。

完成年度北京地区武器装备科研生产保密资格单位保密自检，机关、单位保密自查自评，学校互联网门户网站等保密检查，高校网络计算机保密管理调研，学校涉密人员复查，学校机要文件专项自查，网络平台专项保密自查，涉密计算机专项检查，年度武器装备科研生产许可证持证单位年度自查等。6 月，学校保密干部参加北京市保密干部全员培训。9 月，保密办负责同志参加教育部保密干部培训班。

（徐　梁）

学 生 工 作

【概况】

2016 年学校学生工作紧密围绕人才培养中心任务，落实大学章程精神和“十三五”规划各项任务，以 OBE 教育理念为指导，持续推进大学生思想政治教育质量提升。

（曲　斌）

【学生工作队伍建设】

学校本科生专职辅导员 55 名，兼职辅导员 13 名，班主任 513 名。阶段性完成本科生辅导员量化考核体系的搭建，形成“学年末网上测评、自然年末能力考察”的两段制考核体系。围绕实战，从理论知识、学生熟悉度、辅导情景再现、教育案例展示、主题演讲等五个方面全角度考察辅导员职业能力。设立学校辅导员工作室 5 个，选派 32 名辅导员赴教育部、北京市相关基地提升学习。完成“深度辅导”专题培训和新上岗辅导员岗前资格培训，共计 37 所高校 121 名辅导员参训，培训满意度 100%。创立建设“高校辅导员联盟”网络平台，吸引全国 5 万余名辅导员关注。电信学院辅导员张琪获评 2015—2016 年北京高校十佳辅导员。土建学院辅导员牛莉在北京高校辅导员职业能力大赛中获得一等奖、在全国高校辅导员职业能力大赛第二赛区获得二等奖。学校“琪人琪语”网络思政工作室获评首批北京高校辅导员工作室。

（曲　斌）

【思想政治教育】

培育践行社会主义核心价值观。围绕十八届五中、六中全会精神和习近平总书记系列重要讲话，以纪念长征胜利 80 周年、孙中山先生诞辰 150 周年等为契机，组织 3 700 余人次参加 10 余场《缅怀领袖风采，感受西柏坡精神》《长征精神的传世魅力》《经济新常态与供给侧改革》等主题报告会。落实《关于在全校学生中培育和践行社会主义核心价值观的实施方案》，通过新生入学教育、毕业生主题教育，以新生、毕业生誓词的方式将中国梦宣传教育贯穿始终。

推进“五星文明宿舍”创建。完善细化宿舍打分“精确到人”机制，在入党积极分子发展入党、预备党员转正前，增设宿舍考察环节，由所在公寓临时党支部出具宿舍表现鉴定，作为其个人发展的重要依据。两个学期分别评选出 208 间、161 间本科生五星级文明宿舍，开展各类本科生宿舍文化建设活动 200 余场，覆盖宿舍 1 500 余间次。《搭建党建与思想教育‘双驱’教育新阵地，打造“五星文明宿舍”第三课堂育人新平台》在 2014—2015 年北京高等学校党的建设和思想政治工作优秀成果、创新成果评选中获评二等奖。

加强网络思想政治教育。完善以“北京交通大学 VKe”微信公共平台为主网络思想政治教育平台建设，平台关注人数最高为 8.1 万人，全年推送图文 517 个，图文阅读总量近 170 万人次，转发总量逾 6 万次。举办首届“解码网络•智慧共享”首届北京高校辅导员网络思政教育论坛，全国 57 所高校 160 名辅导员参加。制作网络舆情日报、月报、动态扫描、舆情热云、热点舆情分析631期次，在教育部平台上报送信息1 524条。

加强国防教育。完成分散军训、集中军训和军事理论课的组织管理工作，开展各类评比表彰15项。完成42名学生应征入伍和38名大学生士兵退伍返校工作。学校获评北京市2015年度征兵工作先进单位。

（曲　斌）

【学生党员教育管理】

制定《关于在全体学生党员中开展“学党章党规、学系列讲话，做合格党员”学习教育的实施方案》。组建 19 支学生党员社会实践团，开展赴西柏坡、延安体验式教学，辐射学生党员305 名。推进学生党员先锋工程，落实校、院、支部三级教育培训体系。面向毕业生党员开展离校主题教育暨宣誓仪式，校党委书记曹国永讲授“最后一堂党课”。完善党员述职评议环节，继续实施督导制度，全部56个党支部共1 268名学生党员参与，评议结果优秀969人、占78.27%，良好252人、占19.87%。加强党员实践平台建设，共35个本科生党支部参加红色“1+1”活动。

（曲　斌）

【学风建设与学业辅导】

巩固“校–院–班–舍”四级学业辅导体系，推动学业辅导“三三结合”制。初步建成“基础课论坛–专业课论坛”课程辅导体系，开展各类课程辅导149 场，覆盖学生群体2.3万人次。组织各类朋辈帮扶、学风宣讲近300场，覆盖学生群体1.1万人次。

（曲　斌）

【综合素质培养与荣誉体系】

制定《北京交通大学本科生综合素质培养实施方案（试点学院试用）》，增设电信学院、运输学院2个试点学院。启动面向全体学生开放的学校重点荣誉“答辩季”，在两个月内组织评审会30余场，参与答辩学生200余人次。组织面向10个全面发展学生的 “校长奖学金”（学校本科生最高奖项）、面向多元化专项优异学生的“知行专项奖学金”和学校最高集体荣誉“周恩来班”答辩会，在各类集体、个人荣誉评选过程中，由学院党委书记、院长和教授代表担任专家评委，通过现场直播、网络投票、多元宣传予以推广。电气工程学院电气1 311班获评北京高校“我的班级我的家”十佳示范班集体。

本科生1 481人次获各类荣誉称号，5 911人次获各类奖学金，其中10人获思源–校长奖学金、10 人获知行专项奖学金、 119 人获得国家奖学金，奖学金获奖比率为55.4%（人次），学校发放各类奖学金、集体奖励1 095.55万元。给予31名违纪本科生留校察看处分。

（曲　斌）

【心理健康教育】

开设大学生心理健康教育类课程 11 门，其中 9 门理论课、2 门实践课，覆盖学生6 090 人。完成个体心理咨询1 482 人次，团体心理咨询126 人。完成教育部统一部署的面向全体本科生和研究生新生的心理健康普查工作和 6 次全体学生心理排查工作，处理危机事件 47 起。完成各种心理培训、督导、工作坊 20 多期，开展心理健康文化月、文化周，指导各类团学社班组织开展素质拓展近20次。完成北京高校心理素质教育基地培训任务，针对北京高校咨询师和辅导员开展两期培训，培训人员150多人。

（曲　斌）

【学生资助】

认定家庭经济困难本科学生 3 199 人，家庭经济困难本科生获得各类资助 5 367.4 万元。制定面向新生的私人定制版帮扶方案——“知行交子成长计划”。编写家庭经济困难学生资助情况报告，加强资助信息系统内容建设。开展自强之星、勤工助学先进个人等表彰评选，提升困难学生综合能力，2 名本科生获评中国大学生自强之星提名奖。培养少数民族学生骨干，规范少数民族学生活动，以古尔邦节、藏历新年等节日为契机开展教育。

（曲　斌）

【国防生培养】

招收选拔国防生 85 名，向部队输送毕业国防生 96 名。开展“学习强军精神，投身强军实践”主题教育，外请专家学者彭海、戴旭等到校作辅导报告，完成 36 课时的思想政治教育。创办北交大国防生“两微一端”，组织演讲比赛、板报评比、篮球赛等活动，出版《国防生报》3 期，推送国防生微信 37 期，经验做法被《解放军报》《军报记者》报道。完成“军事法”“军事思想”等 4 门 130 多课时军政课程的学习训练。暑期军政训练 450 余人次、历时 2 个多月，组织本科二年级进行基地化训练，四年级和三年级赴威海校区、海滨学院军训，168 名国防生到部队当兵代职锻炼。在驻京签约高校和内蒙古大学 12 所高校国防生暑期基地化训练中，2015 级国防生集体被评为“训练标兵单位”，学校获评国防生先进个人 24 名和国防生先进集体 12 个。

（宗晓亮）

共青团工作

【概况】

2016年学校共青团工作贯彻落实党的十八届六中全会精神，以习近平总书记在建党95周年、红军长征胜利80周年大会上系列重要讲话精神为指导，以北京交通大学120周年校庆和落实《共青团中央改革方案》为契机，围绕立德树人的根本任务和学校人才培养中心工作，强化思想引领，助力学风建设，繁荣校园文化，切实服务青年，引领广大青年为实现伟大中国梦而努力奋斗。

（任一豪）

【组织建设】

完善《北京交通大学团支部工作规程》，修订团支部等级评估实施办法。加大团课考核和网上网下宣传阵地建设力度，将团支部特色活动项改为由团支部特色活动申报及团支部体育活动两部分，引导基层团支部工作规范、及时、有效推进。

推进“青马工程”。面向100名校院学生干部举办第二十六期团校暨第十期精英训练营，校党委副书记高艳出席开班典礼并作首场理论辅导报告，用马克思主义中国化的最新成果武装的青年学生骨干。

面向2016级新生团支部书记、团支部副书记和部分2014级、2015级新任团支部书记开展第二十六期团校暨第五期新生团支部书记培训班，提高基层团干部的思想素质、实践能力和组织能力，强化基层团干部在学校基层团组织建设中的核心地位。

通过答辩评选出“十佳团日活动”与“十佳团支部书记”，为广大青年树立学校基层团支部与团支部书记的先进典型，传递榜样力量。

召开北京交通大学第二十三次学生代表大会，改进代表构成方案和任期制度，改革学生会主席选举方式，提高普通同学比例和参与度。选举11名同学参加北京市学联十二大，组织召开座谈会，了解同学需求，提高服务水平。新增校园街访的调研方式，用视频等记录形式，展现学校学生对校园相关热点话题的看法及建议，通过“交大伴读小书童”平台公布传播调研结果，助力改善校园生活质量。

（任一豪）

【主题教育】

通过重大节庆日、纪念日进行形式多样的理想信念教育活动。5月4日，校团委组织开展北京交通大学纪念五四运动九十七周年暨“中国梦•青年梦•成才梦”五四颁奖典礼、主题升旗仪式活动、五四科技文化作品展暨大学生创新创业成果展示会、“五四游园会等一系列活动。2015–2016学年，学校1个基层学院团委获评北京市五四红旗团委，1名共青团干部获评北京市优秀共青团干部。学校共评选出12个北京交通大学“先锋杯”优秀团支部，52个甲级团支部，129个乙级团支部，10个十佳主题团日活动，10个优秀主题团日活动，10名北京交通大学五四奖章获得者，18名北京交通大学英才奖，10名十佳团支部

书记，543 名优秀团干部，1 199 名优秀团员。颁奖典礼后，校团委组织开展“青年榜样走进团支部”活动，发挥榜样力量，激励全校青年奋进。5 月 4 日，学校举行纪念“五四”运动 97 周年暨庆祝建校 120 周年主题升旗仪式。12 月 11 日，为纪念“一二・九”运动 81 周年暨红军长征胜利 80 周年，学校举行升旗仪式、合唱比赛等系列活动。以长征胜利 80 周年为契机，深入开展长征精神教育。主题升旗仪式、“传承红色基因，弘扬长征精神”主题团日活动、“红潮澎湃”党员论坛、《长征组歌》演出、“永远的长征”合唱比赛、朗诵比赛等活动的开展，引导广大学生学习长征历史，传承长征精神。

创办校园文化品牌活动——明湖讲堂，邀请历史学者蒙曼、文史和学习委员会副主任叶小文来到学校畅谈历史教育引导广大青年为实现中国梦矢志奋斗。

传承优良学风，践行“四进四信”。举办“交大论坛”辩论赛和“我是辩手”新生辩论赛，依托校院两级全年举办红果园论坛 76 场，辐射全校近 5 000 名本科生。

（任一豪）

【社会实践与志愿服务】

开展“奋斗砥砺青春，实践锤炼责任”暑期社会实践活动暨微纪录作品大赛。全校共有 390 支队伍奔赴包括台湾省在内的全国 29 个省、市、自治区及直辖市开展暑期社会实践活动、3 300 余人参与，其中本科生社会实践团队 290 支、2 600 余人参与；研究生共立项组队 100 支、700 余人参与。5 支团队荣获暑期社会实践活动一等奖，9 支团队荣获二等奖，10 支团队荣获三等奖。

推广志愿北京平台注册工作，规范志愿者认证。全年开展志愿服务活动 80 余项，200 余次，参与志愿者 3 500 余人次，累计志愿服务时长 25 000 余小时。

（任一豪）

【科技创新创业】

举办“交响・百科梦”第 18 届百科知识竞赛、五四科技文化节——科技文化交流展，多次举办“创青春”（“挑战杯”）宣传分享沙龙和求职面试宣讲会。在首都“创青春”竞赛中，获得 4 项银奖，4 项铜奖。联合招生就业处等部处举办创业项目选拔大赛，参赛团队 50 支，其中 10 支创业团队获得校级嘉奖，1 支创业团队获评北京市优秀创业团队。

（任一豪）

【文化艺术教育活动】

从 1 月开始筹备校庆晚会，寻访导演，走访兄弟高校调研观摩。团委全体人员全程参与创意讨论、文案撰写、脚本创作、素材收集、视频拍摄、服装道具采买等工作。9 月 7 至 11 日，校庆晚会演出 5 场，领导嘉宾、师生校友 6 000 余人次现场观看演出；通过微博、微信直播在线观看峰值达 8 万人次，累计在线观看人数达 132 万人次。

10 月 21—23 日，为学校 2016 级学生举行话剧《茅以升》专场演出 3 场，引导新生树立正确的人生观、价值观。12 月在北京电视台节目中呈现该剧精彩片段。

为纪念长征胜利 80 周年，演出由学校学生艺术团排演的大型声乐套曲《长征组歌——红军不怕远征难》，3 000 余名师生观看了演出。邀请国家交响乐团、中国国家京剧院等团体开展多场“高雅（民族）艺术进校园系列活动”，提升学生艺术素养。

以学生艺术团为依托，开展国际、校级交流活动。美国希尔格罗夫青年交响乐团和青年交响管乐团应邀来学校交流演出，与学校交响乐团同台合奏中国民歌；承担中外大学校长论坛、北京交通大学－莫斯科国立交通大学共庆建校120周年文艺晚会演出任务，10月8日东京爱乐乐团外联部部长与学校交响乐团进行座谈交流。学生艺术团在北京市第五届大学生音乐节中取得一项金奖、一项银奖。

举办“交响青春”北京交通大学2016届本科毕业生晚会、第五届主持人大赛、第二十九届校园歌星大赛暨120周年校庆巅峰歌会、第十届“天之交子·交女”风采展示大赛、“团聚今夜”社团盛典等文娱活动，“院际杯”篮球赛、“知行杯”研究生篮球赛、金秋“团结杯”拔河比赛等体育类活动，女生文化节、饮食文化节、宿舍文化节等生活类活动。

（任一豪）

【学生组织与学生社团】

依托学生会、研究生会、学生社团搭建各类活动与实践平台，全面提高大学生综合素质。

学生会促进微信平台建设，加强思想引领；举办校庆嘉年华活动、北京交通大学学生会第四期骨干培训学校、“交大论坛”辩论赛和“我是辩手”新生辩论赛、“红果园论坛”系列活动、四六级模拟考试、第二十九届校园歌星大赛决赛暨120周年校庆巅峰歌会、第十届“天之交子·交女”风采展示大赛决赛暨十周年盛典、“院际杯”篮球赛、“相约舍友，闯关长征——交子交女向前冲”户外知识体能竞赛、女生文化节系列活动、“饮食文化节”系列活动、“宿舍文化节”系列活动、校领导面对面座谈会、楼宇座谈会、公寓座谈会、食堂座谈会、学联十二大代表面对面座谈会、学生代表面对面座谈会、北京交通大学第二十三次学生代表大会、北京交通大学学生会2016—2017学年干部理事大会。

研究生会完善《北京交通大学研究生会章程》和《北京交通大学研究生会工作手册》，完善微信平台；开展第二十六届“慧光杯”研究生学术文化节；特邀上海交通大学、西安交通大学、西南交通大学联合举办交通大学研究生“榜样的力量”报告会；紧密结合学科前沿知识，开展“立足发展·服务社会”主题学术论坛；举办北京交通大学第二届“交大创享会”创新创业大赛；举办“知行杯”研究生足球赛、“团结杯”师生乒乓球赛；以“永远跟党走，永远交大人”为主题举办2016届研究生毕业晚会；校研会开展“众里寻ta－终于等到你”活动，帮助研究生扩大交友范围。

学生社团联合会响应团中央“三走”活动号召，举办“奔跑吧，交子”户外运动挑战赛；举办第六届“团聚今夜”社团盛典、社团招新“百团大战”、春季招新“百团再战”、“五四社团文化节”，齐悦相声社、阿卡贝拉清唱社、粤语社、LAMP音乐联盟、DC街舞社专场演出，绿色之家“学长的火炬”赠书活动、职业发展协会求职面试模拟大赛、飞翎舞社体育舞蹈大赛、广播台“春之声”朗诵比赛；明星新秀社团评选答辩会、“青春飞扬·与爱同行”优秀社团活动答辩会、健美操大赛、三项全能达人赛、Bubble run、会长沙龙，承担北京团市委社区青年汇公益服务任务。

学生科学技术协会组织开展第十八届百科知识竞赛、五四科技文化节——科技文化交流展、“万众创新，拥抱智慧生活”全国科普日活动、学生经验交流会，举办大学生创新创业训练实践项目系列讲座、“创青春”全国大学生创业大赛系列活动、行家指路—交大校友系列就业沙龙活动、14场“喜迎双甲子，交响创青春”创业沙龙活动，与京东集团举办2场名企参观系列“企业行”活动、与大街网合作举办的“北京智能管家公司2016校园招聘会”、与在路上旅业合作举办的“在路上旅业2016校园宣讲招聘会”、与一起作业网合作举

办的“一起作业网公司2016校园招聘会”，营造学术科技氛围，促进优良学风建设。

知行—特色理论学习研究会开展“青山踏遍，薪火相传”纪念红军长征胜利80周年主题诗歌朗诵比赛决赛、“红潮澎湃”之长征论坛习总书记系列重要讲话精神专题讲座等活动，增强大学生理论素养；举办“两会嘉年华”专题活动、第十五期“红潮澎湃”先锋论坛总论坛、课堂宣讲；举办“文思读书会”、微文比赛、“交大青年说”主题演讲比赛；举办“知行杯”社会实践调查大赛，在实践中砥砺青春。

青年志愿者服务团推进志愿服务事业向长期化、制度化、规范化发展，探索搭建长效化的志愿服务体系。围绕“四进四信”精神开展系列活动、招募14类共计1 400余人服务北京交通大学120周年校庆；参加北京马拉松志愿服务活动、北京交通大学附属中学“5·15”学生节志愿服务活动、北京市大学生创新创业教育成果展示与经验交流会志愿服务活动；开展“绿光”人物专访系列活动、“雷锋月系列”活动、“V改变”志愿者文化月活动、校园大型捐衣捐物系列活动、校园大型献血及校园义诊系列活动。

（任一豪）

工 会 工 作

【概况】

2016 年学校工会工作践行党的群团工作会议要求，围绕学校加快特色鲜明世界一流大学建设的主业，以和谐校园建设为主线，发挥桥梁纽带作用，服务学校发展，推进民主管理，服务教职工需求。

（武慧姣）

【教代会工作】

2016 年，威海校区、国家重点实验室、电信学院、理学院等二级工会按照程序，进行校教代会代表补选，威海校区代表列入校机关代表团，国家重点实验室代表列入电信学院代表团。本年度 3 位代表退休或调离，至 12 月底，本届教代会有代表团 12 个，代表 304 人。

教代会电子提案系统于 10 月份投入使用。12 月 8 日，召开第七届教代会提案工作委员会工作会议，评选出 2015 年度“优秀提案奖”2 个（离退休工作处连会仁“关于取消学校家属区机动车固定停车位”的提案、运输学院刘智丽“关于可回收废弃物收集和处理的建议”的提案），“提案承办先进单位奖”1 个（后勤集团幼儿园）。会议对 2016 年度提案审核，收到原始提案 49 件，根据提案内容合并为 42 件，立案 21 件，确定为建议案 21 件。至 12 月底，2015 年度教代会 16 项提案均已经办结或答复完毕，代表满意率为 43.75%，基本满意率为 56.25%。

年初，将教代会常设主席团扩大会议关于《北京交通大学新建住房配售变更为配租》的决议在 OA 系统进行公示，收到群众意见 5 条，如实转交相关部门。

（武慧姣）

【青年教师与女教职工工作】

3 月，举办“三八”妇女节系列活动。组织女教职工权益保护有奖知识竞赛和女职工问卷调查，全校 1 300 余名女职工参与。3 月 8 日召开“三八”妇女节女教职工座谈会暨表彰会，表彰名单如下：

2016 年北京市“三八”红旗奖章获得者：机电学院房海蓉

第二届“交大比翼双飞模范伴侣”：

钱大琳&刘　峰　　魏慧琴&贾卓生　　董丽敏&王志海　　徐丽杰&王　玮

李云白&侯延冰　　高翠香&段连平　　彭　烜&高　瞻　　吕艳娜&孙文博

7 月 13—16 日校党委副书记、校工会主席、暑期学校校长高福廷带领青年教师社会实践考察团赴井冈山红色革命教育基地学习考察。

9—11 月，联合教务处、人事处组织学校第十一届青年教师教学基本功比赛，获奖名单如下：

一等奖（7 名）：

吕　兴　郝亮亮　邓　涛　王　萌　罗冠男　刘　雨　聂晓波

二等奖（9 名）：

余爱梅　刘竹林　刘海鑫　郭保青　鲁凌云　李艳凤　李志刚　郑　凯　穆文歆

三等奖（15 名）：

赵思诚　梁　肖　李　娟　马　蒙　刘　佩　刘　盾　赵　伟　任　爽　虞育松　李蓓儿　谢征宇　李兰霞　李赵红　解男男　李珺杰

11 月 13 日，组织学校单身职工参加北京市教育工会第三片组高校工会单身联谊活动。

（武慧姣）

【师德建设和“三育人”工作】

4 月，保密学院院长韩臻申报北京市劳模审核通过，学校市级及以上劳模增至 24 人。

7 月，评选出 2016 年校“三育人”教书育人先进个人 20 名，管理服务育人先进个人 16 名，先进集体 5 个。名单如下：

教书育人先进个人（20 名）：

蔡永林　石克辉　邢薇薇　刘建强　李翠伟　鲁晓春　石美遐　王金连　张瑞萍　张振江　孔令臣　郑　凯　项彦勇　刘　姗　文卫华　韦世奎　任　爽　孙丙香　黄爱玲　景　云

管理服务育人先进个人（16 名）：

曹洪章　何　洁　卢云涛　陈　伶　潘显钟　刘宏波　刘世峰　雷　凯　王　伟　李佳智　牛　莉　贺彬侠　邓少亭　侯晓辉　蔡　雪　唐元明

“三育人”先进集体（5 个）：

理学院《微积分》课程组、校医院护理部、后勤集团学生公寓管理中心、土建学院市政环境工程系、党委宣传部

9 月，石志飞、刘迎东、王志海、郭宇春获评 2016 年北京市师德先锋。

（武慧姣）

【文化体育活动】

举办第二届“星光擂台”教职工才艺大赛决赛、教职工文艺汇演、教职工拔河比赛、太极拳比赛和踢毽子比赛、教职工第三十三届田径运动会、首届教职工中式八球赛、教职工乒乓球比赛、教职工登香山比赛、第三届“教职工智力运动会”等文化体育赛事。

举办“墨乐颂　交大情” 120 周年校庆书画音乐会、“翰墨两甲子 丹青三世纪”交通大学教职工书画联展、“思源致远　墨榭传香” 120 周年校庆书画名家作品展等书画展示活动。

举办各类讲座，组织春秋游、植树，组织教职工合唱团排练演出，利用教职工之家场地开设舞蹈班、瑜伽班等各类兴趣班。

（武慧姣）

【暖心工程】

新年组织书画协会成员为学校家属区书写春联，下乡为郊区村民书写赠送春联。

五一和春节慰问学校 25 位市级及以上劳模，组织劳模专项体检；慰问献血职工、暑期在岗职工和工会退休职工，护士节慰问校医院护士；组织新入职和新退休职工活动；表彰 84 名从事教育工作满三十年职工；为 1 200 余名教职工及家属办理 2017 年北京市公园年票；多次举办全校教职工免费观影活动。

2016 年教职工体检共 4 324 人参检，学校投入 259 万余元。联合体育部为学校教授等教职工进行体质测试，并出具体质分析报告和建议运动处方。

探望困难职工 10 人，共补助金额 2 万元；申请北京市爱心基金 3 人次，每人 0.6 万元，共计 1.8 万元；完成教职工互助保险赔付 3 人次，2.34 万元；共计办理发放教职工困难补助 95 人次，金额 11.03 万元；全年共计办理教职工京卡 493 人次，至 2016 年底在职教职工办理京卡总数达到 3 516 人；截至 2016 年底统计，京卡赠送医疗二次报销 457 人次，共计 7.61 万元。

全年共计为 872 名教职工发放了生日蛋糕兑换券（200 元标准），慰问 52 名生育教职工（200 元标准），慰问 29 名新婚教职工（200 元标准），共计支出 19.06 万元。

（武慧姣）

【工会组织建设】

召开学校经费审查委员会扩大会议，研讨二级工会单独设立教职工活动专项经费事宜。召开校工会委员会扩大会议，研讨工会工作和新教职工之家的建设与管理工作。出台二级工会的综合考评指标，推进二级工会职工之家建设工作。制作《工会会员服务手册》，介绍教职工生活福利方面提供的服务及具体程序，便于新入职教职工了解工会、参加工会活动。

组织召开四所交大工会工作交流研讨暨 120 周年校庆专题会议，组织北京市教育工会第二片组高校工会交流活动。

9 月，新的教职工之家投入使用。青年教师拓展训练与休闲沙龙、兴趣与社团协会活动区、小球棋牌瑜伽健身等运动区、书画艺术文化活动区、歌舞排练多功能演练区等功能区域初步投入使用，其中乒乓球、台球、棋牌、瑜伽、舞蹈、健身等活动室于 11 月底面对全校教职工开放，个人项目有限时间段开放，集体项目采取预约方式开放。截至 12 月中旬，各活动场所共接纳近 4 000 人次的各类活动。

学校工会参加北京市教育工会年度总结表彰会，获得工会特色工作奖。

学校评选出 2016 年度工会综合考评奖 10 个、优秀工会小组 33 个、优秀工会干部 45 人、优秀工会工作者 122 人、教职工之友 14 人，具体名单如下：

2016 年度工会综合考评奖（10 个）：

机电学院、计算机学院、后勤集团、电信学院、远程学院、校医院、语言学院、电气学院、法学院、图书馆

2016 年度优秀工会小组（33 个）：

电信学院电工基地工会小组、电信学院通信工会小组

计算机学院计算机工程系工会小组、计算机学院网管中心工会小组

经管学院机关工会小组、运输学院信息系工会小组

土建学院实验中心工会小组、土建学院隧道系工会小组

机电学院轨道车辆工程系工会小组、机电学院工程训练中心工会小组

电气学院电工基地工会小组、电气学院新能源所工会小组

理学院数学系工会小组、马克思学院机关工会小组

语言学院大学英语部工会小组、法学院机关工会小组

建艺学院机关工会小组、远程学院管理工会小组、图书馆流通部工会小组

图书馆办公室工会小组、校医院中医科药剂科挂号收费公疗办工会小组
后勤集团留学生生活服务中心工会小组、后勤集团热力保障中心工会小组
后勤集团幼儿教育中心工会小组、后勤集团楼宇服务管理中心工会小组
资产公司出版社工会小组、校机关信息中心工会小组
校机关保卫处家委会工会小组、校机关教务处工会小组
校机关计财处审计处工会小组、校机关学生处工会小组
威海校区总务工会小组、威海校区校区办人事财务工会小组

2016 年度优秀工会干部（45 人）：

马　梅　王秋媛　方宇鹏　左映娟　石　月　邢朝晖　刘　延　刘更新　刘晓锐
汤　斌　孙卫青　孙　越　孙　静　李世珍　李佳智　李建伟　李继红　李淑红
杨　蔚　何志涛　何　青　何映雪　初汉明　张平乐　张鑫超　陈　尘　陈　刚
陈宇飞　尚　颖　周　阳　周　婉　郑　伟　孟庆杰　赵海莲　赵　颖　养雪琴
徐　民　徐晓玉　高建学　高振宇　郭祎华　商立媛　彭宏勤　董　瑞　韩　超

2016 年度优秀工会工作者（122 人）：

丁　娜　于海妹　于　雄　马英新　马敏书　王予新　王　平　王立德　王　齐
王　宇　王　欣　王金莲　王晓丹　王铁江　王海霞　王　悦　王舒驰　王　颖
王新羿　戈树栋　牛　莉　田英杰　田　娜　白秉哲　白　婧　毕　斐　曲立忠
吕芳青　乔　泊　任文华　刘万成　刘冬薇　刘立华　刘　姗　刘树冉　刘　洵
刘语佳　刘　陟　刘　铭　孙　媛　孙　璐　阴彦龙　苏　璐　杜　鹏　李杨波
李锦川　杨力群　杨　军　杨　婧　吴　惠　何卫力　何金生　邸京凤　沈　伟
沈　岩　宋光森　宋　磊　张　京　张　敏　张　琪　张　琦　张德华　陆　歆
陈玉娟　陈志伟　陈宏国　陈国宏　陈畅伟　陈　茜　武慧姣　苑海涛　范玮玮
林晓亮　金　妍　周先昀　周红红　周艳茹　郑可欣　郑陶雷　承向军　赵　冉
郝建芳　胡　健　段　冰　侯爱龙　姜　虹　娄　群　祝明姗　姚思洋　秦彦平
秦　莹　袁　玥　耿增德　夏胜利　徐　薇　高志文　高　瞻　郭　栋　唐　宇
唐　芬　黄彪文　鄂明成　崔雅楼　梁凤波　梁东升　彭亚辉　董玉香　敬嵛瑗
韩娉婷　程志明　税　岩　焦志明　靳小燕　楼梦婷　窦　超　褚晓添　蔡云鹏
蔡永林　蔡国庆　翟庆生　黎　琳　燕　飞

2016 年度教职工之友（14 人）：

王虹英　司银涛　朱晓宁　闫学东　李　彤　李宏林　李建勇　杨晓晖　陈后金
和敬涵　蒋大明　韩振峰　裴劲松　翟　儒

（武慧姣）

老干部与离退休工作

【概况】

2016 年学校离退休工作以习近平总书记系列重要讲话精神为指导，贯彻中共中央办公厅、国务院办公厅《关于进一步加强和改进离退休干部工作的意见》，加强思想政治建设和党支部建设，落实政治待遇和生活待遇，做好服务管理工作，引导老同志发挥优势和作用，为学校事业改革发展增添正能量。

截至年底，学校有离退休教职工 1 800 人，其中离休干部 68 人，退休教职工 1 732 人；90 岁以上 26 人，80 岁以上 440 人，70 岁以上 979 人；离退休党员 871 人，占离退休职工总数的 48.39%，分布于 17 个党支部。离退休人员相关情况数据详见表 4、表 5、表 6。

表 4　离退休人员按行政级别分类一览表

类别	正局	副局	正处	副处	正科	其他	小计
离休/人	2	8	4	35	3	16	68
退休/人	5	8	70	73	79	1 497	1 732
合计/人	7	16	74	108	82	1 513	1 800

表 5　离退休人员按技术职称分类一览表

类别	正高	副高	中级	初级	其他	小计
离休/人	7	21	19	5	16	68
退休/人	214	524	352	99	543	1 732
合计/人	221	545	371	104	559	1 800
百分比/%	12.28	30.28	20.61	5.78	31.06	100

表 6　离退休人员按年龄段分类一览表

类别	90 岁及以上	89～80 岁	79～70 岁	69～60 岁	60 岁以下	小计
全部人员	26	414	539	596	225	1 800
百分比/%	1.44	23.00	29.94	33.11	12.50	100
其中党员	12	248	251	272	88	871
百分比/%	1.38	28.47	28.82	31.23	10.10	100

（陈志新）

【党建工作】

加强思想政治建设，政治理论学习常抓不懈。通过组织专题辅导报告、党员干部政治理论培训、发放学习资料和社会实践等，重点组织老同志学习党的十八大，十八届三中、四中、五中、六中全会和习近平总书记系列重要讲话精神。 为活动站订购报纸杂志，及时

购买学习材料，送书上门，为老同志学习创造条件。组织开展系列主题党日活动。结合庆祝建党 95 周年、纪念红军长征胜利 80 周年，组织 500 余名老党员、老同志开展七一文艺演出。举办离休支部、东校区离退休支部老同志“七一”座谈会。组织近 200 名老党员参观纪念红军长征胜利 80 周年展览，组织党员干部到李大钊纪念馆、狼牙山纪念馆开展社会实践活动。

在离退休党员中开展“两学一做”学习教育。为每位老党员发放习近平总书记重要讲话、党章、中国共产党纪律处分条例、中国共产党廉政准则等学习材料，组织老同志开展学习讨论，引导老党员进一步坚定理想信念，增强政治意识、大局意识、核心意识、看齐意识；自觉按照党员标准规范言行，严守政治纪律、政治规矩，在学习和生活中起先锋模范任用。邀请马克思主义学院院长韩振峰为离退休党员做“习近平总书记系列重要讲话精神”辅导报告。

对离退休党委所属党员的组织关系进行逐一排查，核实党员信息，经排查，无失联党员。

召开离退休党员代表大会，选举产生第四届离退休党委班子，明确未来五年的工作任务和工作目标。

（陈志新）

【落实两项待遇】

落实政治待遇。定期到老战士、离休老干部、老专家、老教授和老工人家中走访慰问；5 月 26 日召开学校情况通报会，校党委书记曹国永向老同志通报学校有关工作。

落实生活待遇。协助学校做好提高离退休教职工退休金调整工作，做好有关政策解释和疏导。在元旦春节、“七一”、重阳节等重要节日，走访慰问患病、困难老党员、老同志，特别是 90 岁以上老人和离休老干部；及时看望因病住院的老同志；走访慰问人数累计达到 400 人次以上。对 35 位因重病造成生活困难的老同志进行帮扶资助，发放资助金 15.25 万元。为身患重病的 85 位老同志发放慰问金 4.25 万元。为 440 名 80 岁以上老同志发放慰问金 22 万元。开展“敬老月”活动，为实现“一级管理、两级关怀”、敬老助老搭建平台。增拨经费 20 万元，为 1 200 余名老同志做眼底照相和中医体质辨识；配合校医院共建夕阳红健康俱乐部，组织健康讲座 6 场次，健步走 2 次，全年共计 2 000 人次参加活动。各二级单位通过组织茶话会、座谈会、参观游览及走访慰问活动，主动关心和帮助老同志，为实现老同志从物质保障向文化养老、健康养老转变助力。

加强社团建设，组织开展文体活动。举办离退休教职工运动会 1 次，1 200 余名离退休老同志参加；春游、秋游活动 2 次，赴南海子公园、昌平农业嘉年华、西山国家森林公园、红螺寺、大觉寺和石林峡等地参观游玩，共 2 400 人次参加。组织退休教职工木兰队参加北京高校“阳光好心态，健康乐晚年”健身项目展示活动，展演节目《木兰双扇——春色满园》获阳光风采奖。组织离退休小合唱团参加纪念建党 95 周年北京老教育工作者文艺演出，表演小合唱《十送红军》。组织离退休老同志参加北京教育老干部活动中心举办的“传承长征精神 赞美伟大时代”北京教育系统老同志书画作品展。组织各社团开展社团日活动，共计千人参加。

11 月 22 日，建筑面积 2 000 平方米的新离退休活动站正式投入使用，新增活动建筑面积近 1 700 平方米。活动站建有书画、舞蹈、多媒体、手工、电脑、音乐等教室，设有心理咨询室、法律咨询室、棋牌室、健身房、乒乓球室、台球室等多个活动场所，改善了老同志学习活动条件。

（陈志新）

【关工委工作】

学习贯彻党的十八大、十八届三中、四中、五中、六中全会精神和习近平总书记系列重要讲话精神，全年组织关工委委员和二级关工委副主任学习讨论 10 次。

以“人生大课堂”为载体，开展社会主义核心价值体系教育，全年为学生讲课和座谈 18 次。 配合学校全面提高质量、深入推进学风建设，以“名师面对面”为载体，帮助低年级学生在基础课学习中释疑解惑，全年为学生讲座 3 次。

松柏书画社的老同志利用每周六的休息时间给学生书画社会员进行辅导。关工委与团委、学生志愿者服务团联合举办捐献军训服装活动，共收到学生捐赠军训衣物 871 件。

加强二级关工委自身建设，12 个二级学院配齐关工委班子，1 个学院在筹建。2016 年获“北京教育系统关工委信息宣传工作先进单位”，陈志新被评为“北京教育关工委信息宣传工作先进个人”，承仁义主编的北京交通大学学人典库·杰出校友系列之《金世宣》获北京教育关工委“关心下一代优秀读物”二等奖。获评北京教育关工委“北京高校军训服装捐赠工作先进集体”。赵孟玲、刘峰、康敬东、刘文英、刘新英等 5 位同志被北京教育关工委评为“优秀特邀党建组织员”。

（康敬东）

【老教授协会】

3 月 21 日协会邀请全国政协委员、北京邮电大学教授孟洛明来校做辅导报告。5 月 12 日组织参观北京市政府迁址和北京城市副中心规划与建设的相关情况。6 月 23—24 日，中国老教协纪念建会三十年召开第八次会员代表大会，学校老教授协会会长谈振辉教授当选为中国老教授协会第八届常务理事。11 月 3 日，协会邀请原公安部网络安全保卫局局长、中国安防协会副理事长、中央网信办专家委咨询专家、全国信息安全标准化委员会专家组组长顾建国来校做了题为“关于网络犯罪问题”的报告。11 月 14 日组织 40 名会员参观天津华能热电厂和杨柳青博物馆。截至年底协会共有会员 258 名。

（殷　快）

【老年大学】

2016 年，老年大学相继举办书法初级班、美术初级班、音乐初级班和手工编织等四个班，学员 240 余人。举办《书法技法之探寻》《艺术形式美的表现手法》《关于现代派美术》《章法与临帖》等讲座。

（李永学）

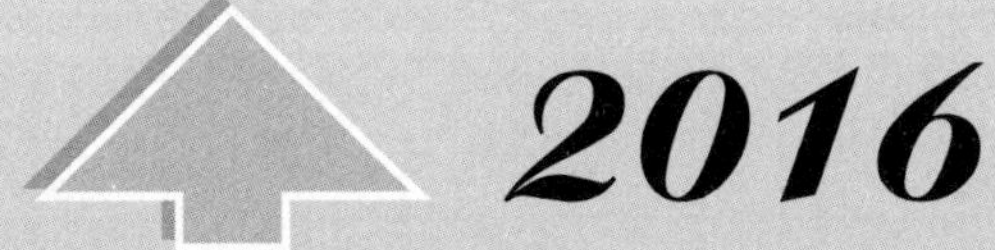

人 才 培 养

研究生教育

【概况】

2016 年，研究生教育根据学校“十三五”发展规划、综合改革方案以及学校 2016 年人才培养工作会议要求，坚持强基础、抓关键、重实效，加强制度、机制、体系建设，全面深化研究生教育改革，提高研究生教育质量。

（史　越）

【招生工作】

2016 年，硕士研究生计划招收 3 200 人，实际招收 3 159 人，其中学术学位招收 1 818 人、专业学位招收 1 341 人；博士研究生计划招收 466 人，实际招收 466 人。录取在职研究生 1 267 人，其中工程硕士 689 人、示范性软件学院软件工程领域工程硕士 375 人、会计硕士 68 人，EMBA 135 人。

采取硕博连读、申请考核等方式进行定期考核，分阶段录取，扩大学院及导师招生自主权，优化博士生生源结构，大幅度压缩定向考生招收规模，2016 年统筹录取 46 名，占比不到 10%；直博和硕博连续长学制考生比 2015 年增长 7%，博士生生源质量不断提升。

从类型、来源、限额和指标分配等方面完善接收推免生政策，保障接收推免生的质量。2016 年接收推荐免试研究生人数 1 357 名，较 2015 年增加 52 人，其中接收来自原 985、211 高校的推免生达到 847 名。

启动硕士研究生导师资格审核及招生指标分配办法的制定，启动硕士研究生、博士研究生优秀生源来源渠道的调研分析，作为招生指标分配的重要参数。

各学院举办暑期夏令营，对来自原 985、211 等高校的优秀大学生发放创新能力认定证书 700 余份；通过校内选拔，吸引本校优秀本科生报考学校研究生，校内选拔发放创新能力认定证书 400 余份；通过学校研究生招生在线和微信公众平台，对学校导师信息、优势特色学科信息及招生信息进行广泛宣传，参加北京教育考试院和中国教育在线的招生宣传，组织导师赴重点地区的高校开展校外宣传及咨询活动。

（肖　艳　蓝　宏）

【培养工作】

2016 年，北京交通大学毕业研究生 3 210 名，其中博士 327 名，硕士 2 883 名。截至年底在校研究生 10 682 人（不含非学历教育研究生），其中博士生 2 772 人、硕士生 7 910 人。2016 年春季，共开设硕士生课程 561 门、博士生课程 48 门。2016 年秋季，共开设硕士生课程 832 门、博士生课程 84 门。

按照“双一流”建设方案和“十三五”规划要求，制定拔尖创新人才培养特区计划。依托优势特色学科和国家级创新平台，推进培养特区建设试点工作。组织开展对美国、欧洲、日本以及国内相关高校研究生培养体系的调研，着手制定人才培养特区建设标准和规范。探索拔尖创新人才培养的新模式、新机制、新政策，发挥培养特区在研究生培养模式

改革中的引领和示范作用。

推进研究生课程质量认证体系建设。以《北京交通大学改进和加强研究生课程建设方案（试行）》为基础，组织各学院落实“十三五”课程建设规划，开展全校研究生中英文教学大纲汇编、教材使用情况统计和课程体系优化工作。以“试卷评估”为抓手，全面开展课程质量评价，改进和加强研究生课程质量建设。研究生公共课程继续深化“水平考试”制度。

改造升级网络教学平台，推进“本研”信息化一体化。将 “研究生课程资源平台”升级改造为“北京交通大学教育资源平台”，分学科、分专业、分层次整理和扩充学科前沿视频资源库。利用教务处已有网络教学平台，组织研究生重点建设课程开展网络课程建设，搭建服务研究生的网络课程体系。

结合研究生院重点工作，采取委托开展项目的方式，立项 13 个研究生教改项目，对 2015 年中国学位与研究生教育学会立项的 4 个课题配套资助。出台《北京交通大学研究生教育改革与建设项目管理办法》完善研究生教改立项、考核、经费管理和成果推广模式。组织申报中国学位与研究生教育学会研究生教育成果奖，“圆梦高铁，服务铁路重大工程需求，构建工程型创新人才培养模式”荣获二等奖。与北京交通大学优秀教学成果奖评奖，完成研究生教学成果奖的初评工作。

优化研究生创新激励体系。修订《北京交通大学研究生科技创新项目管理办法》和《北京交通大学博士研究生国际学术交流基金管理办法》，出台《北京交通大学校长奖学金评选办法（试行）》。“优秀博士生创新研究基金”立项 166 项，其中Ⅰ级 74 项、Ⅱ级 71 项、Ⅲ级 21 项。

多渠道争取教育部、国家留学基金委资金支持，设立“国际化战略引领下的拔尖创新人才培养”项目，专项经费 480 万元，扩大博士生联合培养的规模。按“双一流”目标和“十三五”规划修订相关规定，优化校内评选流程，重点学科按需分配名额，新增对在高水平国际会议上宣读论文的研究生进行奖励。学校资助派出 106 人次，其中出国访学 59 项、出国学术交流 47 项（其中资助会议口头报告 30 人次），较 2015 年增长近 120%。借助中欧工程教育联盟平台（SEEEP），推进中欧博士生院建设，扩大博士生和指导教师间的双向交流。成功申请“轨道交通信号领域”中欧博士生院项目。组织中欧博士生暑期学校，约 40 名学生（中外各 20 名左右）参加。

2016 年学校 79 名研究生获得国家留学基金委项目录取，其中联合培养博士生 54 人、攻读博士学位 22 人、联合培养硕士 1 人、攻读硕士学位 2 人。

推进科研实验室功能改造和建设工作。依托北京交通大学在轨道交通领域的学科优势，以科教融合为目标，依据研究生人才培养方案，继续组织相关学院对轨道交通领域学科科研实验室进行更新改造，提升科研实验室的教学功效。9 月，有 3 本研究生教材获北京交通大学出版基金资助。

有 264 名研究生获得 2016 年研究生国家奖学金，其中博士研究生 88 人、硕士研究生 176 人（其中新生获得国家奖学金 83 人）。

2016 年第十三届全国研究生数学建模竞赛，学校 1 支队伍获得一等奖、6 支队伍获二等奖、5 支队伍获三等奖。

（林　葵）

【专业学位培养】

修订在职专业学位研究生管理规定、选课说明等模块内容，规范在职专业学位研究生日常管理；开展在职专业学位研究生公共课、基础课轮排工作，增加在职专业学位研究生在校上课时间灵活性；加强在职专业学位研究生的在学管理，启动学业警示与超期延期工作，加强学期注册管理，启动未注册和超最长修业年限退学工作，完成 3 批次学业警示、批准延期和退学工作；组织优秀教师参加全国高校《工程伦理》课程骨干教师师资高级研修项目，为学校培养第一批工程伦理课程骨干师资。

组织开展 15 项行业人才需求调查研究，把握以轨道交通行业为主的行业人才需求规模及知识、素质与能力要求，为学校面向社会需求办学，特别是培养轨道交通行业的专业学位研究生提供参考；启动 25 个专业学位研究生教学案例开发，提升专业学位研究生实践教学水平。

学校与中国城市轨道交通协会联合举办 2016 年城市轨道交通发展与人才培养专题论坛；制定面向城市轨道交通领域高层次人才培养的相关领域工程硕士培养方案，邀请校内外知名教授组建教学团队，开展中国城市轨道交通研究生三期班教学工作。

结合北京市产学研联合培养基地二期建设，全面加强研究生培养基地建设。建立培养基地运行状况学期报告制度；开展培养基地调研工作，完善建立培养基地协议范本与审批流程；制定奖励办法，首次组织“北京交通大学联合培养基地优秀实习实践个人”评选活动，引导专业学位研究生进入培养基地；落实培养基地二期建设方案，开展 20 个研究生培养基地建设研究，推广基地示范经验，提升专业学位研究生实习实践环境及科研条件。形成北京市产学研联合研究生培养基地建设 2016 年年度进展报告，提交北京市教委。学校与北京交控科技有限公司联合建设的“轨道交通控制与安全研究生联合培养实践基地”获评第二届“全国示范性工程专业学位研究生联合培养基地”。承担的全国工程专业学位教指委课题“轨道交通行业人才素质需求模型与规模预测”被评选为优秀成果，入选《工程专业学位研究生教育研究成果选编（2014—2015）》。主持 2016—2017 年全国工程专业学位教指委重大课题“基于平衡计分卡的工程专业学位研究生培养基地评价研究”。

（李俊阳）

【学位工作】

2016 年召开 4 次校学位评定委员会全体会议，审核通过 4 573 人授予硕士学位、330 人授予博士学位。其中，1 月 18 日第十三届校学位评定委员会第十次全体会议审核通过 722 人授予硕士学位、66 人授予博士学位，4 月 5 日校学位评定委员会第十一次全体会议审核通过 1 171 人授予硕士学位、41 人授予博士学位，6 月 17 日校学位评定委员会第十二次全体会议审核通过 2 386 人授予硕士学位、128 人授予博士学位，10 月 20 日第十三届校学位评定委员会第十三次全体会议审核通过 294 人授予硕士学位、95 人授予博士学位。

改进匿名送审工作环节，依托教育部学位中心平台，建立博士学位论文网上审核系统出台《北京交通大学关于博士学位论文试行网络评审》办法，所有博士学位论文均通过网络匿名送审，解决了学位论文匿名评审工作中存在的评审周期长等问题。

修订《北京交通大学优秀博士、硕士学位论文评选办法》，在评选名额和程序方面更加合理，充分调动各学科研究生和导师的积极性。根据新的评选办法，经学院推荐和专家评审，第十三届校学位评定委员会第十二次全体会议审议，评选出 2015—2016 学年校级优秀博士学位论文 12 篇和优秀硕士学位论文 97 篇。获评校级优秀博士、硕士学位论文的研究生设计、制作奖杯，对优秀博士学位论文的指导教师给予资助。做好各类学会优秀博士学位论文推荐工作，获中国电子学会优秀博士学位论文 2 篇、提名奖 1 篇。

根据《北京交通大学研究生发表高水平论文奖励办法》，2016 年奖励高水平论文 634 篇，其中学科影响因子在前 20%（含）的 SCI 检索论文占 26.97%。奖励金额 203.4 万元，其中 5 月奖励 288 篇高水平论文、奖励金额 90.54 万元； 11 月奖励 346 篇高水平论文、奖励金额 112.86 万元。

根据《北京交通大学学位论文质量后评估实施办法》，通过教育部学位中心抽检平台进行评审，2016 年抽检博士学位论文 112 篇，硕士学位论文 427 篇。系统分析 2015 年抽检结果，查找问题。

制定北京交通大学 32 个专业学位类别（领域）硕士专业学位授予标准，在全国研究生教育质量信息平台上发布。

1 月启动 2017 年教师申请招收博士研究生的资格审核， 571 人通过审核并在校学位办备案。通过招生资格审核的博士生导师 575 人次（其中有 4 人分别在两个学院招生）中，具有博士学位 554 人次，占总人数的 96.34%；正高级职称 438 人次，占总人数的 76.17%；兼职导师 63 人。2016 年新增硕士生导师 90 人，其中具有博士学位 88 人、占通过教师人数的 97.8%，兼职硕导 7 人。

9 月 20 日对首次具有博士生招生资格的导师进行业务培训， 对博士生招生、培养、学位申请及学术道德建设有关政策及管理规定进行详细解读，并邀请清华大学杨士强教授和学校博士生导师赵耀教授做了关于培养高质量博士生的报告。研究生院制作并发放了 2016 版《导师手册》，详细介绍研究生培养、课程管理、学位授予等方面的政策和规定。

出台《北京交通大学关于研究生指导教师岗位职责与工作规范的指导意见（试行）》，落实导师职业道德规范，对导师指导研究生学位论文工作提出具体要求。

根据教育部学位与研究生教育发展中心要求更新专家信息库，8 月至 9 月排查全校 36 个学位授权点、共 826 名硕士生导师及 510 名博士生导师信息，对离职、去世、调出的导师进行信息备注。

2016 年对法律硕士专业学位、工商管理专业学位、会计硕士专业学位完成专业学位水平评估的组织、上报及抽查工作。

启动 13 个学位授权点开展学位授权点自我评估工作，包括信息与通信工程等 10 个博士一级和公共管理等 3 个硕士一级。

根据国务院学位委员会和教育部要求，研究生院牵头设计制作新版学位证书，面向全校师生、校友和社会举办北京交通大学学位证书设计比赛。征集 51 套设计方案，有 26 组队伍参赛，经专家评选、全体学生投票确定了学位证书方案。

9 月 23 日，与中国石油大学（北京）联合承办 2017 年全国硕士研究生招生工作座谈会。

（劳群芳　赵　婧　张　越）

【研究生思想政治教育与党建工作】

加强理想信念和核心价值观教育。加强科学道德和科研诚信教育，制定《研究生科学道德和学风建设宣传教育工作实施方案》；将学习《高等学校预防与处理学术不端行为办法》纳入新生教育，校院两级进行学术道德宣讲；实施研究生学术诚信承诺制度，2016 级研究生 100%签订《北京交通大学研究生遵守学术道德规范承诺书》。举办研究生科学道德和学风建设宣讲教育主题月活动。传递和弘扬交大精神，发起并组建大陆四所交通大学优秀研究生 “榜样的力量”巡讲报告团，做科学精神和学术事迹的首场报告；开展“百廿校庆，百舍争鸣”第五届研究生“样板宿舍”评比活动；举办研究生校庆专属定向越野活动；编著《学风场域的力量——北京交通大学研究生学风建设的创新与发展》，作为学校文化建设研究成果系列丛书在校庆期间推出。开展纪念长征胜利八十周年系列活动，组织 300 余名研究生参观“英雄史诗 不朽丰碑——纪念中国工农红军长征胜利 80 周年主题展览”；举办“传承红色基因 践行长征精神”主题升旗仪式；主题征文活动征集作品 97 篇，主题朗诵比赛征集作品 47 篇。以“永远跟党走，永远交大人”为主题，举办 2016 届“师生情”研究生毕业晚会。组织“学宪法 讲宪法”主题教育活动，弘扬法律文化。

重点实施研究生党员教育工程。以“两学一做”学习教育为重点开展校级党员骨干培训，制定《关于在全体学生党员中开展“学党章党规、学系列讲话，做合格党员”学习教育活动的具体方案》；把“两学一做”学习教育纳入“开学第一课”；重点加强体验式教育，分 4 期组织近 200 名研究生党员骨干到红色教育基地进行体验式教育；组织 75 名研究生党员骨干参加教育部“两学一做”专题网络培训示范班，选拔推荐 4 名优秀研究生党员骨干参加北京高校研究生党员骨干培训班、参加井冈山实践培训；组织毕业研究生党员骨干开展“走向职场前的廉洁教育”；组织研究生党员骨干参加王家元同志先进事迹报告会、徐川同志优秀党课巡讲。注重院级党员教育，各学院组织研究生党员教育，院领导对支部书记进行专题培训，开展红色经典讲演比赛；进行院级党员骨干培训 102 次、党员教育 107 场、12 623 人次。加强党支部建设，以“发挥党员先锋模范作用，服务京津冀协同发展”为主题，组织开展红色“1+1”党支部活动，共有 13 个研究生党支部获批，其中 2 个党支部获得北京高校“红色 1+1”活动三等奖、2 个党支部获得优秀奖；推进学生党员先锋工程，加强学习型、服务型、创新型学生党支部建设；研究生党支部开展集体学习 1 058 次、交流研讨 637 次、党员活动 722 次，党支部书记讲党课 387 次。

推进研究生学期教育计划。依托宣讲专家队伍，开展科学道德和学风建设宣讲教育 123 场，共 133 学时；举办研究生心理健康教育周活动，分 3 场对全校 2016 级研究生进行心理健康教育培训，校院两级共开展相关教育 68 学时；对 2016 级研究生新生开展职业发展专题教育，校院两级共开展相关教育 271 学时；举办安全教育周活动，分 3 场对全体 2016 级研究生进行安全知识培训，组织研究生参加交大嘉园公寓消防演练，校院两级共开展相关教育 64 学时。

做好研究生网络思想教育。利用研究生微信平台开展网络思想政治教育，完善《北京交通大学研究生微信公众信息服务管理办法》，明确信息发布原则、审核程序及内容板块设置方案；2016 年微信平台共推送 198 期、592 项内容，其中教育政策类 18 条、学术规范类 71 条、安全类 26 条、心理类 10 条、职业类 28 条、名师讲坛 33 条，总阅读量 554 822 次，朋友圈转发 172 489 次；依托微信平台“微宣传”开展主题教育，推送校庆主题内容 18 条、榜样风采 20 条、“两学一做”学习教育内容 34 条、安全教育内容 26 条、纪念长征胜利 80 周年主题内容 30 条；加强校内外研究生思想政治教育工作宣传，受邀在《中国科学报》上宣传学校研究生创新能力培养工作，在校园新闻网发布宣传稿件 23 篇；编辑《研究生网络舆情分析报告》63 期，掌握研究生网络舆情动态；在知行论坛研究生科学道德和学风建设板块发布正能量帖子 203 篇。

加强研究生思想政治教育队伍建设。落实《北京交通大学关于研究生指导教师岗位职责与工作规范的指导意见（试行）》，将研究生思想政治教育工作系列文件列入《北京交通大学导师培训资料》；开展辅导员培训，6 人参加教育部、省市级培训，组织校内副书记培训 2 次、专兼职辅导员培训 3 次，2016 年各学院辅导员针对全日制研究生开展深度辅导共 9 426 人次，完善《研究生辅导员考核办法》；聘任 75 名研究生兼职辅导员，107 名 2016 级研究生班主任；加强校研究生会、研究生公寓文化建设委员会、伙食建设工作委员会等研究生骨干队伍的工作指导。

做好研究生安全稳定工作。举办交通安全、消防安全知识教育展，在学苑公寓橱窗、交大东路天桥及学校通往学苑公寓的沿路进行安全知识宣传；寒暑假和节假日前通过研究生和导师邮箱、知行信息交流平台、微信平台发布假期安全提示（全年 7 次），组织开展宿舍安全检查；实施假期研究生出行情况登记备案制度；执行重大纪念日和关键时期研工部、学院辅导员值班制度和安稳信息“零报告”。

加强研究生思想动态、实际需求及教育规律调查分析。开展 8 项 13 个研究生情况专题问卷调研，对 23 所高校研究生思想政治教育工作进行调研。

（秦　莹　胡　滢　秦乐乐）

【研究生学术创新与实践】

开展研究生综合素质教育计划。举办 “院士校园行”12 场、“与大师面对面”名师讲坛 127 场；举办第二十六届“慧光杯”研究生学术文化节，征集论文 623 篇，评选出优秀论文一等奖 32 篇、二等奖 79 篇、三等奖 111 篇，创新创业大赛活动共征集 14 个项目，评选出一等奖、二等奖、三等奖各 1 个；各学院举办 274 场学术论坛和学术沙龙活动；402 名研究生参加校外研究生学术论坛；举办第十三届研究生英语文化之夜活动；开展研究生艺术工作坊开放日主题活动 4 次，累计 100 余名研究生参加；组织研究生参加 “华为杯”第十一届研究生电子设计竞赛、第三届全国研究生智慧城市技术与创意设计大赛、首届中国研究生公共管理案例大赛、第四届全国高校物联网应用创新大赛等各级各类科技竞赛，累计 192 人次获得北京市级以上竞赛荣誉；各学院开展交大下午茶、素质拓展训练、最美班级合照比赛、汉字听写大会、英文论文编译等综合素质教育活动。

启动实施研究生创新创业能力提升计划。组织四期未来领军人物计划“新长征”体验式教育培训，培训研究生骨干 200 余人，赴兰州铁路局银川货运中心、北京铁路局天津南仓货运站等企事业单位调研实践、六盘山红军长征纪念馆、西柏坡纪念馆、周恩来纪念馆等红色教育基地进行体验式教学；设立研究生创新创业工作坊，邀请 6 名企业高管、创投人士作为研究生创新创业导师，累计开展 9 次校内课程培训、2 次企业体验式教学，500 余名研究生参加。

完善研究生实践能力提升计划。组织 54 支研究生科技服务团，660 余名研究生服务京津冀协同发展，利用专业特长开展科技服务；选拔 6 名博士生参加教育部“蓝火计划”博士工作团；2 名博士生参加北京市挂职锻炼，学校工作经验作为北京高校典型作专题汇报。做好研究生“三助”工作，修订《北京交通大学进一步加强研究生“三助一辅”工作实施办法》，就“三助一辅”工作开展校内外调研；2016 年设置研究生“三助”岗位 1 595

个（助教 1 072 个、助管 523 个），上岗研究生 2 590 人次（助教 1 202 人次、助管 1 388 人次）。

（秦　莹　秦乐乐　胡　滢）

【研究生事务管理】

撰写研究生教育、党建与思想政治教育“十三五”专项规划，参与学校世界一流大学（学科）和特色发展引导专项建设项目。修订《研究生手册》、《北京交通大学研究生奖励实施细则》及相关制度文件。

评选出 155 名“北京市普通高等学校优秀毕业生”，311 名“北京交通大学优秀毕业生”，153 名“北京交通大学优秀毕业生干部”，108 名北京交通大学毕业生“奋飞奖”获得者。896 人获得“三好研究生”等三项荣誉称号。192 人分别获得宝钢、智瑾等 28 项专项奖学金。

发放思源助学金、临时困难补助 80 700 元。利用 22 号学生公寓和学苑公寓研究生创新活动中心举办学术文化等交流活动 1 000 余场。

（胡　滢　秦　莹　秦乐乐）

本、专科教育

【概况】

2016 年学校本、专科教育工作思路是以国家实施“世界一流大学和一流学科建设”为契机，落实学校第十次党代会提出的建设“特色鲜明世界一流大学”的目标要求，以立德树人为根本任务，以提高人才培养质量为核心，以综合改革为抓手，全面推进人才培养工作。

（岳　冶）

【本科教学工程】

5 月 18 日，学校召开人才培养工作会议，会议主题为：以“双一流”建设为引领，坚持立德树人，以“十三五”规划启动为契机，着力推进一流人才培养工作。宁滨校长作“落实‘十三五’，助推‘双一流’，全面推进一流人才培养工作”的工作报告。

2016 年，学校本科教学专项投入 2 685 万元。争取到中央教育教学改革专项、“双一流”建设拔尖创新人才培养专项、北京市共建项目、北京市双培计划项目等资金 3 863 万。新增 1 个国家级虚拟仿真实验教学中心，1 门国家级精品视频公开课，19 门国家精品资源共享课，1 个北京市级实验教学示范中心，2 名北京市高等学校教学名师。获评国家首批“全国创新创业典型经验高校”，1 篇学生论文获评第九届全国大学生创新创业年会“优秀学术论文”奖。

（岳　冶）

【专业建设】

在学校已有 11 个专业通过专业认证的基础上，机械工程、计算机科学与技术、测控技术与仪器和电气工程及其自动化 4 个专业参加工程教育专业认证复评，完成专家入校考察阶段工作。

在 2015 年经管、运输学院开展学院评估试点的基础上，继续在电信学院、语言学院和电气学院开展学院本科教学评估。通过学院提交自评报告和支撑材料、专家审阅材料和反馈意见、专家开展现场考察等环节，形成正式评估意见。

（岳　冶）

【培养模式】

开展基于大类招生的人才培养模式改革。制定基于大类招生培养的实施方案，出台《北京交通大学本科生转专业和大类专业分流管理办法》，推进大类分流系统的建设。

继续开展双学位试点及双培计划。2016 年，学校在金融学、会计学、工程管理、法学、英语、传播学、计算机科学与技术 7 个专业开设双学位专业，共招收 260 名学生。加强对双培计划学生的管理和服务，2016 年接收 6 所市属院校共 131 名双培学生来校学习。2016 年学校在北京市教委的支持下，成立“北京交通大学北京学院”，依托学校交通运输学院的特色优势学科，开办“城市交通”辅修专业，来自 6 所兄弟院校的 25 名同学成为北京交通大学北京学院第一届学生。

继续开展国际化人才培养。推进本科全英文课程和教材建设，投入 240 万元专项经费，用于支持电信学院等 9 个学院的全英文课程和教材建设。持续推进中外合作办学工作，组织完成“北京交通大学兰卡斯特大学学院”6 个本科专业的申报，组织相关学院开展专业培养方案制定等建设工作。推进兰卡斯特与校本部开展人才培养工作，组织计算机科学与技术专业与兰卡斯特大学开展本科 2+2、3+1+1 人才培养。

（岳　冶）

【培养方案】

以 OBE 的理念，坚持“以学生为中心”，实施大类培养，按照相通、相近的学科设置公共基础课程和大类公共课程，修订全校 54 个专业培养方案。

（柴　莹）

【课程建设】

“物流与生活”获批第八批国家级精品视频公开课，学校精品视频公开课达到 6 门。“运输组织学”等 25 门课程获批第一批国家级精品资源共享课，详见表 7。

表 7　视频公开课、资源共享课一览表

序号	学院	课程名称	课程负责人	类别
1	电信学院	信号与系统	陈后金	第一批国家级精品资源共享课
2	电信学院	数字逻辑与系统	侯建军	第一批国家级精品资源共享课
3	电信学院	电子系统课程设计	侯建军	第一批国家级精品资源共享课
4	计算机学院	大学计算机基础	王移芝	第一批国家级精品资源共享课
5	计算机学院	数字图像处理	阮秋琦	第一批国家级精品资源共享课
6	经管学院	物流学	汝宜红	第一批国家级精品资源共享课
7	经管学院	电子商务	张润彤	第一批国家级精品资源共享课
8	经管学院	ERP 理论与实践	张真继	
9	经管学院	运输经济学	欧国立	第一批国家级精品资源共享课
10	运输学院	交通规划	邵春福	第一批国家级精品资源共享课
11	运输学院	运输组织学	何世伟	第一批国家级精品资源共享课
12	运输学院	城市轨道交通规划与设计	毛保华	第一批国家级精品资源共享课
13	运输学院	道路交通管理与控制	袁振洲	第一批国家级精品资源共享课
14	运输学院	交通安全工程	肖贵平	第一批国家级精品资源共享课
15	土建学院	工程力学	汪越胜	第一批国家级精品资源共享课
16	土建学院	桥梁工程	季文玉	第一批国家级精品资源共享课
17	理学院	大学物理	吴　柳	第一批国家级精品资源共享课
18	理学院	大学物理实验	冯其波	第一批国家级精品资源共享课

续表

序号	学院	课程名称	课程负责人	类别
19	语言学院	大学英语	蒋学清	第一批国家级精品资源共享课
20	运输学院	高速铁路纵横	聂　磊　张星臣　杨　浩	第三批精品视频公开课
21	运输学院	交通博览	毛保华　邵春福　张星臣	第四批精品视频公开课
22	运输学院	铁路史话	周磊山　何世伟　韩宝明	第四批精品视频公开课
23	经管学院	金融与生活	叶蜀君	第五批精品视频公开课
24	电信学院	走近数字技术（1～5 讲）	陈后金	第七批精品视频公开课
25	经管学院	物流与生活	汝宜红	第八批精品视频公开课

（柴　莹）

【课程平台】

推进课程平台建设，推进专业主干课（专业核心课）使用课程平台，本学期全校共 137 门专业主干课（专业核心课），共 311 个课堂，共有 280 个课堂使用课程平台。

（柴　莹）

【教材建设】

按照《北京交通大学教材出版基金管理办法（修订稿）》，经学院推荐、教材出版基金管理工作办公室组织专家评审，由教材出版基金管理工作领导小组决定，确定 12 本教材为 2016 年教材出版基金资助教材，详见表 8。

表 8　2016 年教材出版基金资助教材一览表

序号	学院	教材名称	作者姓名	使用范围
1	电信学院	Principles and Interface Techniques of 80X86 Microprocessors	周永华	本科
2	经管学院	国际物流	穆　东　宋　光	本科
3	经管学院	铁路土地资产综合开发模式研究与应用	唐永忠	专著
4	运输学院	交通检测与物联网技术	王江锋	本科
5	运输学院	铁路超重货物运输	李笑红	本科
6	土建学院	高速铁路车桥耦合动力学	张　楠	研究生
7	机电学院	制造装备及其自动化技术	张冬泉	本科
8	马克思主义学院	高校思想政治教育范式转换研究	吴　琼	专著
9	语言学院	综合英语写译教程	王建荣　周红红	研究生
10	建艺学院	建筑物理实验指导书	杜晓辉	本科
11	法学院	宏观调控法	郑　翔	研究生
12	法学院	量刑失衡：存在、归因与克服	蔡曦蕾	专著

（柴　莹）

【教学改革】

2015 年学校教改立项共 121 项。经教师个人申请，学院评审，学校组织答辩，专家组综合评议，批准 112 项通过结题验收、9 项延期，详见表 9。

表 9　2015 年度校级教改项目结题验收结果汇总表

序号	学院	项目名称	项目负责人	执行负责人	项目类型	验收结论
1	电信学院	电信学院拔尖与特色班级建设与探索	刘　颖	戴胜华	A	通过
2	电信学院	导师制拔尖人才培养模式的研究与探索	刘　颖	闻映红	A	通过
3	电信学院	探索校企联合人才培养模式，建设国内一流的通信工程专业实验室	刘　颖	刘　颖	B	通过
4	电信学院	基于校课程平台的信号与系统课程混合教学模式探索	刘　颖	胡　健	B	通过
5	电信学院	推进“电磁场与电磁波”M BOOK 数字化教材建设实现教学与新媒体的有效融合	刘　颖	邵小桃	B	通过
6	电信学院	铁道信号专业卓越工程师人才培养系列教材建设的研究	刘　颖	李绍斌	B	通过
7	电信学院	充分利用校外实践资源培养卓越工程师的研究	刘　颖	付文秀	B	通过
8	电信学院	跟班顶岗实习教学组织与实施	刘　颖	周永华	C	通过
9	电信学院	国内外高校光纤通信教学和课程方案研究	刘　颖	裴　丽	C	通过
10	电信学院	通信专业本科生毕业设计质量提升研究	刘　颖	赵军辉	C	通过
11	电信学院	电路分析实验翻转教学	刘　颖	闻　跃	C	通过
12	电信学院	实验教学中心设备规划与建设研究	刘　颖	马庆龙	C	通过
13	计算机学院	计算机与信息类专业多方位贯穿式国际交流能力培养方式研究与实践	于双元	于双元	A	通过
14	计算机学院	计算机类专业工程教育认证的实施策略和评价体系研究	于双元	徐　薇	B	通过
15	计算机学院	与时俱进、优化创新—计算机基础系列实验开发与教学应用探索	于双元	周　围	B	通过
16	计算机学院	面向社会需求的层次化专业实习及校企合作模式研究	于双元	安高云	B	通过
17	计算机学院	计算机体系结构 MOOC 课程建设	于双元	董　岚	B	通过
18	计算机学院	“计算机系统”教材建设和课程设计	于双元	艾丽华	B	通过
19	计算机学院	IT 类学生创业意识与创业能力培养模式研究	于双元	王浩业	C	通过
20	计算机学院	面向创新型高级工程人才培养的物联网专业开放式硬件实验平台建设	于双元	王　东	C	通过
21	计算机学院	面向计算机类本科生的电子技术课程改革	于双元	章春娥	C	通过
22	计算机学院	《RFID 原理与应用》课程软实验环境构建	于双元	赵帅锋	C	通过
23	保密学院	保密专业人才实践能力培养模式的研究	韩　臻	张汉姝	A	通过
24	保密学院	强化实践教学提升创新型保密专业人才培养质量的研究	韩　臻	杜　晔	C	通过

续表

序号	学院	项目名称	项目负责人	执行负责人	项目类型	验收结论
25	经管学院	经管学院会计学专业本科生导师制的研究与实践	张　力	郭雪萌	A	通过
26	经管学院	面向建筑产业现代化的工程管理专业教学改革与建设	张　力	刘伊生	B	通过
27	经管学院	高质量地建设《物流管理概论》微课程学习资源	张　力	汝宜红	B	通过
28	经管学院	高校院校教学质量保障体系建设研究	张　力	张润彤	B	通过
29	经管学院	经济管理类本科生通识教育课程体系构建研究	张　力	殷　平	B	通过
30	经管学院	应用于实践教学的运输经济虚拟仿真平台建设	张　力	彭兆祺	B	通过
31	经管学院	基于大数据在线资源的《财务报告分析》课程建设研究	张　力	程小可	C	通过
32	经管学院	《金融计量导论》课程实践环节设计与建设	张　力	柯金川	C	通过
33	经管学院	基于关键模块的多元集成模式下工程管理专业综合实践教学研究	张　力	刘　菁	C	通过
34	经管学院	基于国际视角的市场营销专业课程体系与课程模块结构优化研究	张　力	陈秀平	C	通过
35	运输学院	城市交通复合型人才培养框架设计及培养模式的战略思考	景　云	邵春福	A	通过
36	运输学院	面向院系评估的本科生毕业能力评价方案设计的研究与实践	张晓东	张晓东	A	通过
37	运输学院	电子商务专业本科生导师制人才培养模式及实施体系研究	景　云	李春艳	B	通过
38	运输学院	城市轨道交通专业方向本科人才培养体系改革与质量保障措施研究	景　云	毛保华	B	通过
39	运输学院	交通工程专业人才培养及质量保障体系建设	景　云	姚恩建	B	通过
40	运输学院	《铁路站场及枢纽》主干课课程平台建设	景　云	王　莹	B	通过
41	运输学院	《道路工程》主干课课程教学平台建设	景　云	王　颖	B	通过
42	运输学院	《铁路货物运输》主干课课程平台建设	景　云	陈　超	C	通过
43	运输学院	《交通运输控制技术》主干课课程平台建设	景　云	王子洋	C	延期
44	运输学院	《交通运输经济学 A》主干课课程平台建设	景　云	贾顺平	C	延期
45	运输学院	《铁路旅客运输》主干课课程平台建设	景　云	贾俊芳	C	通过
46	运输学院	《城市客运管理与应急处置》主干课课程平台建设	景　云	刘　爽	C	通过
47	土建学院	面向“基础学科拔尖人才培养班”的工程力学专业培养模式建设	张鸿儒	梁小燕	A	通过
48	土建学院	本科生科研工作室建设	张鸿儒	孙慧环	B	通过
49	土建学院	基于实际结构的工程化教学理念在结构力学课程中的实践	张鸿儒	于桂兰	B	通过
50	土建学院	基于课程平台的《桥梁史话》课程建设	张鸿儒	卢文良	B	通过

续表

序号	学院	项目名称	项目负责人	执行负责人	项目类型	验收结论
51	土建学院	《轨道工程》MOOC 课程建设研究	张鸿儒	高　亮	B	通过
52	土建学院	《环境学概论》在线课程建设与创新研究	张鸿儒	鲁垠涛	B	通过
53	土建学院	《土木工程专业研究方法与创新教育》课程建设	张鸿儒	刘　磊	C	通过
54	土建学院	“地下工程”双语课程建设研究	张鸿儒	刘卫丰	C	通过
55	土建学院	环境工程专业实验教学改革	张鸿儒	张　琼	C	通过
56	土建学院	建筑施工及施工管理系列课程一体化建设	张鸿儒	赵　杰	C	通过
57	土建学院	工程力学扩展实验的研究（预应力钢棒的模拟加载试验研究）	张鸿儒	许子龙	C	通过
58	机电学院	导师制拔尖人才试点班建设及培养模式研究	史红梅	郭　盛	A	通过
59	机电学院	机械类实验教学质量保障体系建设与研究	史红梅	霍　凯	A	通过
60	机电学院	新形势下机电类大学生科研创新实践活动的研究与实践	史红梅	宋志坤	B	通过
61	机电学院	《工程制图基础 A》课程教学改革和电子资源建设	史红梅	刘　伟	B	通过
62	机电学院	机械原理立体化课程建设	史红梅	张　英	B	通过
63	机电学院	“发动机综合实践”课程的教学实验设计研究	史红梅	宁　智	B	通过
64	机电学院	《计算机辅助设计与制造》课程教学软件建设	史红梅	蔡永林	B	通过
65	机电学院	基于仿真技术的电厂实训平台建设	史红梅	何伯述	C	通过
66	机电学院	《误差理论与数据处理》研究性教学模式下的课程建设	史红梅	孙艳华	C	通过
67	电气学院	基于导师制推进本科拔尖人才培养的研究与实践	王健强	和敬涵	A	通过
68	电气学院	电气类主干课全英文教学实践与探索	王健强	刘瑞芳	B	通过
69	电气学院	FCM 和 MOOCs 模式下的《电路》及相关课程教学方法与教学模式改革的研究	王健强	佟庆彬	B	延期
70	电气学院	《电气工程专业综合设计》优质课程资源建设	王健强	倪平浩	B	通过
71	电气学院	面向工程实际和学科交叉《工程电磁场》的教学与实践	王健强	焦超群	B	通过
72	电气学院	基于竞赛的《电子技术课程设计》教学改革的研究	王健强	张秀敏	B	通过
73	电气学院	教学和科研资源一体化开放共享平台建设	王健强	徐建军	C	通过
74	电气学院	《数字电子技术》课程平台建设	王健强	宁　涛	C	通过
75	电气学院	罗克韦尔自动化控制技术教学实验平台的研究与开发	王健强	胡小刚	C	通过
76	电气学院	电机学实验教学改革–引导学生主动实验	王健强	张　威	C	通过
77	电气学院	电路实验分层次教学模式的改革与实践	王健强	蒲孝文	C	通过
78	理学院	建设我校特色的大学物理课程混合教学平台，进一步完善学生个性化教学体系	于永光	王波波	A	通过

续表

序号	学院	项目名称	项目负责人	执行负责人	项目类型	验收结论
79	理学院	针对信息与计算科学专业的双学位人才培养模式探索	于永光	刘玉婷	B	通过
80	理学院	北京交通大学理学专业本科生导师制的探索与实践	于永光	王玉凤	B	通过
81	理学院	基于智能终端、无线局域网和互联网的教学评测系统构建研究	于永光	陈　征	B	通过
82	理学院	微积分慕课课程的建设与实践	于永光	刘迎东	B	通过
83	理学院	Moocs 时代几何与代数课程数字化教学资源的研究与实践	于永光	王晓霞	B	通过
84	理学院	工科化学课程教学探讨	于永光	康晓红	C	通过
85	理学院	大学物理实验教材的改革与建设	于永光	牛　原	C	通过
86	理学院	中外合作办学项目“纳米材料与技术”专业一体化人才培养模式及教学质量监控体系建设	于永光	丁克俭	C	通过
87	理学院	“夯实基础，张扬个性”，数学大类专业建设	于永光	刘玉婷	C	通过
88	理学院	《数学分析》课程与教材的改革与建设	于永光	汪成咏	C	通过
89	马克思主义学院	理工科大学人文社会科学通识核心课建设探究	李效东	李效东	B	通过
90	马克思主义学院	基于通识教育的行业特色大学中华优秀传统文化课程体系建设	李效东	孔德立	B	通过
91	马克思主义学院	构建四位一体的“毛泽东思想和中国特色社会主义理论体系概论”教育教学模式	李效东	王宁西	B	通过
92	马克思主义学院	《马克思主义基本原理》大众读本创作研究	李效东	孙夕龙	B	通过
93	马克思主义学院	《中国近现代史纲要》专题教学模式创新研究	李效东	闫长丽	B	通过
94	马克思主义学院	高校思想政治理论课学生学习动力机制研究	李效东	陈树文	B	通过
95	语言学院	大学英语 MOOC 词汇课程的设计和教学模式的研究	杨若东	蒋学清	A	延期
96	语言学院	传播学新媒体方向课程体系规划及教学保障机制	杨若东	刘凯	B	通过
97	语言学院	以能力培养为导向、注重分类卓越的英语专业教学改革探索与实践	杨若东	刘小燕	B	通过
98	语言学院	视觉与创意相结合的双轨制教学研究——《视觉传播概论》课程教学改革	杨若东	董媛媛	B	通过
99	语言学院	北京交通大学西班牙语专业科技西班牙语课程建设	杨若东	梁　静	B	通过
100	语言学院	英语写作实验教学模式研究	杨若东	王云彤	B	通过
101	语言学院	教育目标分类学视角下的大学英语写作任务研究	杨若东	冯蕾	C	通过
102	语言学院	基于网络教学平台的多媒体交互式英语写作教学研究	杨若东	朱岩岩	C	通过

续表

序号	学院	项目名称	项目负责人	执行负责人	项目类型	验收结论
103	软件学院	软件工程专业人才培养质量保障体系的研究与实践	赵　宏	赵　宏	A	延期
104	软件学院	“数据挖掘与数据分析”课程的改革和建设	赵　宏	孔令波	B	通过
105	软件学院	《数据库系统》课程翻转课堂的探索与研究	赵　宏	王方石	B	延期
106	软件学院	《面向对象与交互式应用开发综合实践》课程改革与建设	赵　宏	马迪芳	B	通过
107	建艺学院	基于工作室制度试点的“设计与建造”教学改革研究	王丽君	程力真	B	通过
108	建艺学院	北京交通大学城乡规划专业工作室培养模式研究	王丽君	高　巍	B	通过
109	建艺学院	基于工作室制度试点的环艺设计专业本科教学改革研究	王丽君	马　强	B	通过
110	建艺学院	基于 APP 平台的建筑设计基础辅助教学方法研究——以指导手册为例	王丽君	蒙小英	C	延期
111	建艺学院	北京交通大学城乡规划专业——大数据背景下的产学研一体化研究	王丽君	高　巍	C	延期
112	建艺学院	北京交通大学数字媒体专业工作室制本科导师人才培养模式研究	王丽君	马　强	C	延期
113	法学院	法学院本科生导师制推进方案探索	陶　杨	陶　杨	A	通过
114	法学院	国际经济法学 MOOC 平台建设	陶　杨	张瑞萍	B	通过
115	法学院	刑事诉讼法 MOOCs 课程建设	陶　杨	陶　杨	B	通过
116	法学院	刑法总论 MOOCs 课程建设	陶　杨	朱本欣	B	通过
117	体育部	激励与监控有机结合的我校体育教学质量保障体系构建研究	留森华	陈健文	B	通过
118	体育部	拔尖创新人才体育素养培养的研究与探索	留森华	王金连	B	通过
119	艺教中心	通识教育理念下高校公共艺术教育类课程体系研究	秦思阳	刘　姗	B	通过
120	心理中心	大学生心理健康教育精品网络课程建设与开发	姚念龙	张　弛	B	通过
121	校专项	创业教育与创业实践一体化体系构建研究	张　力	陈永东	A	通过

（柴　莹）

【实践教学】

强化实践教学环境建设，提高实践教学质量。学校“经济管理虚拟仿真实验教学中心”获评国家级虚拟仿真实验教学中心，“语言实验教学中心”获评北京市级实验教学示范中心。

全面推进创新创业教育改革，学校在 2016 版培养方案修订中，增设创新创业模块，设置必修 2 学分。召开全校创新创业与就业工作推进会。学校实施“创新创业种子培养计划工程”，首届种子工程试点班学生完成选拔，来自全校各专业的 29 名学生进入试点。学校“电气工程创新实践基地”获评北京高等学校示范性校内创新实践基地建设单位。学校获评教育部首批“全国创新创业经典经验高校”、北京市首批“深化创新创业教育改革示范高校”。

深化实践教学管理系统建设，大学生创新创业项目管理、毕业设计（论文）管理信息系统全面推广。12 月，启动实验室信息化、实验教学、实习、学科竞赛信息管理平台建设。实验室开放课共设 33 个课堂近 12 680 人时数，895 名学生受益。

（王　伟）

【科研训练与学科竞赛】

2016 年，学校大学生创新训练计划项目立项 649 项（国家级项目 82 项、北京市级项目 100 项），参与学生数 1 779 人，指导教师数 448 人。学校举办北京交通大学第三届大学生创新训练计划项目作品展示及现场交流活动。

9 月 24－25 日，作为 120 周年校庆系列活动之一，受市教委委托举办“第三届北京市大学生创新创业教育成果展示与经验交流会”，北京地区 65 所高校、600 余项作品，3 000 余人参会。

在教育部、科技部主办的第九届全国大学生创新创业年会上，学校 2 篇论文、1 项作品从近 573 所高校申报的参会作品 1 871 项作品中获选以报告形式在年会上进行交流。《MnO_3超卤素团簇掺杂双层石墨烯电磁特性研究》获评“优秀学术论文”奖。

全年学科竞赛共获国际级奖项 19 项，国家级奖项 160 余项，北京市级奖项 240 余项。在 2016 年美国大学生数学建模竞赛中，荣获一等奖 6 项、二等奖 13 项；在中国大学生物理学术竞赛中，荣获一等奖 1 项；在中国节能竞技大赛中，学校“绿动之心”节能车队勇夺季军；在第五届大学生科技创新作品与专利成果展示推介会上，学校作品“用于延长多旋翼无人机滞空时间的挂靠机械臂及无人机充电桩”获先进制造业领域类一等奖暨创新金奖、最具价值奖、最具人气奖。

（王　伟）

【毕业设计】

2016 年毕业设计（论文）工作的中期检查结果反映：学生选题符合所学专业要求，难度适中，工作量适当，大部分研究内容具有科研背景支撑，指导教师普遍指导认真，能及时了解和掌控毕业设计整体进展情况。毕业设计（论文）的选题属于工程设计的为 43.80%，软件开发的为 11.12%，理论研究的为 36.29%，其他为 8.79%（如表 10 所示）。从毕业设计（论文）题目的来源看，属于导师科研项目的占 41.59%，导师自拟的占 33.58%，工程实际的占 17.98%，其他为 6.85%（如表 11 所示）。经过答辩考核，最终成绩优秀的为 35.86%，良好的为 41.18%，中等的为 19.56%，及格的为 3.21%，不及格为 0.02%（如表 12 所示）。

表 10　2016 年毕业设计（论文）题目类型统计表

理论研究		工程设计		软件开发		其他		总计	
数量	百分比/%	数量	百分比/%	数量	百分比/%	数量	百分比/%	数量	百分比/%
1 165	36.29	1 406	43.80	357	11.12	282	8.79	3 210	100

表 11　2016 年毕业设计（论文）题目来源统计表

导师科研项目		导师自拟		工程实际		其他		总计	
数量	百分比/%	数量	百分比/%	数量	百分比/%	数量	百分比/%	数量	百分比/%
1 335	41.59	1 078	33.58	577	17.98	220	6.85	3 210	100

表 12　2016 年毕业设计（论文）成绩统计表

项目	优	良	中	及格	不及格	合计
人数	1 151	1 322	628	103	6	3 210
百分比%	35.86	41.18	19.56	3.21	0.02	100

（常　卓）

【质量监控】

张晓冬和胡健两位教师获评第十二届北京市教学名师奖。2016 年学校新评选出优秀主讲教师 49 名，优秀实验教学指导教师 2 名。对 2016 年申报职称晋升晋级的 200 名教师开展本科人才培养质量评价工作。

坚持领导干部、督导、教师听课制度，加强教学过程监控与反馈。2016 年校领导、院系领导、专业负责人、督导专家等人员共听课 1 528 次。依托课程平台开展课程教学资源建设情况监控，抽查 84 个课堂的教学大纲、教学日历和教案 PPT，抽查 22 门课程考试试卷。定期监测课程平台学生的随堂反馈情况，及时提醒学院关注评价达到预警线的任课教师。

推进学生评教改革，采取随堂反馈和手机 APP 评教等方式，从静态评价向动态评价方式转化，从终结性评价向形成性评价转化。

自 2013 年开展试卷扫描工作，截至 2016 年年底，共扫描 288 门课程考试试卷 20 余万页，建立试卷档案管理系统，实现试卷信息的录入、存储、查询等功能。本年度实施考试网上阅卷、批改、存档一体化试点。

（李巍巍）

【教务管理】

修订《北京交通大学本科生学籍管理规定》等 6 个本科教学相关管理文件，新增《北京交通大学本科生转专业和大类专业分流管理办法》《北京交通大学本科生学业警示管理办法》2 个文件，从 2016 级开始执行。

完成新生学籍管理、在校生学籍信息维护、学籍异动管理、学籍注册等学籍管理日常工作。完成转专业、学业警示、留级、退学、毕业生等学籍管理专项工作。完成学生中英文成绩单、在校证明制作、证书证件发放与补办等服务性工作。

完成 2017 届应届本科毕业生推荐免试研究生工作，714 名学生获得推荐免试研究生资格。继续推进辅修专业、双学位工作，2016 年在读学生 823 人。

完成新教务系统成绩相关模块建设任务；优化排课方案，做好全年本科生近 4 700 个课堂和研究生 3 200 余个课堂的课表安排；做好教室资源管理使用，完成本科生、学生活动、考试、培训、会议等教室的 20 000 余条使用申请的审批工作。

（王佳琦　常　欢）

【高职教育】

学校继续面向高中毕业生招收新生 111 人（清河学院招生数，燕郊学院从 2015 年起停招）。2016 年高职学院设有 6 个专业，包括：城市交通运输、交通运营管理、汽车检测与维修技术、公路运输与管理、高等级公路维护管理、道路桥梁工程技术（前 3 个清河，后 3 个燕郊）。2016 年在校生共计 641 人。

2016 年清河和燕郊两个高职学院就业率分别达到 91.58%和 92.62%。高职学院推荐 15%的优秀应届毕业生，参加北京市和交大本校的专升本考试，录取 29 名学生，录取比例 7.2%，分别进入北京信息科技大学的行政管理、工商管理、计算机科学与技术和车辆工程等专业，继续学习本科后二年的课程。2016 年高职学院有 15 名男生应征入伍。

（赵　宏）

【教师发展中心】

依托国家级教师发展中心，组织开展各类教师教学能力提升培训工作，包括 8 期教学工作坊、3 次讲座、4 期教学研修班、2 次座谈会等，参与教师达 1 300 多人次，选派 28 人次教师代表参加校外兄弟院校的教学发展研修班和研习营。组织教师参加全国高校教师网络培训总计 75 人次。与校工会、人事处联合举办第十一届青年教师教学基本功比赛，评选出 1 等奖 7 名、二等奖 9 名、三等奖 15 名。

批准 2015 年度 14 项教师教学能力提升类教改项目全部通过结题验收（详见表 13）；批准 2016 年度 13 项教师教学能力提升类项目立项，其中重点项目（A 类）5 项、一般项目（B 类）8 项（详见表 14）。批准 2015 年度 22 项教学促进师基金项目全部通过结题验收；批准 2016 年度 21 项教学促进师基金项目立项。

表 13　2015 年度教师教学能力提升类教改项目结题验收结果一览表

序号	学院	项目名称	负责人	执行负责人	项目类型	验收结论
1	电信学院	青年教师教学能力提升的探索与实践（滚动支持）	戴胜华	陈后金	A	通过
2	机电学院	高校教师课堂教学基本功提升的规范化研究和培训实践	房海蓉	杜永平	A	通过
3	运输学院	针对建立青年教师工程实践能力提升管理体系的研究与探索	张晓东	朱晓宁	A	通过
4	语言学院	语言学院青年教师教学水平和教学效果提升培训的探索和实践	杨若东	杨若东 王云彤	A	通过
5	理学院	提升理学基础课教师教学能力的研究与实践	于永光	王玉凤	A	通过
6	计算机学院	计算机大类课程任课教师系统教学能力提升的研究与实践	于双元	杨晓晖	A	通过
7	土建学院	构筑工程实践与理论教学的桥梁，多层次提升土木工程专业教师教学能力	张鸿儒	杨　娜	B	通过
8	经管学院	基于混合式学习的教学能力提升与实施机制研究	张　力	马　忠	B	通过
9	人文学院	党政联合建设“双高”师资队伍（第二期）	李效东	李效东	B	通过
10	法学院	提升案例教学技能，促进法学人才培养方式改革	陶　杨	陶　杨	B	通过
11	软件学院	软件学院综合实践系列课程教师实践教学能力提升的研究和应用	赵　宏	冯凤娟	B	通过
12	电气学院	电气学院青年教师教学能力培训体系与方法研究	王健强	王健强	B	通过
13	建艺学院	设计类学科群专业课程教师教学能力全方位提升的研究与实践	王丽君	王丽君	B	通过
14	体育部	高校体育教师人格魅力的理论与实证研究	留森华	留森华	B	通过

表 14 2016 年度教师教学能力提升类教改项目立项结果一览表

序号	学院	项目名称	负责人	执行负责人	项目类型
1	电信学院	依托精品课程 MOOC 建设与实践 切实提升教师教学能力	戴胜华	黄琳琳	A
2	经管学院	我校创业教育师资团队的建设研究	张 力	杨湘玉	A
3	马克思主义学院	思想政治理论课教师职业发展能力提升研究	李效东	蔡红建	A
4	理学院	理学大面积公共基础课教师教学能力提升的研究与实践	于永光	于永光	A
5	计算机学院	教师教学能力提升途径的研究	于双元	杨晓晖	A
6	机电学院	工科大类基础课程师资队伍建设和教学质量提升研究与实践	房海蓉	刘 伟	B
7	土建学院	环境工程专业教师全英文课程教学能力提升研究	张鸿儒	王 锦	B
8	法学院	法律诊所课程教师技能提升	陶 杨	陶 杨	B
9	语言学院	语言学院外语与传播实验教学方法和技能探索与培训	杨若东	王云彤	B
10	电气学院	电气学院教学基本功训练的研究与实践	王健强	王健强	B
11	建艺学院	MOOC 课程平台建设与建筑设计课程教师教学能力提升的研究	王丽君	蒙小英	B
12	体育部	运用动态评价法，提升我校青年体育教师教学能力的研究	留森华	郑 超	B
13	学生处	心理学微课在教师教学能力提升中的应用	姚念龙	张 驰	B

建设维护教师发展中心网站（http://cfd.bjtu.edu.cn）、北交大教师教学发展 QQ 群（QQ 号：445254890）、“北交教师教学发展”微信群和微信公众号“北京交通大学教师发展中心”，通过这些平台发布活动通知、工作动态、工作信息等，及时解答教师的问题，吸引众多教师参与活动。

（刘亚蕾）

远程与继续教育

【概况】

2016 年学校远程与继续教育工作牢固树立质量第一的宗旨，不断提高教学质量与服务水平，以服务国家铁路快速发展以及“一带一路”、高铁“走出去”等重大战略为己任，以职业需求为导向，以培养应用型人才为目标，稳步发展学历继续教育，大力发展非学历教育。

全年成人高等教育招生录取本、专科学生 3 142 人（其中本科 1 962 人、专科 1 180 人），毕业学生 3 668 人（其中本科 2 579 人、专科 1 089 人），在籍学生 7 810 人（其中本科 5 224 人，专科 2 586 人）；网络教育招生录取本、专科学生 33 938 人（其中本科 4 人，专升本 14 034 人、专科 19 900 人），毕业学生 23 767 人（其中本科 9 266 人、专科 14 501 人），在籍学生 75 949 人（其中本科 32 720 人、专科 43 229 人）。全年成人高等教育、网络学历教育总计招生 37 080 人，毕业 27 435 人，在籍学生达 83 759 人。攻读高等教育自学考试专业的学员 9 189 人，毕业学生 5 616 人。

（温俊英　许桂琴　王利平　唐志明）

【成人学历教育】

截至年底，学校在全国各地建立的成人教育校外教学站（点）共计 12 个。成人教育专业设置如表 15 所示。

表 15　成人教育专业设置一览表

层次	专业名称	层次	专业名称
本科	交通运输	专科	计算机应用技术
本科	计算机科学与技术	专科	人力资源管理
本科	通信工程	专科	通信技术
本科	机械设计制造及其自动化	专科	物流管理
本科	自动化	专科	会计
本科	土木工程	专科	工商行政管理
本科	电气工程及其自动化	专科	铁道工程技术
本科	电子商务	专科	建筑工程技术
本科	车辆工程	专科	机电一体化技术
本科	会计学	专科	汽车运用技术
本科	工商管理	专科	商务英语
本科	艺术设计	专科	电气化铁道技术

续表

层次	专业名称	层次	专业名称
本科	物流管理	专科	国际经济与贸易
本科	人力资源管理	专科	工商企业管理
本科	英语		
本科	录音艺术		
本科	机械工程及自动化		

（许桂琴）

【远程网络教育】

截至年底，学校在全国各地区建立的现代远程教育学习中心有 63 个。网络教育专业设置如表 16 所示。

表 16　网络教育专业设置一览表

层次	专业名称	层次	专业名称
本科	法学	专科	电力系统自动化技术
本科	会计学	专科	城市轨道交通运营管理
专升本	车辆工程	专科	物流管理
专升本	电气工程及其自动化	专科	电气化铁道技术
专升本	自动化	专科	通信技术
专升本	通信工程	专科	工商企业管理
专升本	计算机科学与技术	专科	公路工程与管理
专升本	交通运输	专科	供用电技术
专升本	工商管理	专科	会计
专升本	会计学	专科	汽车运用技术
专升本	土木工程	专科	机电一体化技术
专升本	法学	专科	计算机应用技术
专升本	机械设计制造及其自动化	专科	建筑工程技术
专升本	热能与动力工程	专科	交通运输管理
专升本	人力资源管理	专科	人力资源管理
专升本	物流管理	专科	铁道车辆
		专科	铁道工程技术
		专科	铁道机车车辆
		专科	铁道交通运营管理
		专科	铁道通信信号
		专科	电脑艺术设计

（许桂琴）

【高等教育自学考试】

学校高等教育自学考试在吉林、河北、内蒙古、新疆和海南 5 个省市自治区开考。2016 年设有独立本科 14 个专业，专科 11 个专业。自学考试专业设置如表 17 所示。

表 17　自学考试专业设置一览表

层次	专业	层次	专业
独立本科	人力资源管理	专科	中小企业经营管理
独立本科	交通（铁道）运输	专科	交通运输
独立本科	物流管理	专科	铁道财务会计
独立本科	铁道财务会计	专科	铁道运输管理
独立本科	运输工程	专科	物流管理
独立本科	旅游管理	专科	人力资源管理
独立本科	采购与供应管理	专科	交通（铁道）运输
独立本科	劳动社会保障	专科	机车车辆
独立本科	电气工程与自动化	专科	劳动社会保障
独立本科	项目管理	专科	铁道工程
独立本科	中小企业管理	专科	采购与供应管理
独立本科	计算机应用软件		
独立本科	工程管理		
独立本科	销售管理		

（唐志明）

【培训工作】

全年共举办各类培训 83 期，培训 9 291 人次；组织各类审核和考试 34 488 人次，完成培训和考试 43 779 人次。

2016 年新开设的特色培训班有：太原铁路局中鼎物流园职工岗前理论及实践培训班、铁路运输专业教学指导委员会运输师资培训班、昆明铁路局高铁实作培训、中国铁路总公司职教高级管理人员研修班、甘肃省庆阳市农村公路养护人员能力提升培训班、2016 年秘鲁巴西等国两洋铁路建设研修班、老挝铁路运营管理研修班。

表 18　2016 年培训情况统计表

序号	分类	项目名称	期次	培训人数
1	铁路系统培训	中国神华神朔铁路分公司（车务）专业技术人员培训班	1	50
2		哈尔滨铁路局电务段高铁技术干部培训班	2	100
3		太原铁路局物流管理干部培训班	2	178
4		哈尔滨铁路局精英培训班	1	55
5		太原铁路局电务、供电专业优秀班组长培训班	1	60
6		中国铁路总公司供电专职师资高铁新技术培训班	2	140

续表

序号	分类	项目名称	期次	培训人数
7	铁路系统培训	成都铁路局货运专兼职师资授课能力提升班	1	40
8		呼和浩特铁路局岗位技能人才培训班	2	100
9		哈尔滨铁路局新闻报道人员精英培训班	2	101
10		太原铁路局中鼎物流园职工岗前理论及实践培训班	2	107
11		中国铁路总公司机务专职师资高铁新技术培训班	3	215
12		中国神华神朔铁路分公司供电专业技术人员培训班	1	78
13		中国神华神朔铁路分公司电务专业技术人员培训班	1	68
14		铁路运输专业教学指导委员会运输师资培训班	1	105
15		沈阳铁路局职教科长培训班	2	117
16		太原铁路局专兼职师资培训班	1	41
17		昆明铁路局高铁实作培训	5	191
18		北京铁路局大机段专兼职师资培训班	1	42
19		中国铁路总公司职教高级管理人员研修班	2	120
20		中国铁路总公司车辆专职师资新技术培训班	2	136
21		呼和浩特铁路局职教管理干部培训班	1	51
22		哈尔滨铁路局电务系统车载技术骨干培训班	1	64
23		2016 哈尔滨铁路局电务系统高铁信号技术骨干培训	1	86
24		沈阳铁路局专兼职师资培训班	1	52
25		呼和浩特铁路局动车组实作培训班	1	21
26		太原铁路局职教管理干部培训班	1	45
27		哈尔滨铁路局工务管理信息系统培训班	1	45
28		齐齐哈尔铁路局电务培训班	2	96
29		太原铁路局电务系统培训班	1	40
30		神华铁路公司河东运输管理干部培训班	1	50
31		哈尔滨铁路局电务系统培训班	1	35
小计			47	2 629
32	其他企业培训	北京地铁通号分公司资深技术骨干研修班	2	61
33		甘肃省庆阳市农村公路养护人员能力提升培训班	1	52
34		大唐国际发电股份有限公司会计人员继续教育培训	4	397
35		地铁二分公司财务预算培训	1	90
36		地铁二分公司反恐知识培训	1	130

续表

序号	分类	项目名称	期次	培训人数
小计			9	730
37	涉外培训	2016 年赞比亚铁路官员研修班	1	20
38		2016 年秘鲁、巴西等国两洋铁路建设研修班	1	37
39		老挝铁路运营管理研修班	1	20
小计			3	77
40	社会培训	高级会计人员继续教育	4	1 706
41		中初级会计人员继续教育	16	3 959
42		2016 会计取证培训班	2	80
43		2016 年会计初级职称培训班	1	20
44		2016 年会计中级职称培训班	1	90
小计			24	5 855
培训合计			83	9 291
45	各类社会审核及考试	2016 年度二级建造师考试资格审核	1	4 000
47		2016 年度北京市新闻系列（数字编辑）专业技术资格考试资格审核	1	3 000
48		2016 年会计中级职称考试资格审核	1	4 000
49		2016 年注册计量师考试审核	1	500
50		2016 年度北京市初级专业技术资格考试审核	1	3 000
51		2016 年度一级建造师考试审核	1	5 500
52		2016 年度消防工程师考试审核	1	3 000
53		2016 年全国专业技术人员职称外语等级考试	1	1 320
54		2016 年度计算机与软件技术资格（水平）考试	1	1 200
55		2016 年度二级建造师执业资格考试	1	960
56		2016 年北京市一级建造师执业资格考试	1	1 230
57		2017 年度中央机关公务员考试	1	1 213
58		2017 年度北京市公务员考试	1	1 265
59		2016 年托福、GRE 考试	42	4 300
审核、考试合计			55	34 488

（刘海燕）

【留学服务工作】

国际项目开拓招生渠道，挖掘优质生源，全年招生 83 人，研究生招生人数呈明显上涨趋势。留学服务方面，应对各国签证政策变化，随时了解国外对接学校入读专业课程的要求及各国签证政策的调整，本科和研究生项目通过签证的学生 95 人，国家涉及美国、加拿大、澳大利亚、荷兰和英国。

（李亚春）

招生与毕业生就业创业工作

【概况】

2016 年学校招生与就业创业工作紧紧围绕招生培养就业一体化的总思路，重点推进纳入学校重点工作和折子工程的有关工作内容，参与学校综合改革方案制定和“十三五”规划制定完成招生和就业创业各项工作。

（王顺淞）

【招生工作】

2016 年学校招生总规模 4 100 人，其中本科招生计划 3 900 人，高职计划 200 人。实际录取本科 3 808 人（本部校区 3 407 人、威海校区 400 人、香港学生 1 人），高职 200 人，录取一年制新疆预科生 26 人。

表 19　2016 年本科招生类型及录取人数

类型	本科非定向	国家专项	南疆计划	国防生	企业定向	民族班	西藏内地班	新疆高中班	预科转入	合计
计划人数	3 422	250	3	84	4	56	26	30	25	3 900
录取人数	3 341	250	3	84	1	48	26	30	25	3 808

表 20　2016 年本科统招各类型人数

类型	本部中外专业	威海校区	本部艺术类	艺术团	运动队	自主招生	高校专项	外语类保送生	港澳台	其他	合计
计划人数	120	400	80	38	38	190	90	15	--	2 451	3 422
录取人数	122	400	79	16	33	157	63	9	1	2 462	3 341

校本部在各省总体生源充足，普通类文理科非定向在各省均一志愿完成招生计划，国防生和民族班计划在个别省区生源略有不足征集后完成计划，山西的企业定向计划因符合条件考生不足未完成计划撤回。艺术类在个别省合格考生不足，录取 79 人。国家专项计划在贵州因有无法满足专业志愿又不服从调剂的考生退档，征集后完成计划，内地西藏班和新疆高中班各有院校调剂考生 1 人。

本科新生情况：本部男女生比为 8:5，威海校区男女生比 3:2。2016 年男生 2 358 人，占 61.94%；女生 1 449 人，占 38.06%。其中威海校区男生 239 人，占威海校区新生总数的 59.75%；女生 161 人，占 40.25%。本部新生年龄范围在 14 岁到 24 岁之间，平均年龄约为 17.96 岁， 16 岁及以下新生占 1.92%，22 岁及以上年龄段占 0.26%。威海校区新生年龄范围在 16 岁到 22 岁之间，新生平均年龄 17.97 岁。本部的少数民族新生有 521 人（占 13.69%），来自 33 个民族。威海校区有少数民族新生 23 人，占 5.75%。农村考生有 1 040 人，占 27.31%。其中威海校区有城镇新生 360 人（占 90%），农村新生 40 人（占 10%）。来自西部省区的新生占 32.36%，总计 1 232 人。艺术类新生 116 人（学校本部 79 人、威海校区 37 人），占 3.05%。。

本科录取考生分数情况：普通理工类各省录取线平均高于重点线 91.3 分，比 2015 年增加 5.56 分，有 22 个省区的录取线有所提升，录取线达到近五年的最高值的省区有 22 个。有 90%的省区高于重点线 50 分以上，高于当地重点线 80 分以上的省区有 23 个，占录取省份的 76.66%，其中有 13 个省区的录取线高出重点线 100 分以上，比 2015 年增加 4 个省，占录取省份的 43%。文史类在 26 个省区投放招生计划，各省录取线平均高于重点线 61.12 分，比 2015 年增加了 1.76 分，有 17 个省区的录取线有所提升。录取线达到近五年的最高值的省区有 15 个。录取线高于重点线 40 分以上的省区有 24 个，占录取省区的 92.31%。高于重点线 80 分以上的省区有 5 个省区，比 2015 年增加 3 个省区，其中内蒙古、黑龙江、河北等三个高于重点线 90 分以上。

新生报到情况：本科新生应报到 3 808 人，未报到 60 人（含威海校区 33 人），占录取新生数的 1.58%，未报到数较 2015 年增加 0.66 个百分点。2016 年实际录取高职新生 150 人，最终报到 116 人，占录取新生总数的 77.33%，未报到 34 人，占录取新生总数的 22.67%。

本年度学校招生政策保持基本稳定有微调。设北京交通大学、北京交通大学（中外合作专业）、北京交通大学（威海校区）三个招生单位。学校本部新增国家外国专家局和教育部“高校国际化示范学院推进计划”中唯一的新能源领域的示范学院——汉能新能源学院，招生专业名称为“电气工程及其自动化（新能源国际班）”威海校区新增北京交通大学兰卡斯特大学学院招生计划，招生专业有通信工程、环境工程、计算机科学与技术、数字媒体艺术。2016 年新增电子信息类（通信与控制）、土木类（土木与环境）、电气类、建筑类 4 个大类专业。交通运输类、经济管理试验班、计算机类 3 个大类招生专业所涵盖的具体学习专业有所增加，其中交通运输类专业增加电子商务专业、经济管理试验班增加保密管理专业、计算机类专业增加了信息安全（保密技术）专业。2016 年各专业志愿之间的级差分由以前的“2－1－1－0”或“2－1－0－0”模式，改为“2－1－0－0”模式。此外为适应学校教学培养要求，中外合作办学相关专业的英语单科成绩要求提高到满分 70%。

2016 年学校全面实施基本以学院为招生单位的大类招生培养方案。学校本部除中外合作办学、艺术类以及国防生等招生外，招生专业类包括电子信息类（通信与控制）、计算机类、经济管理试验班、交通运输类、土木类（土木与环境）、机械类、电气类、理科试验班类、文科试验班类（语言与传播）、建筑类、电气工程及其自动化（新能源国际班）、软件工程、法学。

继续对自主招生的选拔方式、评价标准和考核内容及方式等方面内容进行探索，实行多轮次评审，对试点学院的考核方式更加科学，结合专业特点采用灵活多样的考核方式，确保公平公正，便于挑选出有利于学校培养的、有学科特长和潜质的考生。

实施阳光工程，规范各类招生。细化、完善招生实施方案，规范工作程序和流程，明确各类录取要求，严格考核录取管理，修订各类招生管理文件，明确责任清单。严格规范测试过程惯例和监督。在特殊类选拔考试中，评审专家均通过抽签确定，艺术类阅卷、艺术团及运动队考核每个项目均有多位评审专家且一半以上为校外人员；自主招生和农村单独招生考核实行专家和考生双随机确定；各类考核过程实行全程摄像。对各类不符合报名选拔条件的，随时发现随时取消资格。扩大信息公开的范围，延长公开的时限。各类招生计划、招生项目、程序、选拔标准、测试合格标准、优惠分值、初审及认定结果、高考录取结果报考各类型录取人数、分数等情况均通过学校招生网站、学校信息公开专网以及“阳光高考”平台向社会公布，以微博、微信、短信形式知考生查询方式，接受社会的监督，确保招生的公平公正。

开展招生宣传，做好服务考生工作。编印各类招生宣传资料、主办五所高校联合招生新闻发布会，举办校园开放日与招生政策宣讲会，延长高考咨询电话时间，从高考咨询、高招录取到暑假期间，均安排值班人员接听考生咨询电话。开通各省区咨询手机号码。派出招生宣传组深入中学进行招生宣传。推动各学院网站高考招生板块的建设，提高微信、微博的推送数据与质量。在各类媒体宣传。截至 2016 年 8 月份招办公众微信公众号关注量达到 14 773 人左右，微博粉丝量 7 200 人左右；微信平台推送量 233 条，阅读量达 47 万余次，微博发布 1 000 余条，录取期间总访问量大 8 万余次。在全国各地约 34 家媒体发布学校招生信息。成立 27 个招生宣传联络组，京外宣传出行总人数达 347 人，其中教师 277 人、学生 70 人。出行期间总计工作 1 186 天，走访地区达 234 个，走访和参加咨询活动的中学数达 685 所，大型咨询会达 105 场。2016 年共有 22 个省份的 55 个中学成为学校生源基地合作校，学校总计与 29 个省市 470 所中学签有“优质生源基地”共建协议。2016 年北京招生宣传活动长达 2 个多月，从 4 月份到 6 月底高考志愿填报结束，来自校内各单位的 22 名老师共参加大型咨询会 14 场，参与中学咨询活动 32 场，在咨询周活动中工作量达 53 个小时。

做好对威海校区的招生宣传，实行本部与威海校区“双管齐下”的策略，除各类招生材料中均包含威海校区的宣传信息外，专门设计制作威海校区招生指南读本。在高考咨询的高峰期，注重加强对各宣传组在各地区咨询情况的了解，及时向宣传组通报当地政策和考生分数的最新情况。

（王顺淞）

【就业工作】

截至 2016 年 10 月 31 日，学校共有毕业生 6 666 名，其中博士毕业生 233 名，硕士毕业生 2 758 名，本科毕业生 3 241 名，高职毕业生 434 名。本科毕业生就业率为 98.03%，硕士研究生就业率为 99.02%，博士研究生就业率为 99.57%，高职毕业生就业率为 92.17%。2016 届毕业生中，西部地区就业毕业生共 337 名，应聘村主任、村支书助理 8 名，应征入伍 7 名（其中专科 6 名），自主创业 22 名，志愿服务西部 1 名。

2016 届本科毕业生深造率达到 53.53%。出国（境）深造学生中，进入全球前 100 名院校深造比例为 50.75%。在全校签约就业的毕业生中，到国有企业单位就业的本科毕业生比例达 59.24%，毕业研究生比例达 59.61%。到轨道交通行业就业的本科毕业生比例为 32.29%，毕业研究生比例为 18.24%。毕业生具体流向见表 21～表 24。

表 21　本科就业地区流向分析一览表

地区	北京市	上海市	广东省	东北三省	西部地区	其他沿海地区	其他	总计
人数	367	25	88	62	206	194	108	1 050
比例（%）	34.95	2.38	8.38	5.90	19.62	18.48	10.29	100

表 22　本科签约单位性质及经济类型流向分析一览表

单位性质	国有企业	民营企业	教育单位	党政机关	三资企业	科研单位	地方基层项目	志愿服务西部	部队	总计
人数	622	259	28	37	19	7	2	1	75	1 050
比例（%）	59.24	24.67	2.67	3.52	1.81	0.67	0.19	0.09	7.14	100

表 23　毕业研究生就业地区流向分布一览表

地区	北京市	上海市	广东省	东北三省	西部地区	其他沿海地区	其他	总计
人数	1 584	61	137	42	135	515	163	2 637
比例（%）	60.07	2.31	5.20	1.59	5.12	19.53	6.18	100

表 24　毕业研究生签约单位性质及经济类型分析一览表

单位性质	国有企业	民营企业	教育单位	党政机关	三资企业	科研设计单位	地方基层项目	部队	总计
人数	1 572	596	176	115	93	75	6	4	2 637
比例（%）	59.61	22.60	6.68	4.36	3.53	2.84	0.23	0.15	100

2016 年用人单位入校举办招聘会共计 438 场，其中专场招聘会 414 场，行业类、地区集团类中等规模招聘会 22 场，大型双选会 2 场，接待进校招聘单位共计 1 421 家，组织各类笔试、面试、洽谈签约 100 余场，发布用人单位的招聘需求信息 4 847 条。校院联动，建立日常联络重点用人单位 303 家。全年各学院共举办专场招聘会 113 场。4 月举办校友招聘会，邀请校友企业 34 家、提供岗位 200 余个。

采用内外训结合方式加强就业工作师资队伍建设，为全体就业工作人员举办以“职业形象”为主题的普适性讲座，分阶段、分层次地组织就业工作人员参加生涯规划、就业指导、课程教学、创业指导四类主题培训，累计培训 104 人次。聘任就业指导授课教师 13 人，开设《大学生职业能力提升与自我成长》课程。根据学生不同阶段的发展需求，分层、分类、分重点开展职业测评、简历诊断、无领导小组面试体验、暑期就业实践、模拟面试大赛等共 88 场活动。学校对就业困难毕业生，实施“全面排查、摸底登记、分类指导、深入谈话、就业信息对接、就业岗位推荐、求职费用报销”等全面细致的帮扶措施。推荐 5 名身体残疾毕业生找到就业岗位，对就业困难的藏族、维吾尔族和哈萨克族毕业生，召开就业座谈会，有针对性地开展就业指导和推送就业信息；建立未就业毕业生统计机制，对 2016 届未就业毕业生进行动态管理，持续为离校未就业毕业生提供全程就业服务。

学校对应届毕业生、用人单位、毕业校友进行问卷调查，形成毕业生就业分析报告、用人单位调查报告、校友职业发展状况调查报告。发布《2016 届毕业生就业质量年度报告》和《2012—2016 届毕业生就业状况统计》分析报告，通过对各学历层次、各专业按照就业率、签约情况、年薪收入等方面进行统计分析，反馈至招生、教学培养部门及各学院，建立招生、培养与就业多向沟通的信息反馈渠道。对 2014 年学院就业特色项目进行结题验收，将项目成果汇编成册，在全校范围内推广先进经验和特色典型。

（梁妍娇）

【创业工作】

2016 年 1 月学校召开创新创业工作推进会，配套制定并印发创业指导中心工作细则、创业导师管理、学生创业项目及团队扶持管理办法、创新创业基金管理办法、学生创业扶持专项资金使用管理办法、推进学院开展创业指导工作的指导意见等 6 个文件，为创业指导实践工作提供政策保障和体系支持。

举办“创新·创业·创投”创业论坛，设立创新创业专项基金，扶持孵化优秀项目，在招生就业处办公室通过改造装修建设创业多功能厅、就业创业咨询室，在思源东楼开辟场地作为创业种子试点班的授课机房，为创业学生提供交流、讨论、洽谈、咨询等服务；与校际空间（北京）科技孵化器有限公司签订全面战略合作协议，在双创活动、资源共享、学生指导等方面积极合作，与鼎岳（北京）文化发展有限公司共建“北京交通大学－1 896 创客咖啡”，为创业活动、创业学生团队交流提供场地支持。

举办第七届大学生创业项目选拔大赛，共 50 组创业方案参赛；组织创业大赛获奖入园企业座谈会，提供创业团队交流学习、资源对接的平台；建立学生创业项目库，对入库条件、项目团队分类、扶持管理内容与要求做了明确说明，截至年底库内已有 150 余个创业项目；培养方案中增设了创新创业必修学分，继续开设《创业导论》《大学生 KAB 创业基础》《创业综合实践》等课程，启动“创新创业种子培养计划工程”，选拔出 29 名成绩优秀、有强烈创新意识、创业意愿和发展潜质的学生组建第一届种子试点班，开展“创业 6D 互动训练营”“未来总裁争霸赛”等培训。

2016 年，学校获评首批全国创新创业 50 强高校和北京地区首批示范性创业中心。

（梁妍娇）

体 育 工 作

【概况】

2016 年学校体育工作完成各项工作目标。9 月 1—4 日举办交通大学 120 周年校庆两岸五校羽毛球交流赛。12 月 17 日举办中国大学生体育协会羽毛球分会成立二十周年庆祝活动。

（郑　超）

【队伍建设】

体育部现有教职工 41 人。专任教师 36 人，其中教授 1 人、副教授 17 人、讲师 19 人；具有博士学位的教师 1 人，具有硕士学位的教师 15 人。所有教师均承担本科教学工作，教授和副教授上课率为 100%。

选派青年教师 10 余人次参加全国、北京市各类体育培训班，提高业务水平。体育部教师 10 余人次参加国际、全国、北京裁判工作。

（郑　超）

【体育教学】

出台体育教学管理相关文件。2015—2016 学年第 2 学期，体育部承担了 204 个班、5 575 人的教学任务；2016—2017 学年第 1 学期，承担 220 个班、6 251 人的教学任务。全学年共计完成 424 个班、11 826 人的教学任务。

（郑　超）

【学生体质测试】

建立并完善体质测试工作体制和机制将学生体质测试和评优挂钩，写进《学生手册》，2016 年参照执行。

（郑　超）

【群众体育】

上半年举办万人综合性运动会，下半年举办万人体育节，举办 2016 年学校教工 33 届学生 53 届运动会，全年参与体育活动达 5 万人次。

学校普通学生组参加国家和北京市各级各类体育竞赛 49 余项次，获全国季军 4 项，北京市冠军 23 项、亚军 16 项、季军 24 项，详见表 25。

表 25　2016 年普通学生组参加体育竞赛获奖情况一览表

社团名称	比赛名称	获奖牌情况
足协	第四届首都大学生迎国庆健身展示活动	二等奖
太极社	2016 年北京市“武云龙”杯武术太极拳锦标赛 75 公斤级组太极推手项目	银牌 1 项
	2016 年北京市“武云龙”杯武术太极拳锦标赛 65 公斤级组太极推手项目	银牌 1 项

续表

社团名称	比赛名称	获奖牌情况
飞翎舞社	第七届首都高校体育舞蹈大赛	金牌 15 项 银牌 5 项铜牌 6 项
	2016 第 18 届 CBDF 院校杯国际标准舞公开赛	铜牌 1 项
	阳光体育 2016 年北京市学生体育舞蹈比赛	金牌 1 项 银牌 3 项铜牌 3 项
定向越野协会	2016 全国学生定向锦标赛	铜牌：混合接力 三等奖：中距离赛、积分赛
	2016 北京市学生定向运动锦标赛	银牌 1 项
体育舞蹈队	首都高校体育舞蹈大赛	金牌 18 项 银牌 13 项 铜牌 11 项
棋牌协会	2016 全国五子棋锦标赛	铜牌 1 项
	2016 全国五子棋团体锦标赛	铜牌 1 项
	北京市大学生围棋多人赛	铜牌
女篮	第 18 届 CUBA 北京赛区	金牌 1 项
乒乓球协会	北京市大学生乒乓球比赛	银牌 2 项、铜牌 4 项
网球协会	北京市 tennis 123 业余网球分级赛 2.5 级别	金牌 1 项
	北京市 tennis 123 业余网球分级赛 4.0 级别	金牌 1 项
	2016 球友圈杯中国业余网球公开赛乐享系列积分赛北京站 8.0 级别	铜牌 1 项
跑步协会	北京市大学生纪念五四青年接力赛	第六名 1 项
	第七届首都高校运动会	银牌 1 项 铜牌 1 项
棒垒球	北京市银牌十一届大学生棒垒球锦标赛	银牌 1 项
武术协会尚武社	北京市武云龙杯武术太极拳锦标赛	铜牌 1 项
	北京市武术太极拳冠军赛	金牌 1 项
	首都高校太极拳锦标赛	李氏太极拳 金牌、铜牌
	首都高校健身气功套路比赛	金牌 1 项 铜牌 1 项
滑板社	北京滑板日活动	金牌 1 项
自行车协会	俱乐部团体接力赛	铜牌

（郑　超）

【竞技体育】

学校高水平运动队参加世界、全国和北京市各级各类体育竞赛 20 余项次，获区域性国际冠军 3 项，亚军 3 项，季军 1 项；全国冠军 3 项，北京市冠军 21 项（详见表 26）。

表 26　高水平运动队获奖情况一览表

名称	项目	获奖牌情况
羽毛球	2016 年 5 月第 32 届泛波罗的海大学生运动会	金牌 3 项：女单、女双、男双 银牌 3 项：女单、女双、男单 铜牌 1 项：女单
	2016 年 8 月第二十届中国大学生羽毛球锦标赛	金牌 2 项：女单、女双 银牌 1 项：女团
	首都高等学校 2016 年羽毛球锦标赛	金牌 3 项：女团、甲 A 组女双、甲 B 组女单 银牌 2 项：男单、混双 铜牌 1 项：男双
	首都高等学校 2016 年阳光体育羽毛球锦标赛	金牌 1 项：女双 银牌 1 项：男单 铜牌 1 项：男双
排球	2015—2016 赛季中国大学生排球联赛（北方赛区）	银牌 1 项：男排
	首都高等学校 2016 年阳光体育排球挑战赛	铜牌 1 项：男排
	首都高等学校 2016 年排球联赛	金牌 1 项：男排 银牌 1 项：女排
跆拳道	2016 年中国大学生跆拳道冠军赛	金牌 1 项：女子团体
	2016 年全国大学生跆拳道锦标赛	铜牌 3 项：女子 57kg 级、53kg 级 男子 80kg 级
	首都高等学校 2016 年跆拳道锦标赛	金牌 4 项：女子 46kg 级、67kg 级 男子 74kg 级、87kg 级 银牌 4 项：女子 49kg 级、62kg 级 男子 58kg 级 女子品势 铜牌 1 项：女子 53 kg 级
	首都高等学校 2016 年跆拳道精英赛	金牌 11 项：品势女子团体、男子团体、混双、女单；女子 46kg 级、57kg 级；男子 58kg 级、63kg 级、74kg 级、87kg 级、+87kg 级 银牌 6 项：品势男单、女单；女子 53kg 级、62kg 级、67kg 级、73kg 级 铜牌 1 项：男子 68kg 级
田径	2016 年 12 月北京市大学生第三十三届田径精英赛	银牌 1 项：男子 1 500 米 铜牌 3 项：男子 60 米栏、女子三级跳远、女子标枪
	2016 年首都高等学校第五十四届田径锦标赛	银牌 1 项：男子链球
篮球	2016 年 5 月首都高等学校篮球联赛	金牌 1 项：男子篮球

（郑　超）

2016

学科、科研与社会服务

学科建设

【概况】

2016 年学校学科建设工作主要包括：组织完成全国第四轮学科评估申报，全面分析第四轮学科评估参评材料、落实以评促建，组织完成学科定位分析及学科建设“十三五”规划编制，加强学科建设管理体制机制改革，开展“双一流”引导专项项目建设，组织学科建设成果宣传、学科建设调研等。

（喻秋梅）

【1 个一级学科博士学位授权点获准增列】

1 月，国务院学位委员会下发通知，同意北京交通大学增列网络空间安全一级学科博士学位授权点。学校一级学科博士学位授权点增至 21 个。

（喻秋梅）

【全国第四轮学科评估申报】

除新增列的网络空间安全一级学科外，学校 34 个一级学科参加教育部学位中心开展的全国第四轮学科评估工作，其中参评的工学一级学科 20 个、理学一级学科 5 个、经济学 1 个、管理学 3 个、法学 2 个、文学 2 个、艺术学 1 个。完成参评学科申报材料报送工作。

（喻秋梅）

【学科建设“十三五”规划编制】

开展学科“十三五”发展目标调查和学科定位分析，组织学院根据学校“十三五”规划，结合国家“双一流”建设方案及第四轮学科评估情况，本着“加强整合，集中优势，突出重点”的原则，明确学院牵头建设学科的定位和布局，制定各学科规划，提出“十三五”学科建设目标、建设思路、发展指标和建设任务。完成 21 个博士一级学科（其中信息与通信工程、交通运输工程按照二级学科单独制定学科建设规划）和 12 个硕士一级学科的“十三五”学科建设规划编制工作。

（喻秋梅）

【学科建设管理体制机制改革】

优化学科总体布局，明确学科定位；原国家一级重点学科的各二级学科单列管理；理顺学科建设管理体制机制，严格落实学科建设责任制，明确学科建设主体负责单位；建立学科建设考核评价机制，强化检查监督和自我评估；实行学科建设资源动态绩效分配机制。

（喻秋梅）

【“双一流”引导专项建设】

制定《关于 2016 年北京交通大学“双一流”引导专项建设项目及经费预算的说明》，对重点学科进行分层规划与建设。组织各学院、各学科和各相关部处完成了引导专项建设项目及经费预算的编制工作。联合相关部处制定《北京交通大学“双一流”引导专项建设项目经费管理细则》。

（喻秋梅）

【学科国际排名】

2016 年学校进入 ESI 前 1%的工程学、计算机科学、材料科学 3 个学科世界排名稳步提升，高被引论文增长到 52 篇。计算机科学与信息系统、机械航空与制造工程、电气与电子工程、数学 4 个学科入围 QS 全球学科 400 强，论文篇均被引次数和 H 指数等指标得分比上年有所提高。

（喻秋梅）

自然科学研究

【概况】

2016 年是落实学校“十三五”科技规划、推进“双一流”建设的一年。学校科技工作落实国家重大战略需求和科技计划管理改革要求，提升学校整体科研水平，各项科技工作取得新进展。

（郭玉宝　许　娟）

【科研项目与经费】

2016 年新增科研项目 2 139 项、合同经费 6.62 亿元，其中纵向项目 1 245 项、经费 3.43 亿；横向 894 项、经费 3.19 亿元。实到经费共计 5.8 亿元。

新增国家自然科学基项目 117 项，直接经费 6 424.26 万元，与基金其他项目合计立项经费共 8 229.63 万元。其中，创新研究群体项目 1 项（高自友教授负责的“城市交通管理理论与方法”研究群体），直接费用 735 万元；重点项目 2 项，资助直接费用 535 万元；主持面上项目共计 60 项，资助直接费用 3 541.3 万元；主持青年基金项目共计 36 项，资助直接费用 721 万元。

参加联合申报 2016 年度国家重点研发计划项目课题获得立项 18 项、合同经费 2 802 万元，其中主持课题 3 项、合同经费 1 309 万元。新增国家“863”、“973”计划，科技支撑计划子课题 27 项，经费 2 986.75 万元。国家科技重大专项子课题 5 项，经费 405.38 万元。国际科技合作计划子项目 3 项，经费 246.96 万元。

国家铁路局科技计划课题 24 项，经费 668.3 万元。中国铁路总公司科技计划课题主持 25 项（其中重大课题 3 项）、经费 1 500 万元，参加课题 48 项、经费 866 万元，合计 2 366 万元。组织提交 2017 年中国铁路总公司科技计划指南建议工作，提交重大项目指南建议 19 项，提交 2017 年高铁联合基金重点项目 18 项。

新增北京市科委项目 16 项，经费 968.44 万元；北京市自然科学基金立项 27 项，经费 332.11 万元，其中重点项目 7 项。北京市自然科学基金－交控科技轨道交通联合基金项目批复 4 项，批准金额 118 万元。北京市自然科学基金京津冀基础研究合作专项项目批复 3 项，批准金额 58 万元。北京市教委共建项目立项 20 项，经费 2 267.41 万元。

教育部－中国移动科研基金课题 1 项，经费 100 万元。其他省、部、直辖市等纵向项目课题 116 项，经费 2 794.34 万元。

国际组织或企业合作项目课题 13 项，经费 446.74 万元。

北京交通大学教育基金会研究基金项目 16 项，经费 1 497 万元。

国防科研项目新增 116 项、合同总经费 7 745.7 万元，占学校总科研经费比例为 11.9%。其中纵向项目 35 项、经费 4 149.8 万元。合同金额 100 万至 300 万项目 10 项，合同金额 300 万以上重点项目 5 项。

2016 年教育部拨付基本科研业务费 2 740 万元。

本年度新增100万及以上各类项目情况详见表27～表33。

表27　2016年新增100万及以上国家科技计划、国家科技重大专项一览表

序号	项目名称	项目来源	负责人	学院	合同总金额/万元
1	末端快速精准投送调度系统及关键技术研究	科技部国家重点研发计划	侯汉平	经管学院	699.88
2	低成本高强韧非调质钢关键技术开发与应用	科技部国家重点研发计划	惠卫军	机电学院	345
3	基于数字水印的大数据隐私保护与溯源	科技部国家重点研发计划	赵　耀	计算机学院	320
4	工业化建筑全寿命期性能和水平评价技术与标准	科技部国家重点研发计划	韩　冰	土建学院	290
5	与可再生能源发电相融合的充电设施网络关键技术研究与示范	科技部国家重点研发计划	鲍　谚	电气学院	143
6	海水淡化关键设备用新材料开发及应用	科技部国家重点研发计划	张永健	机电学院	110
7	关键信息技术产品和服务网络安全审查关键技术研究	科技部国家重点研发计划	张振江	软件学院	100.98
8	在途智能监测预警与运维保障技术研究	科技部“科技支撑”	魏秀琨	国家重点实验室	391
9	基层公共文化服务数字化技术应用与示范－多面体表演机器人技术研发及演出示范	科技部“科技支撑”	姚燕安	机电学院	350
10	下一代地铁车辆技术研究及示范应用－车载储能系统研究	科技部“科技支撑”	王占国	电气学院	326
11	物流信息交换与态势分析关键技术研发与示范应用（自筹经费）	科技部“科技支撑”	刘志硕	运输学院	300
12	古建筑结构监测与状态评估关键技术研究	科技部“科技支撑”	杨庆山	土建学院	290
13	下一代地铁车辆技术研究及示范应用－牵引传动及辅助电源技术研究	科技部“科技支撑”	刁利军	电气学院	219
14	国家交通运输物流公共信息平台服务模式研究（自筹经费）	科技部“科技支撑”	纪寿文	运输学院	193
15	障碍物及脱轨检测系统装备研制	科技部“科技支撑”	王保华	电气学院	111
16	面向高铁列车高效生产的新一代认知型制造执行系统研究与应用示范	科技部“科技支撑”	张　宁	计算机学院	105.5

表28　2016年新增100万及以上国家自然科学基金项目一览表

序号	项目名称	项目来源	负责人	学院	合同总金额/万元
1	城市交通管理理论与方法	国家自然科学基金“创新群体”	高自友	运输学院	735
2	高稳定性、窄线宽多波长石英基掺 Tm3+光纤激光器及其在空间光通信中的应用	国家自然科学基金“国际（地区）合作与交流项目”	延凤平	电信学院	285

续表

序号	项目名称	项目来源	负责人	学院	合同总金额/万元
3	小尺度样品三轴试验机子系统	国家自然科学基金重大科研仪器研制－参加	周明连	机电学院	275
4	基于多物理信号的高速列车系统级健康分析仪器	国家自然科学基金重大科研仪器研制－参加	谭南林	机电学院	150
5	基于全光纤飞秒激光器的微纳光子器件三维激光直写系统	国家自然科学基金重大科研仪器研制－参加	郑　义	理学院	110
6	有机/无机杂化钙钛矿光伏、发光、磁光效应综合研究	国家自然科学基金“重点”	胡　斌	理学院	270
7	面向认知的多源数据学习理论与算法	国家自然科学基金“重点”	于　剑	计算机学院	265
8	高速铁路信号系统失效机理及风险控制研究	国家自然科学基金“重点”	曹　源	电信学院	251
9	高速铁路光传送网络综合保护机制与策略方法研究	国家自然科学基金“重点”	孙　强	电信学院	250

表 29　2016 年新增 100 万及以上中国铁路总公司项目一览表

序号	项目名称	项目来源	负责人	学院	合同总金额/万元
1	《铁路法》修改编写工作研究	铁路总公司（原铁道部）	张长青	法学院	110
2	面向市场的铁路客货运营管理技术研究——周期化高铁网络列车开行方案与列车运行图优化设计关键技术及应用研究	铁路总公司（原铁道部）	周磊山	交通运输学院	100

表 30　2016 年新增 100 万及以上北京市科技项目一览表

序号	项目名称	项目来源	负责人	学院	合同总金额/万元
1	基于分布式储能和（光伏）发电的建筑用能综合运行控制关键技术研究和示范	北京市科委	童亦斌	电气学院	151.4
2	基于列车自动运行（ATO）优化的地铁节能核心技术研究与示范应用	北京市科委	唐　涛	国家重点实验室	145.856 1
3	城市轨道交通能馈式供电与牵引传动装备研制及工程应用示范（2014 重大成果转化）项目	北京市教委	刘志刚	电气学院	899.88
4	科学研究与研究生培养共建项目－科研项目－北京实验室－下一代列控系统关键技术研究及样机研制	北京市教委	唐　涛	国家重点实验室	698. 225
5	车载动力锂离子电池衰退机理及健康状态诊断方法研究	北京市教委	张维戈	电气学院	120
6	科学研究与研究生培养共建项目－科研项目－北京实验室－高铁制动盘用复合材料的应用特性研究	北京市教委	翟洪祥	机电学院	100

表 31　2016 年新增 100 万及以上其他部市级项目一览表

序号	项目名称	项目来源	负责人	学院	合同总金额/万元
1	多媒体数字取证技术与语义实时处理技术在新型不良信息治理中的应用	教育部	韦世奎	计算机学院	100
2	氮掺杂多孔碳新型高性能储锂电池材料	教育部	王　熙	理学院	100
3	太原市轨道交通 2 号线一期工程（B 部分）PPP 项目全过程咨询服务	其他部市	郭雪萌	经管学院	259.385 8
4	坂银通道工程特长隧道内中、大容量公共交通运营安全研究	其他部市	毛　军	土建学院	127
5	北京市大兴区新城公交系统综合优化	其他	冯雪松	运输学院	119
6	南江县新型城镇化课题研究	其他	闫学东	语言学院	200
7	泉港海丝石化物流贸易基地总体规划与设计	其他	王喜富	运输学院	150

表 32　2016 年新增 100 万及以上横向项目课题一览表

序号	项目名称	委托单位	负责人	学院	合同总金额/万元
1	青藏铁路格拉段扩能改造工程 GPS 测量、数据处理和验证	青藏铁路格拉段扩能工程建设指挥部	蔡伯根	电信学院	1 299. 193
2	障碍物检测及脱轨检测系统	长春轨道客车股份有限公司	王保华	电气学院	692. 523
3	时速 350 公里中国标准动车组转向架载荷谱测试	中车青岛四方机车车辆股份有限公司	邹　骅	机电学院	570
4	中国标准动车组车体动应力线路测试及长期跟踪试验	中车青岛四方机车车辆股份有限公司	杨广雪	机电学院	540
5	仿真 RBC 主处理系统软件及调试	北京中软巨人科技有限公司	马　琳	电信学院	345
6	新疆铁路兰新第二双线新疆段水土保持监测补充	兰新铁路新疆有限公司	刘世海	土建学院	326
7	万荣东岳庙飞云楼现场勘测、监测与力学性能研究	万荣县文物旅游局	王　娟	土建学院	310
8	新疆铁道职业技术学院实训设备技术开发	新疆铁道职业技术学院	王海峰	电信学院	282
9	华润饭店改扩建项目邻近地铁八通线四惠东—高碑店区间安全论证及实施	华润饭店有限公司	梁青槐	土建学院	266.91
10	高烈度地震区铁路桥墩抗震综合试验之二：铁路桥墩塑性铰区抗剪性能拟静力试验	中铁二院工程集团有限责任公司	钟铁毅	土建学院	266
11	神华准能资源综合开发有限公司科技创新管理及保密信息系统	神华准能资源综合开发有限公司	郭　盛	机电学院	264.5
12	电阻型超导限流单元关键技术研究	中国科学院电工研究所	马　韬	电气学院	260
13	天津地铁建设安全风险控制关键技术体系研究	中国人民财产保险股份有限公司天津分公司	张顶立	土建学院	260
14	380BL 转向架构架动应力跟踪测试	长春轨道客车股份有限公司	邹　骅	机电学院	260

续表

序号	项目名称	委托单位	负责人	学院	合同总金额/万元
15	前海湾大直径跨海盾构隧道合理埋深研究	深圳市交通公用设施建设中心	袁大军	土建学院	230.015
16	CRH2 及 CRH 380A（L）型动车组转向架、砂箱车体吊挂结构撒砂装置线路振动及动应力试验	中车青岛四方机车车辆股份有限公司	任尊松	机电学院	220
17	铝基复合材料可视化制备技术与制动盘结构工艺协同设计研究	中车青岛四方机车车辆股份有限公司	杨智勇	机电学院	215
18	沪昆客专贵州西段隧道缺陷整治工程安全性影响评估	贵广铁路有限责任公司	王永红	土建学院	210
19	包神铁路响沙湾隧道病害评估及整治技术研究	神华包神铁路集团有限公司	骆建军	土建学院	200.22
20	动车组电气主回路性能优化研究	中车青岛四方机车车辆股份有限公司	吴命利	电气学院	190
21	CRH 380CL 动车组转向架跟踪试验	中车长春轨道客车股份有限公司	杨广雪	机电学院	190
22	轨道交通检测仪器与设备研制	哈尔滨路尚科技有限公司	冯其波	理学院	180
23	CRH 380B 高寒动车组转向架动应力跟踪试验	中车长春轨道客车股份有限公司	李　强	机电学院	175
24	基于机器视觉的先进灭火控制	北京军拓远洋高新技术发展有限公司	郑东耀	电信学院	170
25	基于声发射技术的轮轴制动箍裂纹检测技术研究	中车唐山机车车辆有限公司	齐红元	机电学院	156
26	布达拉宫第二期结构监测系统（墙体）方案设计研究	布达拉宫管理处	杨　娜	土建学院	151
27	轻量化高温超导直流电缆关键技术研究	西部超导材料科技股份有限公司	戴少涛	电气学院	150
28	电力机车过分相辅助绕组连续供电辅助系统技术开发	中车大连机车研究所有限公司	郝瑞祥	电气学院	150
29	地铁噪声性能提升技术研究——地铁噪声源及传递路径测试技术研究	中车青岛四方机车车辆股份有限公司	宋雷鸣	机电学院	148
30	CRH2G 型动车组车体和设备舱动应力测试跟踪试验	中车青岛四方机车车辆股份有限公司	李　强	机电学院	144.441
31	大跨度公铁两用斜拉桥关键技术研究	中交公路长大桥建设国家工程研究中心有限公司	雷俊卿	土建学院	140
32	CJ－1 型城际动车组转向架动应力跟踪测试及疲劳评估	长春轨道客车股份有限公司	杨广雪	机电学院	140
33	《加油！向未来》节目科学顾问技术咨询	央视创造传媒有限公司	陈　征	理学院	132

续表

序号	项目名称	委托单位	负责人	学院	合同总金额/万元
34	CRH_3059/CRH_3060 动车组动拖转向架武广动应力跟踪试验	中车长春轨道客车股份有限公司	王文静	机电学院	130
35	路网通过能力及运力运量调查分析服务（2016 年）	北京轨道交通路网管理有限公司	郭建媛	运输学院	124.99
36	永磁牵引电机无传感器控制技术研发	中车青岛四方车辆研究所有限公司	林　飞	电气学院	120
37	北京和利时 CTCS－3 仿真实验室网络适配服务	北京和利时系统工程有限公司	丁建文	安评中心	120
38	TNPC 三电平中压功率组件	三菱电机机电（上海）有限公司	吴学智	电气学院	120
39	C2＋ATO 车载设备功能测试及平台开发	交控科技股份有限公司	刘　雨	电信学院	100
40	肿瘤预警分子检测技术	深圳市普瑞康生物技术有限公司	朱运峰	理学院	100
41	大伙房水库输水（二期）抗旱应急工程输水管线穿越铁路防护涵工程	辽宁润中供水有限责任公司	冯　东	土建学院	100
42	清洁能源海上风电用干式变压器技术研发	金三角电力科技股份有限公司	徐　征	理学院	100
43	分时租赁电动车联网数据采集分析、优化建模与实证研究	易微行（北京）科技有限公司	毕　军	运输学院	100
44	轨道交通运行控制系统国家工程研究中心建设项目	中铁电气化局集团有限公司轨道交通运行控制系统国家工程研究中心建设项目部	刘　雨	电信学院	100
45	轨道交通运行控制系统国家工程研究中心建设项目	中铁电气化局集团有限公司轨道交通运行控制系统国家工程研究中心建设项目部	袁　磊	国家重点实验室	100

表 33　2016 年新增 100 万及以上红果园项目一览表

序号	项目名称	项目来源	负责人	学院	合同总金额/万元
1	主泵磁流体轴密封研发服务合同	军工项目	李德才	机电学院	375
2	XX 合作协议	军工项目	彭双和	计算机学院	100
3	XX 重大基础研究	军工项目	李国岫	机电学院	150
4	保密管理体系建设项目	军工项目	杜　晔	保密学院	100

续表

序号	项目名称	项目来源	负责人	学院	合同总金额/万元
5	产品信息定向收集系统多数据源处理平台知识关联分析平台	军工项目	沈　波	电信学院	337
6	XX 调度模型研究	军工项目	林友芳	计算机学院	221.4
7	XX 维修数据标准研究	军工项目	林友芳	计算机学院	138

（王延超　侯晓辉　林子斌　龚伯锋　杨　恒　张　勋　郭玉宝）

【科技成果与奖励】

国家科学技术进步二等奖 2 项。教育部高等学校科学研究优秀成果奖（科学技术）2 项，技术发明奖一等奖 1 项二等奖 1 项。北京市科学技术奖 2 项。中国铁道学会科学技术奖 22 项，其中主持完成 4 项，包括一等奖 3 项、二等奖 1 项。6 项成果获省部级科技奖，1 项成果获其他省部级科技奖，5 项成果获其他科技奖（详见表 34）。

宁滨获得 2016 年度何梁何利科技进步奖。6 名教师获第十三届詹天佑铁道科学技术奖，其中余祖俊获成就奖，裴丽、李强获贡献奖，肖宏、苏伟、杨立兴获青年奖，刘志刚、蒋大明、高亮获第十三届茅以升铁道科学技术奖。

表 34　2016 年获奖科技成果统计表

序号	奖励类别	奖励名称	申报形式	成果名称	学校排名	学校第 1 完成人及排序	获奖等级
1	国家科学技术奖	国家科学技术进步奖	参加	跨江越海大断面暗挖隧道修建关键技术与应用	3	谭忠盛（4）	二等
2		国家科学技术进步奖	参加	高速铁路标准桥梁技术体系与应用	4	无	二等
3	教育部奖	高等学校科学研究优秀成果奖（科学技术）–技术发明奖	主持	智慧协同网络体系及关键技术	1	张宏科（1）	一等
4		高等学校科学研究优秀成果奖（科学技术）–技术发明奖	主持	新能源汽车能源系统高效、优化控制技术及应用	1	张　欣（1）	二等
5	北京市科学技术奖	北京市科学技术奖	主持	MAC 导电陶瓷结构遗传蜕变 MCC 材料及其在高速列车受电弓滑板的应用	1	翟洪祥（1）	二等
6		北京市科学技术奖	主持	分布式系统隐私保护认证技术及应用	1	刘　云（1）	三等
7	中国铁道学会奖	中国铁道学会科学技术奖	主持	高水压条件下隧道工程结构模拟系统的关键技术研究及应用	1	李长春（1）	一等

续表

序号	奖励类别	奖励名称	申报形式	成果名称	学校排名	学校第1完成人及排序	获奖等级
8	中国铁道学会奖	中国铁道学会科学技术奖	主持	网络化高速铁路列车开行方案优化方法及决策支持系统	1	聂 磊（1）	一等
9		中国铁道学会科学技术奖	主持	铁路集装化运输关键技术	1	宋 瑞（1）	一等
10		中国铁道学会科学技术奖	主持	铁路公益性成本计量方法及补贴制度研究	1	孙 敏（1）	二等
11		中国铁道学会科学技术奖	参加	高速铁路隧道围岩稳定性控制技术	2	张顶立（2）	特等
12		中国铁道学会科学技术奖	参加	时速200 公里城际动车组研制	5	王文静（18）	特等
13		中国铁道学会科学技术奖	参加	城市区铁路工程岩石路堑与浅埋隧道安全控爆技术	3	傅洪贤（3）	一等
14		中国铁道学会科学技术奖	参加	铁路物流基础设施规划布局研究	3	张晓东（4）	一等
15		中国铁道学会科学技术奖	参加	铁路信息化标准体系研究	3	李晓勇（9）	一等
16		中国铁道学会科学技术奖	参加	高速铁路供变电系统服役性能研究	4	吴命利（7）	一等
17		中国铁道学会科学技术奖	参加	军事特种装备物资铁路运输关键技术与应用研究	4	韩 梅（9）	一等
18		中国铁道学会科学技术奖	参加	关角隧道修建关键技术	7	谭忠盛（12）	一等
19		中国铁道学会科学技术奖	参加	聚氨酯固化道床成套技术及应用研究	4	高 亮（27）	一等
20		中国铁道学会科学技术奖	参加	铁路运营安全关键技术研究——建维一体数字化技术及其在铁路维修中的应用研究	2	刘仍奎（2）	二等
21		中国铁道学会科学技术奖	参加	兰新高铁碎屑流及薄层板岩隧道施工变形控制技术	2	张德华（7）	二等
22		中国铁道学会科学技术奖	参加	铁路信号系统抗干扰性能保障体系与关键技术	2	杨世武（2）	三等
23		中国铁道学会科学技术奖	参加	铁路超限车会车技术条件及运输安全评估方法研究	2	韩 梅（2）	三等
24		中国铁道学会科学技术奖	参加	重载铁路线路关键参数研究	2	时 瑾（3）	三等

续表

序号	奖励类别	奖励名称	申报形式	成果名称	学校排名	学校第1完成人及排序	获奖等级
25	中国铁道学会奖	中国铁道学会科学技术奖	参加	高速铁路岗位培训体系研究	2	张辉宇（4）	三等
26		中国铁道学会科学技术奖	参加	通信网传输与组网技术研究	2	孙　强（12）	三等
27		中国铁道学会科学技术奖	参加	高铁客站跨线设施运营安全关键技术研究	4	杨　娜（8）	三等
28		中国铁道学会科学技术奖	参加	30t 轴重铝合金煤炭漏斗车	5	无	三等
29	省部级	青海省科学技术奖	参加	高海拔高水压特长关角隧道修建技术	2	谭忠盛（2）	一等
30		上海市科学技术奖	参加	城轨交通基础设施全息化移动检测与运维关键技术及系统研制	2	贾利民（2）	二等
31		云南省科学技术奖	参加	高速铁路双线特长隧道富水复杂地质与环境综合施工技术	2	谭忠盛（2）	二等
32		河北省科学技术奖	参加	大直径土压平衡盾构装备设计、制造及示范工程	4	袁大军（5）	二等
33		河北省科学技术奖	参加	山区公路纵向桥台冲刷机理试验研究	2	齐梅兰（1）	三等
34		河南省科学技术奖	参加	道路视频监控设施光伏发电系统规范	3	赵建东（3）	三等
35	其他省部级奖	科技兴检奖	参加	油气管道泄漏特性及事故应急关键技术研究	2	兰惠清（3）	三等
36	其他科技奖	中国产学研合作创新成果奖	主持	运载火箭伺服机构负载模拟系统关键技术及应用	1	李长春（1）	一等
37		中国电子学会科学技术奖（技术发明类）	主持	智慧协同网络及应用	1	张宏科（1）	一等
38		中国智能交通协会科学技术奖	主持	用于智能预警系统测试的驾驶模拟器技术开发与应用	1	闫学东（1）	三等
39		中国汽车工业技术发明奖	参加	电动汽车能源系统安全高校控制技术及应用	2	张　欣（2）	一等
40		中国公路学会科学技术奖	参加	合理覆土厚度及安全防范措施研究	3	袁大军（2）	三等

学校 13 个项目通过科技成果鉴定（详见表 35）。

表 35 2016 年科技成果鉴定项目统计表

序号	成果名称	申报形式	学校第1完成人	批准并组织鉴定部门	鉴定日期	成果评价	证书号
1	道路交通状态网络化智能感知、信息融合与服务技术	主持	贾利民	教育部科技发展中心	2016.4.18	国内领先、国际先进	鉴字［教 TP2016］第 004 号
2	基于粒子群——多物理场协同优化的超高效感应电机轻量化设计关键技术及应用	主持	李伟力	教育部科技发展中心	2016.4.29	国际先进	鉴字［教 SW2016］第 004 号
3	多节挤扩灌注桩在铁路工程中的应用技术研究	主持	张德华	中国铁路总公司科技管理部	2016.1.25	国际先进	科技工函〔2016〕23 号
4	基于多源数据的高速公路旅行时间推算研究	参加	赵建东	北京公路学会	2015.7.22	国内先进	京公学会鉴定〔2015〕第 7 号
5	高速公路 LED 安全照明智能控制及节能应用综合评价体系研究	参加	赵建东	河南省交通运输厅	2015.11.26	国内领先	豫交科鉴字〔2015〕第 36 号
6	富水高强交互复合岩层地铁盾构施工关键技术	参加	袁大军	北京市住房和城乡建设委员会	2016.1.14	国际先进	京建科鉴字〔2016〕第 007 号
7	高速公路岩溶洼地软土复合地基沉降控制关键技术研究	参加	王连俊	中国冶金科工集团有限公司	2016.1.13	国内领先	中冶集鉴字〔2016〕第 06 号
8	岩溶地区高速公路连拱隧道施工关键技术研究	参加	王连俊	中国冶金科工集团有限公司	2016.1.13	国内领先	中冶集鉴字〔2016〕第 05 号
9	高原高寒复杂地质高速铁路隧道施工关键技术	参加	谭忠盛	青海省科学技术厅	2016.7.28	国际先进	鉴字〔2016〕第 123 号
10	分水岭特长隧道运营通风系统优化设计研究	参加	刘开云	河北省交通运输厅	2015.8.29	国际先进	冀交科鉴字〔2015〕第 27 号
11	并行分布仿真系统关键技术研究	参加	苑海涛	中国仿真学会	2016.5.14	国内领先、国际先进	仿真学会鉴字〔2016〕第 002 号
12	高速公路预应力混凝土梁施工质量可靠性评估及长期性能预测技术研究	参加	韩 冰	河北省交通运输厅	2016.9.1	国际先进	冀交科鉴字〔2016〕第 28 号
13	汽车电动车窗 CAN 总线控制系统的研究与产业化应用	参加	刘 彪	贵州省科技厅	2016.6.17	国内领先	黔科鉴字〔2016〕第 059 号

（马 跃 何笑冬）

【科研论文与学术活动】

2016 年中国信息研究所公布的论文统计结果中，2015 年 SCIE 收录北京交通大学论文 971 篇，比上年增长 2.6%，在全国高等院校排名中列第 59 名；EI 收录期刊论文 1 656 篇，比上年增长 22.2%，在全国高等院校排名中列第 31 名；CPCI－S（ISTP）收录会议论文 406 篇，全国高校排名第 13 位；国内检索系统收录论文 1 126 篇，全国高校排名第 89 位。截至 2016 年 11 月，学校 ESI 高被引论文 57 篇，其中新增 24 篇（详见表 36）。吕兴发表的论文 *Analytical study on a two－dimensional Korteweg－de Vries model with bilinear representation，Backlund transformation and soliton solutions* 及张彦超发表的论文《基于在线社交网络的信息传播模型》分别获评“中国百篇最具影响国际学术论文”和“中国百篇最具影响国内学术论文”。

全年学校教师、研究生共发表科技论文 3 772 篇，其中报纸 49 篇、合集 87 篇，会议 810 篇、期刊 2 826 篇，出版著作 71 部（详见表 37）。

表 36　2016 年学校科研论文被检索收录引用及全国高校排名情况一览表

SCIE/排名	EI/排名	ISTP/排名	国内检索/排名	ESI 高被引论文	SCI 被引篇数/次数/排名
971/59	1 656/31	406/13	1 126/89	57	5 458/28 646/80

表 37　2016 年教师、研究生发表科技论文著作情况一览表

期刊/篇	会议/篇	报纸/篇	合集/篇	著作/部
2 826	810	49	87	71

主办“交大大讲堂”活动 2 次（详见表 38）。宣传学术活动 80 余次。组织参观第十三届中国国际现代化铁路技术装备展览会；继续在北京市青少年科技创新大赛设立北京交通大学“北京交大思源科技创新专项奖”和“北京交大思源科技创新园丁奖”，全年评选专项奖 5 名、园丁奖 2 名。

学校主办、承办国际学术会议和国内高水平学术会议 10 个。校庆期间主办第九届中国交通高层论坛、轨道交通创新发展与“一带一路”战略论坛等学术活动。

表 38　2016 年举办“交大大讲堂”活动一览表

序号	主题	报告人	时间
1	“互联网＋”行动计划与大数据国家战略的思考	中国工程院院士孙家广	2016 年 1 月 12 日
2	定都北京	北京市哲学社会科学规划办公室原副主任、研究员李建平	2016 年 9 月 27 日

表 39　2016 年主办/承办国际、国内学术会议一览表

序号	会议名称	时间	地点
1	第一届张量互补问题国际研讨会	2016 年 5 月 17—19 日	北京
2	非线性组合优化国际研讨会	2016 年 6 月 7—10 日	北京
3	IRSE（铁路信号工程师协会）年会	2016 年 10 月 10—14 日	北京

续表

序号	会议名称	时间	地点
4	第十四届结构工程国际研讨会（ISSE－14）	2016 年 10 月 12—15 日	北京
5	4nd International Conference on Railway Engineering	2016 年 7 月 30—31 日	北京
6	北京力学会第 22 届学术年会	2016 年 1 月 9 日	北京
7	中国信息经济学会 2016 年年会暨第一届“乌家培信息经济学奖”颁奖仪式	2016 年 11 月	北京
8	2016 高速铁路建设养护与装备安全技术交流会	2016 年 4 月	北京
9	13th IEEE International Conference on Signal Processing （ICSP）	2016 年 11 月 6—10 日	成都
10	2016 International Symposium on the Future of Renewable Energy	2016 年 4 月 6—8 日	北京

（马　跃　刘　蓉　何笑冬）

【学术委员会】

2016 年，北京交通大学学术委员会办公室共组织全体委员会会议 2 次、进行全体委员会网络评审 4 次（详见表 40），受理学术道德问题举报，召开学术道德委员会会议，组成调查工作小组开展相关工作。

表 40　2016 年学术委员会网络评审及会议统计表

序号	时间	形式	内容
1	2016.4.12	全体委员会网评	审议北京高校青年英才计划结题情况及名誉教授聘任事宜
2	2016.4.29	全体委员会网评	推荐 2017 年北京市科技新星和北京市百名领军人才候选人
3	2016.5.24	全体委员会会议	审议 2016 年度政府特贴人选、詹天佑铁道科技奖和交大专项奖人选及新专业设置事宜
4	2016.9.29	全体委员会会议	推荐中青年科技创新领军人才、重点领域创新团队候选人
5	2016.10.25	全体委员会网评	审议茅以升铁道科技奖、茅以升北京青年科技奖人选及名誉教授聘任事宜
6	2016.12.23	全体委员会网评	评审教育部重点实验室建设指南

（马　跃　何笑冬）

【知识产权与成果转化】

申请专利 566 项，比上年增长 15.3%，其中发明专利 474 项，占专利申请总量的 83.7%。授权专利 305 项，比上年增长 7.8%，其中发明专利授权 251 项，占专利授权总量的 82.3%。通过 PCT（patent cooperation treaty，专利合作条约）途径申请国际专利 4 项。登记计算机软件著作权 39 项（详见表 41）。

“一种高速铁路及城市轨道交通轨道结构试验模拟系统”（专利号：ZL200910242417.8）获第十八届中国专利奖优秀奖。

专利转让和许可 63 项，总金额 2 503 万元。其中，专利转让 25 项，转让金额 1 753 万；专利许可 38 项，许可金额 750 万元。

学校通过北京市知识产权局专利试点示范单位复审。

表 41 2016 年专利申请、专利授权和计算机软件著作权登记统计表

序号	单位	申请专利				授权专利				软件登记
		发明	实用新型	外观设计	总数	发明	实用新型	外观设计	总数	
1	电信学院	100	10	0	110	47	4	0	51	12
2	计算机学院	24	1	0	25	12	0	0	12	2
3	经管学院	6	0	0	6	5	14	0	19	0
4	运输学院	10	1	0	11	8	0	0	8	9
5	土建学院	95	53	0	148	31	22	0	53	6
6	机电学院	90	19	0	109	82	9	0	91	4
7	电气学院	76	6	0	82	38	2	0	40	3
8	理学院	20	2	0	22	16	2	0	18	0
9	软件学院	6	0	0	6	0	0	0	0	0
10	国家重点实验室	47	0	0	47	12	0	1	13	3
合计		474	92	0	566	251	53	1	305	39

（王 欣 郭 英）

实现成果转移转化合同总金额 2.8 亿元。中兴通讯产学研论坛高校项目数位列全国第一，国家技术转移示范机构考核优秀，成为中国高校技术转移联盟首批理事单位。编制《2016 年科技成果推广项目汇编》，共收录 244 个项目、1 338 项有效专利和软件著作权。起草《北京交通大学促进科技成果转移转化实施办法》和《北京交通大学科技成果许可、转让管理细则》。

组织相关领域专家前往神华集团货车公司、中车唐车公司、苏州富欣、苏州易程等轨道交通行业企业开展产学研合作专题对接活动。组织参加中国国际工业博览会、中国国际高新技术成果交易会等具有较大影响力的高水平综合性展览会，获第十八届中国国际工业博览会高校展区优秀组织奖及第十八届中国国际高新技术成果交易会优秀展示奖、优秀组织奖。

（杨 恒）

【学术期刊】

根据 2016 年《中国学术期刊影响因子年报（自然科学与工程技术）》的数据，北京交通大学学报的复合影响因子在 424 种综合性科学技术类期刊中位列 45 位。

8 月 31 日，出版《北京交通大学学报 120 周年校庆专刊》和《北京交通大学科技成果汇展》，介绍学校科研团队近 10 年来科研学术成果。

在教育部科技发展中心组织的 2015 年度“中国科技论文在线优秀期刊”暨“中国科技论文在线科技期刊优秀组织单位”评选活动中，《北京交通大学学报》荣获一等奖，北京交通大学荣获优秀组织单位。

（孙中悦）

人文社会科学研究

【概况】

2016 年度，学校人文社会科学科研经费总额实现“十三五”规划年度预期经费 7 000 万的目标。新增国家社科基金重大项目 1 项、国家社科基金重点项目 2 项，北京市第十二届优秀调查研究成果奖二等奖 1 项；应用性研究成果入选相关部委《成果要报》及《专家建议》9 篇，其中被北京市领导同志批示 2 篇，《专家建议》入选北京市社科规划办《成果要报》数量在北京高校中排名第一；“北京交通发展研究基地”入选中国智库索引 CTTI 首批智库，组建“北京综合交通发展研究院”，推荐为北京市智库候选智库之一；《北京交通大学学报（社会科学版）》物流研究栏目荣获“名栏建设成就奖”。

（迟琳琳）

【科研项目】

2016 年学校人文社科科研项目立项课题数 396 项，合同金额 7 168.79 万元，其中纵向项目立项 285 项，合同金额 4 482. 045 万元；横向项目立项 111 项，合同金额 2 686. 745 万元。

新增国家社科基金项目 7 项，其中国家社科基金重大项目 1 项、国家社科基金重点项目 2 项；教育部人文社会科学项目 12 项，在全国 533 所高校中排名 31 名；新增北京市社科基金项目 16 项；北京市哲学社会科学研究基地项目 18 项，其中重点项目 3 项；新增北京市社工委政府购买社会组织项目 2 项；北京市社会科学界联合会项目 3 项，其中协同创新基地项目 1 项、决策咨询项目 1 项、青年社科人才资助项目 1 项。

启动 2016 年度基本科研业务费人文社会科学专项基金重大培育项目、青年学术创新团队计划项目的申报评审工作，确立了重大培育项目 2 项、青年学术创新团队支持计划项目 1 项。启动“一带一路”专题项目、马克思主义理论专题等项目申报立项工作。

（迟琳琳）

【科研成果】

经管学院欧国立教授主持完成的北京市社科联决策咨询课题报告《北京市地面交通和轨道交通适应性发展研究》获得“北京市第十二届优秀调查研究成果二等奖”。

学校对 2015 年度发表的 51 篇人文社会科学高水平学术论文及成果进行奖励，奖励金额共计 33.1 万元。

学校社科处在北京市哲学社会科学规划工作会上被授予“北京市社会科学基金项目优秀二级管理单位”荣誉称号。

组织完成征集高校社科文库、教育部人文社科研究项目成果摘报、国家社科基金成果要报、教育部专家建议等工作，共有 9 篇专家建议入选相关部委成果要报，其中 2 篇被北京市领导同志批示。专家建议入选北京市社科规划办《成果要报》数量在北京高校中排名第一。

表 42　2016 年入选上级主管部门《成果要报》及《专家建议》研究成果一览表

序号	作者	成果名称	主管部门
1	荣朝和、冯华	推进铁路货场尽快转型助力大城市货运	教育部社科司
2	殷　平	北京强化京津冀旅游核心功能的四个着力点	北京社科规划办
3	王建荣	从立法层面关注首都旅游的对外展示功能	北京社科规划办
4	郑　翔	当前形势下首都地方立法工作研究	北京市社科联
5	郑　翔	国外征收交通拥堵费制度的五点经验	北京社科规划办
6	郑　翔	北京市征收交通拥堵费制度的实施前提	北京社科规划办
7	赵　坚	十三五铁路发展新常态重点在大都市区	教育部社科司
8	韩振峰	提出“以习近平同志为核心的党中央”的内在依据和重大意义	教育部社科司
9	谢　祥	高校博物馆建设现状及发展建议	教育部科技委

（迟琳琳）

【科研基地建设】

3 月，北京市委宣传部启动北京市智库认定工作，北京市哲学社会科学规划办公室将学校负责建设的北京交通发展研究基地推荐为北京智库试点建设单位。为进一步对接北京市智库建设要求，学校组建“北京综合交通发展研究院”。12 月，由南京大学和光明日报联合研发的中国首个智库垂直搜索引擎和数据管理平台——中国智库索引（CTTI）完成数据采集工作，学校北京交通发展研究基地成为首批入选智库，学校在“211”高校智库指数测评中排序第二。

“首都大学生思想政治教育研究基地”二期建设通过验收。

9 月，学校成立中国马克思主义与文化发展研究院，构建中国化马克思主义与中华优秀传统文化方面的协同创新研究中心和高层智库平台。

社科处起草成立“一带一路”研究院的可行性报告，整合文科学院研究力量，从 8 个方向开展开展“一带一路”专项培育课题研究，以先期研究带动后期建设。

（迟琳琳）

【社科期刊】

2016 年《北京交通大学学报（社会科学版）》出版 4 期，发表论文 74 篇，多篇文章被《中国人民大学复印报刊资料》等全文转载，学校入选中国人民大学 2016 年 3 月发布的《复印报刊资料重要转载来源机构（2015 年版）》。在全国高等学校文科学报研究会于 2016 年 5—8 月开展的首届教育部“名栏工程”建设评奖活动中，物流研究栏目荣获“名栏建设成就奖”，编辑部荣获“名栏建设工作优秀组织奖”。

（迟琳琳）

科技平台与团队建设

【概况】

2016 年，学校新增省部级及以上科研平台 6 个，包括：轨道交通控制与安全国际合作联合中心（主持）、城市轨道交通列车通信与运行控制国家工程实验室（参与）、城市轨道交通系统集成国家工程实验室（参与）、城市轨道交通系统安全保障国家工程实验室（参与）、城市轨道交通工程建设工艺与技术国家工程实验室（参与）、智能交通数据安全与隐私保护北京市重点实验室（主持）。新增科技部认定的北京交通大学创新人才培养示范基地 1 个。

截至 2016 年 12 月，学校共有省部级及以上科研平台（自然科学类）49 个，其中包括轨道交通安全协同创新中心（牵头）1 个，国家重点实验室 1 个，国家工程研究中心 1 个，国家工程实验室 6 个（其中 5 个参与），国家能源研发中心 1 个，国家国际科技合作基地 1 个，国家认可实验室 4 个，国家大学科技园 1 个，教育部重点实验室/工程研究中心 9 个，北京实验室 1 个，北京市重点实验室/工程技术研究中心 17 个，交通运输行业重点实验室 1 个，其他省部级科研平台 5 个（详见表 43）。

表 43　2016 年省部级及以上科研平台统计表

序号	实验室名称	批准时间	依托单位
1	轨道交通安全协同创新中心	2013 年	北京交通大学
2	轨道交通控制与安全国家重点实验室	2006 年	国家重点实验室
3	轨道交通运行控制系统国家工程研究中心	2008 年	电信学院
4	下一代互联网互联设备国家工程实验室	2008 年	电信学院
5	国家能源主动配电网技术研发中心	2013 年	电气学院
6	轨道交通控制与安全国际合作联合中心	2016 年	国家重点实验室
7	高速铁路系统试验国家工程实验室（参与）	2007 年	铁科院、北京交大
8	城市轨道交通列车通信与运行控制国家工程实验室（参与）	2016 年	国家重点实验室
9	城市轨道交通系统集成国家工程实验室（参与）	2016 年	机电学院
10	城市轨道交通系统安全保障国家工程实验室（参与）	2016 年	运输学院
11	城市轨道交通工程建设工艺与技术国家工程实验室（参与）	2016 年	土建学院
12	电磁兼容国家认可实验室	2006 年	电信学院
13	结构强度检测国家认可实验室	2006 年	机电学院
14	软件测评国家认可实验室	2008 年	计算机学院
15	轨道交通移动通信国家认可实验室	2015 年	国家重点实验室

续表

序号	实验室名称	批准时间	依托单位
16	国家大学科技园	2006 年	资产公司
17	全光网络与现代通信网教育部重点实验室	2002 年	电信学院
18	发光与光信息技术教育部重点实验室	2005 年	理学院
19	城市交通复杂系统理论与技术教育部重点实验室	2008 年	运输学院
20	城市地下工程教育部重点实验室	2009 年	土建学院
21	载运工具先进制造与测控技术教育部重点实验室（B）	2009 年	机电学院
22	隧道及地下工程教育部工程研究中心	2006 年	土建学院
23	电力牵引教育部工程研究中心	2006 年	电气学院
24	高速铁路网络管理教育部工程研究中心	2007 年	计算机学院
25	轨道车辆可靠性与检测技术教育部工程研究中心	2007 年	机电学院
26	教育部 铁道部基础数据平台	2007 年	经管学院
27	城市轨道交通北京实验室	2012 年	国家重点实验室
28	城市轨道交通自动化与控制北京市重点实验室	2001 年	电信学院
29	通信与信息系统北京市重点实验室	2001 年	电信学院
30	现代信息科学与网络技术北京市重点实验室	2001 年	计算机学院
31	新能源汽车动力总成技术北京市重点实验室	2011 年	机电学院
32	轨道工程北京市重点实验室	2011 年	土建学院
33	物流管理与技术北京市重点实验室	2008 年	经管学院
34	结构风工程与城市风环境北京市重点实验室	2013 年	土建学院
35	交通数据分析与挖掘北京市重点实验室	2013 年	计算机学院
36	微细尺度流动与相变传热北京市重点实验室	2014 年	机电学院
37	水中典型污染物控制与水质保障北京市重点实验室	2015 年	土建学院
38	智能交通数据安全与隐私保护北京市重点实验室	2016 年	计算机学院
39	北京市城市交通信息智能感知与服务工程技术研究中心	2012 年	国家重点实验室/运输学院
40	北京市轨道交通线路安全与防灾工程技术研究中心	2013 年	土建学院
41	北京市轨道交通电气工程技术研究中心	2013 年	电气学院
42	北京市轨道交通电磁兼容与卫星导航工程技术研究中心	2014 年	电信学院
43	北京市高速铁路宽带移动通信工程技术研究中心	2015 年	计算机学院
44	城市轨道交通 CBTC 系统北京市高等学校工程研究中心	2010 年	电信学院

续表

序号	实验室名称	批准时间	依托单位
45	北京交通大学铁路货物装载加固技术研究与咨询中心	2009 年	运输学院
46	城市交通北京技术转移中心	2006 年	资产公司
47	教育部战略研究培育基地——北京交通大学行业特色研究型大学发展战略研究中心	2009 年	发展规划处
48	文化部民族民间文艺发展中心数字文化研究基地	2012 年	计算机学院
49	交通运输基础设施安全风险管理交通运输行业重点实验室	2015 年	土建学院

（朱　珊　于　欢）

【轨道交通安全协同创新中心】

根据教育部《关于开展国家级“2011 协同创新中心”绩效检查工作的通知》统一部署，中心作为首批“2011 协同创新中心”于 2016 年 1 月 6 日接受教育部中期绩效检查，并顺利通过。组织实施第四次团队绩效考评工作；继续加强国际合作交流，组织中心骨干研究人员参加在德国柏林举办的第十一届国际轨道交通技术展览会，派出技术骨干赴日本、中国台湾进行调研；继续加强核心技术骨干的国际专题研修和培训，派出高铁基础设施、机车车辆及通信信号等领域的 11 名青年学术技术骨干赴德国铁路公司进行为期三周的培训；完成“圆梦高铁”等本硕博奖助学金发放工作；加强专项资金管理，明确奖惩机制，完成专项资金执行工作；完善中心信息共享与管理系统。

（原思成）

【“两个中心”建设】

国家轨道交通安全评估研究中心建设方案及投资规模等已于 2015 年 5 月在国家发改委主任办公会研究通过，因首都功能定位的调整，中心可行性研究报告批复暂缓办理。2016 年学校多次与国家发改委沟通，推动中心可研报告的批复，根据沟通情况，论证、调整中心建设地点的拆建方案，最终确定建筑面积 45 788 平方米，拆除 10 000 平方米左右的建筑，通过常委会讨论，上报发改委。

国家轨道交通技术教育与服务中心立足发挥学校轨道交通领域学科优势，主动对接服务“一带一路”倡议和高铁“走出去”战略实施，拓展深化与非洲、中东欧、东盟等“一带一路”沿线国家的技术教育交流合作，进一步完善和优化国际化布局，着力打造轨道交通领域传播思想、传播文化、传播知识、传播友谊的支撑平台。围绕中泰铁路、中老铁路、两洋铁路、蒙内铁路等海外重点铁路建设项目，开展轨道交通领域涉外培训，全年完成各层次培训任务 7 项。

（原思成　王德芳）

【新增平台】

轨道交通控制与安全国际合作联合中心由学校轨道交通控制与安全国家重点实验室牵头，联合轨道车辆结构可靠性与运用检测技术教育部工程研究中心，中车研究院、北京交控科技有限公司、英国伯明翰大学、德国布伦瑞克工业大学、西班牙马德里理工大学、德国 IMA 公司共同建设。基地在既有轨道交通科技成果基础上，强化国际合作创新，在轨道交通系统安全保障与运营战略方向上进行覆盖“基础前沿研究、共性关键技术研发、集成

与应用示范”的全链条部署，提升中国轨道交通系统技术、设施、装备和运营的安全、效能、体系化和国际化水平。城市轨道交通列车通信与运行控制国家工程实验室是针对中国城市轨道交通基于交通无线通信的列车控制系统（CBTC）的技术薄弱环节而建设的城市轨道交通列车通信与运行控制创新平台，为开展 CBTC 完整的集成试验、通信信号系统动、静态性能试验、CBTC 各子系统关键设备试验研制、CBTC 各子系统关键技术、CBTC 系统内部接口技术标准等方面的研究、功能试验、性能测试和安全评估提供支撑，填补国内技术空白，实现 CBTC 系统化、信息网络化、智能化、通信信号一体化、标准化和开放化。

城市轨道交通车辆系统集成国家工程实验室针对中国城市轨道交通车辆制造精度和效率低、牵引传动制动系统控制精度、集成度、可靠性不高等主要问题，建设城市轨道交通车辆系统集成创新平台，为开展转向架、变流装置与功率模块工程、能馈式牵引供电系统与装备、新型传动方式和高品质传动系统控制、整车控制、“网－车－轨”一体化安全性预测与控制仿真、新型制动控制模式和方法、制动故障诊断、新型城轨交通车辆及其供电模式等方面的研究提供支撑，形成城市轨道交通车辆系统集成技术体系。

城市轨道交通系统安全保障国家工程实验室针对中国城市轨道交通客流密集、线路网络化程度高、公共安全隐患大的特点，建设城市轨道交通系统安全保障创新平台，为开展系统安全设计、车线网状态实时获取、列车运行安全度评估技术、全息网络化行车安全保障、运营安全决策、应急救援决策和处置系统、大客流应急疏散仿真系统、综合应急通信系统、基于全生命周期动态监测的 RAMS（可靠性、可用性、可维护性和安全性）保障技术等方面的研究提供支撑，保障城市轨道交通运营安全。

城市轨道交通工程建设工艺与技术国家工程实验室针对中国轨道交通检测设备、施工技术与设备、运维装备、信息化水平相对落后的问题，建设城市轨道交通工程建设工艺与技术创新平台，为开展城市轨道交通建设与运营数字工程技术、综合检测、检测数据处理技术和智能软件系统、施工技术、运营维修养护等技术、工艺、装备的研发和工程化提供支撑，提高轨道交通工程建设质量和效率，实现基础设施综合检测设备节能环保、安全可靠，方便运维。

智能交通数据安全与隐私保护北京市重点实验室主要研究内容包括智能交通的网络安全体系结构、智能交通中的数据协同安全保护技术、智能交通中的数据隐私保护制度和城市交通监控设备的内容追溯和安全检测技术。

北京交通大学创新人才培养示范基地 5 月获得科技部批复。基地以汇聚高层次创新人才，加快实施科技创新与培养国际化拔尖人才为目标，面向海内外汇聚一批学术大师和学术领军人才，培养一批优秀青年人才，形成一批高水平科研团队、创新团队，创建交通领域人才高地，服务国家重大战略需求。

【创新团队】

赵耀教授负责的“数字媒体信息处理创新团队”获得教育部创新团队滚动支持。

（朱　珊　于　欢）

科 技 产 业

【概况】

2016 年学校科技产业工作以改革创新为动力，以实现效益为目标，以文化建设为载体，促进校办产业健康发展，确保国有资产保值增值。

（赵　冉）

【企业管理】

落实学校“十三五”规划和综合改革方案中完善资产经营公司法人治理结构任务，配合财务处推进健全学校国有资产管理体系工作、建立经营性资产管理体制机制，完成了经营性资产管理体制机制以及明晰学校、校国有资产管理委员会、资产经营公司董事会职责和权限的工作，制定资产公司实体化方案并提交常委会。

以教育部国有资产管理专项检查发现的问题为重点，结合资产清查工作，全面梳理资产公司投资和管理企业清理退出、改制工作和无偿占有学校资产情况，完成 3 个企业盘亏、8 个企业盘盈、4 个企业出资人变更、干部在企业兼职清理等工作，为全面完成清理规范工作设定时间表和工作方案。修订投资决策程序及权限、企业管理者及董事监事选派、内控审计等办法，起草独资和控股企业绩效考核、负责人薪酬管理办法，提交国资处。

对独资和控股企业开展全面审计、专项审计、责任审计、离任审计等，实行审计工作常态化制度。完成了资产经营公司、思诺公司、千驷易公司、高铁达安公司等 4 个企业的产权登记，设计院公司、孵化器公司、北交物业等 3 个企业资产评估备案。通过向出资企业派出董事、监事参与出资企业的重大决策，严格按照审议结果以及授权职责切实履行出资人权利，保障国有资产利益。2016 年获得股权收益 840 万元。

完成对北交联合、思源公司等 2 个企业的增资，推进 2 项科技成果技术入股论证工作。推进融资工作，主动为独资、控股企业寻找战略投资，积极推进设计院重组。完成孵化器公司股权改造，引入新的战略投资。推进 2 个参股企业 IPO 相关工作，配合完成上市辅导、申报资料准备、国有股权转持、国有股权管理等报批报备工作。

（赵　冉）

【产业结构】

资产经营公司为北京交通大学直接投资的国有独资公司。截至 2016 年 12 月 31 日，资产经营公司直接投资以及授权管理的企业共 34 家。其中直接投资企业 22 家，22 家企业中持股 50%（含 50%）以上的的企业 7 家，持股 50%以下的企业 15 家；委托管理的企业 11 家中，正常营业企业 9 家、停歇业企业 2 家。

企业以学校优势学科为依托，以铁路、电力和轨道交通为特色，所投资企业中已具有一批具有自主知识产权的科技型企业，其中：科技型企业 20 家，服务型企业 12 家。涉足轨道交通、电子信息、计算机软件、交通运输、电力电气、勘察设计、工程监理、编辑出版、光电子及新材料等行业。

主要产品有：出版物，杂志，印刷品，设计监理，平面无线调车系统，CBTC 等铁路信号系统系列产品及模块及配套软件，微机联锁系统、行包、集装箱安全系统、客票系统，铁路车站 GSM－R 室内信号覆盖系统设计和施工、 GSM－R 运维支撑系统、远程视频会议室网络等。

（赵　冉）

【国家大学科技园建设】

围绕技术转移和成果转化、企业孵化、创新创业人才培养、战略性新兴产业培育、服务区域经济五大功能开展工作，完成孵化器公司股权改造，组织入园企业申报相关资金支持，为企业实时推送政策信息，进行政策解读，帮助 6 家企业共获得了 75 万元的资金支持。

支持大学生开展创新创业活动，完善大学生创业园功能，建立集中办公区企业信息库，举办创新创业培训讲座 13 场，组织入园企业参加创新创业大赛 4 次；完成第五届创业项目选拔大赛团队入驻大学生创业园工作，入园企业达到 38 家；出金 42 万元扶持第三届、第四届创业大赛选拔的大学生创业企业。

【科技大厦物业管理】

配合完成新建住宅竣工验收，组建物业管理团队，完成拆迁户回迁摇号选房、装修入住，设备设施交接等工作；完成交大科技大厦招租工作，节省租赁费佣金约 110 万元；水电节能降耗 15%，超额完成节能降耗 3%指标；消防和治安 100%无事故发生，租户满意度 98%，为学校获得房租收入 4 300 万元。

（赵　冉）

2016

教职工队伍建设与管理

队伍建设

【概况】

2016 年学校人才队伍建设工作以推进人才强校战略为核心，以深化综合改革为抓手，做好“十三五”岗位资源配置，启动人才梯队建设方案，加大人才育引工作力度，提高人才服务水平。“千人计划”青年项目入选 2 人，“长江学者”青年学者入选 1 人，引进高层次人才 9 人，聘任非全职高层次人才 73 人。出台《关于 2016 年专业技术职务晋升与岗位晋级评聘工作的通知》，要求科学合理设岗、完善高岗教授‘设岗、聘任、考核’一体化管理，鼓励部分学院试点完善教学为主型教师评价标准。

截至 2016 年底，教职工总数 2 959 人，其中专任教师（包括教师系列和双肩挑人员）1 706 人，专职研究人员 94 人，实验技术人员 111 人，管理与服务人员 596 人，其他专技人员 334 人。专任教师中，具有博士学位人员 1 300 人，占 76.2%，具有正高级职称人员 450 人，占 26.4%，具有高级职称人员 1 199 人，占 70.3%，具有一年及以上海外经历人员 767 人，占 45.0%。

（张　艺　程晓冬　竺超今）

【人才培养与引进】

推荐董春娇、李坚、刘世超、张寒为国家“千人计划”青年项目人选。2015 年推荐的邵明、许杰入选第十二批国家“千人计划”青年项目。推荐马路、白慧慧、朱力、刘一、李虹、唐爱伟、景丽萍、雷蕾、熊轲等 9 人为国家“万人计划”青年拔尖人才自然科学领域人选，推荐王雅璨等 1 人为哲学社会科学、文化艺术领域人选。推荐陈铁林、罗洪斌、秦勇、王熙、闻映红、闫学东、姚燕安、叶龙、张明玉、张润彤等 10 人为“长江学者”特聘教授候选人；推荐包尔固德、何晓明、姜锐、柯燎亮、刘立华、孙会君、唐方成、王焕清、杨立兴等 9 人为“长江学者”青年学者候选人。2015 年推荐人选贾斌入选“长江学者”青年项目。推荐高亮、修乃华、范瑜、赵坚等 4 人为享受政府特殊津贴人选。推荐李效东为 2016 年度“思想政治教育中青年杰出人才支持计划”人选。

按“十三五”规划师资队伍建设的总体规模、结构比例、水平指标等关键指标，做好各级各类岗位布局和任务分解，完成“十三五”期间用于教师职务晋升、岗位晋级、师资补充的岗位总量核算，组织各学院根据学科建设需要提出优秀人才引育岗位需求，并将进一步配合研究生院核定各学科“十三五”期间的设岗方案，作为人才队伍建设的重要依据。

启动人才梯队建设方案制定，通过动态的、例行化运作的人才考察、选拔、培养和使用机制，做好人才储备和可持续发展，为人才提供“精准扶持”，加强人才队伍前瞻性建设，统筹规划学校各类人才发展，培养未来学校高层次人才接班人，为实施“人才强校”战略发挥先导作用。已完成“人才资源池”筛选工作。

以构筑重点学科、优势学科、新兴交叉学科人才高原和人才高峰为主要任务，引进教授 9 人，其中包括“青年千人”2 人（1 人已到岗）、汉能新能源学院外籍副院长、教授 2 人、电气学院按团队引进的学术带头人 1 人等。审批补充师资 44 人，师资博士后留校报到 19 人，前述 63 人中具有博士后研究经历人员 26 人，拥有海外留学经历人员 15 人，拥有联合培养经历人员 6 人。

全年共聘任非全职高层次人才 73 人，其中名誉教授 3 人，顾问教授 9 人，讲座教授 3 人，兼职教授 58 人。非全职高层次人才主要来自海内外科研院所、高校和企业。

多渠道多途径培养教师队伍。2016 年学校被国家留学基金委录取 49 人，从基金委争取到 600 万左右的资助。获得国家全额资助 26 人，录取比例达 44%；获得学校与国家留学基金委共同资助（1:1 配套）23 人，其中高等教育政管理项目录取 3 人。学校三个月及以上公派教师出国研修项目共录取 73 人，其中获得国家留学基金全额资助 26 人，国家汉办教师 3 人，获得学校与国家留学基金委共同资助 23 人，获得学校资助 11 人，获得外方资助 10 人。学校共批准 32 人在职攻读学位（26 人攻读博士学位、6 人攻读硕士学位）；9 人在职考取博士研究生；5 人取得博士学位。派出 91 名中青年骨干教师赴境外一流高校或研修机构（见表 44）。学校选派的 95 名中青年骨干教师学成回校服务。

表 44　2016 年选派出国（境）研修人员名单（三个月及以上）

序号	学院	姓名	性别	派出方式	国家或地区	身份	期限/月	派出时间
1	电信学院	魏学业	男	学校公派	英国	访问学者	8	2016.11.14
2	电信学院	李一玫	女	学校公派	英国	访问学者	8	2016.11.14
3	电信学院	张严心	女	学校公派	美国	访问学者	12	2016.8.15
4	电信学院	张文静	女	学校公派	美国	访问学者	12	2016.10.15
5	电信学院	张　勇	男	国家公派	英国	访问学者	12	2016.12.16
6	电信学院	王海波	男	国家公派	新加坡	访问学者	12	2016.8.25
7	电信学院	魏　杰	女	学校公派	英国	访问学者	12	2016.2.9
8	电信学院	曹　源	男	国家公派	日本	访问学者	6	2016.1.12
9	电信学院	张令文	女	国家公派	美国	访问学者	12	2016.1.8
10	计算机学院	刘　杰	男	学校公派	英国	访问学者	8	2016.11.14
11	计算机学院	原继东	男	学校公派	英国	访问学者	8	2016.11.14
12	计算机学院	周雪忠	男	自费公派	中国香港	访问学者	3	2016.7.1
13	计算机学院	余舰琭	男	学校公派	英国	访问学者	12	2016.10.4
14	计算机学院	李　强	男	国家公派	美国	访问学者	12	2016.11.13
15	计算机学院	张志飞	男	学校公派	美国	访问学者	12	2016.1.15
16	计算机学院	赵阿群	男	学校公派	加拿大	访问学者	12	2016.3.12
17	经管学院	李远慧	女	学校公派	美国	访问学者	6	2016.9.20
18	经管学院	范铁燕	女	学校公派	美国	访问学者	6	2016.9.20
19	经管学院	韦桂丽	女	学校公派	美国	访问学者	6	2016.9.30
20	经管学院	吕希艳	女	国家公派	荷兰	访问学者	12	2016.10.3
21	经管学院	王　超	男	学校公派	美国	访问学者	12	2016.12.15

续表

序号	学院	姓名	性别	派出方式	国家或地区	身份	期限/月	派出时间
22	经管学院	夏梅梅	女	学校公派	英国	访问学者	12	2016.9.30
23	经管学院	周建勤	男	学校公派	美国	访问学者	12	2016.9.12
24	经管学院	郭春芳	女	学校公派	美国	访问学者	12	2016.12.18
25	经管学院	魏　炜	男	国家公派	丹麦	访问学者	12	2016.12.12
26	经管学院	卯光宇	男	国家公派	美国	访问学者	12	2016.8.28
27	运输学院	杨　方	男	学校公派	美国	访问学者	12	2016.9.9
28	运输学院	熊志华	女	学校公派	美国	访问学者	12	2016.8.30
29	运输学院	王　莉	女	学校公派	英国	访问学者	12	2016.11.1
30	运输学院	沈孟如	女	学校公派	美国	访问学者	12	2016.8.15
31	运输学院	刘　爽	女	国家公派	美国	访问学者	12	2016.10. 2
32	运输学院	武　旭	女	国家公派	美国	访问学者	12	2016.7.24
33	运输学院	谷远利	男	学校公派	美国	访问学者	12	2016.1.31
34	运输学院	刘志硕	男	学校公派	美国	访问学者	12	2016.2.16
35	运输学院	王子洋	男	学校公派	美国	访问学者	12	2016.1.26
36	土建学院	李新洋	男	学校公派	英国	访问学者	8	2016.11.14
37	土建学院	于晓华	女	学校公派	英国	访问学者	8	2016.11.14
38	土建学院	任福民	男	自费公派	美国	访问学者	12	2016.7.14
39	土建学院	苏晓星	男	国家公派	新加坡	访问学者	12	2016.12.30
40	土建学院	田亚护	男	国家公派	美国	访问学者	12	2016.9.10
41	土建学院	刘　颖	女	国家公派	美国	访问学者	12	2016.12.29
42	土建学院	刘卫丰	男	国家公派	英国	访问学者	12	2016.8.10
43	土建学院	朱　力	男	国家公派	美国	博士后	12	2016.8.25
44	土建学院	邢　薇	女	国家公派	丹麦	访问学者	12	2016.7.3
45	土建学院	张如炳	男	国家公派	美国	访问学者	12	2016.1.7
46	土建学院	刘明辉	男	国家公派	美国	访问学者	12	2016.3.31
47	土建学院	韩　松	男	国家公派	美国	博士后	12	2016.2.2
48	土建学院	江　辉	男	国家公派	美国	访问学者	12	2016.3.31
49	机电学院	张　淘	男	国家公派	俄罗斯	访问学者	10	2016.10.21
50	电气学院	郭希铮	男	学校公派	加拿大	访问学者	12	2016.11.30
51	电气学院	张秀敏	女	学校公派	美国	访问学者	12	2016.12.15
52	电气学院	刁利军	男	国家公派	英国	访问学者	12	2016.5.20
53	电气学院	王健强	男	学校公派	英国	访问学者	3	2016.6.21
54	电气学院	佟庆彬	男	国家公派	美国	访问学者	12	2016.2.30
55	电气学院	李　腾	女	国家公派	美国	访问学者	12	2016.3.14
56	理学院	朱湘禅	女	自费公派	德国	访问学者	5	2016.4.6

续表

序号	学院	姓名	性别	派出方式	国家或地区	身份	期限/月	派出时间
57	理学院	王海滨	男	国家公派	德国	访问学者	12	2016.12.17
58	理学院	梁春军	男	自费公派	中国香港	访问学者	12	2016.1.25
59	理学院	付远辉	男	学校公派	美国	访问学者	12	2016.3.1
60	理学院	于永光	男	学校公派	新加坡	访问学者	3	2016.3.9
61	语言学院	张日美	女	学校公派	美国	访问学者	12	2016.8.16
62	语言学院	陈静茜	女	国家公派	美国	访问学者	12	2016.12.18
63	语言学院	文卫华	女	国家公派	日本	访问学者	12	2016.8.27
64	语言学院	何　丽	女	学校公派	美国	访问学者	12	2016.1.7
65	语言学院	陈　杰	男	国家公派	美国	访问学者	12	2016.1.20
66	建艺学院	江　扬	男	学校公派	英国	访问学者	8	2016.11.14
67	建艺学院	孟　彤	男	学校公派	英国	访问学者	8	2016.11.14
68	建艺学院	石克辉	女	自费公派	美国	访问学者	12	2016.8.20
69	建艺学院	卢　源	男	学校公派	美国	访问学者	12	2016.12.3
70	建艺学院	李　蕾	女	学校公派	英国	访问学者	12	2016.12.15
71	建艺学院	易　晓	女	国家公派	美国	行政人员	24	2016.3.24
72	建艺学院	高　巍	男	学校公派	美国	访问学者	12	2016.7.2
73	建艺学院	薛彦波	男	学校公派	美国	访问学者	12	2016.1.22
74	建艺学院	胡映东	男	国家公派	美国	访问学者	12	2016.2.25
75	法学院	张保华	男	自费公派	美国	访问学者	12	2016.9.6
76	法学院	陶　杨	男	学校公派	美国	访问学者	12	2016.9.1
77	法学院	郭　烁	男	国家公派	美国	访问学者	12	2016.12.18
78	软件学院	鲍　鹏	男	国家公派	美国	访问学者	12	2016.9.16
79	国家重点实验室	蒋　熙	女	学校公派	加拿大	访问学者	6	2016.9.20
80	国家重点实验室	苗建瑞	男	学校公派	美国	访问学者	12	2016.12.29
81	国家重点实验室	官　科	男	自费公派	德国	访问学者	24	2016.4.20
82	国家重点实验室	许心越	男	国家公派	美国	访问学者	12	2016.8.10
83	国家重点实验室	何睿斯	男	国家公派	美国	访问学者	12	2016..8.10
84	国家重点实验室	曹　芳	女	国家公派	美国	访问学者	12	2016.12.9
85	国家重点实验室	刘寅生	男	国家公派	美国	访问学者	12	2016.3.10
86	国家重点实验室	秦　勇	男	国家公派	加拿大	高研	6	2016.12.28
87	国家重点实验室	袁　磊	男	国家公派	美国	访问学者	12	2016.3.19
88	安评中心	张大林	男	国家公派	美国	博士后	12	2016.11.19
89	基建处	张永刚	男	学校公派	美国	访问学者	12	2016.3.1
90	国际教育中心	邓新华	女	国家公派	比利时	行政人员	24	2016.9.29
91	人事处	宋　瑞	女	学校公派	英国	访问学者	3	2016.6.21

组织 2015 年、2016 年新入职的青年教师 141 人参加岗前培训。根据北京市统一部署，学校 2016 年秋季组织教师资格认定工作，新认定 52 人具有高等学校教师资格。

全年共接收各类国内访问学者 17 人，其中教育部骨干国内访问学者 6 人、一般国内访问学者 11 人。学校 14 名教授（博导）参加“教育部高等学校接收青年骨干教师国内访问学者计划”。

作为北京市教委建立的 6 个教师发展基地之一，2016 年学校组织北京市属教师发展基地 8 名学员的结业考核工作，并为其办理结业手续。

（张　艺　张守一　贠小琴　刘大伟）

【岗位设置与聘用】

在多轮征求有关专家、院长、大评委会委员等意见建议的基础上，对评聘工作文件进行修订，7 月份出台《关于 2016 年专业技术职务晋升与岗位晋级评聘工作的通知》。重点强调 “以学科建设为导向、鼓励出国研修与实践、注重分类评价、强化教书育人、进一步加强高岗教授的聘任与管理” 5 个政策导向，重点落实 “科学合理设岗、完善高岗教授‘设岗、聘任、考核’的一体化管理、鼓励部分学院试点完善教学为主型教师评价标准”3 件事情。与信息中心配合开发新的评聘申报系统，改善职称评聘信息填报工作。

全校各类各级岗位共设 303 个，共计申报 342 人。经学校专业技术职务岗位评聘委员会审议，最终通过 263 人（含建艺学院委托外评，教授通过 1 人、副教授通过 2 人）。其中，正常晋升高级职务岗位共设岗 117 个，各级岗位共申报 170 人，通过 135 人，其中正高级 36 人（含委托代评 1 人）、副高级 73 人、中级 26 人；破格晋升岗位共设岗 11 个，申报 14 人，通过 5 人，其中正高级 3 人、副高 2 级人；晋级岗位共设 175 个，共申报 158 人，通过 123 人，其中正高二级岗 8 人、正高三级岗 30 人、副高一级 20 人、副高二级 25 人、中级一级 29 人、中级二级 10 人、助理一级 1 人。

表 45　2016 年专业技术职务晋升人员名单

序号	工资号	姓名	单位（按教学单位）	系列	任职资格	受聘岗位	受聘岗位时间	备注
1	7637	郜　帅	电信学院	教师系列	教授	教授四级	2016.12	
2	8036	陶　丹	电信学院	教师系列	教授	教授四级	2016.12	
3	8161	上官伟	电信学院	教师系列	教授	教授四级	2016.12	
4	6037	尹　辉	计算机学院	教师系列	教授	教授四级	2016.12	
5	8026	常晓林	计算机学院	教师系列	教授	教授四级	2016.12	
6	8097	贾彩燕	计算机学院	教师系列	教授	教授四级	2016.12	
7	8466	韦世奎	计算机学院	教师系列	教授	教授四级	2016.12	
8	1182	刘德红	经管学院	教师系列	教授	教授四级	2016.12	
9	1078	鲁晓春	经管学院	教师系列	教授	教授四级	2016.12	
10	7872	顾元勋	经管学院	教师系列	教授	教授四级	2016.12	
11	8299	邢怿君	经管学院	教师系列	教授	教授四级	2016.12	
12	1755	姜秀山	运输学院	教师系列	教授	教授四级	2016.12	
13	7661	朱广宇	运输学院	教师系列	教授	教授四级	2016.12	

续表

序号	工资号	姓名	单位（按教学单位）	系列	任职资格	受聘岗位	受聘岗位时间	备注
14	8389	冯雪松	运输学院	教师系列	教授	教授四级	2016.12	
15	8347	宋国华	运输学院	教师系列	教授	教授四级	2016.12	
16	5846	任福民	土建学院	教师系列	教授	教授四级	2016.12	
17	8009	李　波	土建学院	教师系列	教授	教授四级	2016.12	
18	8166	时　瑾	土建学院	教师系列	教授	教授四级	2016.12	
19	8307	李　旭	土建学院	教师系列	教授	教授四级	2016.12	
20	5972	史红梅	机电学院	教师系列	教授	教授四级	2016.12	
21	7857	杨立新	机电学院	教师系列	教授	教授四级	2016.12	
22	7887	程卫东	机电学院	教师系列	教授	教授四级	2016.12	
23	7626	林　飞	电气学院	教师系列	教授	教授四级	2016.12	
24	7886	夏明超	电气学院	教师系列	教授	教授四级	2016.12	
25	8470	李　虹	电气学院	教师系列	教授	教授四级	2016.12	破格晋升
26	6377	桂文豪	理学院	教师系列	教授	教授四级	2016.12	
27	7370	梁春军	理学院	教师系列	教授	教授四级	2016.12	
28	8099	富　鸣	理学院	教师系列	教授	教授四级	2016.12	
29	8208	周进鑫	理学院	教师系列	教授	教授四级	2016.12	
30	8420	唐爱伟	理学院	教师系列	教授	教授四级	2016.12	破格晋升
31	7930	邢薇薇	软件学院	教师系列	教授	教授四级	2016.12	
32	7584	董玉香	建艺学院	教师系列	教授	教授四级	2016.12	
33	7351	刘晓晖	语言学院	教师系列	教授	教授四级	2016.12	
34	6048	郭北苑	国家重点实验室	教师系列	教授	教授四级	2016.12	
35	8022	董宏辉	国家重点实验室	教师系列	教授	教授四级	2016.12	
36	8139	周　航	电信学院	教师系列	副教授	副教授三级	2016.12	
37	8244	金尚泰	电信学院	教师系列	副教授	副教授三级	2016.12	
38	8340	蔡文川	电信学院	教师系列	副教授	副教授三级	2016.12	
39	8587	白　双	电信学院	教师系列	副教授	副教授三级	2016.12	
40	8645	李　晶	电信学院	教师系列	副教授	副教授三级	2016.12	
41	8802	林思雨	电信学院	教师系列	副教授	副教授三级	2016.12	
42	8438	吕继东	电信学院	教师系列	副教授	副教授三级	2016.12	
43	7630	王　涛	计算机学院	教师系列	副教授	副教授三级	2016.12	
44	7948	孙延涛	计算机学院	教师系列	副教授	副教授三级	2016.12	
45	8222	赵　佳	计算机学院	教师系列	副教授	副教授三级	2016.12	

续表

序号	工资号	姓名	单位（按教学单位）	系列	任职资格	受聘岗位	受聘岗位时间	备注
46	8799	刘　铭	计算机学院	教师系列	副教授	副教授三级	2016.12	
47	8902	滕　竹	计算机学院	教师系列	副教授	副教授三级	2016.12	
48	8932	武志昊	计算机学院	教师系列	副教授	副教授三级	2016.12	
49	8229	谢纪刚	经管学院	教师系列	副教授	副教授三级	2016.12	
50	8284	邱　奇	经管学院	教师系列	副教授	副教授三级	2016.12	
51	8460	赵　杨	经管学院	教师系列	副教授	副教授三级	2016.12	
52	8624	卯光宇	经管学院	教师系列	副教授	副教授三级	2016.12	
53	8642	刘婷婷	经管学院	教师系列	副教授	副教授三级	2016.12	
54	8737	肖玲玲	经管学院	教师系列	副教授	副教授三级	2016.12	破格晋升
55	2360	王保山	运输学院	教师系列	副教授	副教授三级	2016.12	
56	8280	李晓峰	运输学院	教师系列	副教授	副教授三级	2016.12	
57	8519	谢东繁	运输学院	教师系列	副教授	副教授三级	2016.12	
58	8552	李　娟	运输学院	教师系列	副教授	副教授三级	2016.12	
59	8589	陈　超	运输学院	教师系列	副教授	副教授三级	2016.12	
60	8648	唐金金	运输学院	教师系列	副教授	副教授三级	2016.12	
61	8174	孙晓静	土建学院	教师系列	副教授	副教授三级	2016.12	
62	8194	田亚护	土建学院	教师系列	副教授	副教授三级	2016.12	
63	8506	侯艳娟	土建学院	教师系列	副教授	副教授三级	2016.12	
64	8521	鲁垠涛	土建学院	教师系列	副教授	副教授三级	2016.12	
65	8639	赵思诚	土建学院	教师系列	副教授	副教授三级	2016.12	
66	8640	邢　薇	土建学院	教师系列	副教授	副教授三级	2016.12	
67	8752	马　蒙	土建学院	教师系列	副教授	副教授三级	2016.12	
68	8775	秦晓春	土建学院	教师系列	副教授	副教授三级	2016.12	
69	8840	卢　啸	土建学院	教师系列	副教授	副教授三级	2016.12	
70	7903	温伟刚	机电学院	教师系列	副教授	副教授三级	2016.12	
71	8167	黄铁球	机电学院	教师系列	副教授	副教授三级	2016.12	
72	8242	王斌杰	机电学院	教师系列	副教授	副教授三级	2016.12	
73	8897	曲海波	机电学院	教师系列	副教授	副教授三级	2016.12	
74	6197	叶晶晶	电气学院	教师系列	副教授	副教授三级	2016.12	
75	7719	杜　欣	电气学院	教师系列	副教授	副教授三级	2016.12	
76	8378	刘　彪	电气学院	教师系列	副教授	副教授三级	2016.12	
77	8911	陈　杰	电气学院	教师系列	副教授	副教授三级	2016.12	
78	8928	张晓晨	电气学院	教师系列	副教授	副教授三级	2016.12	
79	7271	邵吉光	理学院	教师系列	副教授	副教授三级	2016.12	

续表

序号	工资号	姓名	单位（按教学单位）	系列	任职资格	受聘岗位	受聘岗位时间	备注
80	8052	汪维家	理学院	教师系列	副教授	副教授三级	2016.12	
81	8595	梁　生	理学院	教师系列	副教授	副教授三级	2016.12	
82	8611	闻国光	理学院	教师系列	副教授	副教授三级	2016.12	
83	8715	林艾静	理学院	教师系列	副教授	副教授三级	2016.12	
84	8738	葛化彬	理学院	教师系列	副教授	副教授三级	2016.12	破格晋升
85	7530	鲁　竹	马克思主义学院	教师系列	副教授	副教授三级	2016.12	
86	8531	王晓青	马克思主义学院	教师系列	副教授	副教授三级	2016.12	
87	8101	杨　军	法学院	教师系列	副教授	副教授三级	2016.12	
88	8592	罗冠男	法学院	教师系列	副教授	副教授三级	2016.12	
89	6236	都　平	语言学院	教师系列	副教授	副教授三级	2016.12	
90	5993	姜玉珍	语言学院	教师系列	副教授	副教授三级	2016.12	
91	6098	王云彤	语言学院	教师系列	副教授	副教授三级	2016.12	
92	8532	李　冰	语言学院	教师系列	副教授	副教授三级	2016.12	
93	8714	张海燕	语言学院	教师系列	副教授	副教授三级	2016.12	
94	8338	卢　源	建艺学院	教师系列	副教授	副教授三级	2016.12	
95	8364	杜晓辉	建艺学院	教师系列	副教授	副教授三级	2016.12	
96	8818	沈　超	国家重点实验室	教师系列	副教授	副教授三级	2016.12	
97	2645	郑　彬	团委	教师系列	副教授	副教授三级	2016.12	
98	8572	王程序	语言学院	教师系列	讲师	讲师三级	2016.12	
99	8579	张　龚	语言学院	教师系列	讲师	讲师三级	2016.12	
100	8596	祝明姗	语言学院	教师系列	讲师	讲师三级	2016.12	
101	8612	王　斐	语言学院	教师系列	讲师	讲师三级	2016.12	
102	8635	李蓓儿	语言学院	教师系列	讲师	讲师三级	2016.12	
103	70525	郭晓培	体育部	教师系列	讲师	讲师三级	2016.12	
104	70698	史　硕	体育部	教师系列	讲师	讲师三级	2016.12	
105	5017	王　冰	计算机学院	实验技术	高级实验师	副高三级	2016.12	
106	438	胡小刚	电气学院	实验技术	高级实验师	副高三级	2016.12	
107	8073	刘语佳	计财处	工程技术	高级工程师	副高三级	2016.12	
108	7892	李珊娜	信息中心	工程技术	高级工程师	副高三级	2016.12	
109	6379	黄　彧	电气学院	工程技术	高级工程师	副高三级	2016.12	
110	8028	邱文凤	校医院	卫生系列	副主任医师	副高三级	2016.12	
111	7813	于爱娟	财务处	会计系列	高级会计师	副高三级	2016.12	

续表

序号	工资号	姓名	单位（按教学单位）	系列	任职资格	受聘岗位	受聘岗位时间	备注
112	6097	李艳涛	财务处	会计系列	高级会计师	副高三级	2016.12	
113	7900	张　岚	计财务处	会计系列	高级会计师	副高三级	2016.12	
114	8511	谭谆礼	机电学院	专职研究	研究员	正高四级	2016.12	破格晋升
115	2070	朱卫东	信息中心	专职研究	研究员	正高四级	2016.12	
116	8626	高　原	国家重点实验室	专职研究	副研究员	副高三级	2016.12	
117	70544	胡飞飞	后勤集团	工程技术	工程师	中级三级	2016.12	
118	70527	华　径	审计处	会计系列	会计师	中级三级	2016.12	

表 46　2016 年专业技术职务晋升人员名单（具备任职资格）

序号	工资号	姓名	单位	系列	任职资格	资格时间	备注
1	7339	陈　颖	档案馆	教育管理研究	研究员	2016.12	
2		陈江华	委托代评	教育管理研究	研究员	2016.12	
3	5816	邓新华	国际教育中心	教育管理研究	副研究员	2016.12	
4	7669	郭玉宝	科技处	教育管理研究	副研究员	2016.12	
5	70483	孙中悦	科技处	新闻出版	副编审	2016.12	聘用制
6	70563	兰　坤	语言学院	学生辅导员	讲师	2016.12	聘用制
7	70679	任一豪	电信学院	学生辅导员	讲师	2016.12	聘用制
8	70152	刘慧敏	马克思主义学院	学生辅导员	讲师	2016.12	聘用制
9	70678	杨　涛	理学院	学生辅导员	讲师	2016.12	聘用制
10	70478	张皓翔	团委	学生辅导员	讲师	2016.12	聘用制
11	70680	林万梁	学生处	学生辅导员	讲师	2016.12	聘用制
12	70683	胡祥萍	学生处	学生辅导员	讲师	2016.12	聘用制
13	70682	商立媛	经管学院	学生辅导员	讲师	2016.12	聘用制
14	70428	罗　昊	运输学院	实验技术	实验师	2016.12	聘用制
15	70634	赵　翔	电信学院	实验技术	实验师	2016.12	聘用制
16	70631	桂晓露	机电学院	实验技术	实验师	2016.12	聘用制
17	70651	何文俊	财务处	工程技术	工程师	2016.12	聘用制
18	70507	赵延平	信息中心	工程技术	工程师	2016.12	聘用制
19	70677	程玉珍	财务处	工程技术	工程师	2016.12	聘用制
20	70261	刘　欣	图书馆	图书档案	馆员	2016.12	聘用制
21	70517	郑春妍	图书馆	图书档案	馆员	2016.12	聘用制
22	70532	白文昭	财务处	会计系列	会计师	2016.12	聘用制

表 47　2016 年专业技术岗位晋级人员名单

序号	工资号	姓名	单位（按教学单位）	系列	受聘岗位	受聘岗位时间
1	5679	裴　丽	电信学院	教师系列	教授二级	2016.12
2	6463	于　剑	计算机学院	教师系列	教授二级	2016.12
3	990	张秋生	经管学院	教师系列	教授二级	2016.12
4	309	张　欣	机电学院	教师系列	教授二级	2016.12
5	7431	贾　力	机电学院	教师系列	教授二级	2016.12
6	5937	侯延冰	理学院	教师系列	教授二级	2016.12
7	1293	商朋见	理学院	教师系列	教授二级	2016.12
8	6013	林建成	马克思主义学院	教师系列	教授二级	2016.12
9	6221	娄淑琴	电信学院	教师系列	教授三级	2016.12
10	5706	孙　强	电信学院	教师系列	教授三级	2016.12
11	8025	罗洪斌	电信学院	教师系列	教授三级	2016.12
12	7640	苗振江	计算机学院	教师系列	教授三级	2016.12
13	6279	刘吉强	计算机学院	教师系列	教授三级	2016.12
14	6100	邬文兵	经管学院	教师系列	教授三级	2016.12
15	7999	张菊亮	经管学院	教师系列	教授三级	2016.12
16	8282	冯　华	经管学院	教师系列	教授三级	2016.12
17	871	郎茂祥	运输学院	教师系列	教授三级	2016.12
18	6363	聂　磊	运输学院	教师系列	教授三级	2016.12
19	7553	孙会君	运输学院	教师系列	教授三级	2016.12
20	6353	宋　瑞	运输学院	教师系列	教授三级	2016.12
21	6456	雷俊卿	土建学院	教师系列	教授三级	2016.12
22	7343	谭忠盛	土建学院	教师系列	教授三级	2016.12
23	7324	杨　娜	土建学院	教师系列	教授三级	2016.12
24	7739	赵伯明	土建学院	教师系列	教授三级	2016.12
25	7378	任尊松	机电学院	教师系列	教授三级	2016.12
26	6455	徐宇工	机电学院	教师系列	教授三级	2016.12
27	6682	和敬涵	电气学院	教师系列	教授三级	2016.12
28	433	张晓冬	电气学院	教师系列	教授三级	2016.12
29	6430	王金亭	理学院	教师系列	教授三级	2016.12
30	7461	何志群	理学院	教师系列	教授三级	2016.12
31	7709	于永光	理学院	教师系列	教授三级	2016.12
32	7279	毕　颖	法学院	教师系列	教授三级	2016.12
33	8352	闻　学	语言学院	教师系列	教授三级	2016.12
34	7386	韩　翔	建艺学院	教师系列	教授三级	2016.12

续表

序号	工资号	姓名	单位（按教学单位）	系列	受聘岗位	受聘岗位时间
35	7768	秦　勇	国家重点实验室	教师系列	教授三级	2016.12
36	7997	艾　渤	国家重点实验室	教师系列	教授三级	2016.12
37	8187	吴建军	国家重点实验室	教师系列	教授三级	2016.12
38	7738	李克平	国家重点实验室	专职研究系列	研究员三级	2016.12
39	7566	徐保民	计算机学院	教师系列	副教授一级	2016.12
40	7794	鲁凌云	计算机学院	教师系列	副教授一级	2016.12
41	1630	李济生	计算机学院	教师系列	副教授一级	2016.12
42	6140	李卫东	经管学院	教师系列	副教授一级	2016.12
43	6040	陈学东	经管学院	教师系列	副教授一级	2016.12
44	7439	秦秋莉	经管学院	教师系列	副教授一级	2016.12
45	6381	李远慧	经管学院	教师系列	副教授一级	2016.12
46	7706	任华玲	运输学院	教师系列	副教授一级	2016.12
47	8115	郭　璇	土建学院	教师系列	副教授一级	2016.12
48	7520	李久义	土建学院	教师系列	副教授一级	2016.12
49	7918	骆建军	土建学院	教师系列	副教授一级	2016.12
50	7562	李翠伟	机电学院	教师系列	副教授一级	2016.12
51	8134	张立伟	电气学院	教师系列	副教授一级	2016.12
52	1307	王秋媛	理学院	教师系列	副教授一级	2016.12
53	1393	王　健	理学院	教师系列	副教授一级	2016.12
54	5780	王宁西	马克思主义学院	教师系列	副教授一级	2016.12
55	1483	李　佐	语言学院	教师系列	副教授一级	2016.12
56	7384	王友江	建艺学院	教师系列	副教授一级	2016.12
57	7848	蔡国强	国家重点实验室	教师系列	副教授一级	2016.12
58	8055	李　勇	电信学院	教师系列	副教授二级	2016.12
59	7944	魏　杰	电信学院	教师系列	副教授二级	2016.12
60	8068	万丽莉	计算机学院	教师系列	副教授二级	2016.12
61	7730	杜　晖	经管学院	教师系列	副教授二级	2016.12
62	6118	刘　菁	经管学院	教师系列	副教授二级	2016.12
63	6757	肖燕彩	机电学院	教师系列	副教授二级	2016.12
64	7757	田　颖	机电学院	教师系列	副教授二级	2016.12
65	8350	刘　斌	理学院	教师系列	副教授二级	2016.12
66	1282	邓小琴	理学院	教师系列	副教授二级	2016.12
67	7829	余爱梅	理学院	教师系列	副教授二级	2016.12
68	7438	李　丹	理学院	教师系列	副教授二级	2016.12

续表

序号	工资号	姓名	单位（按教学单位）	系列	受聘岗位	受聘岗位时间
69	7421	赵红敏	理学院	教师系列	副教授二级	2016.12
70	8096	吴　琼	马克思主义学院	教师系列	副教授二级	2016.12
71	6173	栾志红	法学院	教师系列	副教授二级	2016.12
72	6000	刘小燕	语言学院	教师系列	副教授二级	2016.12
73	592	陈　岚	建艺学院	教师系列	副教授二级	2016.12
74	5865	周兴伟	体育部	教师系列	副教授二级	2016.12
75	7844	徐　杰	国家重点实验室	教师系列	副教授二级	2016.12
76	8936	李　坚	电信学院	教师系列	讲师一级	2016.12
77	1631	赵帅锋	计算机学院	教师系列	讲师一级	2016.12
78	8895	方　燕	经管学院	教师系列	讲师一级	2016.12
79	8909	魏文超	经管学院	教师系列	讲师一级	2016.12
80	8145	马　征	经管学院	教师系列	讲师一级	2016.12
81	8633	段建强	经管学院	教师系列	讲师一级	2016.12
82	8678	郗艳红	土建学院	教师系列	讲师一级	2016.12
83	8629	宋诗畅	理学院	教师系列	讲师一级	2016.12
84	6786	俞　勤	理学院	教师系列	讲师一级	2016.12
85	7819	秦　琴	语言学院	教师系列	讲师一级	2016.12
86	7362	莫永谊	语言学院	教师系列	讲师一级	2016.12
87	8477	丁　研	语言学院	教师系列	讲师一级	2016.12
88	8623	陈静茜	语言学院	教师系列	讲师一级	2016.12
89	8545	刘　凯	语言学院	教师系列	讲师一级	2016.12
90	7285	杨亚丹	体育部	教师系列	讲师一级	2016.12
91	7703	太　玉	体育部	教师系列	讲师一级	2016.12
92	8865	许心越	国家重点实验室	教师系列	讲师一级	2016.12
93	7921	敖　丽	团委	教师系列	讲师一级	2016.12
94	8391	刘　莹	语言学院	教师系列	讲师二级	2016.12
95	8276	胡心怡	学生处	教师系列	讲师二级	2016.12
96	8859	褚立东	语言学院	教师系列	助教一级	2016.12
97	360	张新华	机电学院	实验技术	副高一级	2016.12
98	6760	杜秀霞	机电学院	实验技术	副高二级	2016.12
99	11	周春月	电信学院	实验技术	副高二级	2016.12
100	3409	王海东	后勤集团	工程技术	副高二级	2016.12
101	1170	吕建成	资产公司	工程技术	副高二级	2016.12
102	2489	丁　娜	图书馆	图书档案	副高二级	2016.12

续表

序号	工资号	姓名	单位（按教学单位）	系列	受聘岗位	受聘岗位时间
103	6328	周亚俊	档案馆	图书档案	副高二级	2016.12
104	6350	许白桦	校医院	卫生系列	副高二级	2016.12
105	7897	马慧茹	国家重点实验室	专职研究	中级一级	2016.12
106	6975	崔永彪	国家保密学院	实验技术	中级一级	2016.12
107	6289	刘京斗	电气学院	工程技术	中级一级	2016.12
108	5867	张　源	资产公司	工程技术	中级一级	2016.12
109	3213	谢新涛	后勤集团	工程技术	中级一级	2016.12
110	8757	王芳芝	后勤集团	幼教	中级一级	2016.12
111	8505	寇丽娟	后勤集团	幼教	中级一级	2016.12
112	7700	赵秀姣	图书馆	图书档案	中级一级	2016.12
113	7849	姜虹	图书馆	图书档案	中级一级	2016.12
114	7838	贺彬侠	图书馆	图书档案	中级一级	2016.12
115	7804	崔雁	图书馆	图书档案	中级一级	2016.12
116	7906	杨晓娟	国家重点实验室	专职研究	中级二级	2016.12
117	6911	王爱国	后勤集团	工程技术	中级二级	2016.12
118	5719	胡永军	审计处	工程技术	中级二级	2016.12
119	6671	李悦	图书馆	图书档案	中级二级	2016.12
120	8005	邱丹	图书馆	图书档案	中级二级	2016.12
121	8030	张彦	图书馆	图书档案	中级二级	2016.12
122	6994	范颖	资产公司	图书档案	中级二级	2016.12
123	8779	刘延青	校医院	卫生系列	中级二级	2016.12

（程晓冬）

【职员职级晋升】

开展七级以下职员职级晋升工作。学校统筹聘用制人员继续参加职员职级评定，学校统筹聘用制人员与事业编制人员在职员晋升申报、审批上同等对待，待遇仍按聘用制人员管理规定执行。

经个人申报、单位推荐和学校审批，共 55 人进行了职员职级晋升（具体见表 58），其中晋升七级职员 33 人、晋升八级职员 19 人、晋升九级职员 3 人。

表 48　2016 年职员职级晋升名单

序号	姓名	工作单位	原岗位职级	新聘岗位职级	定级时间
1	王舒驰	学校办	聘用制八级职员	聘用制七级职员	2016.8
2	宋　阳	学校办	聘用制八级职员	聘用制七级职员	2016.8
3	张安梅	宣传部	聘用制八级职员	聘用制七级职员	2016.8
4	刘东睿	学生处	聘用制八级职员	聘用制七级职员	2016.8

续表

序号	姓名	工作单位	原岗位职级	新聘岗位职级	定级时间
5	原晓敏	学生处	聘用制八级职员	聘用制七级职员	2016.8
6	胡祥萍	学生处	聘用制八级职员	聘用制七级职员	2016.8
7	武慧姣	工会	聘用制八级职员	聘用制七级职员	2016.8
8	宋文鑫	离退休处	聘用制八级职员	聘用制七级职员	2016.8
9	郭　英	科技处	聘用制八级职员	聘用制七级职员	2016.8
10	张兆强	研究生院	聘用制八级职员	聘用制七级职员	2016.8
11	孙明东	研究生院	聘用制八级职员	聘用制七级职员	2016.8
12	郭　栋	人事处	聘用制八级职员	聘用制七级职员	2016.8
13	沈　峥	人事处	聘用制八级职员	聘用制七级职员	2016.8
14	马　黎	国际处	聘用制八级职员	聘用制七级职员	2016.8
15	王基逢	国际处	聘用制八级职员	聘用制七级职员	2016.8
16	李万霞	基建处	聘用制八级职员	聘用制七级职员	2016.8
17	仲晓凯	基建处	聘用制八级职员	聘用制七级职员	2016.8
18	李佳智	基建处	聘用制八级职员	聘用制七级职员	2016.8
19	黄　微	外联处	聘用制八级职员	聘用制七级职员	2016.8
20	李文一	外联处	聘用制八级职员	聘用制七级职员	2016.8
21	耿雪姣	外联处	聘用制八级职员	聘用制七级职员	2016.8
22	陈　晨	电信学院	聘用制八级职员	聘用制七级职员	2016.8
23	张　琪	电信学院	聘用制八级职员	聘用制七级职员	2016.8
24	沈燕平	电信学院	聘用制八级职员	聘用制七级职员	2016.8
25	魏　钧	计算机学院	聘用制八级职员	聘用制七级职员	2016.8
26	商立媛	经管学院	聘用制八级职员	聘用制七级职员	2016.8
27	张鑫超	土建学院	聘用制八级职员	聘用制七级职员	2016.8
28	牛　莉	土建学院	聘用制八级职员	聘用制七级职员	2016.8
29	田龙梅	机电学院	聘用制八级职员	聘用制七级职员	2016.8
30	吴成祥	机电学院	聘用制八级职员	聘用制七级职员	2016.8
31	王　鹏	电气学院	聘用制八级职员	聘用制七级职员	2016.8
32	常　卓	理学院	聘用制八级职员	聘用制七级职员	2016.8
33	兰　坤	语言学院	聘用制八级职员	聘用制七级职员	2016.8
34	张　勋	科技处	聘用制九级职员	聘用制八级职员	2016.8
35	贠小琴	人事处	聘用制九级职员	聘用制八级职员	2016.8
36	赵　琳	国资处	聘用制九级职员	聘用制八级职员	2016.8
37	王一然	发展规划处	聘用制九级职员	聘用制八级职员	2016.8
38	黄庆华	外联处	聘用制九级职员	聘用制八级职员	2016.8
39	武　迪	电信学院	聘用制九级职员	聘用制八级职员	2016.8

续表

序号	姓名	工作单位	原岗位职级	新聘岗位职级	定级时间
40	李一帆	电信学院	聘用制九级职员	聘用制八级职员	2016.8
41	李　瑞	计算机学院	聘用制九级职员	聘用制八级职员	2016.8
42	胡程程	国家保密学院	聘用制九级职员	聘用制八级职员	2016.8
43	李森荟	运输学院	聘用制九级职员	聘用制八级职员	2016.8
44	孙智宇	运输学院	聘用制九级职员	聘用制八级职员	2016.8
45	郝建芳	土建学院	聘用制九级职员	聘用制八级职员	2016.8
46	刘冬薇	机电学院	聘用制九级职员	聘用制八级职员	2016.8
47	郭昱良	理学院	聘用制九级职员	聘用制八级职员	2016.8
48	赵　健	法学院	聘用制九级职员	聘用制八级职员	2016.8
49	彭　丽	法学院	聘用制九级职员	聘用制八级职员	2016.8
50	张平乐	建艺学院	聘用制九级职员	聘用制八级职员	2016.8
51	孙全学	建艺学院	聘用制九级职员	聘用制八级职员	2016.8
52	张　曼	建艺学院	聘用制九级职员	聘用制八级职员	2016.8
53	黄时萌	工会	聘用制人员	聘用制九级职员	2016.8
54	楼梦婷	电信学院	聘用制人员	聘用制九级职员	2016.8
55	祖小艺	理学院	聘用制人员	聘用制九级职员	2016.8

（杨昭军　胡嫣然）

【博士后工作】

学校共有 15 个一级学科设立博士后流动站，分布在工、理、经济、管理和人文学科门类。2016 年，新入站博士后共 47 人，其中全职博士后 38 人（师资博士后 31 人，学科博士后 7 人），在职博士后 1 人，企业博士后 8 人；出站博士后共 32 人，其中全职博士后 24 人（师资博士后 21 人，学科博士后 3 人），在职博士后 5 人，企业博士后 3 人。新增 3 家企业博士后工作站与学校建立合作关系。4 名博士后获批国家留学基金委出国项目。2 人获博士后基金特别资助，13 人获面上资助（一等资助 6 人、二等资助 7 人），具体见表 49。

表 49　2016 年获博士后基金资助人员名单

序号	资助编号	姓名	学科	资助等级	资助金额/万元
1	2016T90030	崔秋红	化学	特别	15
2	2016T90031	张明川	信息与通信工程	特别	15
3	2016M590037	梁熠宇	数学	一等	8
4	2016M590038	邓　涛	电子科学与技术	一等	8
5	2016M590039	赵晓军	信息与通信工程	一等	8
6	2016M590040	李丹勇	控制科学与工程	一等	8
7	2016M590041	王玉青	管理科学与工程	一等	8
8	2016M600035	刘　璞	艺术学	一等	8
9	2016M591061	吕　明	动力工程及工程热物理	二等	5

续表

序号	资助编号	姓名	学科	资助等级	资助金额/万元
10	2016M591062	姚向明	交通运输工程	二等	5
11	2016M591063	尚小溥	管理科学与工程	二等	5
12	2016M600910	董立静	机械工程	二等	5
13	2016M600911	宋政育	信息与通信工程	二等	5
14	2016M600912	苑海涛	计算机科学与技术	二等	5
15	2016M600913	刘海鑫	管理科学与工程	二等	5

（沙　龙）

教职工服务与管理

【概况】

2016年，根据国家文件要求及上级部门工作部署，事业单位工作人员自2016年7月1日起调整职工基本工资标准。贯彻落实教育部精神，结合学校实际，制定《北京交通大学规范领导班子成员薪酬管理的规定》。结合中央八项规定相关精神，按照学校党委常委会整体部署，对学校津补贴发放情况进行自查，清查各单位津补贴发放情况，规范全校津补贴发放。按照上级部门要求，对学校2014年、2015年绩效工资总额进行统计，并预计2016年和2017年绩效工资总额。

（刘宏波）

【薪酬工作】

全年共发放在职职工工资76 486万元，其中基本工资及政策性补贴17 343万元、基础绩效22072万元、其他绩效23 979万元（含2015年年终绩效6 706万元）、住房补贴（含校内房补）1 911万元、聘用制人员工资11 181万元。

核拨2016年年终绩效7 437万元。其中弹性绩效、弹性绩效浮动部分及聘期考核增资4 556万元，上水平项目奖励89.6万元（奖金45.6万元、项目建设费44万元），校机关平均奖励绩效976万元，检索论文及专利资助现金731万元。

2016年12月按照国家下发的文件，调整学校事业编制工作人员基本工资标准，新标准自2016年7月1日起执行，人均增资480元。

2016年1月1日共为2 460名教职工正常增加薪级工资，人均月增资79元。2016年12月共为239名专业技术职务晋升晋级人员调整工资（2017年1月兑现），人均月增加国拨工资578元。

6月共为4 506人发放防暑降温费，总金额为360 480元。

10月为离退休人员发放教师节慰问金52万元。

2016年春节为高层次人才、生活困难的遗属及部分生病职工共23人开展送温暖活动，金额21 500元。

全年共发放离休人员工资853万元，退休人员工资14 522万元。

为18名遗属发放补助3.7万元，为去世职工31人发放抚恤金182.18万元、丧葬补助费15.5万元。

全年为教职工缴纳保险情况见表50。

表50　2016年为教职工缴纳保险情况表

保险种类	单位缴费比例	个人缴费比例	缴费金额（单位+个人）（单位：万元）		合计	备注
			事业编制职工	聘用制职工		
医疗保险	10%	2%+3元	0	1 098.37	1 098.37	事业编制不缴纳

续表

保险种类	单位缴费比例	个人缴费比例	缴费金额（单位+个人）（单位：万元）		合计	备注
			事业编制职工	聘用制职工		
养老保险	1—4 月 20%；5—12 月 19%	8%	93.29	2 195.70	2 288.99	事业编制只有 27 名合同制工人缴纳
失业保险	1—4 月 1%；5—12 月 0.8%	农业户口不缴纳；非农业户口 0.2%	438.14	73.67	511.81	所有职工均缴纳
工伤保险	0.4%	不缴纳	165.27	32.37	197.64	所有职工均缴纳
生育保险	0.8%	不缴纳	0	64.71	64.71	事业编制不缴纳
总计	事业编 1.4%；聘用制 1—4 月 32.2%；5—12 月 31%	事业编制 0.2%；聘用制：农业 10%+3 元、非农业 10.2%+3 元	696.7	3 464.82	4 164.52	

根据教职工 2015 年收入情况重新核定保险缴费基数。核对相关信息，为在京中央国家机关事业单位养老保险参保工作做准备。为新入校及调入事业编职工共 73 人（包括博士后 21 人）办理失业保险及工伤保险的新增及转入手续；为新入校聘用制职工 77 人办理养老、失业、工伤、医疗、生育保为调出、退休等事业编制职工 69 人及解除劳动合同的聘用制职工 80 人办理社保减员。为 2 名教职工办理职工保险外省转入转移接续业务。为 1 名教职工办理医疗门（急）诊费报销的相关手续。为 14 名教职工办理产前检查费用的报销和生育津贴的申领。为 2 名教职工办理工伤认定、劳动能力鉴定、待遇核定及领取的手续。为 2 名合同制工人办理退休审批手续以及退休待遇的核定领取手续。与各二级单位核对 2015 年 7 月至 2016 年 6 月期间应返还学校的经费自筹人员保险费用，反馈计财处，便于资金核对。

（刘宏波　郭　栋　刘菁华）

【增加基本离退休费】

根据国家文件提高离退休人员基本离退休费，自 2016 年 7 月 1 日起补发，离休人员平均增资 589 元/月。根据国家文件精神，退休人员参照企业退休人员的方式调整养老金，2016 年 1 月起，预发 270 元/人•月。

（刘宏波）

【合同管理及考核】

与新入校的 66 人签订聘用合同，其中非升即走合同 51 人、首聘期 1 人、一般合同 14 人。根据职员职级晋升和专业技术职务晋升晋级、岗位变动等完成合同变更工作。全年共解除或终止聘用合同 12 人；为 30 位内部调动教职工、23 位借调教职工办理相关手续。

完成校内各单位新签订劳动合同人员 84 人的审批和入校报到程序，为 89 名聘用制人员办理解聘手续。办理返聘人员审批、协议签订和解除协议手续 97 人次。

2016 年度全校纳入教职工考核范围 3 077 人（不含组织部负责考核人员，含学校聘用制及人才派遣人员 588 人、师资及项目博士后 42 人）。因劳保、待岗等原因未参加考核人员 20 人，实际参加考核 3 057 人。参加考核人员中，考核结果优秀 442 人（占 14.5%）、合格 2 611 人（占 85.4%）、基本合格 2 人（占 0.06%）、不合格 2 人（占 0.06%）。

完成2013—2016年聘期考核与新一轮聘任工作。参加聘期考核共443人（含聘用制职工86人），其中考核称职436人，暂认定称职5人，基本称职2人。参加“非达即走”考核29人，其中达到相应职务业绩申报条件25人，未达到相应职务业绩申报条件4人。新一轮聘任中，有1人做降薪处理、调出1人，其余原岗原聘。

2011—2014年聘期考核中“暂认定称职”的5人，重新认定结果为称职；“基本称职”的1人，重新认定结果为未达到原岗位履职要求，仍降级聘用。完成2012—2015年聘期考核中“暂认定称职”7人的重新认定，认定结果为4人称职、3人基本称职。完成2012—2015年聘期“非达即走”考核“未达到相应职务业绩申报条件”3人的延期考核认定，认定结果为达到相应职务业绩申报条件。

（胡嫣然　张　巍　程晓冬）

【服务教职工工作】

协助教职工解决北京户口。受理7人解决配偶两地分居申请，已向教育部上报材料；完成23名京外生源应届毕业生的落户工作，通过教育部留学服务中心解决派遣和落户共计12人。办理49人延聘手续和61人退休手续。

（杨　华）

【聘用制人员管理】

开展聘用制人员工资档级调整工作在广泛民主测评的基础上进行。学校现有统筹聘用制人员330人，因单独设岗等原因未参加本次调档人员21人，有12人因工作表现等原因档级未调整，297人档级提升、其中83人因表现优秀档级提升2级及以上。

适当控制单位自筹聘用的用工规模，对于单位新进的自筹经费聘用制人员原则上要求必须具有硕士学位，对于技术性比较强的岗位适当放宽到本科学历；大力推行人才派遣方式，对于教师科研经费聘用的专职研究人员和校内短期的、替代性强的岗位，原则上要求实行人才派遣方式用工。截至年底，全校单位自筹聘用其中签订劳动合同人员168人，劳务派遣人员107人，返聘人员97人，其他从业人员37人。

（杨昭军　杨　华）

2016

发展规划与战略研究

发展规划、战略研究与综合改革

【概况】

2016 年，学校发展规划、战略研究与综合改革工作完成“十二五”规划总结、“十三五”规划发布实施及推进落实、学校综合改革任务分解等重点工作和各项专项任务。

（沙　迪）

【发展规划】

总结“十二五”规划的完成情况，形成《北京交通大学“十二五”主要指标完成情况分析》和《北京交通大学“十二五”指标完成情况统计表》，为“十三五”规划制定工作提供参考。

完成《北京交通大学“十三五”发展规划（2016—2020 年）》，经中共北京交通大学第十届委员会第七次全体会议审议通过，完成教育部备案，正式印发实施。

组织各专项规划牵头单位修订完善专项规划，提交学校党委常委会审议；组织各学院在学校总体规划和专项规划的基础上，修改完善本学院的规划。

组织各职能部处完成“十三五”规划指标和任务分解，印发《北京交通大学“十三五”指标分解表》和《北京交通大学“十三五”规划和综合改革主要任务分解表》。

将重点任务和核心指标分解到各学院和国家重点实验室及重点学科，与各学院院长及重点学科负责人签订“十三五”目标责任书。

组织各部门填报 2016 年度指标和任务具体完成情况；组织各学院填报 2016 年核心指标进展情况。分析总结填报情况，形成“十三五”规划 2016 年度年报。

通过多种形式加强对学校规划的宣传力度：印制宣传册、宣传页；主管校领导在学校大型会议宣讲“十三五”规划和“双一流”建设相关内容；）在学校信息公开网公布规划全文；在发展规划处网站专设发展规划栏目；在发展规划处微信公众号设置规划参考栏目。

（沙　迪）

【战略研究】

结合学校改革发展需求和“双一流”建设，依托《高教信息》平台发布研究专题报告 9 篇，主题涵盖大学排行榜分析、ESI 分析、发展规划研究等。

开展服务学校发展的战略研究，撰写 10 余份专题研究报告，内容涵盖学科建设、协同创新、区域发展、大学治理等领域。

组织行业特色研究型大学发展战略研究中心专兼职研究员开展专项战略研究，在科技处支持下，2016 年共立项 2 项，研究内容涉及国家高水平研究平台建设、学术不端问题等。组织提交教育部科技委专家建议 4 篇，关忠良教授、谢祥副教授撰写的《高校博物馆建设现状及发展建议》被教育部科技委《专家建议》录用，报送刘延东副总理、中央科教领导小组成员和教育部领导。

全年编发《高教信息》7 期、《高教快讯》50 期，内容涉及国内外高等教育及科技政策、国内外高等教育改革、行业发展前沿、区域发展动态、国内外大学排行情况等。

组织赴北京、上海、杭州、南京、长沙、海宁等地开展工作调研和学术交流 10 余次。

（沙　迪）

【综合改革】

推进《北京交通大学综合改革方案》各项改革任务的落实，将“十三五”规划和综合改革文本中的重点任务进行细致分解，梳理出 12 个大类、上百个条目。

组织各单位对负责的相关任务进行年度分解，明确启动时间与完成时间。发布实施《关于发布“十三五”规划和综合改革主要任务指标分解方案的通知》。结合年度总结工作的开展，组织各相关单位按照《北京交通大学“十三五”规划和综合改革主要任务分解表》中的细分条目，填写重点任务 2016 年度进展情况。

（沙　迪）

2016

国际交流合作与港澳台工作

国际交流合作与港澳台工作

【概况】

2016 年学校国际交流与合作与港澳台工作完成 2016 全球大学校长高峰论坛等校庆系列活动、推进“北京交通大学兰卡斯特大学学院”筹备申报、汉能新能源学院等重点工作，合作交流、外专引智、涉外办学、因公出国（境）、港澳台工作等取得进展，制定《北京交通大学关于加强和改进教学科研人员因公出国管理工作的实施细则（试行）》，修订《北京交通大学教职工因公出国（境）管理办法（试行）》。统筹谋划来华留学与出国留学，在主动服务国家“一带一路”沿线国家人才培养、拓展高水平招生及派出项目、提升留学生培养质量、营造跨文化交流氛围方面有较大突破。

（范　磊　王子君）

【国际及港澳台交流合作】

共接待 34 个国家（地区）的短期访问团组和个人共计 1 836 人次。为服务国家“高铁走出去”战略，参与对外铁路领域技术培训工作，举办老挝铁路运营管理研修班、赞比亚铁路官员研修班、秘鲁巴西等国两洋铁路建设研修班、泰国铁路高层管理研修班、泰国铁路师资培训班、泰国高级别行政管理官员研修班、肯尼亚铁路高级管理人员研修班。

共与来自 18 个国家和地区的 42 所高校和机构签订 49 份合作协议，其中合作备忘录 13 份，框架协议 13 份，教师交流协议 2 份，学生项目协议 15 份，合作办学（境外办学）协议 6 份。与美国北卡罗来纳大学教堂山分校、英国约克大学、伯明翰大学、兰卡斯特大学、澳大利亚悉尼科技大学、俄罗斯圣彼得堡国立交通大学、德国亚琛工业大学等知名高校签署合作协议，涉及教师交流、学生联合培养、学分衔接、境外办学、合作办学等内容。拓展与非洲地区和中东欧地区高校的合作，与埃及、肯尼亚、阿尔及利亚等非洲国家及罗马尼亚高校首次签署合作协议。

全年学校因公出国（境） 652 人次，其中党政干部 110 人次，教职工 542 人次。共有 18 个校级代表团出访。

2016 年学校承办 7 个国际学术会议，包括产业经济系统与产业安全工程国际学术会议，物流、信息化与服务科学国际学术年会，卫星定位铁路应用国际研讨会，2016 年全球大学校长高峰论坛，结构工程国际研讨会，铁道信号工程师协会（IRSE）年会国际学术会议，第 13 届 IEEE 国际信号处理学术会议。

120 周年校庆期间，举办 2016 全球大学校长高峰论坛，邀请和接待来自美、英、法、俄等 14 个国家的 31 所高校、港澳台地区的 6 所高校以及相关驻华使馆人员近 100 位嘉宾；校领导会见英国兰卡斯特大学、美国罗切斯特理工大学等嘉宾 20 余场；推动学院与来访高校深入交流，组织校院两级交流活动共计近百场；召开第二届国际咨询委员会工作会议。

7 月在俄罗斯牵头主办中俄高铁研究中心揭牌仪式暨中俄高铁发展圆桌会议。中共中央政治局委员、国务院副总理刘延东专程前往圣彼得堡，为北京交通大学牵头成立的中俄高铁研究中心揭牌并发表讲话，参观中俄高铁研究中心实验室建设。

8 月，在贵阳牵头主办中国–东盟轨道交通教育培训高峰论坛暨成果展，邀请中国大陆 34 所高校，东盟国家及港澳台地区 34 所院校，俄罗斯、蒙古、韩国等特约伙伴国高校，以及中方轨道交通行业 22 家企业的近 300 名嘉宾。中共中央政治局委员、国务院副总理刘延东和 4 位东盟副总理级政要共同为北京交通大学牵头成立的中国–东盟轨道交通教育培训联盟揭牌，并参观成果展。

获批教育部港澳与内地高等学校师生交流计划项目 1 项、对台重点教育交流项目 1 项；举办“2016 京港普通话研习营”“2016 两岸大学生研习营暨青年领袖论坛”“京台青年交流周”等品牌活动。获批教育部港澳台办“王宽诚教育基金会”会议资助项目 1 项。

全年在校港澳台地区学生（含交换生）28 人，其中学历生 10 人（香港学生 5 人、台湾学生 5 人）；交换生 18 人（全部为台湾学生）。获批教育部港澳学生奖学金本科生 1 人。

2016 年学生赴港澳台地区交流共计 113 人次，其中赴港澳地区 20 人次、赴台湾 93 人次。

（范　磊）

【引智工作】

获批教育部高校国际化示范学院推进计划、高等学校学科创新引智计划、高端外国专家项目等外专引智项目 84 项，获批经费 1 161 万元，较 2015 年增加 468 万元。2016 年学校国家级引智项目获批情况详见表 51。学校引智配套经费 965 万元，其中支持高等学校学科创新引智计划等校级培育项目 5 项（详见表 52）；电信学院申报的 Marios Polycarpou 教授入选“外专千人计划”短期项目；完成 2017 年外专引智项目申报 83 项，申请经费 2024.6 万元；完成 2017 年高等学校学科创新引智计划培育项目等 7 项校内培育项目，以及 63 项学校重点和常规项目的校内评审。

表 51　2016 年度学校国家级引智项目获批情况一览表

项目类别	名　称	学院
高校国际化示范学院推进计划	汉能新能源学院	电气学院
外专千人计划	Yokio Tamura（长期）	土建学院
	Poh Chiang Andrew Loh（长期）	电气学院
	Marios Polycarpou（短期）	电信学院
“111 计划”	信息科学与技术创新引智基地	电信学院
	轨道交通控制与安全创新引智基地	国家重点实验室
	风敏感基础设施抗风减灾创新引智基地	土建学院
	主动配电网大数据分析与处理创新引智基地	电气学院
	信息与交通运筹学创新引智基地	理学院

续表

项目类别	名　　称	学院
引进海外高层次文教专家重点支持计划	XU Jianxin	电信学院
	Arend Nijhuis	电气学院
海外名师项目	Yukio Tamura	土建学院
	Raoul Bunshoten	建艺学院
	Gerhard Wäscher	机电学院
	Liou Juin Jie	电信学院
学校特色项目	国际化软件工程师人才培养建设项目	软件学院
	物流管理专业主干课程体系建设聘请外教特色项目	经管学院
	大数据环境下网络空间安全人才培养体系建设聘请外教特色项目	计算机学院
高端外国专家项目	辛辛那提大学“建筑参数化和数据化设计”	建艺学院
	基于未来城市、健康环境与高质设计的中美城市规划系统比较研究	建艺学院
	基于提高光伏和热电器件能量转换效率的有机自旋机理研究	理学院
	高维数据的似然比检验和随机矩阵理论	理学院
	高分子偶联微纳载体应用及机制研究	理学院
	大数据时代的多媒体计算与内容安全	计算机学院
	基于多模态的心肌纤维结构验证及其关键技术研究	计算机学院
	下一代轨道交通管理与运行控制系统研究	电信学院
	支持铁路信号应用的无线技术	电信学院
	模糊建模与控制在网络控制系统中的应用	电信学院
	微网系统设计集成技术研究示范及装备研制	电气学院
	Jing He	软件学院

表 52　2016 年学校引智培育项目一览表

序号	项目类别	名　称	学院
1	高等学校学科创新引智计划培育项目	高速铁路运营与维护引智基地	运输学院
2	“外专千人计划”培育项目	Clive Roberts	电信学院
3		Rod Badcock	电气学院
4	高端外国专家培育项目	Jing He	软件学院
5	学校特色培育项目	建筑与城市规划学校特色培育项目	建艺学院

2016 年聘请长期外籍教师 17 人，其中语言外籍教师 8 人、专业外籍教师 8 人、外籍行政人员 1 人。办理新入职外籍教师及家属工作许可、授权邀请函、专家证、居留许可 32 人次，办理在职外籍教师专家证及居留许可延期 34 人次。为高端外国专家购买“融智北京”医疗保险，并为外国专家申领高端医疗体检卡。

为交大附中、交大附小、农科附小 3 所学校聘请到的 3 名外籍教师 9 月全部上岗教学。

（范　磊）

【涉外办学】

2016 年，学校有 5 个中外合作办学项目和 2 个涉外办学机构。2016 年 4 月教育部正式批复同意设立北京交通大学兰卡斯特大学学院非独立法人中外合作办学机构。大学学院首批开设专业有通信工程、计算机科学与技术、环境工程、数字媒体艺术四个本科专业，以及电子与通信工程、物流工程两个硕士专业。9 月，首批 252 名本科生进入大学学院学习。11 月，召开北京交通大学兰卡斯特大学学院第一届管理委员会筹备会。2016 年 9 月与荷兰代尔伕特理工大学申请合作举办交通运输本科教育项目。

2016 年 5 月，召开中俄交通学院联合管理委员会第一次会议，签署《中俄交通学院章程》，审议通过 2016 年工作计划；第一批学生入校学习；准备校长办公会专题汇报材料，校长办公会审议通过中方副院长和管理委员会人选。

（范　磊）

【孔子学院】

制定孔子学院理事会成员组成及换届实施办法以及孔子学院年度财务预决算审议实施办法。积极开展双边交流和文化活动，促进中外大学在学科建设、师生交流、学术研讨等方面的合作。1 月 15 日，巴西坎皮纳斯大学孔子学院推荐的孔子学院总部新汉学计划青年领袖项目申请人 Marcos Roberto Grassi（坎皮纳斯大学中央图书馆馆长助理及战略计划负责人）到学校图书馆参加交流座谈会。4 月 24 日至 5 月 2 日，校党委副书记高福廷应邀出访比利时、巴西，访问鲁汶大学 GROUP T－Academy 孔子学院及坎皮纳斯大学孔子学院。5 月 26 日，巴西坎皮纳斯大学学生 Priscila Souza de Oliveira 携其拍摄的电影短片来学校与葡语专业学生交流，该影片入选第三届中国女性电影节。6 月 7 日至 21 日，举办 2016 美国德克萨斯州南方大学孔子学院夏令营，共 18 名师生参加。6 月 24 日，经巴西坎皮纳斯大学孔子学院推荐，坎皮纳斯大学语言学院教授 Matilde Virgina Rcardi Scaramucci 来校为“巴西葡语水平考试”考点的设置提供建议，对学校葡语专业教师提供培训，并为葡语专业的学生做题为“如何在坎皮纳斯州立大学学习葡萄牙语”的讲座。7 月 8 日至 28 日，举办 2016 年巴西坎皮纳斯大学孔子学院夏令营，共 21 名师生参加。9 月 12 日，副校长陈峰会见受邀参加学校 120 周年校庆活动的巴西坎皮纳斯大学经济学院副院长 André Martins Biancarelli 教授以及坎皮纳斯大学孔子学院新任巴方院长 Bruno Martarello De Conti 教授。10 月 3 日，比利时鲁汶大学 GROUP T－Academy 孔子学院正式启动运行。12 月 9 日至 20 日，学校接待巴西坎皮纳斯大学孔子学院组织的首届教育工作者访华团一行 7 人，双方师生进行了座谈及讲座等交流活动。12 月 10 日至 11 日，副校长陈峰出席第十一届全球孔子学院大会。美国德克萨斯州南方大学孔子学院、巴西坎皮纳斯大学孔子学院、比利时鲁汶大学 GROUP T－Academy 孔子学院的中外方院长出席大会，巴西坎皮纳斯州立大学孔子学院外方院长 Bruno De Conti 教授受孔子学院总部邀请做主题发言。12 月 15 日，召开巴西

坎皮纳斯大学孔子学院2016年度理事会议。

（王子君）

【留学生教育与管理】

全年来校学习的长、短期留学生总人数1 779人，来自119个国家。长期生1 183人，其中学历生857人，占长期生约72%，全英文授课项目留学生达到91人，比重达11%；学历生中，本科生367人，占学历生总数的43%，硕士生、博士生等高学历研究生490人，占学历生总数的57%，短期生596名。从国别分布来看，法国留学生总数位列第一，其次是蒙古、泰国、美国、俄罗斯和哈萨克斯坦等。本年度获得奖学金留学生797人。其中中国政府奖学金学生397人，孔子学院奖学金学生39人，北京市外国留学生奖学金生145人，外国政府奖学金生20人，中国企业奖学金生25人。全年留学生毕业96名，其中本科生64名，硕士研究生26名，博士研究生6名。

全面推进国际学生全英文项目建设。土木工程、计算机技术、物流工程、电子与通信工程、交通运输工程（铁道运营与管理）5个全英文授课硕士项目顺利开班，共录取65人。筹建电气工程（新能源）及城乡规划学全英文授课硕士项目。对全英文硕士项目进行全过程管理，与研究生院共同制定《国际学生全英文硕士项目管理办法（暂行）》。

开展校企合作，订单式培养留学生。与中国路桥工程有限责任公司签订协议，订单式培养60名本科生，为肯尼亚蒙内铁路培养本土化建设、运营与管理人才，首批共25人。

推动校际合作，打造轨道交通专业留学生实践基地：在中国－东盟轨道交通培训联盟的平台下，与国内铁道职业院校开展留学生联合招生及培养工作，建立轨道交通专业留学生实践基地。组织5名蒙古铁路公司委托培养学生赴柳州铁道职业技术学院进行为期一年的专业实训课程，组织16名交通运输工程（铁道运营与管理）全英文硕士项目学生赴吉林铁道职业技术学院进行专业实践，组织20名圣彼得堡国立交通大学短期班师生赴南京铁道职业技术学院进行专业实践，组织25名中国路桥肯尼亚班本科生赴包头铁道职业技术学院进行专业认知实习。

2016年为汉语进修生开设30门课程，为预科生开设9门课程。设置包括汉字体验、民乐欣赏、绘画、书法、布艺、编织、中国风筝扎制、兔爷和皮影制作等文化体验课程。作为HSK考试网点，全年共187人参加北京校区HSK及HSKK考试，春季学期北京校区预科生HSK通过率80%，较上年提高2.6%。

组织留学生活动50余次，文化交流讲座及实践活动8次，共9 000余人次参与活动。活动类型涵盖课业学习类、文艺体育类、文化活动类、节日联欢类、公寓主题活动及市内外游览等。举办“饮水思源，四海同心”第七届国际文化节、“思源、交融、创新——留学的价值与共同发展”首届留学生校友论坛、“我与交大”留学生中文演讲比赛、北京交通大学与莫斯科交通大学两校建校120周年文艺晚会、与西伯利亚交通大学排球友谊赛、2017年留学生新年晚会等重大活动。

2016年，国际教育交流中心威海预科共有教师8人，在校预科生累计100人次。威海校区首届预科班上半年毕业生HSK4通过率92%，下半年达到100%。举办汉字听写大赛、圣诞晚会、6期不同主题的国际文化沙龙等形式多样的文化活动，为威海校区的国际化校区建设提供必要支持。

（王子君）

【在校生出国（出境）留学交流】

2016 年全校共派出出国（出境）学生 1 120 人，其中赴海外长短期学习 656 人次，本科生占 53%、硕士生占 22%、博士生占 25%；毕业出国留学学生 464 人。

国家和学校资助公派研究生 184 人，国家优秀本科生项目派出 33 人，参加学术会议 72 人次，参加交流及联合培养 336 人，参加寒暑期交流项目 148 人。

学生前往国家和地区共 34 个，其中美国、英国、中国台湾、加拿大和法国位居学生派出国家和地区前 5 名。

全年举办项目宣传讲座 40 余场，重点推进与瑞典皇家理工学院、美国南加州大学、英国伯明翰大学、法国中央理工大学联盟、比利时鲁汶大学等原有本科、硕士联合培养项目，以及与瑞典哥德堡大学、意大利米兰理工大学等多年交换项目。新开发赴美国康奈尔大学、加州大学伯克利分校、英国伦敦政经学院、牛津大学、兰卡斯特大学等世界一流大学的长短期访学项目。

学校主动服务国家战略，对接国际化人才需求，与俄罗斯圣彼得堡交通大学、莫斯科交通大学、新西伯利亚交通大学设立本科、硕士双学位联合培养项目。积极为中国高铁等基础设施“走出去”储备双语、专业人才。2016 年，前往俄罗斯、新加坡、以色列等“一带一路”沿线国家学生人数占出国出境留学交流总数的 4%。

（王子君）

2016

国有资产管理

财 务 工 作

【概况】

2016 年是北京交通大学“财经制度完善年”。学校财务工作，坚持服务改革、保障重点、转变作风、务求实效的工作原则，严格执行国家财经法规和学校规章制度，持续加强财务管理和会计核算工作，全面履行学校财经管理和服务职能，提升财务工作的管理服务能力和效率，保障学校各项事业快速稳定健康发展。

（晏　曦）

【财务收支】

2016 年学校收入总额 239 769 万元，比上年 256 774 万元减少 17 005 万元，降低 6.62%。其中，财政补助收入 107 643 万元，事业收入 105 806 万元，经营收入 1 604 万元，其他收入 24 716 万元。2016 年财政补助收入中，教育补助收入 100 171 万元，科研补助收入 1 783 万元，其他补助收入 5 689 万元。财政补助收入占总收入 44.89%，是学校办学经费的主要来源。2016 年事业收入中，教育事业收入 56 729 万元，科研事业收入 49 077 万元；教育事业收入占总收入 23.66%，是学校经费来源的重要组成部分。

2016 年学校支出总额 236 125 万元，比上年 236 362 万元减少 237 万元，降低 0.1%。其中，工资福利支出 65 038 万元，商品和服务支出 97 452 万元，对个人和家庭的补助支出 47 683 万元，其他资本性支出 25 054 万元，经营支出 898 万元。商品和服务支出占总支出的比例为 41.27%，主要是学校教学科研中发生的日常公用支出；其次是工资福利支出，占总支出的 27.54%。

2016 年年末，学校资产总额 733 360 万元，比上年末 725 842 万元增加 7 518 万元。负债总额 47 655 万元，比上年末 42 370 万元增加 5 285 万元。净资产总额 685 705 万元，比上年 683 472 万元增加 2 233 万元。

（晏　曦）

【财务管理体制】

完善财务管理制度体系，巩固内部控制建设体系，提升学校财务风险防范能力。牵头草拟及修订学校财务报销、国内差旅费、会议费、公务卡等管理办法和文件。全面梳理汇总编辑学校财务管理文件，形成《北京交通大学财务管理文件汇编》。编制《十八大以来高校财务管理文件选编集》。

落实勤俭办教育的财务管理要求，贯彻执行中央八项规定，按照学校党委要求，严控一般性支出，“三公”经费零增长。清理机关部处业务费，为学校收回上年存量资金 8 200 万元。通过分阶段拨款措施厉行节约，节省当年预算资金超过 5 700 万元。

推进绩效预算管理，强化预算工作对学校事业发展规划、年度重点工作的保障责任。坚持绩效管理原则，明确所有专项支出必须填制绩效目标，确保绩效目标与项目内容密切相关。优化支出结构，2016 年职工工资预算较上年增长 15%；学生奖助学金投入 19 229 万元，较上年增长 12%；人才培养、队伍建设和学科建设等重点发展领域投入 11 293 万元。

制定《北京交通大学公务卡管理办法》，财务部门同步制定公务卡管理岗位职责和公务卡业务规范、服务流程，逐步推进公务卡管理。

（晏　曦）

【专项资金管理】

加强财政专项资金管理和科研经费管理，建立财政资金监管和绩效评价机制。

组织完成 2017—2019 年修购专项资金的申报和评审工作、2016 年中央高校建设世界一流大学（学科）和特色发展引导专项建设项目申报工作。按照《北京交通大学财政专项绩效奖励经费管理办法》，对 2015 年专项进行全面绩效评价，根据评价结果，对 15 个部门管理的 25 个项目给予绩效奖励，共计 54.31 万元。

完成 2011 协同创新中心中期评估及“面向新型城镇化的综合交通协同创新中心”的申报工作。完善科研经费管理业务流程，加强对科研结余资金的管理和对科研项目结题结账的管理。督促财政专项执行，加强资金执行进度管理，努力盘活财政存量资金。

（晏　曦）

【财务信息化建设】

加快构建学校财务管理综合平台，确保信息安全交换。4 月实现资产管理系统和财务核算系统的数据传输，保证跨部门业务系统间流程的完整性与安全性。对网上预约系统的功能和布局进行完善，增加校内转账、公务卡、合同支付管理、短信通知、校外人员信息网上变更等功能，对系统架构进行调整，整合预约报销和酬金系统，提升系统安全防护能力。

改进财务硬件设施，定期请安全公司对财务系统外网系统进行安全评估，请财务软件公司限时整改，确保外部系统安全。提供校内共享财务信息，充分评估可行性，签订《财务数据共享协议》，从法律上约束财务信息的规范共享和使用。

（晏　曦）

【财经审计检查】

接受教育部、审计署、财政部专员办、科技部等上级部门审计、检查 10 余次。对由学校承担的卫计委和工信部国家科技重大专项进行自查。

开展科研经费自查自纠“回头看”工作。复核 2015 年校内科研经费自查自纠发现的问题，重新梳理 2014 和 2015 年校内科研经费自查自纠中发现的问题及整改情况。

3 月至 4 月，推进落实学校防治“小金库”长效机制，北京交通大学治理“小金库”工作办公室开展学校各单位小金库自查自纠。重点对 6 家单位进行集中抽查，抽查方式包括现场盘点现金与票据、查阅资料、书面调查、访谈调查等，形成《北京交通大学关于 2016 年“小金库”专项治理工作报告》上报教育部。

10 月，按照教育部要求开展财经纪律执行情况自查自纠，对 2015 年年初结转项目和 2016 年新拨款的所有财政专项项目进行全面梳理，报送财政专项资金自查自纠工作总结。

（晏　曦）

审 计 工 作

【概况】

2016 年学校审计工作发挥内部审计“免疫系统”功能，完成各类审计项目 72 项，提交审计报告 50 份，出具审计建议 10 条。

（赵　樱）

【工程审计】

完成工程结算审计 61 项，审计金额 2 751.89 万元；完成 CBTC 等全过程结算审计结算 3 项，审计金额 26 726.09 万元。

2016 年学校在审工程全过程审计 2 项：住宅改造（一期）工程施工阶段审计，出具审计咨询意见 75 份，进度款支付审核 3 325 万元；新建体育馆项目，完成设计阶段全过程审计，主要是设计概算核对、审查以及新体育馆施工前期有关事项审计。

（赵　樱）

【财经审计】

完成 4 位处级领导干部经济责任审计，审计资金 33 645.62 万元，已出具审计报告 4 份，提出审计意见和整改建议 8 条。

完成 117 项国家自然科学基金资助项目和 22 项高校博士学科点结题经费审签工作，审计资金 5 869.30 万元，提交审计报告 1 份，提出审计意见和整改建议 2 条。实施学校 2015 年大额资金收支情况专项审计，审计资金 11.01 亿元。

完成财务处提交的银行对账单的审签。

（赵　樱）

国有资产管理

【概况】

2016 年 3 月，学校将原房地产管理处和实验室与设备管理处合并，成立国有资产管理处，将资产经营有限公司承担的学校经营性资产运营状况监管职能划归国资处。2016 年度学校国有资产管理工作按照“积极管理、协调服务、规范高效、知行求优”的工作方针，紧密结合学校“十三五”规划、“双一流”建设方案和综合改革方案的工作要求，围绕重点工作和折子工程的部署，加强资源整合，规范国有资产管理，增强综合服务职能，起草《北京交通大学国有资产管理暂行办法》、《国有资产管理委员会议事规则》及《校属企业国有资产管理办法》，积极推进教职工关注的重点、热点、难点工作及国有资产管理相关各项任务。

（申屠利条）

【国有资产清查】

全面清理、核查学校固定资产情况，建立设备及家具、土地、房屋及构筑物的资产管理基础数据库。数据（截至 2016 年年底）如下：（1）盘盈资产：设备及家具 106 台件，价值 1 324 672.00 元；土地 14 宗，以名义价值 1 元/宗入账，合计 14 元；房屋 8 幢，价值 3 160 747.00 元。（2）盘亏资产：设备及家具 3 325 台件，价值 27 050 993.25 元；房屋 11 幢，价值 3 062 062.24 元；已售房改房 1 766 套，折算出售面积 129 332.24 m^2，资金挂账损失 126 881 069.54 元。（3）无盈亏资产：设备及家具 87 446 台件，价值 1 410 986 483.17 元；土地 3 宗，价值 2 087 455.19 元；房屋及构筑物 196 处，价值 2 263 123 224.3 元；车辆 62 台件，价值 17 533 583.64 元。

（申屠利条）

【国资委办公室工作】

规范国资办日常管理工作。根据学校国有资产归口管理情况，对学校国有资产管理委员会成员单位进行了调整。规范了学校国资委议事规则，按程序召开学校国资委会议，审议学校国有资产管理重大事项。统筹管理向上级主管部门报送国有资产管理报告及资产报表。

（申屠利条）

【实验室建设与管理】

本年度共收到各类实验室研究课题立项申请 23 项，完成 2015 年度实验室研究课题阶段进展情况评价工作和 2014 年度实验室研究课题结题评审工作。

组织实验室开展多次安全隐患自查整改。完成北京市环保局、市教委及安全生产监督管理局等专家组现场检查的迎检工作。

推进实验室安全准入制度的信息化建设，“北京交通大学安全知识培训及考核平台”已全面步入常态化运行，可实现在线学习、在线考核、在线签订安全承诺书等功能，将威海校区学生纳入该平台系统。

建设实验室信息管理平台，包含实验室基础信息管理、实验室化学药品管理、实验室研究课题管理、实验室数据标准化管理、接口管理、统计报表管理等功能。完成系统测试，为系统正式上线运行做好准备。

（申屠利条）

【设备管理】

新增入账资产 11 136 台件、金额 9 532.64 万元，其中 10 万元以上的贵重仪器设备 168 台件、金额 4 610.20 万元，40 万元以上的仪器设备 24 台件、金额 1 644.43 万元；打印新增资产条形码共计 11 136 条，补打条码 2000 余条；校内调转仪器设备 912 台件；报废资产 2 612 台件，金额 1 432.15 万元。

升级设备及家具管理系统。实现与财务系统实时对账、各类账目及统计表打印功能，进行实名制管理，做到每一件设备及家具明确谁使用、谁负责、谁维护，在全面的安全体系下分工合作、责任到人、立体管理、实时管理。

构建大型仪器设备开放共享平台，包括：大型仪器设备预约管理系统、大型仪器设备授权管理系统、大型仪器设备计费管理系统、大型仪器设备效益统计管理系统等。完成 2014 年至 2016 年新增大型仪器设备基础数据及设备管理管理员信息导入。

（申屠利条）

【招标采购】

完成货物类采购总额为 20 693.20 万元，签订合同 916 笔，完成服务类采购总额为 4 147.47 万元，签订合同 2 974 笔。货物、服务采购中，委托公开招标 228 项，招标总额为 12 542.50 万元；单一来源采购总额为 9 929.14 万元；询价采购总额为 1 512.72 万元；协议供货采购总额为 566.57 万元；定点采购总额为 289.74 万元。共办理进口免税业务合同 29 笔，采购总额为 1 719.42 万元，为学校节约关税、增值税 320 余万元。全年共完成新增自制设备研制 15 项，合计 44 台件，总额为 188.3 万元；自制设备完成结题验收 15 项，合计 45 台件，总额为 225.56 万元。

规范进口设备采购申报程序，简化申报手续。按照财政部《政府采购进口产品管理办法》及《关于政府采购进口产品管理有关问题的通知》要求，对进口设备严格履行校内申请、行业主管部门审批、专家论证、报上级部门审批的采购程序。重新核对学校 50 万元以上的 130 多台进口设备品名、规格和型号，上报教育部采购中心备案。

切实执行阳光采购，加强信用体系建设。按照财政部《关于在政府采购活动中查询及使用信用记录有关问题的通知》要求，货物和服务的采购严格执行政府采购方式和程序，及时更新涉及政府采购活动的内贸合同和招标合同等合同模板。

（申屠利条）

【公用房屋管理】

进行公用房屋的核算、测定和调整。本年度调整公用房屋 14 次，涉及 14 个单位，总调整使用面积达 1 455.89 m^2。整理科研周转房使用情况，厘清科研周转房中存在的问题，与计算机学院、电气学院、经管学院、电信学院、国家工程中心、企业兼并与重组中心、现代通讯研究所、建艺学院等 12 个使用单位签订科研周转房协议，共收取科研周转房房租 353 余万元。

规范学校房屋出租出借工作，开展出租房屋租金价值评估。出租房屋 211 处，面积

51 255 m^2，年租金合计 60 932 016.70 元。完成科教大楼租金价值的评估工作，启动后勤集团部分出租出借房屋租金价值的评估工作。签订科技大厦入驻单位租赁合同 40 余份。

组织协调工程验收 137 项，包括东校区、主校区、家属区及学苑公寓在内的多个区域。主要验收工程大项包括校庆相关工程、各学生公寓改造、住宅一期工程竣工验收、校园绿化工程等。

对电气学院和信息理论与技术国际研究中心发放“租赁校外公用房屋支持经费”补助共计 903 620.77 元。

推进威海校区房屋产权划转。威海校区综合楼、1 号教学楼、2 号教学楼、食堂、4 号宿舍楼及图书馆共 6 幢房屋的产权已划转至中基南海科技城（山东）有限公司名下。

（申屠利条）

【公有住房管理】

出台《北京交通大学职工住房物业服务和采暖补贴实施办法》，教职工物业补贴和供暖补贴按照职称、职务对应的标准直接发放至个人。为教职工（含离退休）4 800 余人发放物业、供暖补贴，发放采暖补贴 1 171 余万元、物业服务补贴 644 余万元，代扣家属区采暖费 328 余万元。

完成东 11 楼回迁安置工作。按照学校要求，新建住宅一期建设工程竣工验收后，完成 87 户搬迁户回迁安置。回迁工作流程由公证处公证。

发放职工住房补贴 1 552 人，金额共计 20 428 843 元；解决 11 名教师的住房补贴遗留问题；办理 2001 价第二批不动产证 120 人，调房 32 人，处理公有住房上市和继承遗产问题 50 余件，开具各类房屋证明 200 余项。

提高校内周转房（床）的使用效率，安排周转房（床）入住人员 19 人，及时清理违规入住人员。

组织开展纪念人民防空法颁布 20 周年系列活动。做好地下空间住宿人员管理、安全检查和消防检测，对西 6 楼人防通风口进行改造。

完成威海校区周转房租赁工作。经与南海新区管委会协商，在江南城校区租赁 36 套公寓周转房供教职工居住，配置相关生活用品，协调缴纳房租、水、电、气、暖等费用，委托江南城物业公司代为管理。

（申屠利条）

【地产管理】

完成教育部、国管局交办的土地统计和上报工作。

（申屠利条）

【校属企业资产运营监管】

完成《北京交通大学企业清理规范工作进展报告》、《企业清理退出、改制情况工作表》和《清理企业无偿或低价占用资产工作表》等报表的编制报送。

（申屠利条）

2016

办学条件保障

图书馆工作

【概况】

2016 年学校图书馆做好基础借阅、馆际互借、文献传递、查收查引服务，开展科技查新、馆藏资源建设，服务能力、信息化管理水平稳步提升。荣获 2016 年北京地区高校图书馆先进集体、2012—2016 年华北地区高校图书馆先进集体荣誉称号。

（高爱军）

【馆藏资源】

2016 年共完成 1 368.8 万元图书经费的文献采购量，新增纸本文献量 90 380 册。馆藏总量达 884.06 万册，其中纸质图书 207.7 万余册、中外电子图书（含音像资料）267.24 万册、其他全文电子资源 409.11 万册。拥有 69 个数据库平台共 202 个中外文数据库，3.67 万余种中外文电子期刊。

在特色文献资源建设方面，本年度对磁悬浮、高速铁路、青藏铁路、城市轨道交通等有关报纸资料进行搜集作，完成剪报全文数据 1 325 条；在坦赞铁路研究资料数据库录入数据 180 条；对“金士宣研究资料全文库”数据进行补录，挖掘金士宣核心学术著作，完成数据 78 条。

（高爱军）

【读者服务】

图书馆阅览部全年接待读者 328 725 人次，流通部接待读者 410 232 人次。外借图书 188 080 册，其中网上续借 44 022 册、还书 150 905 册、预约借书 1 563 册。办理离校手续 5 982 人次（本科生离校 2 814 人次、研究生离校 3 168 人次），电子版论文审核 3 417 人次；收缴纸版学位论文 13 387 册，收缴工程硕士论文 449 册；送缴纸版学位论文 3 472 册、工程硕士论文 446 册、博士后出站报告 34 册、保密论文 134 册，研究生院学位论文核查 10 人次，国家图书馆学位论文核查 2 批次共 15 人。

2016 年图书馆启动人才评价、学科发展趋势分析和专利查新等新工作。完成科技查新项目 76 个，其中校内查新 49 项、校外查新 27 项；完成文献传递申请 785 篇，完成查收、查引计 1 075 人次，20 110 篇。

开展文献检索课教学和读者培训，2016 年完成教学任务共计 51 次，共计 816 学时，2 836 人次。其中，本科生教学任务计 18 次，计 288 学时，939 人次；研究生教学任务计 33 次，计 528 学时，1 897 人次。通过讲座帮助电气学院、运输学院、理学院的研究生及青年教师了解文献传递服务，全年组织各类数据库讲座 31 次，培训人数 951 人次。

馆际互借、文献传递及查收查引工作。2016 年北京交通大学馆际互借系统使用人数为 5 270 人，在 BALIS 馆际互借成员馆中排名第一，提交馆际互借请求 645 册、满足 374 册，接收馆际互借请求 286 册、满足 194 册。全年为科技处提供 SCIE，CPCI 预检索收录报告 2 次。获得北京地区高校图书馆文献资源保障体系“BALIS 原文传递学科服务奖”

“BALIS 原文传递先进集体奖”。

学校 120 周年校庆期间，图书馆为学校办、宣传部、建艺学院、经管学院提供校史资料服务；为学校校园文化研究项目《北京交通大学学人典库——金士宣》的编写提供重要史料支撑。

（高爱军）

【学术科研与文化建设】

筹备满铁资料研究分会 2016 年会长会议；完成第二届基金课题延期课题的评审及结题证书发放，编辑《满铁研究》4 期，完成日文翻译工作约 80 册、校对 200 册。

出版校园文化研究课题成果《中国铁路与百年交大——北京交通大学篇》。“交大人物展示馆” 数据搜索平台开通上线。

CALIS 联机编目在 1 203 个成员馆中排名第 11 位。编目员的原编质量和水平得到 CALIS 肯定，均获优秀认证编目员奖。

举办北京交通大学第十三届“书香杯”书评评选活动及“图书文化周”活动，评选出优美书评一等奖 5 名、二等奖 10 名、三等奖 16 名、国学经典奖 3 名以及书评达人奖 10 名。图书文化周期间举行原铁道部部长刘建章夫人陈莲玉女士青藏铁路资料捐赠仪式，举办“百年交大、百年馆藏”第九届铁路文化收藏展、图书馆数字资源推广、“书香交大”读书平台校友免费注册等活动。

加强文化建设及阅读推广。举办“感触书画咏读诗词”“书香专列　悦读之旅”“方舟之旅”读书沙龙（与国际教育交流中心合办）等“书香杯”系列主题阅读推广活动。在图书馆二层大厅开设“书香报栏”指导大学生阅读。2016 年图书馆举办面向中小学生开放日活动 2 场，获得“北京高校图书馆面向中小学开放日活动”三等奖。

（高爱军）

出 版 工 作

【概况】

2016 年出版图书 1 413 种，其中新书 581 种、重印书 832 种。生产码洋为 1.34 亿元，销售码洋 1.07 亿元，销售实洋 3 761 万元。获得 2016 年度国家出版基金资助出版项目 3 项，获得北京市社科联出版基金资助项目 2 项，入选"'十三五'国家重点图书、音像、电子出版物出版规划"项目 6 项。

（刘 洵）

【生产经营】

应对市场变化，扩大出版内容范围，发展本社自主出版发行的各类图书、音像、电子出版物和网络出版物；在完善组织结构的基础上，推进按照学科分类引导走图书出版的专业化、规模化、精品化之路。按计划完成 2015 年度国家出版基金资助出版项目 1 项。

完善内部管理制度，形成以分社和部门为基础的考核机制，增强核心部门的内在动力，新形成的中小学教辅板块初具规模。推进出版社生产过程和日常管理数字化，企业管理信息化建设取得成效。

国家新闻出版改革发展项目"ISLI 国际标准应用示范——基于媒体融合的 M+Book"工作取得进展，国家文化产业发展专项补贴资金（720 万元）使用管理规范。开发完善具有自主知识产权的 M+Book 技术，推进出版社纸质图书出版与数字资源上线的同步化。

结合学校 120 周年校庆，策划并组织编撰"交大学人丛书"，牵头完成 120 周年校庆系列邮品的设计、制作和发放的组织、协调工作。

联合中国职业技术教育学会，举办"职业院校教育科研论文写作与教学成果培育研讨班"。

（刘 洵）

网络与信息系统建设及管理

【概况】

2016 年学校信息工作在保运转、保安全、保稳定基础上，推进智慧校园软、硬件建设，完成学校信息化年各项工作。

（贾卓生）

【校园网建设】

完成学生宿舍高速无线网络全覆盖。构建网络与信息系统安全防护体系，构建异地数据备份和冗灾平台。加入全球教育无线网漫游联盟 Eduroam，开通校内访客无线网络免费接入，为学校师生出访提供网络服务。

（贾卓生）

【信息系统建设】

制定学校信息化建设总体方案。制定《信息化建设管理办法》《数据资源交换与共享管理办法》，实现全校信息资源和软件资源有机集成和有效共享。

建成大数据中心和数据交换中心。数据中心数据涵盖人事数据、本科生教务数据、研究生教务数据、学工数据、研工数据、招生数据、就业数据、设备数据、财务数据、科研数据、校园一卡通数据、学生上网行为数据、移动平台产生的业务数据等。撰写《2016 年北京交通大学大数据分析报告》。

完成教工一张表、研究生一张表、本科生一张表。“一张表”涵盖学生在校教育、教师在校教学科研管理服务的全过程数据，为学科评估提供数据基础，为学校决策提供数据支持。

完成校长院长无纸化办公系统、网上电子统一支付系统、统一认证和消息统一发布系统、视频会议系统、考核评聘系统建设。

深化移动互联技术应用。学校移动 APP 应用包含 63 个功能，教职工学生安装人数 23 154 人。微信企业号包含 52 个子栏目，教职工学生关注人数 24 210 人。在移动端实现随时随地办公、信息高效交互、业务及时办理、数据实时推送的目标。

（贾卓生）

【技术支持与信息服务】

全年为 4.33 万校园网用户、7.77 万一卡通用户提供各类业务技术支持和咨询服务。校园一卡通系统本年度共计现金充值 2 661 万元，圈存充值 9 911 万元，消费金额 12 524 万元。

通过离校注销平台，办理毕业生离校 6 643 人，通过网上迎新系统，完成 7 612 名新生数字迎新工作。

推进“市政服务进校园”，实现学校校园卡与市政公交卡功能合二为一。

（贾卓生）

档案工作

【概况】

2016 年学校档案工作进一步强化基础，开展档案公共服务，推进档案信息化建设和史志编研。承办北京市高教学会档案研究会档案信息化研讨会。

（高　杰）

【综合档案】

全年接收文书、教学、科技、基建、财会、照片、出版物等 7 类综合档案共计 9 092 卷，其中文书档案 954 卷，研究生科技档案 4 289 卷，会计档案 3 102 卷，科研档案 270 卷，照片档案 409 卷（1 927 张）。全部整理、编目、排列、上架，并编制完成本年度案卷目录、卷内文件目录等多种档案检索工具。

为学校教学、科研、基建、财务审计、编史修志，为学生求职、求学、出国、落户、政策房申请、学历认证等各项工作共提供档案证明材料 5 594 卷，利用人次 2 793 人。

为 1 035 名出国学生提供本科生和研究生的毕业证、学位证、成绩单、高考证明以及其他学历证明的英文翻译 1 950 余份。为教育部学位认证中心、全国就业指导中心、广东省就业指导中心、珠海首优等认证机构及用人单位共核查学历 537 人。

（韩　莹）

【人事档案】

2016 年共接收新生档案 7 004 卷，其中本科生 3 379 卷，研究生 3 159 卷；向用人单位转递毕业生档案 5 377 卷，其中本科生 2 532 卷，研究生 2 845 卷。

接收组织部、人事处和其他学院单位归档材料 17 802 份，为学校组织部、人事处、纪委等部门提供档案借阅查阅 362 人次。

配合组织部完善党员信息库，协助各学院和机关党支部对 6 085 卷党员档案材料进行查阅、登记、审核。

接待校外用人单位人事部门查阅档案 480 人次，为学生提供成绩单复印、出生证明、亲属关系证明及其他有关人事档案的证明 536 人次。

（周亚俊）

2016 年档案管理情况统计如表 53、表 54 所示。

表 53　2016 年度接收档案统计表

类别＼年限	本年归档数	其中			本年续卷数	其中		
		永久	长期	短期		永久	长期	短期
文书档案	938	253	561	124	16	4	12	
财会档案	2 774	2		2 772	328			328
科研档案	270	89	181					

续表

类别 \ 年限		本年归档数	其中			本年续卷数	其中		
基建档案	项目卷	66	1	65					
	蓝图								
	底图								
	设备								
照片	卷数	409	409						
	（照片：1 927 张）								
	（底片：张）								
研究生档案		4 289		4 289					
本科生论文									
出版物		2	2						
教材									
合计		8 748	756	5 096	2 896	344	4	12	328
销毁档案									
人事档案		2016 年度馆藏 33 157							
死亡档案		2016 年度馆藏 807 卷							

表 54　2016 年度馆藏档案统计表

类别 \ 年限		此前历年总卷数	其中			2016 年度馆藏卷数	其中		
			永久	长期	短期		永久	长期	短期
文书档案		29 041	5 053	20 933	3 073	29 995	5 292	21 506	3 197
财会档案		22 476	183	12	22 281	25 578	185	12	25 381
科研档案		3 892	402	3 481	9	4 162	491	3 662	9
基建	项目	2 241	987	754	500	2 307	988	819	500
	（蓝图：8 107 张）					（蓝图：8 107 张）			
	（底图：4 497 张）					（底图：4 497 张）			
	设备	1 546	（部门存放，总数不计）			1 546	（部门存放，总数不计）		
照片	卷数	1 038	961	68	9	1 447	1 370	68	9
	（照片：13 795 张）					（照片：15 722 张）			
	（底片：3 095 张）					（底片：3 095 张）			
研究生档案		33 115		33 115		37 404		37 404	
本科生论文		755		755		755		755	
出版物		274	102	115	57	276	104	115	57
教材		114		114		114		114	
北京电力高等专科学校移交档案									

续表

类别＼年限	此前历年总卷数	其中			2016年度馆藏卷数	其中		
		永久	长期	短期		永久	长期	短期
文书档案	4 911	1 719	1 596	1 596	4 911	1 719	1 596	1 596
财会档案	1 247	368	692	187	1 247	368	692	187
照片档案	72	72	（照片：1 761 张）		72	72	（照片：1 761 张）	
合计	99 176	9 829	61 635	27 712	108 268	10 589	66 743	30 936
人事档案	2015 年馆藏 29 750 卷				2016 年馆藏 33 157 卷			
死亡档案	2015 年馆藏 776 卷				2016 年馆藏 807 卷			
备注	1.表中数据 108 268＝10 589（永久）＋66 743（长期）＋30 936 短期） 此数据不包括设备档案、人事档案、死亡档案； 2. 2016 年馆藏总数 142 232 卷＝ 108 268＋33 157（人事）＋ 807（死亡） 另有照片 15 722 张，底片 3 095 张，蓝图 8 107 张，底图 4 497 张。 （截至 2016 年）							

（韩　莹　周亚俊）

【档案管理信息化】

迁移档案馆门户网站到学校计算中心网站系统，保证互联网信息服务安全。搬迁备品库，为新建档案库房腾出空间。完成宣传部照片归档，全年共计整理著入照片 167 册 841 张。继续推进学校办公自动化系统与档案信息系统的数据库联结。

（王学敏　李志军）

【校史博物馆】

2016 年完成教育部、兄弟院校、师生校友、外宾来访等参观校史馆接待讲解工作。选拔和培训校史讲解志愿者 42 人，完成 2016 年本科新生和研究生参观校史馆工作。暑期接待巴西坎皮纳斯大学孔子学院访华团、各学院组织的优秀大学生夏令营、2016 年青少年高校科学营交大分营等学生参观活动。

校史馆改造于 120 年校庆前竣工。在校史博物馆展览原有的三部分内容基础上，重新梳理学校 1978 年之后的发展历程，对校史馆第四至第七展厅进行全面改造，将原校史展第三部分改为“蓬勃发展——建设国内一流国际知名大学（1978—1996）”，“创建世界一流——建设特色鲜明世界一流大学（1996—2016）”两个部分。及时更新和充实展出内容，档案馆西侧楼梯墙面增加马志明、翁宇庆、杜彦良等三位院士的照片和简介。

（高　琦）

【史志工作】

推出校史校志文化精品，向 120 周年校庆献礼。完成《北京交通大学志（1998—2010）》编纂工作。志书全面系统地反映学校 1998—2010 年各项事业改革、发展、建设的前进历程，共有 15 篇 93 章 64 万余字，记述 13 年间学校各方面工作全貌和发展轨迹。牵头负责《世纪交大》校史画册第三部分的图文编写。专人负责画册第三部分《为国建功，砥柱中流》编写，以翔实的图文数据资料，展现学校为国家建设、行业腾飞、区域发展做出的突出贡献。10 月学校获准加入中国高等教育学会校史研究分会，成为会员单位。参加中国高等教育学会校史研究分会第十四届学术年会，提交论文入选会议论文集。

（高　杰）

【年鉴编纂】

完成《北京交通大学年鉴（2014）》的出版发放工作。统筹设计框架条目、制定编纂规范，开展《北京交通大学年鉴（2015）》的策划、组稿和编校工作，编写完成学校《2015年大事记》2 万余字。选取学校年度大事和亮点工作，向《北京教育年鉴》编报文字条目38 条、总计 1.3 万字，收集上报图片 14 幅。向《中国教育年鉴》编报文字条目 27 条、总计 4 000 字。参加中国年鉴发展与现状论坛暨纪念中国新编高校年鉴 30 年研讨会，提交论文入选会议论文集。

（高　杰）

后勤管理与服务

【概况】

2016 年学校后勤管理与服务工作围绕“三服务、两育人”的宗旨和建设质量型、平安型、科技型、节约型后勤的目标，坚持“一二四”工作思路（即一个确保：确保安全稳定；两个提升：提升经济效益和社会效益；四项措施：队伍建设、加强质检、创新机制、夯实基础），执行“一体两翼”管理模式（即以建立与双一流相适应的后勤保障体系为主体，对集团所有部门按照经济效益和社会效益分别进行监控和考核），以“规范管理年”为工作主线，深化后勤社会化改革，各方面工作取得进展。

（孙　鹏）

【后勤社会化改革】

2016 年 4 月学校撤销后勤管理处，将部分职能划归后勤集团，各项职能顺利交接并正常运转，后勤原有服务保障工作保持稳定。

（孙　鹏）

【节约型校园建设】

完成 2016 年节能专项改造项目；能源指标分解工作取得阶段性成果；通过“能源管理体系认证”复审；获教育部、北京市各类奖励资金 700 余万元；能源管理办公室获北京市节能先进集体称号。

（孙　鹏）

【后勤信息化】

整体规划“智慧后勤”系统，建立服务、节能、安全、管理四大体系；制订相关管理办法，提高各类项目的实用性和可持续性；引进智能快递柜、学生活动中心合同能源管理项目等，新建电梯物联网监测、松下智能教室、物业社区 APP 服务等系统；对已有的 32 个系统进行整合和优化。

（孙　鹏）

【安全工作】

后勤集团认真落实安全责任，推进“一网三联”安全工作管理体系（即建立从集团—中心—班组—职工的安全责任逐级分解防控体系网；联学院、联部处、联学生，建立沟通长效机制）。明确安全职责，开展安全培训，加强重点时期重点部位防控，开展防汛、防火、防盗工作，全年未发生安全责任事故。配合保卫处组织学生宿舍消防逃生演练，增强学生自救能力；加强安全隐患排查与整改，提高安全系数。提前开展防汛准备工作，制定工作方案，成立党员抢险突击队，在 7.20 暴雨中应对及时、措施得力，学校未受到重大损失。

（孙　鹏）

【规范管理】

完善质监考核体系，修订后勤集团 2016 年质监办法，在二级单位全面建立质量管理体系，明确标准、责任到人、严格奖惩，加大基层单位对服务保障质量的监控力度。加强后勤队伍建设，全面开展培训工作，做好骨干人员和技术人员培养，全年培训近 3 万余人次；实施人本管理，提高职工职业归属感和幸福感。加强财务监控，进一步规范集团公务接待、出差培训、加班用餐、公务用车等相关工作。推进工作创新，10 项创新课题顺利结题，解决集团部分重点难点工作；开展第四届后勤集团十佳创新项目评选活动。推进合同制职工住宿改革工作，出台相关办法，按照市场化机制对合同制职工宿舍进行管理，稳定职工队伍，促进内部公平。进行内部机构调整，成立智慧后勤建设办公室、在质监部下设工程管理办公室、在财务部下设国有资产管理办公室，进一步明确部门职责，加强专项工作管理，提高内控水平。

（孙　鹏）

【后勤服务】

校庆工程和校园环境布置两大类共计 111 项任务。对思源楼、天佑会堂等 23 处场所进行装修改造，铺设草坪 6 000 多平方米，摆放花卉 10 万多盆，服务各类会议 12 场，布置道旗等宣传标识 108 处。包括思源楼前的花柱和喷泉、西门内的“知行”花坛、学活广场上的树围长椅、电气楼庭院布局、南门道路东侧的立体花架等亮点工程。

做好饮食服务工作。合理使用平抑基金，保证食堂饭菜质量和价格稳定。创新菜品 70 余种，与北京师范大学、上海交通大学开展厨师互换交流活动，改进菜品口味。完成学生食堂招租。加强餐厅基础设施建设，对近 30 套油烟管道进行清洗保养，配合完成学一餐厅、东快餐厅、明湖餐厅以及学四风味餐厅装修改造任务。

做好学生公寓管理工作。改善学生宿舍环境，对 15 号楼、19 号楼、嘉园 B 座宿舍进行家具更新，更换二屉桌 494 张、衣柜 141 组、学生公寓床 160 张；为 22 号楼宿舍更换热水器 179 台。改善公寓周边环境，清理“僵尸自行车”，不同车类分区停放，设置电动车充电区。

完成冬季供暖工作。制定供暖实施方案，提前对全校供暖交换站、锅炉房、校园供暖管网进行全面检查维修。供暖期间 24 小时不间断监测和调试供暖系统，发现跑冒滴漏等情况及时抢修，消除供暖死角。

做好校园绿化美化工作。修剪草坪累计 60 余万平方米，更换草坪 8 400 平方米，新栽月季 1 000 余棵，树花灌木 210 棵、新种色块 220 平方米，修剪树木 100 多棵，施肥 7 吨，为防治病虫害打药 70 多吨，完成学校 17 个单位的摆花任务。10 月，通过北京市教委组织的标准化物业校园环境验收。

做好威海校区后勤服务。威海校区学生食堂及红果新园运转正常，为红果新园办理营业执照。配合基建处完成学校主配电室电力增容改造工程，满足学校事业发展用电需求。

（孙　鹏）

【党群工作】

推进“两学一做”学习教育活动，开展合格党员行为规范和合格党支部建设规范大讨论，组织学习习近平系列讲话、党章党规、十八届六中全会精神等重要文件，认真自查，及时整改。开展党风廉政建设工作，要求党员干部当好廉洁自律的模范。集团党委书记全年给中层干部讲党课 10 期，促进领导干部提高政治素养；组织定期和不定期培训，开展党日活动，通过理论与实践相结合的方式加强干部队伍和党员队伍建设。将“两学一做”与后勤实际工作紧密结合，确保学以致用，学有实效。

举办优秀创新项目评比，以及具有行业特色的饮食文化节、公寓文化节、留学生公寓环境文化月等十余项活动。

3 月组织召开职工大会，保障广大职工在后勤改革与发展中的知情权、参与权和监督权；抓好困难职工帮扶和凝聚工程；组织文体活动，获得学校教职工运动会团体总分第一；后勤集团工会获评全国职工小家。

后勤集团团总支与学院团委共建，与土建学院、电气学院、校学生会、绿色之家社团等联合开展活动。

（孙　鹏）

【宣传交流】

加强同全国高校后勤系统的信息交流与沟通，参加在台湾新竹交通大学举办的五所交通大学后勤工作年会，接待 20 余所高校来访。创新宣传沟通渠道，发挥微信平台作用，利用自媒体方式进行满意度调查和宣传工作，在网站、微信等各类媒体上发表稿件 300 余篇；通过微信、服务热线、座谈会、交大知行论坛、意见本、满意度调查问卷等多种渠道，定期听取学生及住户意见和建议，建立定期沟通、迅速处理、不断改进、及时反馈的长效工作机制。

（孙　鹏）

基 本 建 设

【概况】

2016 年，学校基本建设工作稳步推进。科技创业大厦暨北京 CBTC 研发中心项目完成结算，已开展决算编制工作。住宅改造一期工程如期竣工并交付验收。综合体育馆工程取得建设工程规划许可证，已开工清理场地。结合京津冀一体化推进平谷校区工作，多方调研寻求新选址的可能性。完成西门改造等大修项目 20 个。

（侯育栋）

【基建投资完成情况】

学校住宅改造一期工程包含四座高层住宅楼、一座配套商业楼、一座垃圾站，总面积 121 450.37 平方米。住宅项目主体施工完毕，完成人防验收、室外工程、自来水工程及验收、燃气工程及验收、消防验收，7 月 18 日完成市建委监督下的竣工验收，9 月 22 日经过学校内部验收，移交国资处。

综合体育馆项目，总建筑面积 26 849.02 平方米（其中地上 3 层 19 907.89 平方米，地下三层 6 941.13 平方米），建筑高 23.85 米，总投资 26 335 万元。在北京市实行拆建平衡政策背景下，经过反复沟通，综合体育馆设计方案审查获得批复，仅需拆除建设场地内 1 800 平方米建筑物。经与北京市规划委、规划院和测绘院多方协调，对科技创业大厦处的路口按照最小抹角处理，为学校创造数百平方米用地，经与北京市规划委、海淀区规划局协调，项目获得 8 月建设工程规划许可证，已进行场地清理、建筑物征收。

多方面探求平谷校区建设在京津冀一体化战略中的合理性以及对服务国家“一带一路”战略的意义，全力协调平谷区与北京市领导汇报沟通，反映学校和平谷区诉求，争取北京市支持。先后在京郊门头沟、密云和延庆以及临近北京的河北张家口地区调研六个地块，形成调研报告，供学校决策选择。

全年完成修购项目 13 个，包括南门改造、校园道路整修、东区学生公寓大修等。完成投资估算在 60 万元以上的自筹资金项目 7 个，包括西门改造、纳米中心实验室改造、校园绿化等，共计资金 5 215.5 542 万元。2016 年基建及修缮项目明细如表 55、表 56 所示。

表 55　2016 年基建项目明细表

序号	项目名称	2016 年竣工、施工、立项		
		竣工规模/m²	施工规模/m²	立项规模/m²
1	住宅改造一期工程	121 450.37		
2	综合体育馆			26 849.02

表 56　2016 年修缮项目明细表

序号	项　目　名　称	项目预算/元
1	东校区学生公寓大修及电力增容等工程	4 150 000
2	思源楼及体育馆西门等道路改造工程	5 000 000
3	校医院修缮改造等工程	1 100 000
4	东区游泳池及体院馆改造工程	2 200 000
5	第八教学楼供暖改造等工程	500 000
6	19#公寓大修等工程	7 000 000
7	学生一食堂改造等工程	3 900 000
8	全校部分地下管线改造	1 220 000
9	思源东楼等消防报警系统维修改造	1 120 000
10	电梯大修（二期）	2 530 000
11	信息中心网络机房改造等工程	1 900 000
12	主配电室高、低压供电系统改造等工程	8 300 000
13	科技大厦 11 层 A、C、D 区装修改造工程	3 819 542.24
14	东校区交流中心整修工程	2 800 000
15	五教一层装修改造	741 000
16	纳米中心实验室改造	795 000
17	住宅区一期工程引进人才用房装修工程	1 500 000
18	西门改造工程	1 000 000
19	校园绿化项目	2000 000
20	光电子技术研究所实验室改造	580 000

（侯育栋）

【基建管理】

按照学校机构改革部署，基建与规划处完成与新校区建设办公室、东校区开发办公室及后勤管理处机构合并及职能整合。通过对学校的工程管理状况进行分析、对多年来的施工管理经验进行系统总结，结合部分调研成果梳理学校基础设施建设方面的规定。修订形成《北京交通大学基本建设程序管理办法（草稿）》《北京交通大学基建洽商变更管理办法（草稿）》等系列文件，待相关部门完善后提交学校讨论。

基建与规划处在招标工作中严格遵守相关的法律、法规及学校的有关规定，保证基建项目招标在公平、公正。针对机构调整的新情况，完善经办人、项目负责人、前期主管、工程主管、造价主管、财务主管、处长审批的具体流程，确保工程资金在安全、合法、合规的环境中执行。

（侯育栋）

医疗保健与卫生工作

【概况】

2016 年学校医疗保健与卫生工作强化培训，规范管理，医疗卫生服务能力稳步提升。校医院被海淀区卫计委选为全区六家家医服务包试点单位之一，被北京市社管中心选为海淀区健康家庭及家保员培养试点单位。在海淀区非区属社区卫生服务中心年终绩效考核中获得年终绩效考核第 1 名、群众满意度第 1 名和常规工作第 1 名。

（孔令伟）

【预防保健】

加强传染病防控，提高防病意识；做好结核病、艾滋病等传染病的专项宣传工作。全校无甲类传染病发生，无死亡病例发生。出现传染病 12 种、共 298 例，传染病应急处理 173 例，新生体检中筛查出肺结核 12 例，及时完成患病学生的隔离转诊、休学和消毒指导工作，积极开展传染病防控宣教，12 月 8 日完成学校结核病防控二级响应桌面模拟演练。推送防病知识，受益人群近 4 万人次。发放各种宣传材料 5 000 余份。

做好疫苗接种和疾病筛查，2016 年完成疫苗接种 10 279 针次、成人疫苗接种 312 人次。做好疫苗接种应急预案，开展院内演练。对 0～6 岁儿童进行系统化管理，全年新建册儿童 63 人，办理转出 84 人，现在册儿童 200 人。完成儿童体检 372 人次。开展听力筛查 180 人次、智力筛查 216 人次、先天性髋关节发育不良筛查 225 余例。举办儿童家庭喂养知识讲座 2 次。

加强精神病人管理。进入重性精神疾病管理网络 27 人，新发现病人 3 例，均已建档管理，在管患者病情稳定率 100%，完成随访 105 人次。门诊心理咨询 90 人次，健康教育讲座 9 场。配合海淀区分类人群心理健康需求调研项目完成问卷调查 723 份。完成动漫科普宣传片《认识抑郁症》的制作。

为全校 4 600 余名教工进行健康体检，完成新生体检 7 269 人次。完成海淀区两癌筛查 1 107 人次。五官科开展免散瞳眼底照相，在敬老月中为近 900 名离退休职工进行检查。加强体检质量管理、细化体检数据分析，体检后对 2 新发慢病和高危人群 49 人进行面对面的健康宣教。

（刘红军　谢兴伟）

【基本医疗】

校医院全年接诊 165 387 人次，其中急诊服务量 16 096 人次。院前急救 64 人次，上门服务 193 人次，医疗外勤 70 天。人民医院网上预约挂号服务惠及近 2 100 位师生，开展电子病历专项检查。外科开展门诊手术 167 人次，高分子能量激光手术 102 人次；完成牙齿种植手术 8 例；健康管理中心成立社区糖尿病自我管理小组；护理部开展动脉弹性硬化检测。通过开展处方点评、病历讨论、精准化进药机制，科学用药规范管理，确保医疗费用科学合理支出。

全年开展海淀区医学继续教育基地讲座 11 次，院内部的业务学习 16 次，继续教育达标率 100%。开展全员岗位练兵和第二届管理服务学术论坛，组织近 60 人次的讲座。全院医务人员进行急诊急救实操考核、各临床科室进行理论笔答考核以及药剂科药讯设计比赛。选派外科及放射科各 1 人到人民医院进修学习。全年职工发表专业论文 13 篇，在研科研项目 4 项。岗位练兵 7 人次在海淀区比赛获奖，4 人次在北京市比赛获奖。

改善医疗设备和服务环境。更新心电图机和部分理疗科设备，购置眼底照相机、C13 检测仪和动脉硬化检测仪等设备。在国资处、基建处协调下，对门诊楼、传染科楼进行内部装修和外部改造，统一设计更换各种标识。中药房和理疗科康复区新址就医环境得到改善。完善自助打印化验结果功能，合理用药系统上线运行，配合医保中心完成个人账户持卡结算医院信息系统（HIS）升级及测试工作，完成挂号收费的唱收唱付体系，配合学校做好公费医疗向社会医疗保险过渡的准备，配合北京市医药分开等三项改革开展信息化相关准备工作。

做好公费医疗报销和学生医保工作。门诊报销 10 095 人次，住院 955 人次，增加公费医疗报销打卡 237 人次，开展新生公费医疗培训 3 次。

（孔令伟　卢云涛）

【健康促进】

在中医门诊开展慢病中医药管理百余人次，开展 0～36 个月儿童中医指导 103 人次，老年人中医体质辨识 626 人次，健康自测小屋接诊约 3 500 人次。开展 35 岁及以上首诊患者测血压和 80 岁以上老人一键式电话随访等工作。加强慢病管理，完成慢病患者 1 349 人共 4 842 人次随访，在完成电子签约 4 265 人。2016 年在册管理的慢病患者新增 73 名。

开展各类健康宣教活动 24 场次，完成主题卫生日的公众健康咨询活动 18 次，惠及近 4 000 余人。制定管理绩效考核细则，调整家庭医生服务团队结构和服务内容，实现校医院和各学院部处联动。推进卓越健康讲师完成糖尿病、高血脂、高血压等 6 节科普系列宣传片的录制工作增加宣教工作的受众人群。

加强及法治文化建设，开展社区卫生服务法律法规全员培训，完善《医德考评实施细则》。通过 “三好一满意” 活动，增加 24 项暖心工程。2016 年全年医院共收到各类表扬 30 起。

2016 年学校组织校园大型无偿献血活动 4 次，共有 1 232 人次师生参与无偿献血，累计献血量 286 980 ml，获评 2014—2015 年度首都无偿献血工作先进集体、2014—2015 年度全国无偿献血促进奖单位奖、2015 年北京市无偿献血宣传组织动员工作先进单位。校红十字会组织各类活动 30 余次。承办“珍爱生命 科学防艾 青春健康 共享未来”2016 年首都高校世界艾滋病日主题宣传活动，组织首都高校防艾知识竞赛和主题演讲系列活动。2016 年学校户籍人口出生政策符合率 100%。

（康　俊　孙亚慧）

安全保卫

【概况】

2016 年学校安全保卫工作紧紧围绕学校发展大局，提出落实责任个性化、网格管理精细化、基层工作标准化、安全教育系统化、管理服务信息化、检查整改制度化、应急处突专业化、队伍建设科学化“八化”要求。成立安全保障工作组，制定 120 周年校庆安全保卫工作方案，完成各项安保任务，完成校庆安保工作，获评 120 周年校庆先进集体保障奖。

（李　京）

【平安校园建设】

2016 年保卫处总结“平安校园”创建工作经验，制定安全稳定工作“十三五”规划，提出组织领导体系、维稳工作体系、涉校矛盾纠纷排查化解体系、校园综合防控体系、安全教育和管理服务体系以及应急管理体系“六大体系”的建设思路和目标。

强化安全稳定主体责任意识。结合学校干部换届，重新确定各二级单位安全负责人和安全管理人员，更新校园安全人员信息库，逐级将安全责任落实到具体单位和具体人。

将《反恐怖主义法》纳入学校整体法制教育体系，纳入安全教育选修课课堂内容。筹建校园反恐应急处突专门队伍，调整专职应急处突队伍运行机制，确保队伍的应急反应快速有效。发挥校园警务工作室的作用，建立警校合作和联动机制。

（李　京）

【治安管理】

全年共接待各类报案 173 起，报失电动车、自行车案件约 100 起。查处各类案事件 48 起，移交公安机关 11 起，行政拘留及以上 10 人。调解各类纠纷 8 起，回放监控录像 500 余次。分析发案特点，有针对性为师生发放《警情提示》22 件。利用“平安 V 校”网络平台及时推送治安及防范信息，收到师生锦旗 2 面、表扬信 3 封。办理自行车开锁证明 30 人次，发还各类捡拾物品 40 余起。

（李　京）

【消防管理】

完成校园公共区域消防设施设备的维修和更换，对校园 15 个楼宇进行建筑消防设施和电气防火检测，配合后勤集团和消防维修公司针对存在的隐患进行整改。

开展彩钢板结构房屋安全隐患专项治理，针对教代会职工提案涉及的多处楼宇疏散通道堵塞问题，联合相关部门推进问题的解决。完成教育部、地方政府关于生产安全大检查的各项工作。

（李　京）

【交通管理】

以校庆工作为契机，完成全校交通设施更换与维修工作，强化校园三轮车的管理。利用网络和展板进行交通安全工作宣传。2016 年，在校师生员工未发生道路交通安全责任事故，学校交通安全管理工作以高分通过海淀高校交通安全委员会验收。学校获评海淀区交通安全先进单位、2 人获评高校交通系统先进个人、1 人获评海淀区交通安全个人。

（李　京）

【户证管理】

为师生办理集体户口迁入迁出手续，为师生办理身份证和暂住证提供服务，协调大钟寺派出所为户口滞留学校两年以上人员办理户口迁移证。为师生提供集体户口借用、复印、查询等服务。

（李　京）

【安全教育】

购买安全教育教材 1 200 册，发放《安全知识手册》《拒绝邪教》各 7 900 本，张贴安全教育海报 20 份、宣传页 1 200 张，发放公安机关宣传教育单 2000 份。完成新生入学安全教育。组织 2016 级新生参加安全知识在线培训考试，覆盖率 100%。开设《大学生安全素质教育》选修课 1 门。

将 11 月 1 日至 30 日定为安全活动月，制定消防安全月活动方案，开展 消防安全宣传 1 次、举办消防培训 1 次（留学生专场）、举行消防演练 1 次（嘉园 C 座公寓）、组织专题培训 1 次（学生公寓负责人和公寓管理员）、开展火险隐患排查 1 次。

全年开展应急演练 7 次（含海滨学院和威海校区各 1 次），举行桌面推演 1 次。

（李　京）

【“平安校园”管理服务平台】

完成安防八期建设任务。继续加强“平安校园”管理服务平台建设，加强消防、交通、治安和视频的联防联动建设，强化线上和线下协调指挥、应急联动的机制建设。

全年排除各类故障 930 余次，查询监控录像 156 件次。4 名员工参加建筑物消防资格培训并取得证书。

（李　京）

对外联络合作工作

【概况】

2016 年，学校对外联络合作工作紧跟学校发展方向，以感情联络为纽带、活动开展为载体、服务校友为宗旨、共同发展为目标，创新工作思路和方法，完成 120 周年校庆工作任务，推进各项工作机制建设，推动校友服务工作常态化，拓展可持续的多元筹资渠道，加强校企合作平台建设。

（黄　微）

【校友会】

4 月 17—18 日，交通大学美洲校友会五校巡访团一行 10 余人到校访问，全国人大常委会副委员长、交通大学校友严隽琪出席座谈会，与校党委书记曹国永共同为交通大学美洲校友总会捐赠的 120 周年校庆纪念石揭幕。

5 月 13 日，举办 120 周年校庆倒计时 120 天系列活动之创新 • 创业 • 创投校友论坛。丰厚资本创始合伙人吴智勇、易企秀创始人兼 CEO 黄金、北醒光子科技有限公司创始人兼 CEO 李远、图灵机器人创始人兼 CEO 俞志晨等 5 位校友成为学校创业导师，神州高铁董事长王志全校友捐赠 500 万元设立创新创业基金。

9 月 10 日，举行 1986 届、1996 届、2006 届三届校友毕业三十、二十、十周年值年纪念活动。学校连续八年举办校友毕业值年返校活动，累计返校人数近 2 万人。

通过就业、招生等工作带动校友工作协同发展，法学院、电气学院等邀请校友回校为在校生学习和就业指点方向，电信学院、经管学院和土建学院等与行业内杰出校友保持良好联络和沟通，校友所在单位直接回校招聘接收毕业生。120 周年校庆前，校领导带队、校院两级联合走访北京握奇数据系统有限公司、飞天诚信科技股份有限公司、北京交大思诺科技有限公司、北京交控科技股份有限公司、北京竞业达数码科技有限公司、北京世纪瑞尔技术股份有限公司、神州高铁科技股份公司、北京西普阳光股份有限公司等校友企业。

举行全球交大人暨地方校友会会长秘书长联席会，各地校友会代表为学校发展献计献策。成立北京交通大学越南校友会，举办陕西校友会换届大会、金融分会第一届理事会换届大会暨“经济转型中的供应链金融”主题论坛 。截至 2016 年年底，学校地区、行业、学院 3 类校友组织达 47 个，其中国内外各地校友组织 39 个、行业分会 2 个（详见表 57）、学院校友会 6 个，校友联络网络日趋完善。

举行海内外校友会同庆母校 120 周年校庆活动，海内外各地校友录制祝福视频、为学校捐资捐物。举办第四届“知行人@行走”校友健步走等活动，举行金融分会理事会换届大会暨年度主题论坛，两岸五校成立日本校友会联盟。

促进人才培养“选培送扶”机制常态化。天津、山东、广西、海南、河南等地校友会全面参与高考招生咨询；蒙古国留学生校友会作为学校在当地的招生机构发挥重要作用；北美、加拿大等地校友会成为海外人才引进基地。由校友倡议设立“校友励学金”，在校友与母校、校友与大学生之间搭建互爱互助平台；“寻访校友”派出20支队伍奔赴全国15个城市，寻访校友近百人；2016届毕业生共聘任校友联络员206名、三届值年返校校友聘任校友联络员近200名；土建学院和机电学院执行“师友计划”，发挥校友不在编教师作用；举行校友创业沙龙3场，发挥创新创业示范作用。举办2016年校友企业实习与就业招聘会，50余家校友企业参加招聘，为毕业生提供超过200个就业和实习岗位；学校与多家校友企业签订就业实习基地协议。各地校友会迎新活动，对新毕业生在角色转换、加快适应社会给予辅导和支持；按学科成立行业分会为校友提供机会和平台，金融、会计、物流、电力、投资等行业校友已成立正式或非正式校友组织。

对校友信息进行梳理核对，按行业、地区、年级等分类整理提炼出三千四百余位重要校友信息，作为120周年校庆大会邀请名单的重要基础。

与校内外媒体携手发布120周年校庆活动信息。依托各级校友组织在校庆前及校庆期间为校友推送学校热点官微，超过10万余点击量的微信有3条。

利用校友毕业值年返校平台、地方校友会平台、“一库一网两刊”三大服务平台以及新媒体信息平台等针对特定校友群体宣传学校动态。针对全体校友发行纸质刊物《知行交大》（4期，两万册）。校友信息库有效信息数量达50 600余条，新增6 708条。微信平台关注量达1.16万人，累计推送超百万人次。利用邮件群发系统、短信平台每月定期向校友发送电子期刊，定期向校友发送节日、生日祝福，全年累计发送生日电子贺卡11 803份，发送生日祝福短信37 000余条。改进校友卡办理流程，为校友办理校友卡7 358张。

表57　2016年北京交通大学地区、行业校友组织一览表

序号	校友会	会　长	秘书长
1	北　京	徐锡安	韩满怀
2	成　都	黎　宏	聂朝云
3	福　建	揭柏林	林全金
4	广　东	杨智勇	王利明
5	广　西	曾宗标	
6	哈尔滨		刘光泽
7	海　南	林镇洪	陈宏毅
8	河　南	马春山	金智勇
9	湖　南	李国斌	罗宏波
10	宁　夏	杨　柳	程　辉
11	三　亚	郑　中	符　锐
12	山　东	狄　威	彭志忠
13	山　西	杨绍清	柳　淳
14	深　圳	黄少群	茹　鹏
15	石家庄	王岳森	郭　枫
16	天　津	王福山	岳文强
17	武　汉	莫小玲	熊国华

续表

序号	校友会	会　长	秘书长
18	陕　西	刘为民	祝　珣
19	西　藏	张永志	彭措旺杰
20	新　疆	王纪杰	张　宏
21	云　南	吴　敏	黄　坚
22	长　春	娄彦君	马乐庭
23	长三角	王　峰	顾光明
24	呼和浩特		王宏斌
25	温州（总会）	胡晓轩（副会长）	
26	杭州（总会）	刘荣苗（副会长）	
27	汕头（总会）	陈炯强	
28	江西（总会）	全文甫	
29	景德镇（总会）	刘小丽	
30	香　港	张顺华	张亚梅
31	台　湾	郑朝钟	林俊荣
32	北　美	王中樯	李　远
33	温哥华	于　江	
34	南加州	徐静华	
35	蒙古国	恩和巴雅尔	安那尔
36	越　南	阮陈光	
37	日　本	李扩建	
38	华盛顿	梁康之	
39	加拿大	胡少志	
40	金　融	于　军	崔永梅
41	会　计	张秋生	屠建平

（毕　斐）

【教育基金会】

基金会全年募得捐款 5 600.38 万元，获得中央财政配比 3 747.52 万元，资金运作收益 1 596 万元，筹资总额为 1.09 亿元，较上一年度增长 83.9%。校庆期间签约捐赠合同额达到 1.39 亿元，其中上百万的大额捐赠项目 12 项，全年新增项目 37 项，项目总数 268 项。

全年累计公益支出 1 871.19 万元，其中 82 个奖助教学金项目，评选惠及 1 762 人，发放奖励资助金额 555.93 万元。支持学校科研建设和学术交流支出 1 315.26 万元。

对 26 个校内二级单位进行配比奖励，配比资金共计 619.02 万元。

6 月 2 日，启动北京交通大学 120 周年校庆“一心一意”捐赠活动，发布校庆筹资公告、筹款项目，推广“WE.爱 120”在线捐赠平台，推进“交大梦”筹资计划落实。校庆期间通过在线捐赠平台线筹资 86 万元，参与人数达 6 538 人次。9 月 10 日校庆当天接受现场捐赠 130 万元，近 3 000 人次参与。

推进五所交大校庆筹资工作，发起设立交通大学文化发展基金，吸纳企事业单位、社会团体及五所交大校友捐赠，总额为 1 500 万元以上，由各母校分别募集资金至少 300 万元，用于支持五所交大共同开展常态化的文化交流、创新创业等活动。

3 月、11 月分别召开校友基金工作会议、外联工作会议，专题研讨筹资工作，深入二级单位宣讲筹资政策，明确各单位“十三五”筹资任务，联合策划符合学院自身学科特色和发展要求的筹资项目，建立联动校院两级领导的捐赠人走访联络制度，全年走访各界校友 100 余人次。

设立鼓励创新创业教育基金，支持师生开展创新创业及科技成果转化；设立教席教授基金，鼓励和吸引高水平人才来校任教；联合茅以升科技教育基金会、香港无止桥慈善基金会设立“小桥工程”爱心项目，由在校师生参与实地考察及公益桥方案设计，在云南边境地区富宁县架起公益小桥，解决当地孩子上学涉水问题；开展“救助云秋”项目——为我校经管学院罹患鼻咽癌女博士筹资医疗费；联合经管学院策划毕业戒指认捐活动等。

资助开展第五届“感恩常在 绿树长青”毕业生植树活动、第六届“寻找我最美的交大设计我最美的交大”系列作品征集活动、第四届“我的交大情怀”多媒体设计比赛、第四届“青春飞扬与爱同行”学生社团公益项目大赛以及“北京交通大学学生会骨干培训学校”和“我是辩手”辩论赛等学生校园文化活动。

举办各类捐赠签约、颁奖仪式等活动 40 余场；设计制作 120 周年校庆捐赠证书及捐赠答谢纪念品。启动学生活动中心下沉式广场“捐赠墙”建设。发送捐赠者生日、节日祝福类邮件 1 000 余封，发送致谢函 500 余封。编印各类项目汇报册 300 余册。

召开北京交通大学教育基金会第三届四次、五次理事长办公会，第三届理事会第六次、七次、八次会议，更换增补理事，审议重大投资事项，修订相关文件制度。

修订《北京交通大学教育基金会章程》、《北京交通大学教育基金会基金项目财务报销规定》，制定《北京交通大学教育基金会固定资产管理办法》和《北京交通大学教育基金会基金与财务管理办法》，严格落实财务管理制度。

紧密跟踪投资情况，确保资金安全运作，全年获得投资收入 1 596 万元。

2016 年，北京交通大学教育基金会全年捐赠收入 56 003 842.89 元（具体如表 58 所示）。

表 58　2016 年北京交通大学教育基金会捐赠收入一览表

项目名称	捐赠来源	捐赠收入/万元
讲席教授基金	北京光彩公益基金会	500.00
思诺教育基金	北京交大思诺科技股份有限公司	400.00
非限定性项目	李军	300.00
讲席教授基金	北京光彩公益基金会	300.00
沃特玛教育基金	深圳市沃特玛电池有限公司	280.00
交控科技创新与学科发展基金	交控科技股份有限公司	200.00

续表

项目名称	捐赠来源	捐赠收入/万元
讲席教授基金	北京光彩公益基金会	200.00
平安校园建设基金	北京竞业达数码科技有限公司	200.00
非限定性基金	北京交大微联科技有限公司	200.00
中国产业安全研究中心教育基金	北京德利迅达科技有限公司	200.00
非限定性项目	北京茅以升科技教育基金会	200.00
世纪瑞尔创新基金	北京世纪瑞尔技术股份有限公司	120.00
量化投资教育基金	上官永强	120.00
非限定性项目	李菡蓉	100.00
非限定性项目	邢雁斌	100.00
欣旺达教育基金	欣旺达电子股份有限公司	100.00
董事会基金	中车投资集团有限公司	100.00
思诺教育基金	北京交大思诺科技股份有限公司	100.00
非限定性项目	北京和泰基业科技发展有限公司	90.00
世纪瑞尔创新基金	北京世纪瑞尔技术股份有限公司	80.00
物流信息化学科奖学金	华夏银行股份有限公司北京分行	65.00
飞天诚信教育基金	飞天诚信科技股份有限公司	50.00
软通教育基金	软通动力信息技术（集团）有限公司	50.00
固德威教育基金	江苏固德威电源科技股份有限公司	50.00
新校区建设基金	北京西南交大盛阳科技有限公司	50.00
飞天诚信教育基金	飞天诚信科技股份有限公司	50.00
小麦公社教育基金	迈路通商贸（北京）有限责任公司	50.00
中博诚通教育创业基金	北京中博诚通国际技术培训有限责任公司	40.00
非限定性项目	北京领路人文化艺术发展有限公司	40.00
智瑾奖	智瑾基金会	39.08
张云秋专项救助基金	张云秋专项救助基金	38.87
新校区建设基金	北京九五智驾信息技术股份有限公司	34.20
新长城助学金	中国扶贫基金会	33.80
软件学院院长论坛	英特尔半导体（美国）有限公司	33.65
基金－120周年	匿名校友	31.75
贝能达教育基金	北京贝能达技术有限公司	30.00
思源时代教育基金	北京思源时代科技有限公司	30.00
万桥教育基金	北京万桥兴业机械有限公司	30.00
鸿立联视教育基金	罗卫华	30.00
新校区建设基金	北京四通新技术产业有限公司	30.00

续表

项目名称	捐赠来源	捐赠收入/万元
新校区建设基金	北京能高自动化技术股份有限公司	30.00
新校区建设基金	北京东江昊天科技发展有限公司	30.00
离退休教职工关爱基金	北京方达工程管理有限公司	30.00
基金－120周年	陈思	21.00
SDC2017北交大赛队教学实践基金	中国产业海外发展协会	20.04
经管学院明星教授基金	北京游云天下信息技术有限公司	20.00
太原重工教育基金	太原重工轨道交通设备有限公司	20.00
克诺尔教育基金	克诺尔制动系统亚太区（控股）有限公司	20.00
九阳奖助学金	九阳股份有限公司	20.00
校园足球文化传播与实践研究基金	中国教育发展基金	20.00
环境艺术专业研究生培养基金	江苏省国立建设发展有限公司	20.00
新校区建设基金	北京思元软件有限公司	18.00
基金－120周年	中铁建工集团有限公司	18.00
基金－120周年	全校教职工	17.10
羽毛球活动专项基金	桐乡波力科技复材用品有限公司	17.00
基金－120周年	王雪姣等现金捐赠	15.24
非限定性基金	北京银行股份有限公司大钟寺支行	15.00
北美校友会助学金	交通大学美洲校友基金会	14.94
基金－120周年	聂竹青等校友	14.31
并购重组促进基金	北京游云天下信息技术有限公司	14.00
信号与信息处理学科建设基金	北京鑫洋泉电子科技有限公司	13.00
新校区建设基金	北京六捷科技有限公司	12.00
珠江助学基金	杨智勇	11.07
通信信息学科建设基金	诺基亚通信系统技术（北京）有限公司	11.04
征图教育基金	征图新视（江苏）科技有限公司	11.00
新校区建设基金	上海麦迪儿投资管理有限公司	11.00
非限定性项目	北京源树承泽文化传播有限公司	11.00
茅以升奖学金	北京茅以升科技教育基金会	10.80
西门子奖学金	西门子（中国）有限公司	10.60
思源助学金	全校师生	10.21
微联素质教育奖助金	北京交大微联科技有限公司	10.00
尖峰奖学金	北京尖峰计算机系统有限公司	10.00
信号与信息处理学科建设基金	北京金字塔虚拟现实科技有限公司	10.00
和利时奖助学金	北京和利时系统工程有限公司	10.00

续表

项目名称	捐赠来源	捐赠收入/万元
经管学院基金	王利群	10.00
ABCDV 教育创业基金	李继源	10.00
矽创助学金	厦门矽创微电子科技有限公司	10.00
天华教育基金－土建	上海天华建筑设计有限公司	10.00
瑞腾教育基金	北京瑞腾基础工程技术有限公司	10.00
车辆工程学科建设基金	太原重工轨道交通设备有限公司	10.00
儒学研究基金	国际儒学联合会	10.00
SDC2017 北交大赛队教学实践基金	广联达科技股份有限公司	10.00
校园建设基金	王永安	10.00
华为奖学金、奖教金	华为技术有限公司	10.00
高水平运动队建设基金	宁波兴明液压器材有限公司	10.00
120 周年校庆专项基金	广州双鱼体育用品集团有限公司	10.00
一卡通纪念册基金	成都兰途网络科技有限公司	10.00
鑫洋泉教育基金	北京鑫洋泉电子科技有限公司	10.00
地方校友会助学金	郑州路网科技有限公司	10.00
基金－120 周年	中铁十六局集团有限公司	10.00
雁行北交大助学金	中国社会福利基金会	10.00
基金－120 周年	田朝霞	10.00
120 周年校庆专项基金	招行银行股份有限公司北京分行	10.00
精英领袖交流基金	香港理工大学专上学院	9.86
精英领袖交流基金	MTR 香港铁路公司	8.68
宝钢教育奖	宝钢教育基金会	8.16
中国海油助学金	中国宋庆龄基金会	7.50
爱心帮困基金	全校师生	7.37
电信学院教育基金	诺基亚通信系统技术（北京）有限公司	6.00
交通大学文化发展基金	交通大学校友	5.54
顺鑫农业教育基金	北京顺鑫控股集团有限公司	5.00
光宝奖学金	光宝通信（广州）有限公司南京分公司	5.00
篮球队建设基金	北京安宏睿业科技有限公司山西分公司	5.00
一卡通纪念册基金	新开普电子股份有限公司	5.00
基金－120 周年	陕西校友会杨坤等	5.00
基金－120 周年	承德钢铁集团有限公司	5.00
经管学院基金	经管学院校友	4.96
精英领袖交流基金	香港中文大学中国研究中心	4.87

续表

项目名称	捐赠来源	捐赠收入/万元
台达奖学金	台达环境与教育基金会	4.12
学生成长关爱基金	威海校友 2015—2016 级家长	3.47
基金－120 周年	陕西校友会杨坤等	3.10
北京节能与电力技术开发奖学金	北京节能与电力技术开发基金会	3.00
波易达奖助学基金	北京交大创新科技中心	3.00
龙图教育奖学金	北京万海龙图教育咨询有限公司	3.00
中元教育基金	北京中元恒韵文化传播有限公司	3.00
图书馆建设发展基金	以色列艾利贝斯有限公司北京代表处	3.00
基金－120 周年	通信控制工程系 92 级	2.83
金宝奖学金	中国妇女发展基金会	2.40
基金－120 周年	法学院校友	2.21
机电 92－5 助学金	机械系 92 级 5 班全体校友	2.00
图书馆建设发展基金	上海施普林格信息咨询服务有限公司北京分公司	2.00
康明斯奖学金	康明斯排放处理系统（中国）有限公司	1.60
图书馆建设发展基金	汤森路透信息科技服务（北京）有限公司	1.50
校友基金	建行信用卡中心	1.28
汤森路透奖学金	路通世纪（中国）科技有限公司	1.20
运输学院教育基金	田立东（90 级运输系校友）	1.08
基金－120 周年	通控系 82－5 班王燕等	1.00
基金－120 周年	通控系 82－4 班韩乐等	1.00
思爱普奖学金基金	思爱普（中国）有限公司	1.00
基金－120 周年	运输 82 级	1.00
乐业助学金	汪越胜	1.00
基金－120 周年	土建系 82－4 班张志平等	1.00
基金－120 周年	机械系 82－1 班高健等	1.00
基金－120 周年	机械系 82－2 班阚静等	1.00
基金－120 周年	机械系 82－3 班邱瑞昌等	1.00
红十字会资助款	德高贝登户外广告（中国）有限责任公司北京分公司	1.00
图书馆建设发展基金	励德爱思唯尔信息技术（北京）有限公司	1.00
图书馆建设发展基金	约翰威立商务服务（北京）有限公司	1.00
图书馆建设发展基金	英国阿法赫斯有限公司北京代表处	1.00
基金－120 周年	北京工业大学教育基金会	1.00
无止桥项目基金	无止桥慈善基金会	0.93
新长城助学金	中国扶贫基金会	0.90

续表

项目名称	捐赠来源	捐赠收入/万元
语言与传播学院教育基金	外语 2002 级校友	0.68
宋庆龄基金会中海油助学金	中国宋庆龄基金会	0.65
南加州校友会助学金	北京交通大学南加州校友会	0.65
校友基金	马世锋	0.60
校友基金	中国光华科技基金会	0.60
120 周年	刘洪伯	0.60
基金－120 周年	新疆校友会张耿等	0.55
基金－120 周年	金成柱等校友	0.52
基金－120 周年	信号 82－1、2 班尉倩等	0.50
图书馆建设发展基金	北京森途教育科技股份有限公司	0.50
图书馆建设发展基金	艾博思科印刷出版咨询（北京）有限公司	0.50
基金－120 周年	韦伟才	0.50
基金－120 周年	高颖颖	0.50
基金－120 周年	石家庄铁道大学聂辉等	0.50
图书馆建设发展基金	北京中加国道科技有限责任公司	0.35
基金－120 周年	深圳校友会冷红等校友	0.34
图书馆建设发展基金	北京海天华教文化传播有限公司	0.30
图书馆建设发展基金	北京精讯云顿数据软件有限公司	0.30
图书馆建设发展基金	中国教育图书进出口有限公司	0.30
图书馆建设发展基金	北京超星数图信息技术有限公司	0.30
图书馆建设发展基金	北京中科进出口有限责任公司	0.30
图书馆建设发展基金	重庆维普资讯有限公司	0.30
图书馆建设发展基金	中国科技资料进出口总公司	0.30
基金－120 周年	冯爱军	0.30
珠江助学基金	广东智合会计师事务所有限公司	0.30
基金－120 周年	郑瑜滨	0.30
基金－120 周年	聂鹏举	0.30
基金－120 周年	李鹏	0.30
基金－120 周年	王冬梅	0.30
尚善助学金	许明	0.25
土建学院基金	土建学院校友	0.23
基金－120 周年	机械 93－1 班校友	0.22
图书馆建设发展基金	北京万方数据股份有限公司	0.20
珠江助学基金	黄勇	0.20

续表

项目名称	捐赠来源	捐赠收入/万元
基金－120周年	吕淑鹃	0.20
图书馆建设发展基金	北京福卡斯特信息技术有限公司	0.18
基金－120周年	刘京生	0.12
基金－120周年	刘晓微	0.12
基金－120周年	亢哲楠	0.12
基金－120周年	孙蓝烽	0.12
非限定性基金	北京成龙慈善基金会	0.11
图书馆建设发展基金	人大数媒科技（北京）有限公司	0.10
基金－120周年	何相成	0.10
校友基金	张惠茹	0.10
基金－120周年	韩梅	0.08
联嘉云教育基金	王瑞雪	0.05
交通文化发展基金	财付通－微信转账	0.05
交通大学文化发展基金	校友	0.05
思源助学金	全体师生	0.03
校友基金	鲁敏夫	0.02
校友基金	纪振宇	0.02
交通文化发展基金	微信捐赠	0.01
基金－120周年	王高阳	0.01
	合计	5 600.38

2016年全年基金会业务活动成本（公益支出）共计18 711 871.87元（详见表59）。

表59　2016年北京交通大学教育基金会公益支出一览表

序号	项目名称	支出金额/万元
1	校园基础设施建设	410.00
2	120周年校庆校友及筹资活动基金	333.43
3	起航奖学金	58.00
4	汉能李嘉宁奖助学金	54.00
5	2013级城轨EMBA校友基金	45.80
6	年度捐赠基金	44.60
7	思诺教育奖金	42.15
8	智瑾奖	36.20
9	中国扶贫基金会新长城助学金	34.70
10	软件学院院长论坛	34.57

续表

序号	项目名称	支出金额/万元
11	并购重组促进基金	28.52
12	学生海外交流就金	25.46
13	经管学院基金	24.49
14	耀武教育基金	24.20
15	小麦公社教育基金	23.00
16	富碳农业教育基金	20.82
17	克诺尔教育基金	20.00
18	竞业达教育基金	19.42
19	电信学院教育基金	18.51
20	精英领袖交流基金	16.33
21	理学院创新实践与培养基金	16.32
22	建筑工业化发展教育基金	15.97
23	物流信息化学科建设专项基金	15.00
24	九阳奖助学金	14.73
25	羽毛球活动专项基金	14.72
26	大病救助基金	14.71
27	顺鑫农业教育基金	14.42
28	校园建设基金	14.30
29	学生社团发展基金	14.05
30	金融学科发展与研究教育基金	11.40
31	一卡通纪念册基金	11.04
32	电气春雨奖助学金	10.50
33	微联素质教育奖助金	10.30
34	思源时代教育基金	10.02
35	新联铁教育基金	10.00
36	华为奖学金、奖教金	10.00
37	照坤奖学金	10.00
38	雁行北交大助学金	10.00
39	联嘉云教育基金	9.99
40	富国科技教育基金	9.98
41	思源助学金	9.95
42	茅以升奖学金	9.60
43	软件学院建设发展基金	9.55
44	车辆工程学科建设基金	9.49
45	和利时奖助学金	9.00

续表

序号	项目名称	支出金额/万元
46	公益阅读万里行基金	8.71
47	软通教育基金	8.30
48	中国宋庆龄基金助学金	8.15
49	育文世纪教育基金	8.00
50	ABCDV 教育创业基金	7.91
51	交控科技教育奖金	7.90
52	珠江助学金	7.20
53	高水平运动队建设基金	7.12
54	宝钢教育奖	7.00
55	北京公交人才基金	6.60
56	太原重工教育基金	6.50
57	钱仲侯奖助学金	6.00
58	青年工学教室志愿者教育基金	5.65
59	征图教育基金	5.35
60	金城教育基金	5.32
61	丸和运输机关留学助学金	5.32
62	中国港湾奖助学金	5.10
63	尖峰奖学金	5.00
64	钰诚奖学金	5.00
65	光宝奖学金	5.00
66	北京校友会基金	4.84
67	CIT 名师大讲堂基金	4.65
68	万桥教育基金	4.38
69	北美校友会助学金	4.30
70	杰恩特教育基金	4.27
71	握奇奖教金	4.00
72	台达奖学金	4.00
73	凯华教育奖金	3.84
74	宝维教育基金	3.64
75	产业安全教育基金	3.64
76	硬脆材料加工技术研究基金	3.54
77	赛迪教育基金	3.36
78	中岩教育基金	3.27
79	长园教育基金	3.10
80	土建学院基金	3.06

续表

序号	项目名称	支出金额/万元
81	董事会基金	3.02
82	中博诚通教育创业基金	3.01
83	北京技能与电力技术开发奖学金	3.00
84	龙图教育奖学金	3.00
85	思爱普教育基金	2.84
86	校友基金	2.70
87	SDC2017 北交大赛队教学实践基金	2.59
88	矽创助学金	2.50
89	信号与信息处理学科建设基金	2.47
90	方树福堂基金	2.45
91	篮球队建设基金	2.40
92	金宝奖学金	2.40
93	波易达奖助学金	2.20
94	马克思主义理论创新奖励基金	2.10
95	佳讯飞鸿教育基金	2.00
96	天萌建筑奖学金	2.00
97	地方校友会助学金	2.00
98	低碳城市与绿色建筑教育基金	1.83
99	天华教育基金	1.81
100	贝能达教育基金	1.75
101	学生创新发展基金	1.63
102	康明斯教育基金	1.60
103	飞天诚信教育基金	1.59
104	计算机学院人才培养基金	1.50
105	沃特玛教育基金	1.36
106	东旭教育基金	1.08
107	钰诚教育基金	1.03
108	思爱普奖学金	1.00
109	杨爱芬奖学金	1.00
110	乐业助学金	1.00
111	机电 92－5 助学金	1.00
112	久其软件教育基金	1.00
113	新软攀峰大赛基金	1.00
114	红十字会资助款	1.00
115	东方毅法学教育基金	1.00

续表

序号	项目名称	支出金额/万元
116	瑞普创投奖学金	1.00
117	通信信息学科建设基金	0.90
118	校友会金融分会基金	0.80
119	IBM 中国优秀学生奖学金	0.80
120	新泰教育基金	0.74
121	高富浪基金	0.70
122	计算机学院素质教育基金	0.65
123	南加州校友会助学金	0.65
124	尚善助学金	0.30
125	悉地国际教育基金	0.21
126	SD 太阳能光伏建筑研究基金	0.16
127	建艺学院教育基金	0.13
128	交通大学文化发展基金	0.03
合计		1 871.19

（黄庆华）

【董事会】

完成《北京交通大学董事会章程》修订，强化董事成员单位咨询、审议和指导作用。

召开以“聚力集贤庆百廿，携手共创‘双一流’”为主题的北京交通大学董事会第十次会议，60 余家董事单位 76 位代表，校党委书记曹国永为新加入的董事会成员单位授牌。余祖俊副校长对《北京交通大学“十三五”规划》进行详细解读，董事单位围绕“结合学校‘十三五’规划，推动校董双方深入合作”和“以学校 120 周年为契机，打造合作品牌，共谋发展”等议题建言献策。

新增董事单位 3 家（北京世纪瑞尔技术股份有限公司、北京交大思诺科技股份有限公司、中车投资集团有限公司），董事会成员单位达到 81 家。

（包　涵）

【校企合作】

2016 年学校与 19 家单位签署战略合作协议，其中地方政府 1 家（南宁市人民政府）；企业 18 家，分别为郑州嵩山励风新材料有限公司、中国中铁股份有限公司、神华铁路货车运输有限责任公司、北京光环新网科技股份有限公司、中铁第一勘察设计院集团有限公司、中国铁道科学研究院、太原市京丰铁路电务器材制造有限公司、兰州铁路局、北京德利迅达科技有限公司、中国中车股份有限公司、中车长春轨道客车股份有限公司、中国科学院计算技术研究所、曙光信息产业股份有限公司、北京世纪瑞尔技术股份有限公司、青岛乾运高科新材料有限公司、江苏固德威电源科技股份有限公司、欣旺达电子股份有限公司、宁夏西部创业实业股份有限公司。与学校签订战略合作协议的机构达 339 家。

（包　涵）

【驻外研究院】

2016 年，长三角研究院纵向科研立项 5 项，合同金额 385 万元，其中国家层面 2 项、省科技项目 1 项、市科技项目 2 项（详见表 60）。获得省市科研奖励 4 项。新建轨道交通电工新技术研发中心。新增孵化企业 4 家。全年申报发明专利并获得授权 8 项，申报实用新型专利并获得授权 1 项；申报人才类项目 13 项，获得立项 9 项（详见表 61），立项金额达 190 万元。新增横向合作 16 项，立项研发经费 1 066.3 万元。组织城市轨道交通再生制动能量回收和利用国际学术研讨会。

表 60　2016 年长三角研究院新增科研项目一览表

序号	项目名称	级别	类别	项目负责人
1	电动汽车智能辅助驾驶技术研究与产品开发	国家	纵向	时　玮
2	轨道交通电工新技术研究中心－建设	国家	纵向	杨中平
3	电动汽车动力电池系统集成与电池管理系统交互感知关键技术研发及应用	江苏省	纵向	时　玮
4	高逼真度虚拟手术系统关键技术的研发	镇江市	纵向	刘小平
5	恶性脑膜瘤外科手术治疗技术应用研究	镇江市	纵向	刘小平

表 61　2016 年长三角研究院新增人才类项目一览表

序号	项目名称	级别	项目负责人	立项金额/万元
1	镇江市“金山英才”人才项目	镇江市	刘小平	100
2	大学生优秀创业项目	江苏省人社厅	时　玮	10
3	大学生优秀创业项目	江苏省人社厅	皇甫海文	10
4	科技创新与人才高地建设	镇江新区	刘小平	30
5	镇江市青年创业英才	镇江市	时　玮	－－
6	镇江市青年创业英才	镇江市	皇甫海文	－－
7	扬州凤来仪人才引进项目	扬州市	李　鹏	30
8	省双创人才科技副总	江苏省	杨智勇	10
9	仪征市科技镇长团	江苏省	时　玮	－－

深圳研究院设有远程教育校外学习中心，成人教育函授站，研究生校外教学点。2016 年，深圳研究院引进 1 家企业入驻大学生创业园，签署本专科合作招生协议 3 份。研究生招生录取 53 人，成教函授招生录取 396 人，远程教育招生录取 1 095 人。本专科毕业生 320 人，获优秀毕业生称号 38 人。

4 月，深圳研究院学习中心获评北京交通大学远程与继续教育学院“优秀校外学习中心”； 11 月获评 2016 年“全国高校现代远程教育优秀校外学习中心”。

（张　雷　毕晓敏）

2016

学 院 工 作

电子信息工程学院

【概况】

电子信息工程学院下设信息与通信工程系、自动控制工程系、电子科学与技术系、国家电工电子教学基地、光波技术研究所、学院机关 6 个行政单位。

学院设有通信工程、自动化、轨道交通信号与控制、电子科学与技术 4 个本科专业。有博士学位授权点 4 个，其中一级学科博士授权点 2 个：控制科学与工程、电子科学与技术，二级学科博士授权点 2 个：通信与信息系统、交通信息工程及控制。工学硕士学位授权点 5 个，其中一级学科授权点 2 个：电子科学与技术、控制科学与工程，二级学科授权点 3 个：通信与信息系统、交通信息工程及控制、信息安全。专业硕士学位授权点三个领域：电子与通信工程领域、控制工程领域、集成电路工程领域。

2016 年学院有在职教职工 267 人，其中专任教师 204 人，专任教师中具有博士学位的占 90%包括中科院院士 1 人，教授 65 人，研究员 2 人，副教授 102 人，讲师 35 人。学院全年引进 8 人，其中教授 1 人，副教授 3 人，讲师 4 人。

截至年底，学院毕业学生 998 人，其中研究生 470 人（博士生 48 人，硕士生 422 人），本科生 528 人；招生 839 人，其中研究生 473 人（博士生 52 人，硕士生 421 人），本科生 366 人；在校生 3 736 人，其中研究生 1 457 人（博士生 316 人，硕士生 1 141 人），本科生 2 279 人。

（董丽敏）

【党建和思想政治工作】

学院有党员 825 人，其中本科生党员 104 人、研究生党员 573 人、教工党员 148 人，设立党支部 56 个。确定入党积极分子 314 名，发展党员 115 人，其中本科生 74 人、研究生 41 人。

学院党委把“两学一做”作为首要政治任务，学院党委书记和领导班子成员在各支部讲解党课。落实党风廉政建设责任制，组织中心组专题学习讨论党风廉政相关制度，推进“三重一大”决策制度的贯彻落实。学院各教工支部把党章党规、理论政策等知识融入专题研究、知识竞赛等党日活动当中。开展“红军长征胜利 80 周年”等主题教育活动，探索理想信念教育新途径。7 月 31 日至 8 月 7 日，本科生党建社会实践团赴南京开展“重温红色记忆，追寻爱国情怀”暑期社会实践。学院研究生 2 个党支部分别与河北省霸州市东高村支部、通号工程局北京实验中心开展红色“1+1”活动。开展红色“1+3”活动，帮扶学业困难学生。2016 年，有 54 名学业困难学生接受帮扶，246 名本科学生党员、入党积极分子参与帮扶，结对课程覆盖大一至大四所有必修、限选课的 364 个课堂。本科生党支部邀请关工委退休党员老同志为党支部开展学习辅导报告。扎实开展党员述职评议工作，推进“成才表率”培育计划。做好党费收缴专项工作检查，补缴党费 656 204.1 元；完成失联党员排查系列工作，排查党员 3 000 余人，建立失联党员台账、回执记录台账、查找过程记录台账。

深化辅导员、班主任双核驱动，以关工委、专业教师、心理咨询教师、朋辈互助为补充的六位一体的立体化支撑体系，整合工作力量，全方位服务学生成长成才。建立学生学业发展体系，筹备成立学业指导发展中心，纵向阶梯式指导全院学生学业成长。完善特殊群体关爱体系，将特殊学生群体分为学业困难、心理困难、经济困难、行为困难、就业困难五大类。建学生职业成长体系，职业成长教育贯穿全学院所有年级，设计不同成长方案，满足不同职业需求。完备学生党员发展与教育体系，形成系列文件和制度，加强党员发展质量，注重实践教育。

完善《电信学院学生日常事务工作流程与规范手册》，对各类专项工作进行模块化梳理。修订《电信学院心理危机干预工作办法》《电信学院退学学生工作办法》《电信学院失踪学生工作办法》等。

形成“2C”（cultivate，培养；combine，联合）人才培养一体化理念，培养创新人才。学生工作与教学联合，定期召开会议，建立人员互设制度，教学科设立“教学辅导员”，班级学习委员成为“学业联络员”，根据学生需求开展工作。学生工作与公寓中心联合，重视五星级文明宿舍创建工作，引领宿舍新风，联合开展研讨，开展宿舍深度辅导。规范化国际交流工作管理，加强高端国际化竞赛落地，拓宽学生视野，以“2014 亚太青年 MODEL APEC 大赛”拓宽学生国际化视野。

开展思政领域研究，注重研究成果的转化。拓宽辅导阵地，主抓新媒体建设。开通学院就业信息推送微信平台。推送 116 期，建立企业信息库，畅通毕业生推荐渠道。开通学院学生工作组“芯电 tu”微信平台。形成“琪人琪语”网络思政品牌项目。

组织研究生学习贯彻党的十九大精神和习近平新时代中国特色社会主义思想，加强理想信念教育。通过收看实况、学习讨论、主题党日活动、体验式学习等多种方式将十九大精神的学习贯穿到日常工作的点点滴滴，累计举办活动超过 72 场，研究生党员参与度 100%。落实“两学一做”学习教育活动要求，提升研究生党员思想入党。5 个研究生党支部参加红色“1+1”活动，其中 1 个支部入围北京市评比阶段。通过党员轮训、辅导报告、团队素质拓展等将理想信念宣教贯穿始终，全年累计宣教超过 80 学时。7 支研究生社会实践团赴 8 省 23 家单位开展社会实践。改进学期教育、一对一深度辅导、朋辈指导、与用人单位联络等就业工作方式，博士就业率 100%，硕士就业率 99.75%。全年承办“院士校园行”“大师面对面”等各类学术活动 51 场，举办系列学术微沙龙活动 18 期，科学道德和学风宣讲教育 100%覆盖学院研究生。IEEE 北京交通大学学生分会获评 IEEE 中国年度优秀学生社团奖，1 个研究生宿舍获北京高校优秀基层组织，1 个社会实践团获首都大学生社会实践优秀团队，1 个团支部获北京市“先锋杯”优秀团支部，1 个研究生党支部获推荐参评北京红的“1+1”示范活动。8 个先进集体获评荣誉称号；195 人次获评先进个人荣誉称号；31 人次获评各类专项奖学金。

（李艳涛　韩柏涛　陈　晨）

【教学工作】

通信工程专业顺利通过工程教育专业认证，有效期三年；参加学校组织的电子信息工程学院本科教学工作审核评估；自动化（含铁道信号）、电子科学与技术专业申请工程教育专业认证获批；修订 2016 培养方案，完成编写中英文课程大纲和课程简介；申报 33 项校级教学成果奖；“信号与系统”“数字逻辑与系统”“电子系统课程设计”确定为第一批国家级精品资源共享课；胡健获第十二届北京市高等学校教学名师奖；电信学院 DSP 实验室荣获“2016 TI 大学计划优秀联合实验室”称号；赵翔老师指导的大学生创新训练计划项目作品“用于延长多旋翼无人机滞空时间的挂靠机械臂及无人机充电桩”在第五届大学生科技创新作品与专利成果展示推介会上获先进制造业领域类一等奖暨创新金奖。

聘请 6 名企业技术人员为本科生企业导师；与北京交大思诺科技股份有限公司签署北京交通大学“思诺班”冠名协议；小学期邀请台湾崔秉鉞和简昭欣分别开设“半导体工艺学”和“半导体物理与器件”、英国李大有开设“自动控制原理”全英文课程，建有 22 门全英语课程，29 人入选各类国际交流项目，举办 2016 MODEL APEC 北京交通大学赛区选拔赛；召开双学位培养宣讲会，制定“双培计划”培养方案，录取北京工业大学 17 名、北京建筑大学 4 名 2016 级新生；2014 级共 144 名学生申报 39 名教授作为科研导师；小学期开设《轨道交通信号系统的创新研究与实践》，课程采用理论教学和实验室参观相结合的教学模式，学生选课人数近 100 名。

毕红军、张立军、李润梅、王剑、李磊、张文静被评为北京交通大学第三十二批优秀主讲教师，孙昕、王国栋、周永华、赵友平、闻映红被评为北京交通大学第三十三批优秀主讲教师；黄亮、侯建军老师设计的训练载体被评为 2015—2016 学年优秀研究性教学训练载体；周永华 *Principles and Interface Techniques of 80X86 Microprocessors* 获北京交通大学 2016 年教材出版基金资助；邵小桃被评为 2015 年北京交通大学课堂教学教风标兵；路勇被评为 2015 年北京交通大学教学名师。在全国电工电子基础课程实验案例竞赛中，获得一等奖 1 项、二等奖 2 项、三等奖 2 项，马庆龙、王睿、赵翔老师的参赛项目“摩斯电码通信系统”获得一等奖；在校级教学基本功比赛中，邓涛、刘雨获一等奖，李艳凤获二等奖、李赵红获三等奖，邓涛、刘雨、李艳凤获最佳教案奖。

春季学期 140 位教师开设 63 门课程，秋季学期共 103 位教师开设 50 门课程，教授上课率为 90%以上。组织 2015 年校级教改项目结题验收会，获 2015 年教师教学能力提升类教改项目 1 项，2016 年度校级教改项目 A 类立项 2 项，2016 年度校级教学促进师基金项目 1 项。4 项校级立项的 MOOC 课程建设项目 3 项结题，其中陈后金负责的《信号与系统》、戴胜华负责的《单片机原理及应用》结题在中国大学 MOOC 平台开课，田慧负责的《电路分析》结题并在校内教学平台使用。

2016 年接收转专业学生 75 人。2013 级共 126 名本科生获得保研资格，第一类普通选拔推荐 121 人，第二类保留学籍参加支教团项目选拔推荐 4 人，第三类保留学籍任辅导员项目选拔推荐 1 人。

在 2016 年北京市大学生电子设计竞赛中，获得一等奖 6 项、二等奖 7 项、三等奖 8 项、成功参赛奖 18 项；在 2016 年全国大学生智能汽车竞赛（华北赛区）中，获得一等奖 2 项、二等奖 3 项、三等奖 1 项；在 2016 年英特尔杯大学生电子设计竞赛嵌入式系统专题邀请赛（全国决赛）中，获得二等奖 1 项、三等奖 1 项。

组织 2015 年度的 100 个大学生创新训练计划项目进行了结题验收；举行电信学院第五届大学生创新创业作品展示及现场交流会暨“北京交通大学诺基亚杯创新大赛”，126 个作品参加展示，产生诺基亚杯一项，一等奖、二等奖和三等奖若干项；举办北京交通大学诺基亚杯创新大赛颁奖典礼，评选出“诺基亚杯”作品 1 项、一等奖 2 项、二等奖 4

项、三等奖 6 项；举办 2016 年大创开题答辩，117 个项目立项，其中国家级 18 项、校级 99 项。组织大学生创新训练计划项目中期检查，14 个项目暂定国家级，29 个项目暂定为北京市级。

编写具有学院特色的《招生简章》和《报考指南》；组织 2015 级自动化类按学生志愿分流，6 个班学生分流到轨道交通信号与控制专业、1 个班分流到自动化专业；成立 2016 级通信工程理科实验班和国际班。

2016 年研究生培养工作探索并优化创新人才培养机制，加强研究生培养过程控制，优化管理体系。全面推行研究生培养机制改革，建立以科学研究为导向的研究生培养模式、以导师为主导的导师资助制和以激励为主的创新人才培养机制；加强研究生培养的过程控制和管理，优化研究生培养管理模式。针对研究生培养过程中的关键环节，探讨全面建立学位论文质量监控与保障制度。逐一询问分析 2010 级及以前博士和 2011 级博士学位论文工作进展，探讨提高学院博士生毕业率的措施。针对有专业实践要求的专业学位硕士研究生，学院实行专业实践考核制度。开展课程认证与评价体系建设。对研究生培养过程关键点的质量进行监督；建立研究生培养过程质量监督体系，健全有效可行的研究生培养制度，重点改革硕士研究生学位论文的审查和答辩制度，把控和提高学位论文质量。

修订电信学院研究生课程管理规定，规范新开课要求。开展研究生课程教材使用情况统计和研究生课程教学大纲汇编工作。加强教学过程管理和评价，加强研究生课堂教学秩序检查，向研究生发放课程满意度问卷调查，召开座谈会，收集课程改进意见。

赴境外联合培养或访学（超过三个月）学生 20 名。接收联合培养或访学（超过三个月）的境外学生 8 人。授予境外学生学位数 7 人。全英文授课专业 3 个。2017 出国资助项目预报名 33 人。

2016 年授予博士学位的 48 名博士在读期间发表 A 类论文 179 篇，其中 An1 区论文 4 篇，An2 区论文 29 篇，An3 区论文 38 篇，An4 区论文 51 篇，An5 区论 57 篇。2 篇博士学位论文入选校级优秀论文；11 篇硕士学位论文入选校级优秀硕士论文。

（刘宾生　高万英）

【科研工作】

2016 年新增科研项目 224 项，新增科研经费 11 098.7 万元，其中纵向约 3 771.5 万元。国家自然科学基金获批 18 项，其中面上项目 8 项，青年项目 6 项。裴丽获国家自然科学基金“杰出青年”基金，延凤平获批国家自然科学基金“国际（地区）合作与交流项目”，孙强和曹源共获得 2 项国家自然科学基金联合基金重点项目。

学院发表 ESI 论文 2 篇，SCI 论文 181 篇，SSCI 论文 1 篇，EI 论文 245 篇。其中一区论文 8 篇，二区论文 20 篇。授权专利 51 项。张宏科团队专利转让 62 项，合计 2 500 万元。

闻映红教授入选创新人才推进计划中青年科技创新领军人才，张宏科教授主持“智慧协同网络体系及关键技术”获 2016 年度高等学校科学研究优秀成果奖技术发明奖一等奖。

（张燕宁）

【学科与平台建设】

推进无线通信方向学科平台建设。申请“宽带协同通信与信号处理北京市重点实验室”。

（张燕宁）

【对外交流与合作】

顺利通过“中欧工程博士生院”项目申请，构建全方位人才培养合作载体。探索中外合作试点班模式，与约克大学和伯明翰大学合作，建立研究生轨道交通安全方向试点班。深度参与境外办学，在圣彼得堡国立交通大学俄中交通学院项目中，负责轨道交通信号与控制专业建设。稳步发展联合培养，与明尼苏达大学等 8 所世界一流高校保持合作伙伴关系。

承办铁路信号工程师协会北京技术年会。参与轨道交通控制与安全国际合作研究中心平台建设，支持信息科学与技术创新、轨道交通控制与安全创新 2 个“111”引智基地建设。完善全英文授课能力，在实现通信、交控优势特色学科全英文授课能力的基础上，引进美国、加拿大等国教师授课；选派 9 名教师赴世界一流大学进修学习。加强留学生招生宣传，启动电子与通信工程硕士全英文国际生招生项目。

完善因公出国管理，细化流程、加强宣传，为本年度 55 名教师因公出访做好服务。

（沈燕平）

【校友工作】

在 9 月 10 日校友值年返校暨北京交通大学 120 周年校庆活动中接待 1982 级、1992 级、2002 级值年校友共 500 余名，入学 50 周年的原电信系 1962 级及 1963 级非值年校友共 120 余名，全年累计接待校友 900 余名。

以校庆为契机，在电信学子中发出捐款倡议，校友企业交大思诺有限公司、交控科技有限公司等单位及个人通过学校捐赠平台共募捐 12 736 880.98 元，用于学校建设、学生创新创业活动、电信学院贫困生资助等。

组织“慧择青春”青年校友沙龙、“校友面对面”论坛、校友企业实习招聘等活动，邀请校友回校作报告，展示成长道路、宣传典型事迹、激励在校学生成长成才；积极为北京交控科技有限公司、北京交大思诺科技有限公司、北京交大微联科技有限公司、北京英睿得科技服务有限公司、北京盛大汇通科技有限公司等校友企业输送优秀人才，通过校友企业家的“拉、帮、带”为在校学生创造实习机会；利用寒暑假开展以走访学习、创业先进事迹宣传报道为主题的活动，形成项目总结报告 1 份、实践个人体会 8 篇、上海和青岛地区校友通讯录 1 份、实践团成员见习录 5 篇。

（王　琼）

计算机与信息技术学院

【概况】

计算机与信息技术学院下设计算机科学系、计算机工程系、生物医学工程系、信息安全系 4 个系，信息科学研究所 1 个所，网络管理研究中心 1 个中心，计算机基础教学基地 1 个基地，计算机综合实验室 1 个实验室。学院有信号与信息处理二级学科国家重点学科，计算机应用技术二级学科北京市重点学科，信息安全学交叉学科北京市重点学科；有计算机科学与技术、软件工程、控制科学与工程、网络空间信息 4 个一级学科博士/硕士学位授权点，信号与信息处理二级学科博士/硕士学位授权点，计算机技术、电子通信与工程 2 个领域工程硕士专业学位授权点；有计算机科学与技术、计算机科学与技术（铁路信息技术）、计算机科学与技术（医学信息技术）、物联网工程、信息安全以及信息安全（保密技术）6 个专业和方向。学院有"现代信息科学与网络技术"北京市重点实验室、"交通数据分析与挖掘"北京市重点实验室、"智能交通数据安全与隐私保护"北京市重点实验室、"高速铁路网络管理"教育部工程研究中心、"文化部数字文化研究基地"5 个省部级科研平台。拥有"铁路信息技术"、"轨道交通信息技术"2 个教育部工程实践教育中心，拥有"电子信息与计算机" 国家级实验教学示范中心 1 个，"计算机实验中心"北京市实验教学示范中心 1 个，网络管理国家认可实验室 1 个。

2016 年，学院有在职教职工 193 人，其中专任教师 138 人，具有博士学位的占 84%；教授 31 人，研究员 2 人，副教授 65 人，副研究员 2 人，讲师 45 人，高工 9 人。

截至 2016 年底，学院毕业学生 516 人，其中研究生 281 人（博士生 31 人，硕士生 250 人），本科生 235 人。招生 618 人，其中研究生 307 人（博士生 39 人，硕士生 268 人），本科生 311 人。在校生 2047 人，其中研究生 865 人（博士生 201 人，硕士生 664 人），本科生 1 182 人。2013 级本科生保研（不包括直博）47 人。

（陈 伶 樊崇艺 李 斌 赵宏伟 周 亮 袁中兰 魏 钧）

【党建和思想政治工作】

2016 年底学院共有党支部 37 个，其中教工党支部 9 个、学生党支部 28 个。学院共有党员 659 人，其中教工党员 119 人、离退休党员 6 人、学生党员 483 人、其他离校但组织关系暂存学校的党员 51 人。全年新发展党员 81 人，其中研究生党员 42 人、本科生党员 39 人。2016 年底，教工党员比例为 60.4%，研究生党员比例为 44.6%，本科生党员比例为 8.1%。

编印《北京高校发展党员工作程序》和《计算机与信息技术学院发展党员工作程序补充说明》培训党支部书记及委员，按照党员发展流程，严格执行发展过程备案和发展材料的逐级审核制度。印发《党支部手册填写规范》，严格党费缴纳程序，规范支部生活。组织党员参加学校、学院组织的各类关于"两学一做"学习教育活动的专题辅导报告，各党支部进行相应的学习讨论、利用微信平台宣传"两学一做"主旋律活动；组织教职工党员赴平西抗日战争纪念馆开展“七一”主题党日活动、组织党员骨干赴海阳地雷战遗址开展主题教育实践活动；对照中组部印发的关于“高校不合格党员的表现”，各党支部开展“找差距”学习讨论；开展“如何做一名合格党员”大讨论；各教工党支部分别举办纪念长征胜利 95 周年主题党日活动。开展“七一”表彰活动，评选院级先进基层党组织 3 个（科学系教工党支部、信息安全系教工党支部、计算机工程系教工党支部）、优秀共产党员 23 名。排查 61 名党组织关系滞留人员，查阅学院所有党员档案近 600 份。组织 2008 年 4 月至 2016 年 6 月的党费补缴工作，组织协调各教工党支部开展自查和集中补缴。完成海淀区十六届人大代表选举，王浩业、杨茜、郭祎华、原晓敏、李瑞获评海淀区第十六届人大代表选举北京交通大学选区先进工作者。完成学院第二次党员代表大会的筹备工作，包括党员代表选举、党委委员候选人推荐提名、起草相关文件等。

2016 年本科生就业率为 98.62%，签约率为 67.74%。已签订就业协议或劳动合同 36 人，占学生总数的 16.59%，主要流向为国有企业和相关 IT 企业。本科毕业生深造率为 50.69%，其中读研 92 人，占毕业生总人数的 42.40%；出国 18 人，占毕业生总人数的 8.29 %。与京东、飞天诚信、立思辰三家公司签订校企共建协议书，新成立 5 个校企共建班级。创办企业版院刊“芯桥”，帮助学生了解行业动态和企业文化。举办“90 校友杯”创业计划大赛。邀请知名企业 CEO、技术总监担任评委，形成创业教育、创业实践、创业实体的一体化建设机制。新聘请 3 名企业 CEO 担任创业导师，举办创业沙龙 4 次，参加人数 60 余人次，5 个成熟团队入驻“创客空间”。组织 500 余人次参观走访中国银行、京东、飞天诚信等公司。邀请中青旅、海康威视、用友金融等企业来校举办暑期实习专场双选会，促成 22 名同学赴企业暑期实习。走访调研浙江大学、上海交通大学等高校，围绕学生青年团员发展、创新创业等主题交流探讨。

邀请校内外知名教授、专家学者、杰出校友，组织策划 8 场 “CIT 名师大讲堂”活动，帮助学生了解前沿科技，培养学生科研创新能力。发挥 CIT 学风宣讲团的职能，围绕保研和就业主题，助力学生学业发展和职业规划，受益学生 420 余人。继续举办“科技之星”评选表彰活动，评选 6 名“科技之星”，奖励总额度达 23 000 元。与台湾淡江大学、香港理工大学建立合作，搭建“两岸三地”学生交流平台。组建计算机学院赴香港社会实践团，与来自中国香港、中国台湾以及波兰、意大利等地的五所高校师生进行为期一周的交流访问。项目入选 2016 年首都大中专学生暑期社会实践“两岸四地青年伙伴行动”重点团队。成立国际事业部，面向有出国意愿的同学举办国际学术研讨等外事活动，通过组织留学经验交流会、建立微信信息分享群等方式，帮助学生提前获取有效留学信息，学习国外大学的教育理念，营造学院国际化培养环境。依托院级团校，提升团干部的组织管理能力、沟通协调能力、语言表达能力和团队协作能力，培养“品学兼优、果毅力行”的青年马克思主义工作者。2 名团支书获得“校优秀团支书”荣誉称号。1 个团支部获评首都大学“先锋杯”优秀团支部和 “优团计划”首都优秀基层团支部荣誉称号。以学风建设为重点，全面加强人才培养一体化工作。定期与教学工作队伍研讨，交流工作计划。加强与任课教师间的联系，加强对学生出勤情况、听课状态、作业完成情况等信息的互联互通。实行 2016 级学业预警制度，由班主任和辅导员对学业困难学生进行精准帮扶。发挥先进个人的榜样作用，创新开展 CIT 榜样宣讲团活动，分享学习、科研、竞赛、工作经验，1 名学生获“思源—校长”奖学金。

以“两学一做”主题学习教育活动为契机，组织党员学党章党规和习近平总书记系列重要讲话，创新性开设“红色讲堂”理论学习模式，结合支部内部党政知识竞赛等寓教于乐的学习活动，多层次开展党员专题培训与学习。全体党员及入党积极分子就“四讲四有”、长征精神、西柏坡精神、党支部规范及合格党员标准等进行交流讨论，加强思想入党。针对入党积极分子，培训过程引入实践环节，分赴中国人民抗日战争纪念馆、中国人民革命军事博物馆、中国国家博物馆参观学习；针对预备党员，充实预备党员素质提升计划，赴冉庄地道战纪念馆感悟革命精神；针对党员骨干，选派代表参加西柏坡和延安体验式实践教学；针对全体党员和入党积极分子，结合红色“1+1”和红色“1+3”项目，深入实施“成才表率”培育计划，开展对接服务，落实党员责任区，提高服务意识，培养奉献精神。

2016 届研究生毕业生总体就业率 99.25%，签约率 88.43%，硕士生到国有企业就业占到 53.10%，博士生到教育单位就业占到 53.85%。组织科学精神与学术道德宣讲，308 名新生全体参加并 100%签署承诺书，微信推送国家奖学金获得者事迹，鼓励研究生群体崇尚真知、独立思考和勇于探究。100 余人次参与“博士生沙龙”活动，承办英国工程技术学会全球学术英语演讲比赛北京交大校园初赛，以计算机学院研究生为主全校共有 50 余人参加选拔。学院“IT 嘉年华”研究生学术文化节邀请学术报告共计 14 次（其中国外专家 7 位、国内专家 5 位、校内专家 2 位）；开展研究生学术论坛 2 次，100 名研究生参与。开展新生运动会、研究生班级风采大赛、素质拓展、新生篮球赛等活动。学院取得校研究生足球赛亚军。

在“两学一做”专题教育活动中，组织学院研究生党员集体学习 2 次，支部书记培训 2 次，党务工作培训 2 次，23 个党支部活动总次数 92 次，支部书记党课 20 次。评选研究生党员标兵 5 名、优秀研究生党员 36 名以及优秀研究生党支部 12 个。组织 2016 级新生骨干培训，312 名研究生参与理论讲座、实务培训、经验交流、外出实践、课题调研等。组织社会实践团 2 支，就业社会实践团 1 支，赴京津冀地区、上海、南京等地开展社会实践活动，其中 1 个团队评获校重点社会实践项目，1 人获评首都大学生“社会实践先进工作者”。博士生 2 人参与教育部“蓝火计划”博士生工作团，6 名博士生参与校未来领军人物新长征活动，2 名硕士生获得市级以上科技竞赛前三名，25 名研究生获得学院计算机科学与技术学科研究生优秀成果奖。

（杨晓晖　杨　茜　王浩业　原晓敏　赵曼莉　董敬祝　郭祎华　董　瑞）

【教学工作】

2016 年计算机科学与技术、计算机科学与技术（铁路信息技术）、计算机科学与技术（医学信息技术）、物联网工程、信息安全、信息安全（保密技术）6 个专业按计算机类招生。贯彻工程教育专业认证和 OBE 教学理念，修订 2016 版培养方案。实施《大学计算机基础》分层教学方法改革。计算机科学与技术专业在 2013 年首次参加工程教育认证后，2016 年再次进行专业认证。10 月，专家组进校考查，完成专业认证各项工作。

2013、2014 级计算机科学与技术（铁路信息技术）专业暑期赴中铁信、曙光、中国软件测评中心、呼和浩特铁路局等企业开展为期 1 个月的专业实习。继续深化与英特尔公司、中铁信息工程集团联合共建的 2 个国家级工程实践教育中心的建设，完善实习实践课程体系，建设企业指导教师队伍。邀请铁路行业专家参与《铁路运维支撑信息技术》课程教学。

与英国兰卡斯特大学合作办学的计算机科学与技术专业（威海校区）迎来第一批入学的本科生（70 人），全英文授课全面开展。2016 年度共计开设 4 门计算机专业课程。学院共有 7 名本科生参加国际交流，包括联合培养和短期交流，交流地点包括美国、瑞典等。

3 门课程获批第一批国家级精品资源共享课，1 门课程被评为中国大学 MOOC 联盟优秀课程。获评 2016 年北京交通大学优秀研究性教学训练载体 1 项，2016 年北京交通大学优秀研究性教学学生作品 2 项。国家级实验教学示范中心建设云计算、物联网和嵌入式教学实验平台和管理服务平台，基于云的实验教学平台和管理服务平台已经投入课程实验教学和实验室综合管理。物联网工程实验室进行二期建设，包括物联网光传感实验平台建设、物联网电传感和高性能计算实验教学平台建设。

学生在第 41 届 ACM－ICPC 国际大学生程序设计竞赛亚洲区域赛及第二届 CCPC 中国大学生程序设计竞赛中，获银奖 6 枚、铜奖 8 枚；第九届全国大学生信息安全竞赛中获三等奖 1 项；第三届全国高校物联网应用创新大赛（华北赛区）中获一等奖 1 项和二等奖 1 项。2015 年大学生创新训练计划项目结题 41 项，其中国家级项目 4 项、北京市级 9 项。2016 年大学生创新训练计划项目立项 71 项。获第五届大学生科技创新作品与专利成果展示推介会电子信息技术领域类二等奖 1 项。承办学校第十届 ACM 大学生程序设计竞赛、第五届新生程序设计竞赛、第二届“互联网＋”大学生创新创业大赛。

组织教师参加 2016 年学校青年教师教学基本功比赛，1 人获二等奖，2 人获三等奖，获评最佳教案奖 1 个。举办 2016 年学院青年教师教学基本功比赛，评选出一等奖 3 名、二等奖 4 名、优秀教案奖 3 个。1 名教师被评为 2016 年全国网络安全优秀教师；1 名教师被评为 2015 年学校课堂教学教风标兵。

2016 年学院研究生获评中国电子学会优秀博士论文 1 篇、提名 1 篇；IEEE WCSP 国际会议最佳论文奖 1 人；2015 年获北京交通大学优秀博士论文 1 人，优秀硕士论文 8 人。1 人获 KDD Cup 2016 竞赛第二赛季 Rank1、总成绩 Top10 以及 Honorable Mention Award 奖；2 人在 CIKM Cup 2016 的两个 Track 的竞赛分获 Top10 和第三名；1 组 2 人获 2015 年全国开源硬件与嵌入式计算大赛全国一等奖；获 2016 年 IBM－Xilinx CAPI FPGA 异构计算大赛全国二等奖 1 项；获上海 BOT 计算机视觉大赛优秀奖（第 6 名）1 项；获北京交通大学第 2 届“互联网＋”大学生创新创业大赛一等奖 1 项；获第 2 届中国“互联网＋”大学生创新创业大赛（北京赛区）创意组三等奖 1 项；获中国航天科工集团第三研究院创新大赛第三名 1 项；获 2016 北京交通大学“生物医学工程新星杯”学生学术论文演讲比赛研究生组第一名 1 项；获 2016 北京市新星杯演讲比赛三等奖 1 项。2016 年组织申报研究生创新基金 12 项，其中Ⅰ类 6 项、Ⅱ类 5 项、Ⅲ类 1 项，总资助金额 18 万元。组织申报研究生高水平论文奖励总计 51 项，其中 An1 类奖励 3 项、An2 类奖励 7 项、An3 类奖励 17 项、An4 类奖励 16 项、An5 类奖励 8 项。博士研究生第一作者发表论文 172 篇，一类论文 156 篇，其中 SCI 58 篇、EI 期刊 33 篇、EI&ISTP 国际会议 65 篇。

2016 年国家建设高水平大学公派研究生项目及学校公派访学 12 人，学校博士研究生国际学术交流基金国际会议项目 7 人，导师派出参加国际会议 9 人。计算机技术全英文硕士研究生班第二年招生，完成培养方案制定、课程规划建设，2016 年硕士留学生招生 17 人。

对 2014 年 9 月版计算机科学与技术、计算机技术、软件工程、信息安全、信号与信息处理、控制科学与工程专业的硕士和博士研究生培养方案进行修订。优化课程体系，健全课程管理机制，改进课程教学，完善课程考核制度，加强课程教学管理与监督，提高教师教学能力与水平，加强课程教学评估常态化机制。加强教学秩序检查，组织学院领导班子成员、学科专业负责人随堂听课。建设各学科核心课程 16 门，资助出版或拟出版教材 4 本；建设全英语授课 14 门，双语授课 3 门；建设研究生实践教学平台 2 个。对研究生综合教务系统中所列所有 285 门课程进行清理统计和教材使用统计，对所有保留开设的 26 门博士研究生课程、93 门硕士研究生课程、12 门留学生课程的中英文教学大纲进行修订、汇编成册。

出台《计算机与信息技术学院研究生学位论文过程管理办法》《计算机与信息技术学院硕士论文评审答辩简明流程》《关于进一步提高博士研究生培养质量的若干意见》以及学院《研究生攻读学位期间发表学术论文的要求》等。出台《计算机与信息技术学院研究生奖助金评定体系与管理实施细则》《计算机与信息技术学院研究生创新奖学金评审办法》，多方筹资对研究生高水平科研创新、高水平论文、高科技竞赛等作出奖励。完成研究生核心课程支持与服务平台建设，利用数字信息技术，实现研究生课程的生命周期管理与教学互动。开展研究生德育与培养一体化研究，建立研究生思想道德实践基地。

制定计算机技术工程硕士专业学位领域的学位授予标准，从研究生应掌握的基本知识、基本素质、基本学术能力、学位论文等方面对本领域内全日制、在职专业学位硕士研究生提出了明确的要求。遴选博士生导师 8 人，遴选硕士生导师 7 人。

按新学科专业目录调整招生，加强和规范推荐免试生接收工作；通过直博、本硕博培养一体化思路提高博士研究生生源质量，加强高端人才培养。硕士研究生招生复试过程中采用全程录音录像的方式严抓考风考纪。涉及的 5 个一级学科计算机科学与技术、信息与通信工程、控制科学与工程、软件工程、网络空间安全，按照新修订的专业方向招生。

（李清勇　樊崇艺　何　平　李　斌　林友芳　赵宏伟　周　亮　袁中兰）

【科研工作】

新增科研总经费约 3 500 万元，其中国家自然科学基金项目获资助率为 48.57%，承担国家重点研发计划课题 1 项，国家自然科学基金重点项目 1 项。学院师生发表 SCI 检索论文 104 篇，其中 An1 论文增势明显。在 IEEE Trans.等重要期刊发表论文近 40%，其中 3 篇论文进入 ESI 高被引论文。2016 年新提交专利申请 40 项，新提交软件著作权申请 10 项。出版学术专著 5 部。刘峰主持的“基于在线监测的高速铁路动车组主动运维技术及应用”获中国铁道学会科学技术奖二等奖。完成武器装备科研生产质量体系内审与外审。

（李浥东　魏　钧）

【学科与平台建设】

学院建设学科有“信号与信息处理”国家重点学科，“计算机应用技术”北京市重点学科，“信息安全”北京市重点交叉学科，“软件工程”学科和网络空间安全学科。学院牵头建设的计算机科学与技术学科 QS 排名进入前 400，进入 ESI 学科排名前 1%。

配合学校组织参与完成第四轮学科评估相关工作。组织学科负责人及相关工作负责人系统梳理汇总学院四年来评估报告材料涉及的师资建设、教学、科研成果等 4 大类近 2000 多条数据。搜集近 60 家兄弟院校的学科评估材料并进行统计分析。

新增“智能交通数据安全与隐私保护”北京市重点实验室。学院有省部级以上科研教学实验平台 10 个。对全院固定资产进行清查统计，清查资产数量 7 400 余件，涉及金额 4 200 余万元。

（林友芳　李浥东　魏　钧）

【对外交流与合作】

举办第 13 届国际信号处理会议。教育部“111 计划”创新引智基地“主动配电网大数据分析与处理创新引智基地”及“计算机外国专家引智项目”共邀请国外（境外）专家 40 余人次。2016 年度学院教师申报高端引智及学校重点引智项目均获得审核通过。

接待来自英国、美国、法国、加拿大、澳大利亚、荷兰、新加坡、意大利、沙特、卡塔尔 10 个国家，以及中国澳门和台湾地区来访 44 人，其中合作交流 10 人、讲学讲座 26 人、与学院教师合作科研外籍教师 4 人、参加学校举办国际会议 4 人。举办 GSS 常青藤国际暑期学校。派出 37 个出访团组，37 人次教师出国参加国际学术会议，其中部分教师赴国外一流高校从事合作研究、开展科研项目交流。

2016 年夏季美国密苏里大学联合培养项目派出学生 1 名，法国 INSA Lyon 交换生项目派出 1 人，中法 4+4 项目派出 2 人，瑞典皇家工学程项目派出 1 人，比利时鲁汶大学 2+2 项目派出 2 人，德国达姆施塔特工业大学交换生 1 人，加州大学圣地亚哥分校交换生 2 人。接收 21 名外国留学生，其中包括 18 名英文班硕士留学生、3 名本科留学生。为 2016 级留学生硕士班开设多门全英文专业课程，引入杜伦大学计算机系硕士课程教授 1 人，开设课程 1 门。

（李浥东　周　亮）

【校企合作】

校庆当天共接待学院校友 468 名，完成 1982 级、1992 级、2002 级毕业校友值年返校活动，完成对校友信息的补充及更正。

联络校友企业 43 家，开展各项活动 20 余次（含校内组织捐款等）。走访企业 4 家（飞天诚信、握奇数据、天睿科技、航天信息），签署各类协议 4 份，跟进洽谈单位 5 家，举办校企各类座谈 10 余次，筹资 592.05 万元。

与校外培训机构联合举办第四期 GSS 国际暑期学校，共招收 357 名学生。

（董敬祝　杨　茜　董　瑞）

【国家保密学院工作】

2016 年，实训平台承担中央和国家机关 118 个部委 6 万余人的轮训任务。7—9 月份，实训平台承接完成在京中管干部保密教育轮训，来自中央和国家机关、各人民团体共 166 个单位 1 073 名中管干部参加培训，其中正部级干部 97 人。承办保密教育培训班 32 期，1 419 余人接受培训。为各类保密培训提供师资，选派教师担任培训教师 25 人次。

作为中国保密协会教育分会挂靠单位，推进教育分会各项工作，9 月 26 日至 27 日组织召开高校科研保密协作组成立大会暨首届学术研讨会，10 月 14 日举办保密科技与人才发展战略论坛。组织制定《保密管理专业指导性专业规范》和《保密管理专业教学质量国家标准》。6 月 6 日至 7 日、11 月 21 日至 22 日，举办第四期保密专业师资培训暨保密专业课程观摩研讨班和第五期保密专业师资培训班，就《通信安全保密》《商业秘密保护》《涉密取证技术》《涉密信息系统安全保密管理》4 门课程建设、教材编写及学生实践能力培养工作等情况进行交流研讨，开展观摩教学活动。

推进保密专业人才培养工作。加强保密专业课程建设，开展教学质量提升计划，对已开设的20门保密专业课程的教学大纲、课件、讲义、教材等相关教学材料进行修订，并给予经费支持。在保密专业和信息安全专业本科生中继续开展“信息安全竞赛培育项目”，在2016年第九届全国大学生信息安全竞赛中获得三等奖1项，在第二届中国“互联网+”大学生创新创业大赛（北京赛区）中获得三等奖1项。承办第三届首都网络安全日暨“西普杯”京津冀信息安全人才选拔赛和“铁人三项”华北赛区数据赛。组织2014级本科生分赴国家保密局中央和国家机关保密技术服务中心、中央和国家机关保密教育实训平台、金城出版社、北京市各区县保密局等单位开展暑期实习。每周有半天的时间专门开展低年级保密专业学生的实践教育，包括学习保密主题相关的影视宣传资料、专家报告会和忠诚教育、相关保密单位和场所的参观、拓展训练等，先后组织6次参观交流活动。开展保密专业特色学生活动，组织国家安全教育日宣传活动、“保密时代”保密知识竞赛、“RUNNING密”网络安全校园跑、国家网络安全宣传周教育主题日宣传等活动。

学院与中共北京市房山区委保密委员会签订合作框架协议。接待复旦大学、天津大学、西北工业大学、中国海洋大学等兄弟高校保密学院师生来院访问交流，以及北京大学、武汉大学保密办来校调研活动。

根据国家保密局要求，完成12集保密文献纪录片的内部试看工作，汇总整理样片试看意见并按时报送。

（韩　臻　殷晓彤）

经济管理学院

【概况】

学院下设经济系、金融系、劳动经济系、会计系、企业管理系、旅游管理系、物流管理系、信息管理系、工程管理系 9 个系。学院设立中国企业竞争力研究中心、国家经济安全研究院、中国交通运输价格研究中心、中国交通运输经济研究中心、中国医疗器械供应链与产业发展研究中心、北京交通大学现代旅游发展研究院、风险管理与保险研究所、中国技术经济研究中心、物流研究院、轨道交通行车关键岗位人员职业适应性研究中心、中国企业兼并重组研究中心、信息管理理论与技术国际研究中心、城镇化研究中心、服务经济与新兴产业研究所、中国城市轨道交通投融资研究中心、低碳物流研究所、企业信息化研究所、企业文化管理研究所、中国经济模拟研究中心、中国经济模拟研究中心、工程与项目管理研究所、运输经济研究所、增值物流研究所、中奥物流创新研究中心、组织评价研究所、中国金融研究中心、风景道与旅游规划研究所、世界旅游城市研究中心、会计与财务研究所、发展战略研究所、富碳农业研究中心、中国资本研究院、“一带一路”产业研究院、全球供应链与物流研究所、丝绸之路研究中心、物流网络工程研究所 36 个科研机构从事专门领域的科学研究与社会服务工作。学院有省部级科研平台 5 个：北京市哲学社会科学重点研究基地“北京交通发展研究基地”“北京产业安全研究基地”“北京物流信息化研究基地”，北京市社会科学与自然科学协同创新研究基地“北京人文交通、科技交通、绿色交通研究基地”，北京市重点实验室“物流管理与技术实验室”。

学院设有金融学、经济学、劳动与社会保障、会计学、财务管理、工商管理、市场营销、旅游管理、物流管理、信息管理与信息系统、工程管理、保密管理 12 个本科专业，金融学、产业经济学、国际贸易学、劳动经济学、公共管理、管理科学、物流管理与工程、信息管理、工程与项目管理、会计学、企业管理、旅游管理、技术经济及管理 13 个学术型硕士专业，高级管理者培训与发展中心（EDP）、高级管理人员工商管理（EMBA）、工商管理（MBA）、金融（MF）、资产评估（MV）、会计（MPAcc）、审计（MAud）、应用统计（MAS）、工业工程（IE）、物流工程（LE）、工程管理（MEM）11 个专业学位品牌，应用经济学、会计学、企业管理、技术经济及管理、旅游管理、管理科学、信息管理、物流管理与工程、工程与项目管理、安全科学与工程 10 个博士点。

2016 年学院有在职教职工 293 人，其中专任教师 208 人，包括工程院院士 1 人、“卓越百人”1 人、国务院学科评议组成员 3 人、教育部教学指导委员会成员 6 人；博士生导师 70 人，硕士生导师 158 人；教授 59 人，副教授 92 人，讲师 57 人；专任教师中具有博士学位的占 82%。

截至 2016 年年底，学院毕业学生 1 473 人，其中研究生 1 037 人（博士生 69 人，硕士生 968 人），本科生 436 人；招生 1 207 人，其中研究生 848 人（博士生 88 人，硕士生 760 人），本科生 359 人；在校生 4 850 人，其中研究生 3 071 人（博士生 762 人，硕士生 2 309 人），本科生 1 779 人。

（周　婉）

【党建和思想政治工作】

学院共有 68 个党支部，其中教师党支部 11 个、研究生党支部 52 个、本科生党支部 5 个。在册党员 1 180 人，其中教职工党员 207 人、研究生党员 808 人、本科生党员 165 人。全年发展党员 111 人，其中研究生 27 人、本科生 84 人。

推进“两学一做”学习教育活动，突出支部基础地位，切实做到师生支部、党员全覆盖。按照“一系一支部”原则，将教师支部由 7 个增设为 9 个，学院党委下设的教工党支部增加到 11 个，同步开展 11 个教工支部换届选举和系负责人选举，统筹考虑相关人选，选齐配强支部书记和支部委员。组织党员组织关系集中排查，共计完成 1 282 名在册党员的档案核查与信息完善、3 234 名已转出党员的接收情况确认，稳妥完成 92 名失联党员规范管理和组织处置。开展党费核算收缴工作，学院 200 余名教工党员全部按时、足额完成补缴。

学院以新书院和各团学组织作为依托，以青年需求为出发点，开展各类工作坊和沙龙全年共 120 期，累计 600 余人次参与，活动涉及传统文化、学业发展、国际交流、发展规划等多方面内容，逐步做到对学生的精细化、个性化培养。以学风建设为核心，推进“全面化”创新型实践。完善学科竞赛体系，为满足不同年级、不同专业学生的需求，开设普适类竞赛和专业类竞赛，举办低年级创业大赛、“创青春”比赛等。2016 年学院本科学生公开发表专业论文 26 篇；累计 600 余人次在各类学科竞赛中获奖，有 32 人次获得国家级奖项。以社会实践为外延，开展“立体化”认知型实践。结合专业特色组建 10 支团队开展社会实践活动，实践主题包括“十三五”“两学一做”“校庆”“三下乡”“非物质文化遗产”等。“师承”赴宁夏社会实践团获评北京交通大学社会实践一等奖，《师承》视频荣获 2016 年大中专学生“三下乡”社会实践“千校千项”匠心传播正能量作品称号。“逐梦十三五”赴山东社会实践团获评 Myouth 暑期实践全国优秀团队。引导学生开展志愿服务，以“海洋馆志愿服务”“特奥儿童进校园”等 5 项定期活动为基础，新增“兰考留守儿童筑梦交大”等 4 项志愿服务，推进志愿服务精品化、数字化。2016 年学院在册志愿者 1 500 余人，累计志愿服务时长 2 800 余小时。以学院本科生工作统一对外宣传窗口“BJTU 经管人”为主要阵地，搭建思想建设宣传平台，全年发布推送文章 262 篇。

研究生各支部围绕“两学一做”开展主题党日活动近 50 场次，包含党员先锋工程、七一专题党日、“纪念长征胜利 80 周年”、“12・9”、参观军事博物馆、红色“1+1”示范活动等。学院设置三助岗位 203 个，其中助教岗位 139 个、助管岗位 64 个；聘用助教 141 人、助管 64 人，共计 205 人。7 个实践团队参加暑期社会实践，约百名师生参加暑期社会实践活动，13 名同学被评为优秀社会实践个人。开展“与大师面对面”“院士校园行”等学术讲座 70 期，研究生共计 4 000 余人次参加。“慧光杯”学术论文 223 篇，评出一等奖 10 名、二等奖 28 名、三等奖 39 名。研究生 1 个班级获评 “北京市优秀研究生班集体”提名，获评北京市三好研究生 1 人、北京市优秀学生干部 1 人，校级“三好研究生” 116 名、“优秀研究生干部”35 名。推荐 8 名同学参评并获得校级专项奖学金，其中 “智瑾奖学金”1 名、“杨爱芬奖学金”3 名（1 名博士、2 名硕士），“金融分会专项基金”3 名、“汉能李嘉宁奖助学金”1 名。共有 672 名研究生参加就业，其中硕士 636 人、博士 36

人。在就业指导方面，开设选修课程，分领域邀请人力资源高管到校讲座，举办专场招聘会、就业流程培训等系列活动，就业率达到98.36%。

（李世珍　张云鹏　刘人元）

【教学工作】

2016 年学院有中国大学资源共享课 5 门，分别是：物流学、电子商务、运输经济学、ERP 理论与实践、企业物流管理（网络教育类），其中物流学、电子商务、运输经济学、ERP 理论与实践 4 门获批国家级精品资源共享课；有国家级精品视频公开课 2 门：金融与生活、物流与生活；有校级优质课程 10 门；有国家级精品教材 2 本：《西方运输经济学（第二版）》《物流学》；有北京市精品教材 42 本，有北京市精品教材立项项目 12 个；有 9 本教材列入国家"十二五"规划教材；有国家级教学名师 1 人：荣朝和；有北京市教学名师 7 人：荣朝和、张明玉、汝宜红、张真继、郭雪萌、马忠、刘伊生；有校级教学名师 11 人；有校级优秀主讲 47 人；2016 年获批国家级虚拟仿真实验教学中心；学院本科生全年累计 600 余人次在各类学科竞赛中获奖、32 人次获得国家级奖项，公开发表专业论文 26 篇。2016 年结题的大学生创新项目国家级 6 个、北京市级 6 个、校级 48 个。

深化创新创业教育改革，承办创新创业种子班；以威海校区经管类专业设立为切入点，加强相关专业全英文课程建设，提高学院国际化人才培养水平；以青年教师助课为平台、青年教师基本功比赛为依托，发挥教学名师和优秀主讲的带动效应，提升教师教学水平；以教改立项为驱动、大学生创新实验计划为依托、科研导师计划为载体，大力推动科教融合；培养专业复合型人才，实施双学位人才培养。1 月 26 日，北京交通大学经济管理虚拟仿真实验教学中心获批国家级虚拟仿真实验教学中心，增加新的教学资源软件及实验项目，提升学院的实践教学条件及水平。2016 年学院教师申报本科教学成果奖共计 57 项，推荐参加校级教学成果奖评选 43 项。

通过全国大学生夏令营、推荐免试、本硕博连读、直博、申请考核等创新机制选拔优质生源。共录取硕士研究生 769 人（其中 MBA 202 人）、博士研究生 88 人；其中录取推免生 264 名（夏令营营员 40 名）、直博生 3 名、1 名本硕博生，77%的院内本科推免生选择留校读研。有 81 位博士生指导教师通过 2017 年招生资格审核，新增硕士研究生指导教师 13 名。

推进一级学科学位点的自评估工作，5 月 20 日完成管理科学与工程学位点的校外专家评估。配合教育部学科评估工作，为四个一级学科提供有关招生、培养、学位、就业等数据资料。

制定并实施《关于促进博士生按期毕业的规定》《学位委员会议事规则》，发布《硕士研究生学位授予工作细则》。

14 名博士生和 9 名学术型硕士生获得国家奖学金，博士生人均发表 B 类以上学术论文 3 篇，硕士生均参加导师的科研项目并有 C 类以上学术论文发表。有 34 名研究生申报学校的研究生创新项目，有 5 项Ⅰ类、9 项Ⅱ类、1 项Ⅲ类项目获准 2016 年立项，总经费达到 26 万元。

鼓励研究生参与国内外学术交流。通过申报留基委资助，共派出 12 名硕、博士生赴国外攻读学位或联合培养；通过申报学校的国际交流基金，派出 6 名博士生赴国外访学，10 余名博士生赴国外参加学术会议交流。

对 100 余门研究生课程进行教学秩序检查，对所有研究生试卷进行后评估，检查教师的授课内容与考核是否全面、一致，分析教学效果，改进教学方法和手段。加大对高重复率和评审不通过论文的处理力度，保证学位授予质量，学术型研究生 263 人获硕士学位。加大清理超期博士生力度，督促博士生按时毕业，69 人获得博士学位。

对 80 余位未按时注册研究生发放退学警示书，有 22 位研究生因未按时回校注册或超过学习年限按自动退学处理。

（高桂莲　宋光森）

【科研工作】

学院新增科研项目 212 项，合同经费总额 5 373.59 万元。获得国家自然科学基金项目 3 项，国家社会科学基金项目 4 项，国家重点研发计划重点专项课题 1 项（侯汉平主持）。其中获得国家社会科学基金重大项目 1 项（冯华主持）、重点项目 2 项（分别由冯华、刘颖琦主持）、青年项目 1 项；获得国家自然科学基金海外及港澳学者合作研究项目 1 项（张菊亮主持）、青年项目 2 项。

李孟刚教授、宋守信教授分别获得北京市第十四届哲学社会科学优秀成果奖一等奖；欧国立教授获得北京市第十二届优秀调查研究成果二等奖 1 项；学院获得中国铁道学会科学技术奖 3 项（2 项主持、1 项参加）。

SCI 检索论文 22 篇，SSCI 检索论文 18 篇，EI 检索期刊论文 64 篇。发表会议论文 93 篇，发表期刊论文 304 篇，发表报纸类论文 10 篇。出版学术专著 10 部。殷平的专家建议《北京强化京津冀旅游核心功能的四个着力点》入选北京市社科基金《成果要报》，获得副市批示；关忠良、谢祥的专家建议《高校博物馆建设现状及发展建议》被教育部科技委录用并提交国家相关领导参阅；荣朝和、冯华的专家建议《推进铁路货场尽快转型助力大城市货运》被教育部采纳，在《教育部简报（高校智库专刊）》刊发；赵坚的《“十三五”铁路发展新常态重点在大都市区》被教育部采纳并供有关领导同志参阅；《关于加强建设全国科技创新中心的思考和建议》和《关于治理北京交通问题的改革建议》2 篇专家建议入选《北京改革蓝皮书（2015）》。

与日本京都大学合作，举办“物流、信息化与服务科学国际学术年会（LISS’2016）”和“产业经济和产业安全国际学术会议（IEIS’2016）”；举办第四届运输与时空经济论坛、第三届管理·创新·发展（MID2016）国际学术会议、2016 中国信息经济学会学术年会暨博士生论坛、北京交通大学第三届创新产业论坛、产业政策问题研讨会等大型学术会议。学院内部举办学术讲座 21 场。

（张　蕾）

【学科与平台建设】

从 2015 年 12 月中旬开始至 2016 年 6 月中旬，通过对照本轮评估指标体系要求，做好应用经济学、工商管理、管理科学与工程、公共管理 4 个一级学科评估内容梳理、数据搜集、报告汇总和材料填报等工作。

北京交通发展研究基地成功申报“北京综合交通发展研究院”，申报并入围南大智库索引。2016 年 7 月 16 日，成立“一带一路”产业研究院，构建“一带一路”互利合作网络、共创新型合作模式、开拓多元合作平台、推进重点领域项目。

1 月，学院经济管理虚拟仿真实验教学中心获批国家级虚拟仿真实验教学示范中心，成为经管学院第一个国家级平台。

（张　蕾）

【对外交流与合作】

6 月 7—8 日，承办 2016 中欧商校联盟院长会暨中欧科研合作论坛，来自荷兰鹿特丹管理学院、意大利米兰理工大学等国内外知名大学的 30 余位商学院、经济管理学院院长出席会议。

2016 年派出 109 名学生，其中本科生 72 名，参与本科生交换项目 35 人，参与本科生 2+2 联合培养项目 14 人。本科毕业生硕士推荐项目 3 人，本科生参与短期交流项目 20 人；硕士生共 37 人，包括硕士生交换项目 5 人、硕士 1+1 项目 8 人、硕士学生参与短期交流项目 24 人。接待境外学生交流访问团 10 个、共 213 人次；接待境外长期来访交换学生 26 名。国家留学基金管理委员会 2016 年优秀本科生国际交流项目申报方面，学院被录取 12 人。2016 年学院新入学留学生 42 人，在学院学习留学生达到 159 人。2016 年派出 9 名教师赴境外开展 6 个月及以上的交流访问，派出教师均将为学院开设一门双语课程或全英文授课课程。学院教师开设英语课程 17 门，较 2015 年增加 1 门。邀请境外教授到学院讲学与开展科学研究 96 人次，为本科生全英语授课 8 门、共 416 课时，为硕士生全英语授课 39 门。

2016 年签署 3 个交流项目协议，包括：与肯塔基大学学生交换协议、与成功大学学术交流合作协议、伊拉斯莫斯世界计划硕士项目（国际工业管理硕士）联合协议。学院有实质运行国际及港澳台交流项目 55 个。

2016 年与肯塔基大学建立本科 2+2 项目的合作。项目时间为两学年，顺利完成学业之后获得肯塔基大学和北京交通大学的双方学士学位。

2016 年，与英国兰卡斯特大学联合举办中外合作办学物流工程硕士研究生学位项目，项目为全英语授课专业，已通过教育部审批，2017 年 9 月正式招生。2015 年，与英国兰卡斯特大学合作的金融、工商管理等专业本科学位中外合作办学项目，2016 年在申请筹备阶段，计划于 2017 年年初启动。

（周辉宇）

【案例中心】

鼓励教师采取结合自身的科研项目、社会服务项目或指导在职学生的毕业论文等方式，进行产学研相结合的“原创性、典型性、规范性”教学案例的开发。2016 年有 23 位老师的案例进行了立项，26 位老师完成 2015 年立项案例结题并入库学院案例库。1 篇案例获评全国 MPAcc 教指委优秀案例；6 篇案例入库中国专业学位教学案例中心案例库；4 篇案例获评第七届“全国百篇优秀管理案例”，8 篇案例入库中国管理案例共享中心案例库。

有 60 多位教师参加国内外相关案例培训，其中崔永梅和苟娟琼 2 位老师参加哈佛商学院 GLOCOLL 案例培训；举办案例评审会多次；围绕“如何进行案例开发、如何将案例应用与教学实践中、如何进行案例研究”等主题举办案例沙龙 10 期。向中国管理共享中心申请会员账号，为刘颖琦等多位老师申请了中国管理案例共享中心会员账号。

举办第二届“贝能达杯”案例分析大赛暨全国管理案例精英赛校园突围赛，组织学生参加全国管理案例精英赛。

（张莉莉）

【社会服务与校友工作】

2016 年校友数据库新增有效校友信息 4 000 余条，累积校友信息已达 24 000 余条；举行 120 周年校庆经管学院庆祝活动；举办金融分会第一届理事会换届大会暨年度主题论坛、金融分会暖春采摘交流会，金融分会赴校友企业汉能集团进行面对面企业诊断、出席汉能移动能源战略成果暨全太阳能动力汽车发布会，组织会计分会举办主题沙龙活动；举办第二届交大“创享汇”创新创业大赛、“走出课堂，走进企业”系列活动，多场校友讲座及座谈，多期“我和银杏有个约定”等主题活动，与 EMBA 中心联合举办四期“EMBA 创新创业论坛”；为学院身患鼻咽癌的博士张云秋发起募捐，通过校友圈、学校教育基金会新媒体捐赠平台及校内宣传，共募集善款 39 余万元，为张云秋手术解决燃眉之急；维护更新学院校友微信平台、成立本科及研究生校友志愿服务部，以 120 周年校庆为契机隆重推出“校友 APP”。

2016 年总共募集基金 2 629.36 万元，到账金额 1 183.49 万元。利用新媒体捐赠，增强校友捐赠文化、培养在校生校友意识，举办 120 周年校庆纪念戒指捐赠活动，16 小时内参与校友超过 1 500 余人；推出 120 周年校庆经管学院基金、雨露计划等多项募款项目，得到校友及在校生关注支持，获实物捐赠多笔；其中大额捐赠包括：讲席教授基金 500 万元、世纪瑞尔创新基金 120 万元、量化投资教育基金 200 万元、中博诚通教育创业基金 200 万元、鸿立联视教育基金 200 万元和经管学院明星教育基金 100 万元。

探索国际校企合作新模式，与 KPMG、丸和运输机关株式会社、德国 ABCDV、德国 DO School、澳大利亚华商文化促进会等国际组织及国际企业建立开展务实落地的交流合作；利用行业协会平台，探索“一对多”的校企合作模式，与教育部学校发展规划建设中心、中国物流采购联合会、中国企业联合会等平台建立联系，开展联合举办活动、共建研究中心、共建案例数据库等各类“政产学研”合作；与龙头企业合作，推广学院品牌影响力，与京东集团、KPMG、汉能集团、五矿集团、赛迪顾问等业内龙头企业战略合作，开展一揽子人才培养、科学研究、社会服务及文化传承等合作；通过校企合作、创业项目路演、创业基金设立、校友帮扶等多种形式，构建有利于企业发展的生态圈，积极扶植初创企业发展，形成“学院扶植企业、企业反哺学院”的良好互动局面；通过拜访校友及校友企业，对接企业实习就业需求，发布招聘信息数十条，协助企业举办专场招聘会，推荐 30 余名学生实习就业。

（冯　瑶）

【国际认证与战略规划】

3 月，完成并向 EFMD 提交学院 2015 年 EDAF 整改进展报告；5 月和 9 月，接待 EDAF 导师 Arnaud 教授两次访校，组织学院领导及相关人员与导师深入交流，推进学院 EQUIS 认证申请的相关准备工作。6 月，派出 1 人赴意大利罗马参加 EFMD2016 年会；10 月，华国伟副院长赴上海参加第六届全球商学院院长论坛。11 月，派出 2 人赴香港参加了 EQUIS 认证标准培训。

3 月，学院 AACSB 认证资格申请报告获得通过。7 月，派出 3 人赴韩国首尔参加 AACSB－AoL 体系建设培训会。9 月，接待 AACSB 认证导师台湾逢甲大学江怡蒨教授首次访校，组织相关人员参加导师讲座和访谈交流，赴对外经贸大学国际商学院进行国际认证工作调研。11 月，派出 2 人赴马来西亚吉隆坡参加 AACSB 认证标准培训。

11 月，学院“十三五”发展规划经过广泛征求教师代表、学院国际咨询委员会和学院学术委员会各位委员的意见和建议，由学院党政联席会议审议通过后报学校并发布实施。完成学院“十三五”期间核心指标分解方案，建立“十三五”发展规划实施进展年度报告制度。

2016 年全球 1 000 所最佳商学院排名中，学院继续保持 3PALMS，蝉联中国大陆商学院第 11 位。在 Eduniversal2016 年全球最佳硕士项目排名中，组织提交 6 个学术型硕士项目和 4 个专业学位硕士项目的排名材料。

（曹卫兵）

【建立院校融合的信息化模式】

2016 年经管学院信息化办公室建立了院校业务融合的信息化建设模式，在此模式下，以“高复用、低运维、高柔性、求创新”为原则，以实现学院业务微循环，注重与学校业务的无缝集成与融合为目标，充分利用移动互联等相关技术，在面向用户的服务集成、数据驱动的管理决策等多方面的院校融合的信息化解决方案上力求创新。

学校在 2016 年为学院一级信息化建设投入总计 160.8 万元，在信息中心牵头下，学院信息化办公室共完成了三个项目，分别是：面向学院细颗粒度数据服务的数据中心软件及统一认证中心软件项目（主要实现学校与学院一级智能数据的共享与数字连接服务）；面向学院内部精细化、数字化管理的协同办公管理平台项目（主要完成学院内部业务与财务一体化的协同管理、并与学校的协同服务进行融合与集成）；面向外部品牌与服务连接的学院门户网站群系统、学院招生预报名系统与学院活动管理系统项目（主要用来发挥学校信息化试点学院的作用、创新发展学院一级特有业务、力求为其他学院复用及部署）。

在第七届中国商学院信息化建设主题论坛上，北京交通大学经济管理学院的院校信息化融合解决方案被评为经典案例，在协同平台上搭建学院各类业务被认为是极具创新意义的高校信息化解决方案。

（罗　宇）

交通运输学院

【概况】

交通运输学院下设运输管理工程系、交通工程系、交通信息管理工程系、城市轨道交通系、物流工程系及系统工程与控制研究所、系统科学研究所。组建有北京交通大学综合交通研究中心、北京交通大学铁路危险货物运输研究实验室、交通运输国家级教学示范中心、“城市交通复杂系统理论与技术”教育部重点实验室、交通运输国家级虚拟仿真实验教学中心、北京交通大学中国城市研究中心、交通系统科学与工程研究院、高速铁路运营管理技术实验室，参与“轨道交通控制与安全”国家级重点实验室建设。

截至年底，学院在聘教职员工为 174 人，其中专兼职管理岗位人员 23 人、教学科研岗位教职员工 147 人、交通运输实验中心 4 人。教授 59 人（含业务关系在学院但人事关系不在学院教授 17 人），副高职称教职工 81 人（含业务关系在学院的国家重点实验室教师 9 人）。

学院毕业学生 783 人，其中研究生 409 人（博士生 46 人、硕士生 363 人），本科生 374 人；招生 721 人，其中研究生 381 人（博士生 67 人、硕士生 314 人），本科生按交通运输大类招生 340 人；在校学生 2 668 人，其中本科生 1 476 人（含双培生 62 人），博士生 370 人，学术硕士研究生 608 人，全日制专业硕士研究生 214 人。

（王立娟　赵俊铎）

【党建和思想政治工作】

2016 年学院有党支部 37 个；党员 852 人，其中教职工党员 136 名（含在站博士后 7 名）、研究生党员 573 名（含博士生党员）、本科生党员 143 名；全年发展党员 98 人。

制定“两学一做”学习教育方案，从 5 月开始，将所有集中组织的学习和活动内容、要求进行逐月分解，制定落实方案，具体内容和形式由支部创新组织。党员逐月向党支部提交学习心得体会，党支部逐月向学院党委提交学习情况总结、党日活动总结。开展“做合格党员承诺”“两学一做”主题党日活动。院党委书记、党支部书记、支部党员讲授党课，并邀请曹国永书记、孙军昌老师为学生讲党课。组织开展合格党支部规范和合格党员规范讨论。开展党员组织关系排查和党费补缴工作。学院召开纪念建党 95 周年暨表彰大会，组织各支部开展红军长征胜利 80 周年主题党日活动，学习习近平总书记在纪念红军长征胜利 80 周年大会上的讲话，学习贯彻十八届六中全会精神，加强新形势下党的建设。做好党员在线学习，培育和践行社会主义核心价值观，加强理论武装。学习领会《中国共产党发展党员工作细则》精神，加强对党校学员的教育管理和对学生党支部支委的培训，做好学院党课组织工作，严把党员发展关。对学生党支部设置采取横纵结合的方式，促进学生党员队伍建设。加强基层党组织与基层学术组织协调配合，在各项工作中发挥党员模范带头作用。加强党风廉政建设，开展各项自查自纠工作，杜绝违反规定的行为，坚决贯彻中央八项规定，廉洁从政；转变工作作风、关心师生利益，提高工作效率；自觉接受群众的监督。

围绕建党 95 周年、红军长征胜利 80 周年、交大 120 周年校庆等主题，开展理想信念、公民道德、感恩诚信等教育活动，引导青年学生在实践中培育和践行社会主义核心价值观。举办主题团日活动、主题班会、形势政策报告会、主题座谈会、“三人行”论坛，开展时政点评大赛、党团知识竞赛、“红潮澎湃”论坛活动，在微信平台上推出“时政电子周刊”，引导同学们关注和思考时事。加强网络思想政治教育的平台建设，学院团委的微信公众号全年共发布 400 余条与学生成长息息相关的消息、通知、讲座图文等，浏览量合计突破 6.3 万余次，受众群体达 3 万余人次。及时准确把握学生思想动态，加强民族政策、时事政治教育，开展安全教育活动，增强辅导员危机处理能力，提升学生的安全意识和安全素质。

加强学风建设与科学道德建设，研究生以班为单位开展加强学风建设研讨活动，学习贯彻《北京交通大学交通运输研究生学术道德规范管理条例》，学院成立学术监察小组，监督相关工作的实施，杜绝学术虚假现象，弘扬严谨求实的学术钻研风气。开展“学子为榜展风采 名师点评树新风”研究生学风建设主题活动，评选出论文之星、科研之星、考试之星、励志之星及学风建设优秀策划班级之星，并进行风采展示。学院组织推选学术道德建设先进典型，推出 2 次获得国家奖学金的博士研究生李晓梦同学作为学术方面的先进典型。推进研究生心理健康教育与保健工作，开展 2016 级研究生心理普查，增强学生心理保健意识。学院在籍新生 394 人，实际参测 317 人，符合心理中心建议的 20%的基本要求。

（孙冬梅　陈　磊　李　涛）

【教学工作】

基本完成基于 OBE 理念的 2016 版 8 个专业（方向）、2 个双培计划和 2 个思源班培养方案修订工作。初步完成《交通运输学院专业教学活动和学生活动的管理办法》和《交通运输学院本科生综合素质评价方案实施细则》。

交通运输类和电子商务 2 专业为“交通运输大类”本科招生专业，完成交通运输大类、高铁客运组织与服务 2 个专业方向的自主招生。完成 2015 级 304 名学生专业（方向）分流工作。2016 学年转专业转入学生 33 人、转出学生 10 人。

大类专业导论课由主管本科教学院长、专业（方向）责任教授、主管本科生就业的副书记主讲。6 门专业主干课程完成课程平台 MO0C 建设。推进“铁路运输设备”“铁路行车组织”“铁路货运”“铁路旅客运输”“铁路站场与枢纽”5 门铁路特色课程英文教材的编写翻译与样章翻译工作。出版适合中国城市交通复合型人才培养需求的城市交通系列教材 14 本，在北京交通大学北京学院得到系统应用。

出台《交通运输学院新入职教师和师资博士后助课管理办法》；首次开展主讲教师资格认定，3 名老师获得主讲教师资格。李娟、谢征宇和梁肖 3 位教师代表学院参加学校组织的教学基本功比赛，获得三等奖。交通运输学院教学指导委员会 9 月 19 日对 26 位参加 2016 年职称评审教师提交的“本科人才培养质量自评报告”进行评议。评价结果为 2 人 A 级、22 人为 B 级，2 人为 C 级。

2015 年大创项目结题 51 项，其中国家级 5 项、市级 6 项、校级 30 项 ；2016 年大创项目立项 52 项，其中国家级 5 项、市级 4 项、校级 21 项、院级 22 项。

首次组织物流工程专业学生参加世界供应链金融协会（Supply Chain Finance

Community）主办的“SCFC 全球学生商业挑战赛”中国赛区比赛，进入复赛阶段。代表学校首次组织“海尔物流创客训练营”，学院物流工程、铁路运输等专业和经管学院、电信学院 15 名学生组织三个参赛队参加 2016 年“海尔日日顺物流创客训练营”，最终在“创客解决方案”评比中，获得金奖 1 项，铜奖 1 项。电子商务专业组织学生参加首次面向全国高校的 2016 中国（小谷围）“互联网＋交通运输”创新创业大赛，获得创客决赛三等奖 1 项。学生 8 人、企业指导教师 5 人、校内指导教师 5 人参加北京高等学校高水平人才交叉培养毕业设计（创业类）支持计划项目，5 个项目均结题。2016 年度，学院本科生共获得各类专业科技竞赛奖 48 项，其中国家级 3 项、北京市级奖项 15 项、校级奖项 30 项。

2016 年产学联合人才培养试点项目，1 人被中铁一院录取，1 人被上海局录取。在学院特色优势专业进行试点，开办理科实验班（思源班），2016 年选拔 29 名学生进入“思源班”学习。

首次实行分专业（方向）进行保研排名，最终获得推免资格 75 人，其中获得清华大学、同济大学、东南大学、北京航空航天大学等校外推免资格 12 人。

推进北京市“双培计划”工作，接收来自北方工业大学和北京建筑大学 2 所北京市市属高校的 30 名“双培计划”学生，其中交通工程 16 名、互联网与物流 14 名。

7 月 20 日举行北京交通大学北京学院城市交通辅修专业首届学生开学典礼，来自北京航空航天大学、北京工业大学、中国农业大学、北方工业大学、北京建筑大学、北京联合大学等高校的 25 名同学在 7 月 20 日—8 月 17 日期间来校学习。

2016 届毕业生 346 人，毕业设计题目来源于导师实际科研项目的比例为 62%。218 人进行毕业设计实习调研工作，学院支持经费 10 万余元。2012 级首次 16 名留级生中 8 人成功赶学毕业；2016 级有 6 名学生成功赶学毕业。

推动“民航运输”新专业方向建设。完善培养方案，交通运输（民航运输）专业拟在 2017 年招生。聘请张光辉（原首都机场股份公司总经理）、李德润（上海浦东机场集团董事长）、辛迪（海南航空集团 CEO）、沙洪江（中国民航管理干部学院党委书记）、魏振中（中国民航协会秘书长）等 5 位兼职教授；聘请海南航空集团董事会主席陈峰任顾问教授。

2016 年交通运输虚拟仿真实验中心暑期正式投入使用，开设实验课程 15 门，新增博士后 1 名、实验师 2 名。利用研究生实验教学经费（347 万）和“双一流”学科经费（210 万）改造实验条件，全程参与设备论证、购置申请、招投标、合同签订、设备验收等工作，新增实验设备 88 台（套）。制定虚拟仿真实验管理平台的建设方案，拟定系统的招标技术参数。铁路车站技术作业实验系统完成京沪线二维站场和线路的搭建以及技术作业实现工作，正在进行三维建模及仿真模块建设。

（王兴莉　王　黛　孙智宇　张　旭　任国睿　尹相勇　罗　昊）

【科研工作】

学院新增科研项目 233 项，合同经费 5985.8 255 万元（纵向项目 87 项、合同金额 2 726.5 420 万，横向项目 146 项、合同金额 3 259.2 835 万）。国家自然科学基金项目 17 项、合同金额 1 013. 782 万，其中面上项目 313. 529 万元、青年基金项目 145. 193 万元、创新群体项目 535 万元。铁路总公司项目 11 项，合同金额 495 万元。

发表期刊论文 108 篇，会议论文 71 篇；出版科技专著 11 部；发表检索论文 214 篇，其中 SCIE 99 篇、SSCI 8 篇、EI　107 篇。获技术发明专利 9 项，获得软件著作权 8 项。

姚恩建、贾斌获 2016 年北京交通大学詹天佑专项奖；“铁路现代物流理论体系与集成技术”获得中国铁道学会科学技术奖特等奖；“高速铁路运力资源优化配置技术及决策支持系统” 获得中国铁道学会科学技术奖二等奖；“青藏铁路格拉段开办铁路危险货物运输安全技术条件的研究”获得中国铁道学会科学技术奖二等奖；“网络化高速铁路列车开行方案优化方法及决策支持系统” 获得中国铁道学会科学技术奖一等奖；“铁路集装化运输关键技术”获得中国铁道学会科学技术奖一等奖；“铁路物流基础设施规划布局研究” 获得中国铁道学会科学技术奖一等奖；“军事特种装备物资铁路运输关键技术与应用研究” 获得中国铁道学会科学技术奖一等奖；“铁路运营安全关键技术研究——建维一体数字化技术及其在铁路维修中的应用研究” 获得中国铁道学会科学技术奖二等奖；“铁路超限车会车技术条件及运输安全评估方法研究” 获得中国铁道学会科学技术奖三；等奖；“用于智能预警系统测试的驾驶模拟器技术开发与应用” 获得中国智能交通协会科学技术奖三等奖。

1 月组织 2016 年度基本科研业务费项目的申报工作，共有 20 位老师申请自由申报项目，10 位老师获得自由申报项目立项资格，总经费 115 万元。另有 1 位老师申报国家级重大项目预研项目。2 月组织 2016 年中国铁路总公司科技研究开发计划课题的申报工作，学院 13 位老师申报 14 项中国铁路总公司重点课题。1 月至 3 月，有 48 位老师申报 2016 年度国家自然科学基金项目，其中申请面上项目 25 项、申请青年科学基金项目 19 项、申请优秀青年科学基金项目 2 项、申请国家杰出青年科学基金项目 1 项、申请创新研究群体项目 1 项，最终获批项目 9 项。7 月，12 位老师申请 2017 年度北京市自然科学基金项目，其中申请面上项目 6 项、申请青年项目 3 项、申请重点项目 3 项。7 月，组织对 2016 年 6 月 30 日前立项的基本科研业务费在研项目进行检查，学院共有 25 个项目参加检查，优秀 6 项、合格 19 项。

（孙　越）

【学科与平台建设】

学院完成第四轮学科评估，制定“双一流”学科建设规划和“十三五”规划。

高自友教授研究团队获批国家自然科学基金委“创新群体”。学院成立“交通系统科学与工程研究院”、“高速铁路运营管理技术实验室”两个虚体机构，以推进建成国家自然科学基金委“交通管理科学研究中心”和教育部“高速铁路安全服役国际合作联合实验室”。

（王立娟）

【对外交流与合作】

与荷兰代尔夫特理工大学联合申请举办交通运输专业本科教育项目，9 月将合作办学的申请材料提交至教育部。继续执行 2016 年获批的引智项目，完成 2017 年度的引智项目申报工作，包括学校重点引智、常规引智项目等，申报学校“双一流”经费申请学院成功申报 2 项已经执行完毕。完成 2016 年度引智项目执行情况自查工作。申报“高速铁路运营与维护” 111 创新引智项目。联合土木建筑学院组织申报高速铁路安全服役国际合作联合实验室。获批 2017 年度北京市教委外国留学生交通运输工程（铁路运营与管理）专业“一带一路”奖学金项目。

7 月 4—22 日举办北京交通大学第四届国际暑期学校，邀请来自英国、德国、荷兰、美国、新西兰、日本等国家和地区的 10 位交通运输领域的知名教授及学者为学院本科生开设 10 余门专业课程。邀请多名国际知名专家来院为师生做学术讲座和报告，其中包括：美国佛罗里达大学 Yafeng Yin 教授、日本广岛大学的张峻屹教授、美国 VIILANOVA 大学的 Sohail S. Chaudhry 教授、美国 Santa Clara Valley Transportation Authority 的 George Andrew Naylor 等。推动与国家重点实验室联合举办的“Golden School”活动，期间邀请挪威 SINTEF 的 Carlo Mannino 教授、荷兰代尔夫特理工大学的 Ingo Hansen 教授、德国哥廷根大学 Anita Schoebel 教授、德国布伦瑞克工业大学的 Joern Pachl 教授及其助理来校授课。

依托 INFORMS RAS 国际学术组织，联合荷兰代尔夫特理工大学 Francesco Corman 博士、丹麦理工大学 Steven Harrod 教授，与国家重点实验室首次联合牵头举办轨道交通列车运行计划与维修一体化优化问题求解竞赛，吸引来自 10 余个国家 40 余个团队参赛。选派代表于 11 月 10 号赴美国 Nashville 参加 INFORMS 年会，主持竞赛答辩会。

2016 年学院有 43 名学生成功申请出国（境）交流项目。其中 1 名学生申请中法“4+4”项目，2 名学生申请马里兰大学短期交流项目，1 名学生申请新竹交通大学交流项目，2 名学生申请中国对外友好合作服务中心暑假赴美带薪实习项目，13 名学生申请 2015 香港短期学习交流项目等。

承担泰国铁路高层管理研修班、泰国高级行政管理官员研修班和泰国铁路师资培训班等境外培训项目。在商务部资助下，招收 16 名来自非洲、南美洲等地区的国际留学生来院学习。

2016 年接待国（境）外来访团组共 174 人，其中，讲学讲座人数 14 人、与学院教师合作科研外籍教师人数 10 人、参加校举办国际会议人数 9 人、接待来访学生团体人数共 55 人、其他 86 人。来访团组主要包括代尔夫特理工大学、横滨国立大学、莫斯科国立民航技术大学、圣彼得堡国立民航大学、亚洲理工学院和香港理工大学等高校和科研机构。

2016 年，学院申报 70 个出国（境）团组，其中出国团组 31 个、港澳团组 36 个、台湾团组 3 个。成功出访 44 个团组，执行率为 62.86%。5 月 5 日至 12 日，院长聂磊随校党委书记、校务委员会主任曹国永赴美国圣地亚哥州立大学、北卡罗来纳州立大学、北卡罗来纳大学教堂山分校及加拿大戴尔豪斯大学行访问，签署一系列合作协议。11 月 9 日至 11 日，学院党委书记朱晓宁随校党委书记、校务委员会主任曹国永赴香港参加港铁学院开幕典礼，访问香港理工大学。12 月 10 日，副院长孟令云随关忠良副校长出席第三届中俄交通大学校长论坛。

承担学校 2017 年赴美国参加 TRB 会议因公出访申报工作，提交 10 位老师因公出访材料。

（任国睿）

土木建筑工程学院

【概况】

土木建筑工程学院下设桥梁工程系、地下工程系、岩土工程系、建筑工程系、道路与铁道工程系、市政与环境工程系、力学系和土木工程实验中心等 8 个教学单位，设有城市轨道交通研究中心等 17 个研究机构，拥有土木工程国家级实验教学示范中心、北京交通大学－北京市地铁运营有限公司和北京交通大学－北京城建设计研究总院有限责任公司 2 个国家工程实践教育中心，作为主要成员单位之一共建城市轨道交通绿色与安全建造技术国家工程实验室，负责建设隧道及地下工程教育部工程研究中心、城市地下工程教育部重点实验室、轨道工程北京市重点实验室、结构风工程与城市风环境北京市重点实验室、水中典型污染物控制与水质保障北京市重点实验室、北京市轨道交通线路安全与防灾工程技术研究中心、轨道工程北京市国际科技合作基地、交通基础设施安全风险管理交通运输行业重点实验室、轨道交通安全协同创新中心等 9 个省部级平台，获批结构风工程与城市风环境实验室、轨道工程实验室等 2 个北京市科普基地，下属设有北京交大建筑勘察设计院有限公司。

学院设有土木工程、土木工程（铁道工程）、土木工程（城市轨道工程）、环境工程、给水排水工程 5 个本科专业，土木工程、力学、环境科学与工程 3 个一级学科硕士点，道路与铁道工程、地质工程、摄影测量与遥感 3 个二级学科硕士点，土木工程、力学 2 个一级学科博士点，道路与铁道工程 1 个二级学科博士点。

2016 年，学院有在职教职工 237 人，专任教师 196 人，其中中国工程院院士 2 人、“长江学者”特聘教授 3 人、国家杰出青年基金获得者 2 人、“973”首席科学家 2 人、“外专千人” 入选者 1 人、优秀青年科学基金获得者 4 人；博士生导师 91 人，硕士生导师 190 人；教授 76 人、副教授 93 人、讲师 27 人；专任教师中具有博士学位的占 91.3%。

截至年底，学院毕业学生 829 人，其中研究生 472 人（博士生 61 人、全日制硕士生 324 人、工程硕士 87 人），本科生 357 人；招生 892 人，其中研究生 564 人（博士生 87 人、全日制硕士生 374 人、工程硕士 103 人），本科生 328 人；在校生 3 281 人，其中研究生 1 909 人（博士生 455 人、全日制硕士生 954 人、工程硕士 500 人），本科生 1 372 人。

（邢朝晖　巩　慧　张鑫超　任　俊）

【党建和思想政治工作】

学院设有党支部 59 个，其中教职工党支部 11 个、本科生党支部 4 个、研究生党支部 44 个。共有党员 948 名，其中教职工党员 169 名。全年发展党员 90 名。

修订《土建学院党委资料汇编》《土建学院党员发展工作手册》；优化党支部设置，对 260 人次党员骨干进行业务培训，提高党支部工作水平；落实党委会、党政联席会等各项制度；围绕统战工作，定期召开各类师生代表座谈会、寒暑假思想动态调研会等，主动掌握师生思想动态；在 120 周年校庆期间，举办“青年校友沙龙”等系列专题活动，加强

学院文化认同教育；严格执行新的党员发展、转正细则，全年完成 235 名党员发展与转正以及 305 名党员组织关系转接工作。

制定学院“两学一做”学习教育实施方案，编制学院学习教育手册、学习资料汇编等，创建每月进度汇报等相关制度；以纪念红军长征胜利 80 周年等重大庆典、纪念日为契机开展主题党日活动外，举办理论知识字帖书法比赛，提交专题思想汇报。全年累计 4 000 余人次党员参加各类学习培训和主题实践教育活动。

新建学院网站，更新学院党政工作宣传橱窗等，提升党务公开水平；开展“七一”创先评优，宣传优秀典型事迹；做好困难党员帮扶工作，全年累计走访慰问党员 40 余人次，发放慰问金 4 万余元，看望生病住院职工和困难职工 10 余次。

推进本科生理想信念教育，开展“两学一做”学习教育工作，加强党团建设和理论学习指导，开展理论学习研讨会、“纪念长征胜利 80 周年”学习纪念活动、“以文化人”半月谈等系列教育活动，强化学生对于社会主义核心价值观的认同。开展专业科研竞赛及项目共 19 项，依托主干课程举办竞赛 8 项；参与各项科创项目共 1 002 人次，获奖 231 人次，省部级以上奖项 16 项。2016 届毕业生深造率 47.14%，就业率 95.43%。抓好困难学生资助、心理健康、安全稳定及宿舍管理等日常工作，创建“五星级文明宿舍”53 个，28 个宿舍获得宿舍文明奖学金共计 66 000 元，1 间宿舍获评北京市先进基层组织。

2 名本科生党员获评校级优秀共产党员；14 个本科班级获评先进集体荣誉称号；在 2016 年北京市大学生测绘技能大赛中获特等奖 1 项、一等奖 1 项、单项优胜奖 3 项；在第十届全国大学生结构设计竞赛中获二等奖 1 项；在 2016 年第八届全国大学生节能减排社会实践与科技竞赛中获一等奖 1 项。组建暑期社会实践团 36 支，1 支团队获学校 2016 年本科生校级暑期社会实践优秀团队二等奖，1 支团队获三等奖。

2016 年共 563 人次获各类奖学金累计 1 053 000 元；44 人次获得国家励志奖学金，总金额 220 000 元；321 人次获国家助学金，55 人次获其他各类助学金，总金额 1 017 500 元；学院设立勤工助学岗位 132 个，共发放金额 152 910 元；有 213 人享受国家贷款，总贷款金额 1 465 900 元；资助各类饮水、洗澡、电话费补助和临时困难补助 335 人，总金额 83 095 元。

加强研究生党建工作、日常思想政治教育工作、科学道德和学风建设工作、研究生社会实践、研究生综合素质培养、学期教育与就业工作。44 个研究生班级（其中博士班 11 个、硕士班 33 个），设研究生兼职辅导员 10 人。结合“两学一做”学习教育活动，组织纪念红军长征胜利 80 周年、建党 95 周年等主题党日活动。4 个研究生党支部被评为院级先进党支部，47 名研究生被评为院级优秀共产党员，全年共发展研究生党员 44 名。组织开展院士校园行活动 6 次，大师面对面活动 99 次。开展学业与就业经验介绍会 1 次，组织研究生培养重点环节介绍会 1 次，学生支部结合教育部《高等学校预防与处理学术不端行为办法》开展专业与学风教育专题教育活动 1 次。组织新生年级素质拓展活动、篮球赛、足球赛、辩论赛，在校十一届“知行杯”足球赛中获得冠亚军。立项 8 个暑期社会实践团队，博士生组群参加北京高校博士生挂职锻炼。学院就业实践团走访云南省交通规划院、铁二院昆明公司、中铁五局等多家单位，以第一名的成绩获得校就业实践一等奖。2016 届研究生总体就业率 100%，就业工作获评校“综合先进单位”，并荣获“市场开拓”奖。

16 名同学获评博士国家奖学金，22 名同学获评硕士国家奖学金。16 名同学获评北京市优秀毕业生，34 名同学获评校级优秀毕业生，19 名同学获评校级优秀毕业研究生干部。8 个班级获评校级先进班集体。蒋龙获评首都大学生暑期社会实践先进工作者，1 个团队获评首都大学生暑期社会实践优秀成果，蒲兴波获评北京市三好学生，祝英明获评首都高校“先锋杯”优秀基层团干部，3 人获智瑾专项奖学金，3 人获得中国港湾奖学金，1 人获汉能李嘉宁奖学金，2 人获智瑾奖学金，2 人获万桥奖学金。79 人获评校级三好研究生、25 人获评校级优秀研究生干部、25 人获评校级社会实践工作先进个人。在 2016 全国大学生英语竞赛（NECCS）A 类组比赛中 2 人获得二等奖，2 人获得三等奖。第二十六届“慧光杯”学术节 3 人分获论文一等奖、二等奖、三等奖。

（蒋　龙　何永森　邱瑞辰　徐春玲）

【教学工作】

学院新增 5 个实习基地，聘请 50 位校外人员为实习指导兼职教师。

2015 年大学生创新训练项目 50 项通过结题，8 项国家级、9 项北京市级、33 项校级；1 项成果论文入选第九届全国大学生创新创业年会学术论文，2 项成果获 2016 年全国高等学校土木工程专业本科生优秀创新实践成果三等奖、1 项成果获鼓励奖。2016 年大学生创新训练计划项目立项 67 项，58 项通过中期检查。学生发表论文 6 篇，申请专利 1 项。

学院举办北京交通大学第五届大学生建筑结构设计竞赛和北京交通大学第二届工程制图竞赛 2 项比赛；组织参加全国大学生结构设计竞赛、2016 年全国高等学校土木工程专业本科生优秀创新实践成果奖、第五届北京市大学生建筑结构设计竞赛、第八届北京市高等学校测绘实践创新能力大赛、2016 年北京市大学生工程设计表达竞赛、2016 年度北京交通大学大学生节能减排社会实践与科技竞赛、第十三届北京交通大学“电气”杯科技创新大赛、北京交通大学第十四届“金士宣”杯创新能力竞赛、2016“创青春”北京交通大学大学生创业大赛、北京交通大学第二届“互联网+”大学生创新创业大赛等 10 项比赛。举办 7 项院级竞赛：北京交通大学土木建筑工程学院第二届泵与泵站设计竞赛、第八届北京市普通高等学校大学生测绘实践创新能力大赛、第一届土木建筑工程学院混凝土设计竞赛、全国大学生茅以升公益桥结构设计竞赛（北京交通大学测试赛）、土木建筑工程学院 16 级微积分竞赛、土木建筑工程学院第一届趣味结构力学竞赛、北京交通大学第二届钢结构竞赛。共获国家级比赛二等奖 1 项，三等奖 2 项，鼓励奖 1 项；北京市级一等奖 3 项，二等奖 3 项；校级一等奖 8 项，二等奖 12 项，三等奖 9 项。

学院出台 13 个与本科教学相关的管理办法文件；成立土木工程专业咨询委员会；修订 2016 年培养方案；编写 2016 培养方案对应的课程教学大纲。7 月通过土木工程专业评估（认证）复评申请，12 月提交《全国工程教育专业认证自评报告》。

新增 7 名优秀主讲教师，重新认定 11 名优秀主讲教师。2014 年校级教改项目 1 项延期结题，2015 年教改项目校级 11 项（A 类 1 项、B 类 5 项、C 类 5 项）和院级 8 项结题验收，院级教改项目 2 项延期结题。2016 年获批校级 A 类教改项目 1 项、“双培计划”虚拟教研室建设项目 2 项，获批教学促进师基金项目 2 项并于年底结题验收，获批教学能力提升类教改项目 1 项并于年底结题验收；院级教改项目立项 6 项。2 项教学成果获 2016 年北京交通大学优秀教学成果一等奖，6 项教学成果获二等奖。出版 2 本教材：沈宇鹏主编的《路基稳定性监测技术》和齐梅兰、陈启刚主编的《工程水文学》。共发表 19 篇教改论文。

组织 2016 年青年教师教学基本功比赛，赵思诚、刘佩、王萌、马蒙等 4 位教师获院级一等奖，陈启刚、程志宝、蔡国庆、鲁根涛、艾士刚等 5 位教师荣获院级二等奖。王萌获学校第十一届青年教师教学基本功比赛一等奖，赵思诚、马蒙和刘佩获三等奖，赵思诚、刘佩和王萌获最佳教案奖。

完善优秀硕士生源选拔政策，招收硕士生 374 人，其中推免生 157 人、占 42%，“211”生源 49%，本校生源 19%，外校“211”生源 30%；9 月完成 2017 年推免工作，确定推免数占总招收计划 50%。继续试行博士多种形式招收政策，将 2017 年博士招生形式修正为各类生源统一复试的形式。2016 年通过“申请考核制”、公开招考、直博生、硕博连读、本硕博连读等招生类型共录取 87 名博士生。其中直博生 6 人，硕博连读 34 人，统考非定向生 25 人，委培生 10 人。外校报考的 19 名考生中“211”高校毕业的考生共 7 人，约占 37%。

2016 年研究生学位论文后评估抽检结果未出现不合格情况。2016 年春共开设 71 门课，有 1 243 人次选课；2016 年秋共开设 92 门课，有 2097 人次选课。制定试卷后评估细则，对考试课程进行抽查和自查，以自查报告和专家评审等形式对试卷的合理性、课程内容的体现度和难度等各方面进行把控。规范统一研究生课程大纲，修订并调整课程内容及授课教师，对全院 115 门课程进行教学大纲修订、中英文整理汇编并调整任课教师。

学院有重点分步骤的建设部分课程，2016 年重点建设“列车线路动力学”“弹塑性力学”和“工程结构抗震学”3 门课程。

出台学生国际交流资助规定，有效分配有限资源。严格执行学籍管理的规定，清退逾期不注册学生。通过严格日常学籍管理，对部分屡次不按期注册的学生做退学处理，警示在校生养成守规矩、讲自律的习惯。

2016 年度“研究生科技创新项目”土建学院共获批 29 项，其中一类获批 13 项、共资助 7.5 万元，二类获批 12 项、共资助 24 万元，三类获批 4 项、共资助 20 万元；2016 年出国交流或攻读学位研究生共计 57 人，其中硕士研究生 43 人、博士研究生 14 人；2016 年获评校级优秀论文硕士 13 人，博士 2 人。

（巩　慧　张鑫超）

【科研工作】

新增科研项目 298 项，新增科研经费 1.0 342 亿元；其中，国家级项目 25 项，省部级项目 58 项，经费共计 4 116.91 万元。在 2016 年度的国家自然基金项目申请中，学院获批 25 项，“面上项目”19 项，“青年科学基金项目”5 项，“应急管理项目”1 项。

新增期刊论文 377 篇、会议论文 46 篇、专著 15 部；SCIE 检索论文 127 篇、EI 检索论文 282 篇。授权专利 54 项、软件著作权 8 项。

获得省部级以上奖励 14 项，其中：谭忠盛教授参加的“跨江越海大断面暗挖隧道修建关键技术与应用”项目获国家科技进步二等奖，张楠教授参加的“高速铁路标准梁桥技术与应用”项目获国家科技进步二等奖。张顶立教授参加的“高速铁路隧道围岩稳定性控制技术”项目获中国铁道学会特等奖。

（任　俊）

【学科与平台建设】

推进第四轮学科评估工作，学院集中力量组织土木工程、力学、环境工程、地质资源与地质工程 4 个专业参加“全国第四轮学科评估”材料申报工作，二级学科道路与铁道工程隶属学校交通运输工程参评。

依托黄骅、青岛高铁技术创新中心筹备建立铁路轨道综合试验及检测评估研发平台、高速列车驾驶模拟人机交互平台等科学研究基地。

北京市轨道交通线路安全与防灾工程技术研究中心、轨道工程北京市重点实验室考评结果为优秀，结构风工程与城市风环境北京市重点实验室考评结果为合格。

（任　俊　张鑫超）

【对外交流与合作】

重点推动土木工程国际英文硕士班建设，2016 年招收第二届留学生 39 人，较 2015 年增长 8 人。

2016 年共 33 个团组因公出入境短期学术交流；13 名教师出国进修 10 个月以上，其中 7 人赴美国学习、3 人赴英国学习、1 人赴澳大利亚学习、1 人赴丹麦学习、1 人赴新加坡学习。学院共 17 名学生出国交换，其中国际教育中心项目 8 人、导师派出 4 人、公派出国 5 人。共 4 名学生赴俄罗斯进行为期 10 天的国际夏令营。

4 个外专引智项目获批，境外教师来校交流共 55 人次，主要来自日本、美国等国家及中国台湾、香港地区，开展学术讲座近 70 次。

配合学校办、国际处等部门参与国外校长论坛、校庆庆典等系列工作，主要负责乌拉尔国立交通大学、远东国立交通大学、卢瓦尔河谷国立应用科学学院校长等人的接待工作；积极联系合作院校并邀请意大利米兰理工大学商学院院长参加国外校长论坛，增强与合作院校之间的联系。

2016 年校庆期间，共有 300 余名值年校友返校，200 余名非值年校友返校。开展第三届“师友计划”，2006 届 13 名优秀校友成为 2015 级学生成长导师。

（韩小娜）

机械与电子控制工程学院

【概况】

机电学院下设机械工程系、检测与控制工程系、动力与能源工程系、轨道车辆工程系4 个系，材料科学与工程研究中心、工程训练中心、机械工程实验中心 3 个中心。

学院设有机械工程、车辆工程、测控技术与仪器、能源与动力工程、工业工程、机械电子工程（中外合作办学项目）6 个本科专业，机械制造及其自动化、机械电子工程、机械设计及理论、车辆工程、工业工程、材料科学与工程、热能工程、动力机械及工程、载运工具运用工程等 9 个硕士学位授权点，机械工程和工业工程 2 个全日制工程硕士专业学位授权点，机械工程、车辆工程、动力工程、材料工程和工业工程等 5 个在职工程硕士专业学位授权点，机械工程一级学科博士学位授权点、载运工具运用工程二级学科博士学位授权点。

2016 年，学院有在职教职工 213 人，其中专任教师 154 人，包括中国工程院院士 2 人；博士生导师 73 人（含兼职博士生导师 10 人），硕士生导师 114 人；教授 49 人，副教授 55 人，讲师 50 人；专任教师中具有博士学位的占 87.7%。

截至年底，学院毕业博士生 23 人、硕士生 204 人、本科生 350 人、在职工程硕士研究生 21 人；招收博士生 40 人、硕士生 244 人、本科生 398 人、在职工程硕士研究生 58 人；在校博士生 249 人、硕士生 598 人、本科生 1 515 人、在职工程硕士研究生 193 人。

（孙海波　田龙梅　吴成祥　刘冬薇）

【党建和思想政治工作】

学院有 41 个党支部，其中教工 8 个、本科生 4 个、研究生 29 个；教工党员 142 人、占教工的比例为 66.7%，研究生党员 383 人、占研究生的比例为 50.6%，本科生党员 120 人、占本科生的比例为 7.86%；新发展党员 67 人（本科生 42 人、研究生 25 人），转正 81 人（本科生 60 人、研究生 21 人）。

深入开展“两学一做”学习教育活动，开展建党 95 周年和长征胜利 80 周年系列主题教育活动。通过中心组学习、领导带头讲党课、微党课交流、开展闭卷理论考试等方式深入学习党章党规和习近平总书记系列重要讲话精神。开展合格党支部建设规范和合格党员行为规范大讨论，引导党支部和党员列清单、抓整改，切实把“建强支部、严管党员”落到实处。

开展组织关系集中排查工作，累计核查党员档案 283 份，查找失联党员 12 名，联系查找毕业生党员组织关系转出后未回执 957 人。140 名教职工党员共补交党费 62. 858 万元。

全院师生党员、入党积极分子和群众共计 773 人参加共产党员献爱心捐款活动，累计捐款 15 425.30 元，其中教职工 129 人共捐款 10 980 元；本科生 367 人共捐款 2 189.10 元；研究生 277 人共捐款 2 256.20 元。

建立大学生思想入党教育培训体系和党员发展质量保障体系。搭建学生志愿服务平台，明确党员责任区，让学生党员在志愿服务岗位上实现“入党前有工作锻炼、入党后有岗位服务”。继续推进学生党员先锋工程开展，7 个党支部 159 名党员参与述职评议工作。组织开展学生党员骨干赴西柏坡暑期社会实践活动，2013 级本科生党支部获北京高校红色“1＋1”示范活动优秀奖，1 个研究生宿舍获评北京市“优秀基层组织”荣誉称号。

推进 2015 级和 2016 级本科生综合素质培养体系建设，完成 98 项教育实践项目和 412 名 2015 级本科生的综合素质教育积分认定。认定家庭经济困难学生 361 名，占全院本科生总数的 25.7%。累计发放各类助学金 101 万元，100%覆盖家庭经济困难学生。

推进学风建设。完善本科生学业筛查和朋辈辅导制度，开展朋辈学业辅导 40 余次，建立“V 课程”学业辅导服务平台。举办“喜迎 120 周年校庆”系列研究生学术活动，选树“五四奖章”“自强之星”等一批研究生“身边的榜样”，2 名博士生入选五所交通大学“榜样的力量”学术宣讲团成员并做首场报告。本科生车辆 1403 团支部荣获全国高校“活力团支部”“优团计划”首都高校优秀基层团支部，2 个团支部获评北京市先进集体/优秀团支部，1 人获“思源－校长”奖学金，2 人荣获“知行专项”奖学金。本科生 57 人次、20 人次和 730 人次分别获得国家级、北京市级、校级各类奖学金或荣誉称号，71 个集体获得各类荣誉称号。研究生获“华为杯”第十一届中国研究生电子设计竞赛技术赛团体一等奖 1 项，商业计划书竞赛三等奖 1 项，优秀个人二等奖 1 项；研究生获省部级以上奖项 9 人，校级以上个人荣誉 142 人。

建立精准推送就业服务机制。2016 届本科生就业率 99.15%，签约率 94.33%，深造率 50.71%；硕士生就业率 99.49%，签约率 91.41%；博士生就业率 100%。

（常惠玲　郭　锴　李洋颀　孙卫青）

【教学工作】

组织完成专业认证工作。车辆工程、机械工程专业分别于 1 月、5 月完成国际认证专家入校现场考察工作，对我国正式被批准加入华盛顿协议做出贡献。11 月完成测控技术与仪器专业专家现场考察工作。11 月中国工程教育专业认证协会正式发布 2015 年专业认证结论，学院车辆工程专业通过认证，有效期 3 年。开展本科教学内容和条件建设。落实 OBE 教学理念，完成 2016 培养方案修订和审核工作；编写出版“普通高等学校车辆工程专业卓越特色系列规划教材”3 部、“机械类国家级实验教学示范中心系列规划教材”9 部，由科学出版社出版；新增校级教改项目 4 项；完成 2015 年校级教改项目结题 9 项；车辆工程专业“双培计划”虚拟教研室建设项目立项；实验中心新增 378 万元的实验教学设备，新增校外实践基地 3 个，落实 6 个专业的生产实习教学环节。

机械电子工程本科中外合作办学项目，通过教育部审核评估，完成合作协议续签，主要培养模式改为“3+1”，并开拓“3+1+1”本硕连读模式。制定《机电学院中外合作办学项目建设及运转管理办法（试行）》，加强办学规范化和制度化建设。2016 年项目录入 61 名新生，项目录取平均分较 2015 年提升 13.5 分。全年共聘请 16 名外教参与教学；10 名伍伦贡大学学生来校交流学习。特聘 1 名项目专员进行出国学生管理和跟踪工作，2014 级有 2 人赴伍伦贡大学学习。机械工程国际班 2016 届毕业生深造率 77%（其中出国深造率 44%）。

完成 2015 年大学生创新训练计划项目结题验收 32 项，其中获评国家级 12 项、北京市级 10 项，13 个项目参加“第三届北京市大学生创新创业教育成果展与经验交流会”，学院获评学校大学生创新训练计划项目优秀组织奖。获得学科竞赛省部级以上奖项包括："第十五届全国大学生机器人大赛"三等奖 1 项，"第九届 Honda 中国节能竞技大赛"一等奖 1 项，"首都高校第八届机械创新设计大赛"一等奖 1 项、二等奖 1 项，"第六届全国大学生机械创新设计大赛慧鱼组竞赛"省部级二等奖 1 项，"北京市工程训练综合能力竞赛"二等奖 3 项、三等奖 3 项，"中国制冷与空调行业科技竞赛"全国三等奖 1 项，"第九届全国三维数字化创新设计大赛"全国二等奖 1 项、省部级特等奖 1 项、一等奖 1 项。继续实施"本科生科研导师计划"，74 名同学参加科研导师计划。

新增校级教学能力提升教改项目 1 项。在学校第十一届青年教师教学基本功比赛中学院 2 名教师获二等奖，1 名教师获三等奖。推荐 2016 年校级优秀教学成果一等奖 9 项、二等奖 7 项。

推进人才培养模式改革试点工作。继续实施拔尖人才试点班工作，2016 年学术科研型试点班（机器人班）学生结合大创项目以及班级科研小组共研制几何机器人 10 款，已完成专利 9 项、论文 3 篇；专业工程型试点班 19 名学生获得西门子软件工程上海研究中心组织的 NX CAD 助理工程师（初级）技术证书，并将此技能用于所学课程的研究性学习和实践。

举办第四届全国优秀大学生暑期夏令营并开展研究生优秀生源预选拔工作，接收 2017 年推荐免试研究生 109 人，来自同类及以上高校占 65.1%，接收学术型硕士推免生较上年增加 30%。

优化 2016 版研究生培养方案，完成教材信息采集，启动建设核心课程 4 门，推进研究生课程教学模式改革和教学资源建设制定并实施学院研究生课程考核评估办法，全面开展课堂教学质量调查评价工作。

组织完成 2015 级博士生资格考试、2014 级及更早入学博士生开题答辩工作；梳理分析近 10 年超期未毕业博士生的情况，对 18 名超期博士生进行提醒，制定提高博士生培养质量和毕业率的实施细则，提高学院博士研究生毕业率。

组织完成研究生教育教学成果奖申报推荐工作。共推荐校级研究生教学成果 6 项，其中一等奖 2 项、二等奖 4 项。研究生获国家奖学金 15 人，获国家留学基金委公派项目资助 8 人，获学校出国访学项目资助 5 人，获批研究生创新基金项目 17 项，获高水平论文奖励 77 篇。

作为学校学位点自评估试点单位，组织校外专家组完成机械工程一级学科博士和硕士学位授权点自评估的评审工作，评估结果为合格。

开展研究生导师资格审核与学位审核工作。新增博士生导师 6 人、新增硕士生导师 8 人。首次将指导博士生毕业人数纳入导师聘期考核，加强导师对研究生培养的全过程管理；学位论文抽检合格率为 100%，获校级优秀博士学位论文 1 篇、校级优秀硕士学位论文 7 篇。

开展研究生高水平实践平台建设。建设 1 个科教融合型实验室和 7 个研究生联合培养基地，新增霸州洛科翰和北汽新能源 2 个研究生培养基地并挂牌。获批北京高校产学研联合培养基地建设项目 3 项，专业学位研究生教学案例开发项目 2 项、行业需求调研课题 1 项。学院动车组培训基地 2016 年承接完成铁路总公司培训班 11 期，包括动车组机械师理论培训班 7 期、动车组技术专职任职资格培训班 4 期，培训学员 1 192 人。与远程与继续教育学院合作完成 5 个专职师资培训班的培训任务。

（吴成祥　孙娟娟　田龙梅　常惠玲）

【科研工作】

2016年新增科研项目262项，合同总经费10 312万元，实到总经费9 131万元。新增国家级项目20项，其中国家重点研发计划项目4项，国家自然科学基金项目9项、科技部“科技支撑”计划项目 2 项。李德才教授入选科技北京百名领军人才培养工程，余祖俊教授、李强教授分获第十三届詹天佑成就奖、贡献奖，宋雷鸣副教授获北京交通大学詹天佑专项奖。新增省部级科技奖6项，其中特等奖1项、一等奖1项、二等奖3项和三等奖1项。新增SCI检索论文92篇和EI检索论文169篇，较2015年分别提高60%和47%，SCI检索论文他引92次，ESI高被引论文3篇。新增授权专利97项，贾力教授主持的“一种卧式冷凝换热器”项目获专利转让。

张欣教授主持的“新能源汽车能源系统高效、优化控制技术及应用”成果获2016年度教育部高等学校科学研究优秀成果奖（科学技术）技术发明奖二等奖；翟洪祥教授主持的“MAC导电陶瓷结构遗传蜕变MCC材料及其在高速列车受电弓滑板的应用”成果获2016年北京市科学技术奖二等奖；李长春教授主持的“高水压条件下隧道工程结构模拟系统的关键技术研究及应用”成果获中国铁道学会科学技术奖一等奖；王文静教授参加的“时速200 公里城际动车组研制”成果、焦风川老师参加的“铁路重点货物追踪与安全监控装置及其应用系统”成果、丁莉芬老师参加的“30t 轴重铝合金煤炭漏斗车”成果分获 2016年中国铁道学会科学技术奖特等奖、二等奖和三等奖。

（孙卫青）

【学科与平台建设】

发挥学科责任教授职能，完成第四轮学科评估及学科责任教授聘期工作。明确教师的学科归属，构建以载运工具为优势特色学科、机械工程为重点培育学科的学科生态体系。制定学科发展“十三五”发展规划。细化以教授为责任主体的学科建设各项指标。初步实施以“学科建设贡献度”为标准的人才评价体系。

开展院属学术科研团队考核和调整工作。经考核，15 个学术科研团队合格，1 个学术团队（无线传感网络技术学术团队）不合格予以解散；新增 3 个学术科研团队（先进磨削与精密加工研究所、载运工具运用安全控制工程学术团队、制造与服务系统运行优化理论和技术学术团队）；“机构与机器创新设计学术团队”更名为 “智能机器人与系统研究所”。2016年学院共有18个院属学术科研团队。

组织召开2016年度载运工具先进制造与测控技术教育部重点实验室学术委员会会议、北京市重点实验室学术年会暨北京热物理与能源工程学术会议、微细尺度流动与相变传热北京市重点实验室学术委员会会议。

（孙卫青　杨力阳）

【对外交流与合作】

与韩国蔚山大学联合开展大学生科技创新项目，获“2016 年韩国大创年会优秀奖”；中俄交通学院车辆工程专业合作项目启动并派出学生；与蒙古科技大学达成本科层面 2+2联合培养合作项目意向。选送学生出国深造及交流23人次，接收留学生43人。

与亚琛工业大学合作举办中德暑期学校，与其国际学院签署本科层次“3+1”英文项目，与其机械学院达成本科层次“4+2”合作意向。德国Gerhard Wäscher教授继续执行海外名师项目，美国Ge Qiaode教授获批海外名师培育项目，学院共接待外宾来访78人次，其中科研合作 20 人次，讲学 18 人次。

严格遵守因公出访管理政策，起草《机电学院因公出访指南》，规范教职工因公出访流程。学院因公出访组团 12 个，共 18 人次执行因公出访任务。

开展具有机电特色的 120 周年校庆系列活动，接待近 1 000 名返校校友。加强校友信息库建设，新增校友信息 900 余条。举办机械系首届系主任应尚才教授百廿诞辰纪念展；以应尚才教授设计的大功率蒸汽机车为原型，为近 3 000 名值年返校校友、在校生设计制作纪念火车模型。通过官方微信平台发布校庆推送 60 余篇，搜集 180 余张老照片，推出“印象·机电”微信专题 15 期。举办创新创业大讲堂暨校友讲坛活动，培育学生“双创”思维。机械系 1992 级 5 班捐资 2 万元，设立“机电 92－5 助学金”。

走访重点院友企业，与郑州嵩山砺风新材料有限公司签署战略合作协议，推动与江西德义半导体科技有限公司的战略合作。“硬脆半导体材料加工技术实验室”揭牌并投入运行。学院完成筹资 335.2 万元。

（李璐琳　刘冬薇）

电气工程学院

【概况】

电气工程学院下设电气传动与控制工程系、电力工程系 2 个系，电机与电器研究所、电力电子（电力牵引）研究所、新能源研究所、牵引供电研究所等 4 个研究所，国家能源主动配电网研发中心、电力牵引教育部工程研究中心等 2 个国家级和省部级研发中心，“111 计划”引智基地即主动配电网大数据分析与处理创新引智基地，国际合作实验室——北京交通大学罗克韦尔自动化实验室，国际合作基地——北京交通大学－密西根大学动力电池应用研发中心，以及电工电子教学基地、电气工程综合实验中心。

学院设有电气工程及其自动化、电气工程及其自动化（轨道牵引电气化）、电气工程及其自动化（新能源国国际班）3 个本科专业，有电气工程、电气工程领域 2 个硕士点，电气工程、载运工具运用工程、检测技术与自动化装置等 3 个博士点。

全年学院有在职教职工 149 人，其中：专任教师 104 人；博士生导师 35 人，硕士生导师 66 人；教授 25 人，副教授 54 人，讲师 25 人；专任教师中具有博士学位的占 79.8%。

截至年底，学院毕业学生 565 人，其中研究生 284 人（博士生 11 人，全日制硕士生 209 人，工程硕士 64 人），本科生 281 人；招生 738 人，其中研究生 429 人（博士生 36 人，硕士生 393 人），本科生 309 人；在校生 2 340 人，其中研究生 1 023 人（博士生 136 人，硕士生 887 人），本科生 1 317 人。

（王海霞　顾文巧　黄丽琳）

【党建和思想政治工作】

学院共有 35 个党支部，其中教师党支部 6 个、研究生党支部 25 个、本科生党支部 4 个。在册党员 581 人，其中教职工党员 99 人、研究生党员 404 人、本科生党员 78 人。全年发展党员 91 人，其中研究生 53 人、本科生 38 人。

学院深入开展党员“两学一做”学习教育活动，落实“六个规定动作”，推进党内学习教育从“关键少数”向广大党员拓展、从集中性教育向经常性教育延伸。以各党支部为基本单位，以“三会一课”等党的组织生活为基本形式，以落实党员教育管理制度为基本依托，务实开展好“两学一做”学习教育活动。暑期组建教师党员代表赴井冈山“重温井冈精神，践行两学一做”社会实践团和学生党员代表赴延安“寻迹延安圣地，弘扬革命精神”社会实践团，到红色教育基地开展实践学习。以长征胜利 80 周年为契机，学院各教师党支部开展“缅怀革命先烈，感悟长征精神”支部活动。电控系教工党支部获得学校“2016 年优秀基层党支部”荣誉称号，被评为“两学一做”典型支部。电控系教工党支部和本科生 2013 级党支部被推荐参加 2016 年全国高校“两学一做”支部风采展示活动。

推进学生党员“先锋工程”建设，开办“两学一做”学习教育暑期专题研修班，推进红色“1+1”和红色“1+3”活动深入开展，制作《红色地图》并开展红色景点现场教学活动，受教育党员和积极分子达 200 余人次，加强大学生国防教育，学院获评 2015 级集中

军训队列先进单位荣誉称号。加强班团组织建设，电气 1311 班获评北京交通大学第十七届“周恩来班”和北京市十佳示范性班集体称号。2016 年获评 1 个学校“先锋杯”优秀团支部，5 个甲级团支部，11 个乙级团支部，1 个学校“优秀主题团日活动”。坚持“分类引导”，搭建“课程辅导，方法辅导，发展辅导”三位一体的学业辅导模式，全体院领导担任试点班班主任和“导师制”导师组组长，与 7 名通识课和专业课教师建立长期联系。2016 年开展学风建设类活动 23 场，受益达 1 500 余人次，招募学生朋辈咨询师 45 人。开展心理健康教育，加大对困难学生资助帮扶力度。开展心理排查 3 次，辅导员进宿舍检查安全卫生次数 20 余次，本科生宿舍达标率 100%。组织全学院 200 余名宿舍长进行素质能力拓展和宿舍安全知识教育打造精品社会实践活动项目，暑期社会实践共组队 18 支，参与人数 158 人，成果获评校级一等奖 1 项、二等奖 1 项。其中赴陕西延安暑期社会实践团获评全国大中专学生志愿者暑期“三下乡”社会实践优秀团队。推进志愿服务管理制度建设，学院校庆志愿者总数 175 人，服务总时长 2 000 小时。以“细化就业指导，拓宽就业领域，提升深造率”为工作方针，以“稳定就业率，提升就业质量”为工作目标，有针对性地开展就业指导。学院学生工作干部积极参加各级各类培训共 6 次。2016 年研究课题共 8 项，其中省部级 3 项、校级 5 项。

2016 年学院共 208 名研究生就业，其中博士 4 人、硕士 204 人。硕士初次就业率 100%，签约率 97.06%，签三方率 89.22%；博士就业率 100%，签约率 100%；有 9 名同学到西部和基层就业，获得学校“奋飞奖”。学院被评为学校就业先进单位。本年度学院研究生有 65 人、97 人次获得各种奖项和荣誉称号；5 个班集体获得校级优秀班集体；博士生简捷获评北京市三好学生。组建 2 支社会实践队，19 名研究生参加了社会实践，6 人获得社会实践优秀个人荣誉称号。加强对党员的教育和对支部书记及支委等党员骨干的培训。开展党支部红色“1+1”活动 7 次。举办学院第十届研究生学术节，举办“与大师面对面”名师讲坛 19 次、研究生学术沙龙 4 次、研究生就业沙龙 2 次。解决研究生的实际问题，对于在学习和科研中遇到困难的同学，及时与其导师沟通，制定针对性的帮扶计划；鼓励经济困难的研究生申报“三助”岗位或校内兼职岗位，并在国家助学贷款和助学金的评选中适当倾斜；对就业困难同学进行个体帮扶，有针对性地向用人单位推荐。做好研究生心理普查工作，在各班级设立心理委员及自我管理小组，加强信息报送，开展有针对性的心理健康活动。

（和敬涵　王晓丹　丁金凤　雷　凯　吴命利　王　鹏）

【教学工作】

2016 年电气工程及其自动化和轨道牵引电气化方向按照电气类招生 251 人，2017 年 4 月进行专业分流工作。电气工程及其自动化（新能源国际班）招生 30 人，入校后在全校新生中选拔 28 人。接收北京信息科技大学和北京建筑大学双培学生 29 人。2016 年毕业学生 281 人，其中 280 人获得学士学位。5 人结业，16 人延期。

制定电气工程及其自动化（新能源国际班）专业中、英文培养方案，修订电气工程及其自动化、电气工程及其自动化（轨道牵引电气化）专业培养方案，对应双培的 2 个专业培养方案经过双方研讨进行了调整。《电路》《电机学》《模拟与数字电子技术》《自动控制理论》的 MOOC 课程上传课程平台。主干课程有 1 个课堂全英文教学，新能源国际班全部采用全英文教学。11 月 21—23 日电子信息与电气工程类专业认证委员会专家组进校做工程专业认证现场考查。12 月份学校对学院本科教学进行预评估。教改项目获电气类专业教学指导委员会立项 2 项，校级重点 2 项。完成教学能力提升项目 1 项，教学促进师教改项目 3 项。

2015 级 27 名学生入选试点班进入导师组学习。学院接收转专业学生 8 人，转出 9 人。2016 年有 5 名同学参加 2 年国际交流项目。制定《电气学院本科生推免实施细则》，2013 级共 61 人获得推荐免试研究生资格，其中 7 人推免到外校学习。

张晓冬老师获得北京市教学名师称号。郝亮亮和聂晓波老师在学院的教学基本功比赛中获得一等奖，代表学院参加学校 2016 年学校青年教师讲课比赛，郝亮亮获得比赛一等奖，聂晓波获得比赛一等奖和最佳教案奖。黄辉老师获得第二届全国高等学校青年教师电路、信号与系统、电磁场课程教学竞赛电路组一等奖。

学院成立教学能力提升导师工作组，负责青年教师教学能力提升培训，担任教学基本功比赛评委。完善试卷和教学日历的检查、考试管理、试卷管理和毕业设计管理工作，加强领导的听课督导制度和青年教师听课、助课和试讲制度。2016 年青年教师名师课堂听课 41 人次、助课 14 人次。

本科生实习基地新增北京大华无线电仪器厂校外实习基地。组织 2013 级 316 人的生产实习工作，共向 11 个实习基地派出学生。组织 2015 级轨道牵引电气化方向学生到京张铁路和环形铁路参观实习，并参观詹天佑纪念馆。学院在教务处支持下，扩建电路实验室，购置新设备。

2016 年学院大学生创新训练计划项目立项 72 项，结题 61 项，其中国家级项目 10 项、北京市级项目 12 项。学院获得校大学生创新训练计划项目优秀组织奖。学院组织的省部级和国家级学科竞赛获得了特等奖 5 项，一等奖 6 项。

修订完善研究生培养方案，9 月投入使用，围绕研究生创新能力培养，合理搭配专业核心课和专业选修课，有利于学生按需选课。制定学院研究生招生工作管理规定。详细规定博士生、硕士生招生指标分配原则以及博士生、硕士生录取原则，明确招生工作中的责权利。继续加强推免生招生力度，接收推免生占总录取人数的百分比学术型为 87.9%，专业学位为 12.1%。

全年学院共开设 46 门研究生课程，完成 1 304 学时的教学任务。院学位分委会委员、院领导、系列课程负责人组成 “研究生教学检查组”对研究生课程进行全面检查，通过随堂听课，对研究生课堂教学情况进行质量监控。

全年有 65 名全日制专业学位硕士研究生到企业实践，其中 29 人到学院研究生培养基地，36 人到与导师有科研合作的单位实习。继续加强在职工程硕士招生和培养工作，截至年底，有 18 个班计 350 名在职工程硕士研究生。

学院博士生和硕士生获得学校高水平论文奖励 53 人次。2016 年共有 11 人成功申请学校的优秀博士生创新基金项目。4 名博士生获得学校博士研究生创新基金 I 类资助、7 名获得 II 类资助。2016 年学院研究生课程开出“可再生能源微电网”“三相变换器——拓扑和调制技术”等 4 门外教全英语课程及部分双语课程，20 位研究生到国外参加联合培养、学术交流及国际会议等活动。2016 年学院有 1 位博士研究生的学位论文被评为校级优秀博士论文，1 位博士研究生的学位论文被评为院级优秀硕士论文。7 位硕士研究生的学位论文被评为校级优秀硕士论文，13 位硕士研究生的学位论文被评为院级优秀硕士论文。

（顾文巧　黄丽琳）

【科研工作】

全年累计新增科研项目数 151 项，合同经费达到 7 863.8 万元。其中，纵向项目 58 项，包括国家自然科学基金面上项目 3 项，国家自然科学基金“青年基金”1 项，科技部项目 7 项，北京市教工委、北京市教委、北京市自然基金面上项目共 10 项，铁路总公司项目 4 项，国际合作项目 6 项。SCI 检索论文 46 篇、EI 检索总数 150 篇。获得授权专利 35 项，其中发明专利 34 项。

（滕　健）

【学科与平台建设】

有部级重点学科 2 个：铁路总公司（原铁道部）重点学科——电力系统及其自动化；北京市重点学科——电力电子与电力传动。国家级平台 1 个：国家能源主动配电网技术研发中心。国际合作基地 1 个：北京交通大学－密西根大学动力电池应用研发中心。国际合作实验室 1 个：北京交通大学罗克韦尔自动化实验室。省、部级平台 1 个：电力牵引教育部工程研究中心。北京市级平台 1 个：轨道交通电气工程技术研究中心。

（吴命利）

【新能源学院建设】

新能源学院参考国际一流大学教师管理机制和经验，制定出具有自身特色的管理制度，包括：人才招聘制度、薪酬福利制度、绩效考评制度、财务管理制度等。本科招生专业名称定为“电气工程及其自动化（新能源国际班）”，制定培养计划，于 2016 年秋季学期开始执行。招生工作以入校选拔和全国高考招生并行的方式展开，海外招生工作同步启动，本年度新能源学院招收本科新生共 58 人。联合教务处成立英语语言提高委员会，组织新能源学院大一新生英语夏令营。科技大厦 370 平方米的办公用地作为学院专用办公场所 10 月底投入使用。聘任美籍华人张沛担任科研副院长，韩国浦项科技大学教授 Sangchul Won 担任教学副院长。

（于　冰）

【对外交流与合作】

2016 年获批立项引智项目 3 项，共获得资助 45.28 万元，包括“引进海外高层次文教专家重点支持计划”1 项、高端外国专家项目 1 项、外专千人计划培育项目 1 项。

“111”基地的引智工作有序开展。基地负责人主持的“新能源车辆电池管理系统关键技术及应用”项目获教育部 2015 年技术发明奖一等奖。基地主持电池管理系统行业标准《电动汽车用电池管理系统技术条件》（QC/T 897）的修订和国标的起草工作。认定兼职博士生导师 6 名。

学院接待来自美国、英国、韩国、澳大利亚、俄罗斯、瑞士、克罗地亚、意大利、新西兰、荷兰、西班牙、日本等 12 个国家及中国香港地区的短期访问和团组共 64 人次。有 21 名学生出国交流和研修。来自美国、日本、英国、丹麦、澳大利亚、加拿大等多个国家的专家教授为学院师生做讲座。

欧盟－中国研究及创新伙伴计划项目负责人 Zhongdong Wang、Peter Crossley 以及相关高校的多位专家来院交流。学院和敬涵、姜久春、王小君 3 名教授前往克罗地亚参加项目会议，就项目后续发展展开商讨。

学院加入华盛顿州立大学能源系统创新中心，成为该中心会员。在合作申请科研项目、学生实习申请和寻找全英文授课教师方面寻求与该机构的合作。

4 月举办首届主题为“新能源的未来”的国际研讨会，来自 11 所国际知名大学和机构的 13 位专家学者参会。

新能源学院成立国际咨询委员会，召开新能源学院国际咨询委员会第一次会议，聘任 Philip Krein 教授为主席，聘任新南威尔士大学的 Agelidis Vassilios 教授、香港理工大学的 ChiKong Tse 教授、韩国高等科学院的 Kim Dae Mann 教授、华盛顿州立大学的 Chen－ChingLiu 教授为委员；同时特聘以上 5 位教授为新能源学院国际荣誉教授。

（于　冰）

理 学 院

【概况】

理学院下设数学系、物理系、化学系 3 个系，光电子技术研究所 1 个所，生命科学与生物工程研究院（挂靠）、基础与交叉科学研究院（虚体）2 个研究院，国家级物理实验教学示范中心 1 个中心，国家工科物理教学基地 1 个基地，发光与光信息技术教育部重点实验室 1 个省部级重点实验室，以及光信息科学与技术实验室、化学实验室、数学实验中心、生物科学与技术实验室 4 个专业实验室。

学院设有光电信息科学与工程、信息与计算科学、统计学、材料化学、纳米材料与技术（中外合作办学）5 个本科专业，以及理科试验班类（简称思源班）、理科试验班（基础学科试点班，简称知行班）。拥有光学工程、数学、物理学、统计学 4 个一级博士学位授权学科，并协助建设系统科学（二级学科：系统理论）、电子科学与技术（二级学科：物理电子学）2 个一级博士学位授权学科。拥有光学工程、数学、物理学、统计学、生物学、化学工程与技术 6 个一级硕士学位授权学科，学院共有 2 个博士后流动站：数学、光学工程。

2016 年，理学院有教职工 232 人，其中专职教师 183 人，包括中科院院士 3 人、工程院院士 2 人、教授 64 人、副教授 82 人。专任教师中专任教师中具有博士学位的占 85.2%。

截至 2016 年年底，毕业学生 407 人，其中本科毕业生 223 人、毕业研究生 184 人（硕士生 151 名、博士生 33 名）。招生 588 人，其中本科生 385 人、研究生 203 人（博士生 45 人、硕士生 158 人）；另有留学博士生 2 人，双培生 7 人。在校生 1 942 人，其中研究生 621 人（博士生 202 人、硕士生 419 人），本科生 1 321 人。

（杨　涛　孙玉朋　由凤玲）

【党建和思想政治工作】

截至 12 月 31 日，理学院共有党支部 34 个，其中教师党支部 6 个、研究生党支部 25 个、本科生党支部 3 个；共有党员 511 人，其中正式党员 428 人、预备党员 83 人；教师党员 119 人、占教师比例为 52.19%，研究生党员 248 人、比例为 42.18%，本科生党员 129 人、比例为 9.82%，其他党员 15 人；全年发展党员 83 人，其中研究生 23 人、本科生 60 人。

以《党委会的工作方法》、“党的十八届六中全会精神”为主题开展两次中心组学习；每位班子成员均在所在党支部讲党课；制定《党政联席会议制度》和《三重一大制度》，规范议事决策程序。组织召开学院“两学一做”学习教育动员大会，制定《理学院 2016 年“两学一做”学习教育实施计划》，制定教师党员学习推荐计划；编制《“两学一做”重要名词解释》；举办入党誓词书法大赛；学生党支部共组织党课学习 8 次；学院党委组织观看大型歌剧《长征》、参观革命圣地西柏坡；组织党员学习习近平总书记“七一”重要讲话精神、长征精神和党的十八届六中全会精神；组织党支部认真开展合格党支部建设规范和合格党员行为规范大讨论活动。完成党员组织关系排查、党费收缴核查、党员信息核查专项工作。完成 6 个教工党支部换届工作。筹备召开党员大会，完成党委委员换届工作。评选表彰优秀党员、慰问关心困难党员和老党员。

围绕学习习近平总书记系列重要讲话精神和“四个全面”战略布局，组织学生参观抗日战争纪念馆、军事博物馆纪念中国工农红军长征胜利 80 周年主题展览；组织“万里长征，历经艰辛犹弥新，百廿交大，红色精神永相传”主题升旗仪式，纪念长征胜利 80 周年，引导学生学习长征精神，走好新的长征路；组织开展“我与社会主义核心价值观”主题班会活动；开展诚信教育，打造无人监考模式。开展第四届“理学院学生党员先锋行”系列培训活动，推进“红色 1+1”活动，5 个本科生党支部与广通苑社区、交大附中、西城消防支队、新街口社区等基层党支部对接，累计共开展活动 80 次，获得北京高校红色“1+1”示范活动评选二等奖 1 项、三等奖 1 项。本科生 2013 级信科知行党支部“以知促行强意识　以践促学争先锋”的“两学一做”案例，入选北京高校“两学一做”学习教育典型案例，该支部还参与教育部办公厅举办的全国高校“两学一做”支部风采展示。

整合各类宣传资源，开拓网络思想政治教育阵地，发挥“理理好声音”微信平台（2016 年发布推送 80 余期，阅读量近 3 万人次）、《源点》纸质和电子期刊、“1+ 100”联系青年网络平台等媒体思想引领作用。

学院针对不同年级学生特点开展深度辅导工作。2016 年，辅导员走访学生宿舍 48 余次，深入课堂听课 23 余次，深入班级 49 次，深度辅导共计 1 030 余人次，处理学生学业、生活、情感等个体事件 55 余次。

依托学院学生学业发展指导中心搭建学习交流平台，开展专业讲座 20 余次，覆盖学生 5 000 余人次；开展朋辈交流活动 8 次，覆盖学生 390 人次；开展学业困难学生帮扶，进行考前辅导讲座累计 6 次，覆盖学业困难学生 120 人次。推进“珠峰”计划，开展“游学”，组织高年级学生前往北京大学元培学院与元培班同学交流，前往天津大学理学院参观实验室。2016 届本科毕业生就业率为 98.21%，其中出国 38 人，升学 107 人，深造率为 65.02% 签约率为 85.2%，2 名同学西部支教。

加强实践育人，2016 年，学院共有 178 名同学参与暑期社会实践，18 个实践团立项答辩，其中社团立项 10 个、个人立项 8 个，17 个实践团予以结题，3 个实践团参与学校争优答辩，获得一等奖 2 项、三等奖 1 项，校级社会实践优秀个人 28 人，校级先进工作者 2 人，市级先进工作者 1 人。开展第十三届“知行并茂，明理崇德”理科文化月品牌活动。开展走进中科院、基础学科论坛、大创经验交流会、“研之有理”保研交流会、“红果园论坛之出国留学讲座”等活动。

做好研究生日常思想政治教育、队伍建设、党建、就业等各项工作。举办研究生学术沙龙活动，组织“院士校园行”“与大师面对面”等名师讲坛活动 24 次；组织 2 个研究生暑期社会实践团赴外地开展实践调研，有 22 名研究生参与，1 个实践团获学校一等奖；学院研究生就业率 97.19%；指导创业团队 1 个，获得学校创业大赛二等奖；优良学风班 5 个，61 人次获各种荣誉，获得汉能李嘉宁奖学金 1 人，智瑾奖学金 2 人；有优秀毕业研究生和干部 27 人、北京市优秀毕业生 9 人；设“三助”岗位 250 多个，420 多人次参与。学院组织研究生党支部书记培训 5 次，23 人次参加学校党员骨干培训。组织研究生参加班级篮球赛、足球赛、羽毛球赛、研究生素质拓展、歌手大赛等活动。

（孙玉朋　杨　涛）

【教学工作】

重新认定优秀主讲教师 10 人：赵平福、刘博、邓小琴、王健、修乃华、张斌、张福俊、郑改华、李思泽、朱圣芝。重新认定优秀实验教学指导教师 1 人：张兴华。优秀主讲提名 3 人：江红、唐爱伟、吴发恩。有北京交通大学教学名师 1 人：修乃华。国家级精品资源共享课：《大学物理》《大学物理实验》。吕兴获学校第十一届青年教师教学基本功比赛一等奖，余爱梅、郑凯获二等奖。钟波获第二届北京高等数学微课程教学设计竞赛一等奖，聂君祥获二等奖。王玉凤教授捐资的“理学院教师教学贡献奖励基金”，2016 年度评选出一等奖 4 人、二等奖 10 人，一等奖奖金 6 000 元、二等奖奖金 3 000 元。

理学院 2013 级学生刘哲明撰写的论文“F 离子辅助合成形貌及带隙可调的锐钛矿型 TiO_2 纳米晶”，2012 级学生王佶撰写的论文“MnO_3 超卤素团簇掺杂双层石墨烯电磁特性研究”入选第九届全国大学生创新创业年会会议交流论文，后一篇论文获得年会“优秀学术论文”奖。2015 年大学生创新创业训练计划项目结题 89 项，其中国家级项目 12 项、北京市级项目 12 项、校级 65 项，共完成实物作品 24 件，获批专利 2 项，申请专利 3 项，已发表和已收录论文 10 篇，其中发表 SCI 论文 5 篇，1 项参加了国际会议、发表了会议论文。

学院 2016 年 88 项大学生创新训练项目通过中期检查、进展良好，其中中期推荐为国家级项目 17 项、北京市级项目 8 项、校级项目 48 项、院级项目 15 项。

学校共计 26 名同学获得全国第七届大学生数学竞赛分赛区暨北京市第 26 届大学生数学竞赛三个级别全国数学类、全国非数学类、北京丙组的奖项，其中全国甲组数学专业三等奖 1 名；非数学类一等奖 6 名，二等奖 5 名，三等奖 14 名；北京丙组二等奖 2 名，三等奖 4 名。北京交通大学代表队（领队彭继迎老师、任杰、马重、魏钲轩、谢佳宇、颜牧雨、宫啸）获第七届中国大学生物理学术竞赛一等奖。2016 年学校获得美国大学生数学建模竞赛一等奖 6 项（18 位同学），二等奖 13 项（39 位同学）；6 位同学获得大学生物理学术竞赛一等奖；获北京市大学生数学竞赛一等奖 6 人、二等奖 7 人、三等奖 19 人；全国大学生物理学术竞赛三等奖 3 项。

做好 2016 级理学大类招生及思源班、知行班选拔工作。制定适应大类培养的各专业培养方案并在 2016 级新生中实施。制定适应大类培养的培养方案及配套的课程大纲。2016 届毕业设计使用了全校统一的毕设系统和查重系统，毕设各环节按照《北京交通大学本科生毕业设计（论文）规范》开展。制定《理学院关于本科毕设论文查重工作的管理办法（试行）》。答辩前送检的 215 篇毕设论文重复率全部合格。本科毕业设计答辩最终结果为 A+ 39 人、B+ 80 人、C+ 64 人、D+ 30 人、F 2 人。

与英国拉夫堡大学签订了本科“3+1+1”合作协议，并对 2014 级学生开始实施。2016 年度，学院赴境外联合培养或访学的本科学生达 62 人，其中超过 3 个月以上的学生 57 人。

学院有 14 位教师承担全校英文教学任务，有 11 位教师承担纳米材料与技术专业的英文教学任务。

严把研究生生源质量关，学院第三次举办大学生暑期夏令营来自全国各地的 80 名大学生同获得资格认定证书。接收推免研究生 56 人（本校 29 人、外校 27 人），其中直博生 3 人、硕士推免 53 人（包括本硕博一体化 2 人）；继续对排名前 10%的直博生配套发放奖励津贴，激励其投入科研工作；鼓励各学科教师积极参加国内外研究生教育交流会议，吸引更多优质生源。

加大考试制度改革力度，在考教分离和流水阅卷的基础上，对“矩阵分析”“数值分析”“最优化理论”“随机过程”“统计方法与计算”5 门数学公共基础课程期末考试实行网上阅卷。

开发专业学位研究生教学案例、优化专业学位课程体系建设，衣立新教授获得 2016 年拟立项资助的教学案例开发项目。做好 2016 年度产学研联合研究生培养基地建设工作，落实北京地区产学研联合研究生培养基地二期建设要求，徐征教授获得 2016 年培养基地建设项目资助。

2016 年学院研究生发表 SCI、EI 检索论文 195 篇；147 篇学术论文获得研究生高水平学术论文奖励，其中硕士研究生论文 52 篇、博士研究生论文 95 篇。An1 区 16 篇、An2 区 40 篇、An3 区 53 篇、An4 区 35 篇、An5 区 3 篇，奖励金额达 60.78 万元；学院 7 位硕士生论文入选校级优秀硕士论文，1 位博士生论文获评校级优秀博士论文。

14 名硕士生和 8 名博士生获国家奖学金。派出 7 名联合培养博士研究生、1 名攻读博士学位硕士生出国，8 名研究生出国访学。

（常笑薇　赵　颖　由凤玲）

【科研工作】

2016 年学院获批国家自然科学基金项目 17 项，合同经费 958 万元。新增参加重点项目 1 项，合同经费 270 万元。胡斌主持的国家自然科学基金重点项目《有机/无极杂化钙钛矿光伏、发光、磁光效应综合研究》对相关领域的科研发展起到推动作用。

发表期刊论文 304 篇，会议论文 6 篇，新增专著 1 部。同时，检索 SCI 论文 230 篇，其中一区 18 篇，二区 58 篇，三区 85 篇，四区 69 篇；检索 EI 论文 190 篇；高被引论文 9 篇。新申请专利 24 项，获得学校奖励的专利共 18 项。

举办第一届张量互补问题国际研讨会、非线性组合优化国际研讨会。组织高水平学术报告 111 场，其中邀请境外专家来校做报告 104 人次。

（胡佳骥）

【学科与平台建设】

理学院下设一级学科 8 个：光学工程、数学、系统科学（共建）、统计学、物理学、生物学、化学工程与技术、电子科学与技术（共建）。学院博导 59 名，硕导 82 名。2016 年上半年完成第四轮学科评估工作，由院所有学科均参与评估。在 2015 年生物学自评估基础上，按照国家和学校安排，其他学科将在 2016 年－2018 年相继完成学位点自评估工作，完成学位点自我梳理完善的过程。

（由凤玲）

【对外交流与合作】

2016 年是北京交通大学与加拿大滑铁卢大学纳米材料与技术专业中外合作办学项目运行第四年，经协商项目协议期延长至 2029 年，获教育部批准项目招生年限延长至 2021 年，办学年限延至 2025 年，在读学生 198 人。已投入近千万完成纳米光科学与近代物理实验室第一期建设。有 9 位滑铁卢大学教师来华讲授 13 门课程（每位不少于 2 个月），授课总学时 848 小时，其中非语言类专家授课达 240 小时。2016 年是修乃华教授负责的高等学校学科创新引智计划（ “111 计划”）项目运行第一年，共引进骨干专家 6 人，开放基金引进专家 16 人；组织国际会议 4 次，学术报告近 80 场；为学学生开设 6 门课程，与理学院教授学者合作论文 25 篇，申请基金 8 项，支持 8 位教师出国参加国际会议，开展科研合作。

本年度学院共获批 16 项外专引智项目，其中国家级项目 4 个、学校重点项目 11 个、学校常规项目 1 个。

2016 年共有 26 个出国（境）团组执行短期出国任务。进行外事接待 7 次。数学系与英国拉夫堡大学数学科学系拟开展的“3+1+1”学生联合培养项目协议书。组织来自 19 个国家和地区的学者举办近 90 场学术报告，主题涉及数学、物理、化学和生物等领域。学院聘请 18 名外籍专家来华授课（来华 3 个月以上 3 名），为学院本科及研究生讲授 23 门课程。学院赴境外联合培养或访学的本科学生有 62 人，其中超过 3 个月以上的学生 57 人。共有 16 名博士研究生受到学校博士研究生国际学术交流基金和国家留学基金委资助出国访学或进行联合培养。2016 年有 3 名外国硕士留学生在学院学习。

（赵　颖）

马克思主义学院

【概况】

马克思主义学院下设马克思主义原理教研部、马克思主义中国化教研部、思想政治教育教研部、中国近现代史教研部、研究生教研部、思想文化素质教育教研中心等 6 个教研部、中心。设有首都大学生思想政治教育研究基地、国家文化软实力研究院、中国马克思主义与文化发展研究院等研究院、所或中心。马克思主义学院设有马克思主义理论一级学科博士学位授权点，马克思主义理论博士后流动站；设有马克思主义基本原理、马克思主义中国化研究、思想政治教育、马克思主义发展史等 4 个二级学科博士点；设有马克思主义理论一级学科硕士点，包括马克思主义基本原理、马克思主义中国化研究、马克思主义发展史、思想政治教育等二级学科硕士点；设有哲学、科技哲学二级学科硕士点。

2016 年年底，学院有教职工 52 人（含返聘教师 1 名），其中专职教师 47 人；博士生导师 8 人（含兼职博导 1 名），硕士生导师 30 人；教授 10 人，副教授 24 人，讲师 14 人。

截至年底，学院毕业博士生 9 人，硕士生 24 人。招收研究生 34 人（其中博士生 10 人，硕士生 24 人）；在校研究生共 142 人（博士生 59 人，硕士生 83 人）。

（曲立忠）

【党建和思想政治工作】

2016 年，学院共有 12 个党支部，其中教工党支部 6 个、学生党支部 6 个。党员 97 名，其中正式党员 92 名、预备党员 5 名；教职工党员 41 名，学生党员 56 名。全年发展学生党员 4 名。

学院领导班子坚持中心组学习制度，集中学习党的十八届六中全会精神、习近平总书记治国理政思想、习近平在哲学社会科学工作者座谈会上的讲话、习近平在纪念长征胜利 80 周年大会上的讲话、习近平在纪念中国共产党成立 95 周年大会上的讲话等内容；组织党员教师“重走长征路”、学生党员考察社会主义新农村典范——华西村等活动；组织师生党员参观“英雄史诗　不朽丰碑——纪念中国工农红军长征胜利 80 周年主题展览”“马克思主义中国化的光辉历程”等红色教育活动；编辑《学习通讯》17 期；学院领导和党员教师撰写学习体会和理论文章，在国内重点新闻媒体发表学习辅导文章 10 余篇。

重新修订学院党政联席会议及决策制度；制定相关制度措施；举办入党积极分子培训班、新党员和新生党员“先锋”培训班，学院党政领导带头讲党课，组织教研部支部书记、学生党支部书记讲党课。

组织“两学一做”专题教育活动，开展多场学习党章、学习习近平总书记系列讲话精神专题报告会；重视学院党内民主建设和反腐倡廉建设，严格执行廉政规定，执行中央“八项规定”和“六条禁令”，在重大事项决策、重要干部任免、重要项目安排、大额资金的使用方面，严格执行集体讨论决定制度。

（曲立忠）

【教学工作】

2016 年，马克思主义学院承担全校本科生 4 门思想政治教育理论课、全校硕士研究生和博士研究生多门公共课、全校本科生近 20 门文史哲等文化素质课教学工作，完成面向本学院 100 多名硕士研究生、博士研究生 20 多门专业必修课和选修课教学任务。

推进中国特色社会主义理论和社会主义核心价值观“进教材、进课堂、进头脑”；加快课程平台建设，推进 4 门思想政治理论主课建立教研室共享的课程平台，强化和充实《形势与政策》课程教学内容；《毛泽东思想和中国特色社会主义理论体系概论》课拍摄慕课视频，投放开放性网络平台；推进“三轮驱动”（学科推动、科研拉动、教学主动）教育教学改革为重点推进思想政治理论课教学理念、内容和方法改革，被北京市教育工委、市教委确定为北京市高校思想政治理论课改革试点单位；学院教师 1 人入选全国高校思想政治理论课教师 2015 年度影响力人物。

学院承担学校公共政治理论课考试改革和专业骨干课程建设课题，重点建设《马克思主义发展史专题研究》《马克思主义经典著作选读》《中国特色社会主义理论体系研究》《思想政治教育理论与实践专题研究》等课程；落实研究生评教，探索建立课程评估体系；开展在职研究生公共政治理论课教学改革建设，承担“北京交通大学行业需求调研课题与专业学位研究生教学案例开发项目”，进行《中国特色社会主义理论与实践研究》和《自然辩证法》2 门课教学案例建设。

（曲立忠）

【科研工作】

2016 年，马克思主义学院教师共发表学术论文 88 篇，其中，A 类论文和 CSSCI 期刊论文 30 篇，出版专著、编著、译著 4 部；新增各级各类科研项目 16 项，科研经费 65.12 余万元；荣获北京市第十四届哲学社会科学优秀成果二等奖 1 项；邀请国内知名专家等来马克思主义学院做学术报告或学术交流，共举办学术讲座 10 余场。

加强北京市哲学社会科学基地——首都大学生思想政治教育研究基地建设；建设“北京市高校中国特色社会主义理论协同创新中心”和“国家文化软实力研究协同创新中心”2 个高层次研究平台，加强马克思主义理论和文化软实力研究。

9 月 24 日，学院承办中国马克思主义与文化发展研究院成立大会暨首届马克思主义与传统文化高层论坛。中央马克思主义理论研究和建设工程咨询委员会主任、中国马克思主义与文化发展研究院院长徐光春和校党委书记、研究院常务院长曹国永共同为研究院揭牌。徐光春作题为《马克思主义的中国化与中华传统文化的时代化》主题报告。

（曲立忠）

【学科与平台建设】

2016 年，学院加强马克思主义理论一级学科博士点、马克思主义理论博士后流动站建设，参加全国高校第四轮学科评估；联合国内高层次专家以中国马克思主义与文化发展研究院为平台，筹划马克思主义理论学科、国学与中国传统文化学科发展。学院对马克思主义理论一级学科中的中国近现代史基本问题二级学科、人才梯队建设等进行重新规划。

（曲立忠）

【对外交流与合作】

10 月 12 日，学院邀请英国兰卡斯特大学人文社会科学学院副院长 Robert Geyer 和孔子学院院长沈伟，来马克思主义学院进行学术和工作交流。11 月 27 日—12 月 2 日，学院副院长杨蔚赴美国得克萨斯南方大学孔子学院进行学术交流，参加“中国的全球化视野”国际会议，就双方教师进行学术互访、短期培训等达成初步合作意向。2016 年，马克思主义学院派出 2 位教师参加国际学术会议。

（曲立忠）

语言与传播学院

【概况】

语言与传播学院下设英语系、传播学系、欧亚语系、大学英语教学部、研究生英语教学部等 5 个系部和翻译硕士（MTI）教育中心、北京高等学校语言实验教学示范中心。拥有北京交通大学中国文化产业研究院和北京交通大学英语写作中心、语言研究中心、外国文学研究中心、翻译研究中心、传播学研究中心等 5 个研究机构。学院设有英语、传播学、西班牙语、葡萄牙语 4 个本科专业，有外国语言文学、新闻传播学、英语笔译（专业学位）3 个硕士点。

2016 年，学院在职教职工 151 人，其中专任教师 137 人，博士生导师 1 人，硕士生导师 31 人；教授 13 人，副教授 46 人，讲师 76 人；专任教师中具有博士学位的占 27.73%。

截至年底，学院毕业学生 161 人，其中硕士研究生 45 人、本科生 116 人；招生 203 人，其中硕士研究生 49 人、本科生 154 人；在校生 690 人，其中硕士研究生 136 人、本科生 554 人。

（刘凤英　钱卫红　卢　强）

【党建和思想政治工作】

2016 年，学院有党支部 14 个，其中教工党支部 5 个，学生党支部 9 个；共有党员 174 名，其中教工党员 86 名，党员比例为 56.95%；研究生党员 62 名，党员比例为 45.59%；本科生党员 26 名，党员比例为 4.69%；2016 年度发展新党员 22 名。

学院党委对在职在校教师及学生党员、调出教师及毕业学生党员进行全面排查。设计制作《语言与传播学院党员党费缴纳基数计算表》《语言与传播学院党员已交党费明细表》《语言与传播学院党员需补交党费计算表》，完成补交党费工作。学院党委制定“两学一做”学习计划，各支部在学院学习计划的基础上，制定支部学习计划，组织广大党员认真学习并写出学习体会心得。12 月 28 日，召开语言学院党员大会，通过选举选出新一届党委委员。

学院 2016 届本科毕业生英语专业 43 人、传播学专业 48 人、西班牙语专业 25 人，就业率为 95.69%，深造率为 43.1%。西班牙语专业就业需求旺盛，就业率达 100%，签约率达 92%。

2016 年举办第 69 期、70 期共 2 期党校。开展团支部推优工作，推荐入党积极分子 145 人。以纪念红军长征胜利 80 周年为主题，开展理想信念教育。围绕学风建设和学业辅导，开展“语传英才”计划，加强人才培养一体化建设。在 2015 级本科生中推行学业导师制。与系部联合开展多项专业竞赛，社会实践等活动，传播系学生拍摄纪录片获首都高校影像创作一等奖；暑期社会实践与专业结合，获得校级一等奖 1 项、三等奖 1 项。微作品《一个人的坚守》获首届全国高校网络宣传思想教育作品三等奖。学院团委与青联共同联合 宣传 6 名青年教师风采，以亲切的方式引领青年思想。

2016 年应届毕业研究生就业率为 100%，签约率为 75%。全年研究生获得各类奖励 47 人次，其中国家奖学金 2 人、智瑾奖学金 1 人、汉能李嘉宁奖学金 1 人。学院研究生工作组开展“行思”沙龙 10 余次，组织学生参加学校“慧光杯”学术文化节，共有 33 名同学论文获奖。举办学院“慧研杯”学术文化节，承办 9 次“与大师面对面”名师讲坛活动，28 篇论文在“慧研杯”论文评比中获奖，6 篇编译作品在英文论文编译大赛中获奖，评选出 4 名学术之星。学院主办 7 场研究生就业沙龙和讲座活动。

各研究生党支部组织支部书记讲党课、支部党员讲党课、“四讲四有”主题交流研讨会以及不同主题的时事沙龙，推进“两学一做”教育活动的开展。学院 11 月 16 日组织全体党员进行“两学一做”理论学习测试。组织研究生党员开展党员骨干培训；进行 2 次全体研究生党员交流活动增强党员意识；开展“从‘心’开始，党建工作的正确打开方式”研究生党建工作坊。组织研究生完成学院党委委员换届“三上三下”工作，促进研究生党员政治参与。

组织 2015 级研究生开展社会实践，参与率接近 100%。在暑期社会实践中，学院 “爱在路上——用专业服务偏远地区目标小学英语教育”实践团获得校级和院级双重点支持；获得院级重点支持的“不忘初心、砥砺前行——助跑河北灵寿寨南完小学困难儿童成长”实践团将实践活动和党支部活动联系起来，发动学院的力量为贫困地区儿童募集衣物和资助，募得衣物 100 公斤，为 4 位困难儿童找到长期资助人。学院获暑期社会实践校级一等奖、三等奖各 1 项。赵婷老师被评为社会实践优秀带队教师，4 个团队的 9 名队员被评为社会实践先进个人。

（刘凤英　房国彦　耿梅芳　卢　强）

【教学工作】

2016 年学院在校本科生中英语专业 183 人、传播专业 200 人、西班牙语专业 129 人、葡萄牙语 42 人。有校级优秀主讲教师 31 人，占学院教师总数的 23.0%。

3 位教师代表学院参加学校第十一届青年教师教学基本功比赛，刘竹林获得二等奖，李兰霞、李蓓儿获得三等奖，刘竹林获得最佳教案奖。支持和组织教师参加业务培训和全国外语教学观摩研讨会 20 人次，参加教学改革研讨会和教育技术培训会 25 人次。学院出资 10 万资助 14 项院级教学改革项目。申报学校 2016 年教学成果奖，获校级一等奖 2 项、二等奖 2 项，指导校级大学生创新项目 8 项。

本科教学初步完成基于 OBE 理念的 2016 版培养方案的制定和大纲的撰写，通过学校本科教学审核评估。建立本科生招生基地学校 1 个。

指导学生获得“外研社杯”全国大学生英语辩论赛华北赛区二等奖 1 项，全国总决赛三等奖 1 项；“外研社杯”全国英语写作大赛北京赛区二等奖 2 项；“外研社杯”全国英语阅读大赛北京赛区一等奖 1 项；“外研社杯”全国英语阅读大赛北京赛区二等奖 1 项；“外研社杯”全国英语演讲大赛北京赛区三等奖 1 项；北京市大学生英语演讲赛三等奖 1 项；“21 世纪杯”全国英语演讲赛北京赛区二等奖 1 项；“21 世纪杯”全国英语演讲赛北京赛区三等奖 1 项。

北京交通大学学生左袁丸（2013 级本科生）、刘畅（2013 级本科生、英语双学位）、何智文（2015 级新闻传播研究生）3 位同学在 2016 年亚太青年模拟 APEC 全国总决赛上取得优异成绩。在比赛中表现出色。

语言实验教学示范中心与文华在线教育技术股份有限公司开展战略合作，获经费支持 100 万元，由北京交通大学教育发展基金会管理，资助学院外语教师进行现代教育技术应用于教学和课程建设。

学院加强产学研实践基地建设，与中国报道杂志社、中国外文局融媒体中心、中国华腾工业有限公司、北京朗势科技有限公司、GIIP 全球大学生实习计划、New Leaders International Group Ltd、爱德曼公关公司等多家企业事业单位建立稳定的实习基地。建设完成移动智能媒体实验室、影视演播及编辑室，并投入实际教学，实现对课程教学、学生实践及学术研讨等多重功能的支持。教师带队至新华社、光明日报、爱德曼实习调研，并与部分单位达成初步合作意向，将在新媒体产品设计、运营、传播等方面展开实际合作。

举办暑期夏令营，吸引优秀本科生来校攻读硕士，来自全国各地高校的 58 名优秀本科生参加夏令营，共发放创新能力认定证书 34 份。2016 年录取推免研究生 15 人。

组织教师完成研究生教改项目、行业需求项目、产学研联合项目的申报工作。开展培养方案的修订和教学大纲的整理优化 3 个硕士点的培养体系。细化研究生过程管理，完成了 2015 级研究生论文开题、2014 级研究生论文中期检查的工作。组织学生参与北京市研究生演讲大赛，承办 2016 年北京市研究生演讲大赛总决赛，学院选手获二等奖。

全年共有 49 名研究生完成硕士论文答辩，授予硕士学位。协助研究生院开展 QS Top 100 高校毕业典礼形式的调研工作，开展本年度硕士学位论文的抽检和后评估工作，毕业生论文抽检的合格率为 100%。学院毕业论文入选校级优秀毕业论文 2 篇。

（董乐贤　钱卫红　卢　强）

【科研工作】

2016 年，学院新增科研经费约 387 万元，获批省部级及以上科研项目 8 项，其中国家社科青年项目 1 项，教育部规划项目 1 项，教育部青年项目 3 项；北京市哲社科一般项目 3 项）。共发表高水平学术论文 18 篇，其中 SSCI 论文 1 篇、CSSCI 论文 17 篇。发表《光明日报》论证文章 5 篇，北京市哲社科成果要报 1 篇，发表北京市《宣传通讯》论文 1 篇。

（李兰霞）

【学科与平台建设】

2016 年学院开展外国语言文学一级学科、新闻传播学一级学科的第四轮学科评估工作，梳理两个学科的学科建设和人才培养情况，优化一级学科建设规划。2 名教师通过硕士生导师遴选。10 月北京交通大学英语写作中心成立并校内运营。

（卢　强　范书成）

【对外交流与合作】

2016 年学院共聘有外籍教师 8 名，其中，英语教师 5 名、西班牙语教师 2 名、葡萄牙语教师 1 名。全年学院派出 4 名教师出国访学；派出交换生总计 40 余人次，其中院级一年期及以上交换生 33 人。

学院全年接待国际来访 62 人次，共接待 16 个访问团。与美国桥水州立大学、加拿大萨斯喀彻温大学有效教学中心、英国兰卡斯特大学、葡萄牙米尼奥大学、西班牙康普顿斯大学进一步深化合作。

（王　冰）

软 件 学 院

【概况】

软件学院下设软件工程系、软件工程研究中心。院机关包括学院办公室、本科教学管理办公室、研究生教学管理办公室、科研学科管理办公室、国际交流中心、工程硕士培训中心、软件服务外包实验教学中心、学生工作办公室（团委、就业指导办公室）。

学院有在职教职工 45 人，其中专任教师 21 人，包括博士生导师 3 人，硕士生导师 19 人；教授 4 人，副教授 9 人，讲师 8 人；专任教师中具有博士学位的占 71.4%。截至 2016 年底，学院毕业学生 291 人，其中硕士研究生 148 人，本科生 143 人；2016 年招生 307 人，其中硕士研究生 140 人，本科生 167 人；在校生 954 人，其中硕士研究生 301 人，本科生 653 人。

（李红梅）

【党建和思想政治工作】

截至 2016 年底，软件学院党员 168 人，其中教工党员 24 人、学生党员 144 人（研究生党员 97 人、本科生党员 47 人）。学院党委下设 11 个党支部，其中教师党支部 2 个、本科生党支部 2 个、研究生党支部 7 个。共发展党员 29 人，其中本科生 19 人、研究生 10 人；预备党员转正 37 人，其中本科 29 人、研究生 8 人。教师党员占教师比例 53.3%，本科生党员占本科生比例 7.6%，研究生党员占研究生比例 15.6%。

完成党支部换届工作，2 个教工党支部书记分别由副处级辅导员和教授担任；学生高年级党支部书记由学生党员担任，低年级党支部由辅导员担任。党支部换届后，党委对全体支部委员进行了工作培训。扎实开展“两学一做”学习教育。学院党委针对党员领导干部、教师党员和学生党员等不同群体制定“两学一做”学习教育实施方案，各支部开展集体学习、交流研讨、知识竞赛、主题实践活动等多种形式的学习教育活动，学院党委通过外请专家为全院师生党员讲党课、设置“两学一做”学习教育专题橱窗，开展主题实践活动、配合校“两学一做”学习教育督导组巡回督导等，深化“两学一做”学习教育效果。加强党风廉政建设，为降低某一项工作长期由固定工作人员从事而产生的廉政风险隐患，2016 年学院对全部聘任制人员工作岗位轮换，每 3 年左右轮换一次。各支部织纪念中国共产党成立 95 周年和纪念红军长征胜利 80 周年主题党日活动，通过观看建党 95 周年纪念大会直播、重温入党誓词、参观纪念红军长征胜利 80 周年展览、参观西山无名烈士广场等活动，加强党性教育，坚定理想信念。2016 年学院本科毕业生就业率 100%，签约率 95.86%。9 人获评北京市普通高等学校优秀毕业生称号，11 人获评北京交通大学优秀毕业生称号。

规范发展党员流程，提高发展党员质量。建立党委预审和院党委对入党积极分子及发展对象档案资料、《党支部工作手册》每年 2 次定期集中检查制度。组织积极分子初级培训班 2 次，参与培训 160 人次，组织发展对象高级班 2 次，参与培训 104 人次。

2016 年度，本科生 1405 班获评“北京市先进班集体”，本科生 1303 班、1401 班、1503 班获评校级先进班集体；1504 班和 1505 班获评学校宿舍文明先进班集体；1303 班、1401 班、1501 班和 1503 班获校级优良学风班。荣获国家奖学金、国家励志奖学金、智瑾奖学金等各项专项奖学金累计 23 人次，15 人获得学校一等学习优秀奖学金，33 人获得学校二等学习优秀奖学金，68 人获得学校三等学习优秀奖学金。获评北京市三好学生 1 人，北京市优秀学生干部 1 人，获评校三好学生 39 人、校优秀学生干部 17 人。

开展团日活动、志愿服务和社会实践活动。软件学院七色堇志愿者团与北京义工联盟签订《北京义工联盟与七色堇志愿者团协议书》，组织“书送爱心”、“爱你 爱你”扶残计划，以及关爱听障儿童等活动；举办暑期社会实践活动并完成微记录拍摄，其中“见访三城共筑梦·成就生态一段春”荣获暑期社会实践三等奖。

组织全体研究生党员观看十一届全国人民代表大会第四次会议开幕式，赴人民大会堂参加王家元同志报告会，邀请学校纪委副书记王宏军为毕业生作《守纪律、讲规矩，做个政治上的明白人》报告，参观纪念中国工农红军长征胜利 80 周年主题展览。

全年共组织研究生参加创新创业工作坊 8 次，加强学生就业能力培训，培养正确择业观。2016 年学院毕业研究生就业率和签约率均达 100%。

（蔡　雪　周轶峰　薛海鹏）

【教学工作】

2016 年学院在校本科生均为软件工程专业，毕业生中有 25 人获校内外推免保送攻读硕士研究生资格。

适应国家高考改革、OBE 设计理念，推进人才培养方案改革，推进专题研究课程、专业核心课程等系列课程建设。对照软件工程专业认证要求，修订完善 2016 级本科培养方案及各门专业课程大纲，制定 2+2 联合培养项目的培养方案。

冯凤娟、陈旭东、王方石老师获评 2015 年国家大学生创新创业训练计划项目优秀指导教师。袁岗老师荣获第五届中国大学生服务外包创新创业大赛一等奖指导教师。

学院获得“挑战杯”国家级项目 2 项，市级项目 2 项；获第七届中国大学生服务外包创新创业大赛二等奖 1 项，三等奖 3 项。2016 年大学生创新实验计划项目立项数目 20 项，已结题 16 项，其中国家级项目 3 项、市级项目 2 项、校级项目 11 项。在“创青春”全国大学生创业大赛、互联网＋大学生创新创业大赛、第十届国际 iCAN 创新创业大赛等各层次科技竞赛获奖人次达 200 余人。

2016 年软件学院硕士研究生招生，软件及计算机相关专业生源比例达到 93.7%。为研究生开设 51 门中英文课程。2016 年学院硕士研究生已答辩 148 人。2016 年在职软件工程硕士 3 次答辩，授予学位人数共计 767 人，工程硕士停止招生。

5—6 月赴大连理工大学、东北大学、吉林大学、武汉大学、华中科技大学、中南大学、湖南大学、四川大学、重庆大学、西北工业大学、西安电子科技大学、天津大学、云南大学等 13 所“985”“211”重点院校的软件学院进行招生宣传。从 2016 年研究生报考数据来看，“985”“211”重点院校生源比例达到 58%。7 月，举办软件学院 2016 年国际暑期夏令营活动，来自湖南大学、西北农林科技大学、云南大学、郑州大学等“985”“211”重点院校的 55 名学生报名参加，其中 13 名同学保送至软件学院就读研究生。

（张叶晔　陈　婷　李　蕾）

【科研工作】

2016 年学院出台《软件学院教师参加学术会议管理办法》，鼓励教师进行学术交流。新增科研项目 12 项，其中国家自然科学基金“青年基金”资助项目 1 项，新增合同经费 241.48 万元。2016 年结题 2 项科研项目。

学院在国内外科技刊物公开发表科技论文 14 篇，其中 10 篇 SCI、4 篇 EI，新受理专利申请 3 项，新增成果转化 57.5 万元。配合计算机学院完成第四轮学科评估及学位授权点自评估工作。

（王　妹）

【学科与平台建设】

推进实训课程教学平台、云平台建设，制定云平台二期建设规划。学院购置并部署新的高性能无线网络设备，可支持 60 个学生同时接入为实训课程提供良好稳定的网络环境。

学院与中软国际共同挂牌成立“北京交通大学软件学院众创空间”，为学生提供实验场地、硬件设备、专业指导等服务；与文思海辉技术有限公司合作开展校企联合培养；与北京天诚安信科技股份有限公司达成建立联合培养基地合作协议。

搭建创新创业服务平台。学院成立创新创业中心推进学生科技创新活动的开展。选聘创新创业指导教师，成立创新创业俱乐部，实现指导全方位、专业化；定期组织创新创业大讲堂、创业沙龙，实现教育全覆盖、常态化；组织 TOPCODER 训练营、创新创业大赛，实现实践全程化、成果化。

（王　妹　史华冬）

【对外交流与合作】

加大留学生招生宣传力度。通过参加在北京举办的中国国际教育展和法国计算机及新技术学校（EPITECH 学校）、法国高等计算机电子及自动化学校（ESIEA 学校）的教育展和宣传周，同已签约的合作学校保持良好关系，并联系北美地区学校，出访法国 SUPINFO 国际技术学院、美国纽约州立大学布法罗分校、詹姆斯敦社区学院、纽约州立大学弗雷多尼亚学院等 9 所学校招生宣传。2016 年留学生招生共 136 人，占 2016 年软件学院本硕招生总数的 36%，生源国 23 个，其中来自欧美等发达国家留学生比例达 70%。

开展国际交流项目组织与选拔。学院通过召开国际交流座谈会、建立国际交流项目交流群、搭建派出学生与老师之间的互动平台等多项举措，做好对有出国意向学生的宣传工作，推进国际交流项目的学生派出。制定国际交流项目学分认定与学位授予办法，使学生明确在交流期间的学习任务和考核办法，解决学生在选课和学分认定中存在的问题。2016 年，软件学院出国的学生共计 17 人，留学国家包括美国、法国、加拿大、韩国等，其中联合培养项目 3 人、交换生项目 14 人。

做好留学生管理与服务。实施“Buddy Plan”计划，为每位留学生选择语言伙伴，让留学生尽快融入北京交通大学的日常学习生活。2016 年授予境外学生学士学位 30 人、硕士学位 8 人。

接待美国、法国、意大利等合作伙伴来访人数 18 人，其中合作交流人数 3 人，讲学讲座人数 3 人，其他为 12 人。120 周年校庆“全球校长高峰论坛”期间承担埃及中国大学、泰国兰娜皇家理工大学、新西兰惠灵顿维多利亚大学 3 所高校及埃及驻中国大使馆（共计 21 位官员、学者）的接待任务。

组织软件工程国际暑期学校，新增新西兰、俄罗斯 2 个生源国，总共有 22 名来自美国、澳大利亚、新西兰、俄罗斯、乌克兰、法国、德国、瑞典、丹麦等国家的留学生参加。

（陈玉娟　尤丽雅　杨　旭）

建筑与艺术学院

【概况】

建筑与艺术学院设建筑系、媒体与设计艺术系、城市规划系 3 个系，一个数字化设计实验中心，代管北京交通大学一个校级研究平台（北京交通大学城市规划设计研究院）。

学院有建筑学、城乡规划、环境设计、视觉传达设计和数字媒体艺术 5 个本科专业，有建筑学、城乡规划学、设计学 3 个一级学科硕士点，以及建筑学硕士、艺术硕士、工业设计工程 3 个专业学位点。

2016 年，全院教职工 78 人，其中专任教师 64 人（含师资博士后 9 人）；教授 9 人，副教授 28 人，博士生导师 6 人，硕士生导师 44 人；专任教师中具有博士学位的教师 41 人，占教师总数的 65. 079%。

截至年底，学院毕业学生 189 人，其中硕士研究生 59 人，本科生 130 人；招生 215 人，其中硕士研究生 67 人（含留学生 3 人），本科生 148 人（含留学生 6 人）；在校生 861 人，其中硕士研究生 187 人（含留学生 3 人），本科生 674 人。

（陈玉婷　张　曼　谢　宇）

【党建和思想政治工作】

学院设有党支部 12 个，其中教职工党支部 4 个、本科生党支部 3 个、研究生党支部 5 个。共有党员 166 名，其中教职工党员 40 名、本科生党员 53 名、研究生党员 73 名。全年发展党员 24 名，其中教师 1 名、本科生 18 名、研究生 5 名。

开展“学党章党规、学系列讲话，做合格党员”学习教育活动。学院党委紧密围绕教育改革发展稳定中心工作，通过理论讲座，党课学习，社会实践，支部讨论等形式，有针对性地解决党员队伍在思想、组织、作风、纪律等方面存在的问题。张野老师微党课《一个高校教师对共产党员识别性的再解读》荣获北京交通大学“两学一做”专题微党课一等奖。依托专业优势，积极开展学习与实践并行、党建与学研相得益彰的新型学习教育模式。组织师生党员骨干赴河北省邢台市内丘县岗底村、北京交通大学威海校区等地开展实践活动。围绕首都经济社会发展热点，广泛动员青年教工社会调研。，学院 3 位青年教师社会调研成果在 2016 年北京高校青年教师社会调研成果评选中荣获一等奖 3 项、二等奖 1 项。院党委坚持思想政治工作同改善教师学习、工作和生活条件结合起来，定期召开各类教师座谈会，解决教职工实际困难和问题。

本科生结合红军长征胜利 80 周年开展“追寻长征记忆，传承长征精神”红色经典讲演比赛，结合 120 周年校庆开展“筑梦未来•艺彩青春”主题团日等特色活动。组织新生观看《茅以升》话剧，欣赏《长征组歌》音乐会，学院全年组织 500 余人次 10 余场主题教育活动。

学院团委举办首届北京市建造节暨“艺蕴交大 · 百廿芳华” 120 周年校庆主题创意文化节。活动邀 11 所北京高校、中学共计 39 组校内外队伍参加。学院团委与学院教学部门联合组织学生作品展览，形成课堂与课外有机结合的品牌教育模式。

坚持志愿服务与主题活动、专业学习相结合，开展“无止桥”项目，结合当地需要，在校内为偏远山区儿童募集书籍。深入富宁县阿用乡进行项目二次调研，赴香港参加无止桥基金会年会交流营。运用可持续的设计理念为偏远地区修建基础设施。举办“衣旧情深”“给流浪猫咪做个家”志愿活动。

推进学生党支部红色“1+1”活动，本科生第一党支部与西草市社区居委会、2015 级研究生第一党支部与朝阳区崔各庄东辛店村开展共建活动作为优秀实践活动参与北京市红色“1+1”活动评选。组织团员青年参与党支部实践活动，组织赴河南和内蒙古 2 支重点团队开展社会实践。其中，建筑与艺术学院赴河南“为爱留守，筑梦吕庄第二季”暑期社会实践团获评 2016 年北京交通大学暑期社会实践优秀团队、“青春爱唱响”大学生社会实践全国优秀团队，吴莹等 3 名同学获评 2016 年暑期社会实践先进个人。

进一步完善学院学业指导中心工作体系，坚持辅导员周周进宿舍，充分调动学生自律会与楼宇临时党支部的积极性，针对专业学习的特点和学生的实际需求，评选手绘、软件、建模等专业学习方面的“朋辈导师”，举办“朝花朝拾”学习沙龙，以一对一帮扶、团体辅导、主题交流等形式开展朋辈伴读计划。

做好家庭经济困难学生认定、勤工助学等各项资助方面的基础工作，落实学校各项资助政策。本年度学院共资助家庭经济困难学生 165 人次，总计 397 750 元。

加强校友走访和用人单位的毕业生满意度调研，继续推动校企、校地联合培养模式，调研数据反馈与教学培养环节，提升人才培养质量。2016 届本科毕业生就业率 100%。

开展纪念“长征胜利 80 周年”系列宣传教育活动；组织研究生开展“艺术点亮生活，设计为基层服务”暑期社会实践，实践团获评“首都大学生社会实践优秀团队”；开展研究生“两学一做”学习教育，明确党支部集中学习制度、三会一课制度，组织支部书记录制微党课，开展研究生党支部合格党员和合格党支部行为规范讨论，形成本支部规范；完成失联党员排查系列工作，建立研究生党员信息数据库，组织学生党员骨干培训。

提升研究生综合素质教育质量。组织各类学术报告 18 场；组织“场所营造”的联合设计营等国际交流活动；组织研究生参与校内外各项竞赛与活动。

完善研究生深度辅导制度，结合研究生新生心理普查工作，解决学生实际困难；学院党委副书记和团委书记分别为研究生做职业生涯规划和就业指导，组织研究生开展就业经验和实习经验分享会，帮助研究生确定职业发展目标，2016 届毕业研究生全部就业，就业率保持 100%；组织学生参加危机控制与安全管理的讲座，开展科学道德和学风建设相关活动，推进学院学风建设。

建立全面的研究生档案，开展细致的摸底调查工作，深入了解研究生情况，为家庭经济困难研究生开拓勤工助学岗位；设计研究生新生调查问卷，围绕学习观念、心理适应、消费观念、生涯规划等方面对学院 2016 级全体新生进行普查，根据普查结果对全体新生建档，形成完成的调研报告；建立年级网络微信平台、兴趣小组，由学生骨干组织发起，适时发送信息；对研究生学生骨干进行定期培训；以 120 周年校庆院友返校为契机，组织校友和用人单位座谈会，挖掘校友资源、扩大就业渠道。

（陈劲松　刘　萍　孙全学）

【教学工作】

完成基于工作室制的一体化改革（科教融合、教学实训融合、本硕一体化、精准就业与教学一体化）前期准备。学院依托 3 个 B 类教改项目支持完善建筑、艺术、规划 3 个系的工作室制度课程研究。

学院春季和秋季进行 2 次大规模培养方案讨论，依据 OBE 倒推模式进行人才培养模式改革，全方位深化 5 个本科专业的课程建设，完成全院 5 个本科专业 2016 培养方案的修订工作。

威海校区数字媒体教学方面，与英方逐步完善威海校区数字媒体专业培养计划，开展威海校区数字媒体专业第一届新生的上课任务。

贯彻落实近年执行的建筑学、艺术学毕业年级同学 100%校外企业实习制度，并制定了完善的管理规范。支持课内调研，累计有 10 门课进行田野调研和外出实习环节。在工具软件课、印刷工艺、概预算等选修课聘请由丰富经验的职业设计师任课，课程增加大量的实训参观过程，让中低年级学生打牢实践基础。邀请 10 余名国际知名教授来学院进行工作坊教学，签署辛辛那提大学规划系 3+2+1 项目，与英国朴次茅斯大学完成艺术类本科 3 个专业的学分认可并签署意向交换生协议。

对专业课图档（试卷）进行电子版的整理存档工作。组建教学服务设计专项工作组，完善教学环节的各类服务设计工作。学院开设研究生课程共 1 856 学时，建筑 768 学时、规划 384 学时、艺术 704 学时。

完善 2016 级研究生培养方案。因学习年限调整，学院完善 3 个学术型硕士培养方案；根据 2015 年制定的专业学位授予标准补充完善工业设计工程专业培养方案，新增艺术设计、美术 2 个专业培养方案。

申报 2016 年产学研联合研究生培养基地建设项目 4 项，获批 3 项，其中 1 项与企业签订合作协议。

开展研究生课堂教学秩序检查。严格把控研究生课程调课及请假制度，规定学位委员会委员每人至少听课 2 次，填写《北京交通大学研究生课堂教学质量评价表》。

启动研究生核心课程建设工作，在全院范围进行核心课程建设宣讲动员。组织研究生课程中英文大纲编写工作，并汇编成册。

完善研究生开题及中期答辩过程，规定由学科教授或学位委员会委员担任组长，形成答辩委员会，答辩委员不少于 5 人，学生开题成绩取各答辩委员的平均成绩，采取导师回避制。规定开题及中期成绩计入最终论文答辩成绩。在答辩环节，实行末位监控制度，每个答辩组排名末位的同学，参加学院公开答辩，公开答辩的同学中按照 20%的比例，实行末位监控。

（张　野　张　曼）

【科研工作】

新增科研项目 45 项，合同总经费 564.92 万元。其中横向合同 22 个，合同经费 275.85 万元；纵向合同 23 个，合同经费 289.07 万元。新增纵向科研项目 23 项，其中国家自然科学基金项目 3 项、国际合作项目 1 项、北京市项目 5 项、基本科研业务费 6 项、人才基金项目 3 项、其他项目 5 项。

2016 年共发表论文 90 篇，人均 1.45 篇。其中期刊论文 77 篇，会议论文 13 篇。其中高水平论文 29 篇，占总数的 32.2%，包含 SCI 论文 2 篇、CSSCI 论文 5 篇（含扩展版）、CSCD 论文 2 篇，其他 A 类论文 27 篇。共发表著作 9 部，字数共计 172.1 万字。

主办和承办学术会议 6 场，结合学校 120 周年校庆，主办和承办包括“2016 首届北京建造节”、第十届国际中国规划学会年会“2016 交通与城市协同发展高峰论坛”以及“亚洲城市与建筑国际学术年会暨第 14 届亚洲设计学年奖”“全国第 16 次建筑技术学科学术研讨会”等学术活动。

学院组建专项工作组完成《“十二五”科研信息统计分析专项报告》专项工作，摸清分析近五年科研情况和发展规律，明确自身定位和性质，依据此报告提出《“十三五”期间学院科研管理和发展对策报告》《建艺学院科研成果分类办法（2016 版意见稿）》。

（张　曼）

【学科与平台建设】

组织学院 3 个一级学科参加全国第四次学科评估，梳理学科发展的特点，制定学科未来近期及中长期发展规划成立学科建设专项工作组，组织教师进行学科建设研讨，开展学科建设调研。以一体化的学科建设思路全面推进各项工作，围绕学科发展的重点及目标完善培养体系和管理体系。新建，北京交通大学建筑与艺术学院科学技术协会、空间句法–北京交通大学联合实验室 2 个科研平台。

（夏海山）

【对外交流与合作】

与英国兰卡斯特大学合作招生开办交互设计全英文双学位本科班。2016 年学院执行 13 项外专计划，聘请 20 余位国外（包括德国、美国、荷兰、韩国）专家学者来校任教。

2016 年学院全年度共组织学院本科、硕士学生长、短期出国（境）交流共 49 人次，前往韩国檀国大学、日本早稻田大学、美国辛辛那提大学、意大利米兰理工大学，以及中国台湾地区的铭传大学、义守大学、东华大学进行交流，参与对外合作交流项目的教师达 19 人次。

举办第十届国际中国规划学会年会“2016 交通与城市协同发展高峰论坛”；与英国 UCL 空间句法公司签署合作协议成立空间句法–北京交大联合实验室；开展北京交通大学–辛辛那提大学未来城市实验室 IACP 专题报告会；举办“海峡两岸”建筑教育与实践创新论坛；参与天津第三届中国海洋产业创新与发展国际论坛以及中国城市规划学会国外城市规划学术委员会。与泰国清迈大学共同签署两校合作框架协议；与泰国朱加隆功大学签署两校合作框架协议；与美国北卡罗来纳大学教堂山分校签署两校城市规划专业硕士联合培养协议；与英国朴次茅斯大学完成艺术类本科三个专业的学分认可并签署意向交换生协议。乌拉圭大使 Fernando Lugris 来访学院并赠书；校庆期间学院邀请清迈大学、莫斯科建筑大学、美国辛辛那提大学及美国北卡罗来纳州立大学副校长共同举办“高校国际化合作经验分享会”。

（张平乐）

法　学　院

【概况】

学院下设公法学系、民商经济法学系、国际法学系 3 个系，有中国铁路法研究中心、信息安全与保密法研究所、交通运输法研究所、科技法研究所、经济与劳动法研究中心、司法裁判研究中心等 6 个研究单位。学院设有法学 1 个本科专业，法学一级学科、法律硕士专业学位 2 个硕士点。

2016 年学院有教师 42 人，其中教授 6 名，副教授 18 名，获得博士学位教师 27 名。

截至年底，学院毕业学生 143 人，其中硕士生 52 人、本科生 91 人；招生 156 人，其中硕士生 47 人、本科生 109 人；在校生 550 人，其中硕士生 132 人、本科生 418 人。

（陈　博）

【党建和思想政治工作】

2016 年学院设有党支部 10 个，其中教工支部 3 个、本科生党支部 2 个、研究生党支部 5 个。在册党员 114 名，其中教工党员 33 名，占教工比例为 79%；本科生党员 27 名，占本科生比例为 6.4%；研究生党员 54 名，占研究生比例为 41%。

学院党委结合中心工作制订计划，推进“两学一做”专题教育活动开展。学院班子成员共计讲党课 9 次。各支部组织党日活动 10 次。在教工党员中组织党章知识竞赛。组织院级中心组学习 3 次。完善学院党政联席会、院务党务公开、津贴发放等管理制度。下半年对所有党支部进行了换届选举，对新任党支部委员进行了培训。全年共发展 21 名党员。组织第十期“先锋”新党员培训班。落实行政人员岗位责任，签署廉政风险防控责任书。组织党费收缴和党组织关系排查工作。

组织纪念红军长征胜利 80 周年系列活动、第三届“明法”学生法治文化节和“学宪法讲宪法”主题教育活动。利用“无法不爱”“深夜食堂”“法研法语”微信公共号在新媒体环境下探索开展思想政治教育。在校运动会上获男女团体冠军和“学院杯”；获校金秋“团结杯”拔河比赛冠军；获校集中军训合唱比赛二等奖、分散军训内务评比第三名；获校 2016 年暑期社会实践暨微纪录大赛二等奖。获评首都“先锋杯”优秀团支部、北京市先进班集体校级先进学生党支部、校级先进班集体等各类集体荣誉 30 余项。研究生主创团队编排录制的微电影《热血骗术江湖》获第四届北京高校普法微电影一等奖和最佳组织奖。

（何　洁　陈　博　贾　君）

【教学工作】

学院推进“法律诊所”“法律咨询”“专业实习”等实践课程，新建 4 所校外实习基地。2016 年学生创新训练项目立项 7 项，参与中期检查 7 项。参加国际级、省市级学科竞赛 5 次，获北京市模拟法庭竞赛二等奖。新聘研究生兼职导师及校友职业导师 25 名。在学校教学促进师王世海老师和校级教学名师高晓莹老师的组织下，学院青年教师平均每学期参加名师公开课一次，罗冠男老师获校教学基本功大赛一等奖。学院领导、专业负责人共计听课 30 次。开设本科生双学位课程，共计 101 人次在读法学双学位课程。出台《法学院研究生课程试卷评估办法》等制度推进研究生课程的精品化建设。

举办法学院第三届大学生夏令营，优化研究生复试录取方案，提高研究生生源质量。2016 年录取的研究生中来自“211”“985”院校学生占 47%。报考法学院研究生人数达 200 余人，报录比达 7:1。本科生就业率 100%，深造率 20.6%，研究生就业率 100%。

全面修订研究生培养方案。增设“法学研究方法”“法学经典名著导读”“法律方法”等基础类课程，“法律诊所”“案例研习”等实践类课程和“交通运输法实务”“网络安全法”等特色课程。

（杨天娲　陈　博　彭　丽）

【科研工作】

2016 年学院新增的学术论文中 A 类论文 7 篇，CSSCI 类论文 7 篇；出版专著 4 部。新增科研项目立项 14 项，科研经费共 242.5 万元，其中省部级以上科研项目 6 项、科研经费共 217 万元。郭烁老师的“参与刑讯人员民事侵权责任问题研究”和“基金委法治政府建设实施纲要及规章制定程序规定立法问题研究”分别获得国家社科基金青年项目和国家自然科学基金资助。郑翔老师的 2 篇研究成果入选“成果要报”。

推行和完善《北京交通大学法学院教师参加学术会议资助管理办法》，鼓励和资助教师参与境内外学术交流。2016 年共资助 5 位教师参加学术会议。邀请著名专家学者来校做《新行政诉讼法讲谈》《程序价值与程序正义》《中国涉外律师行业就业与职业发展规划》《美国法律体系中的成文法》《刑法立法的发展方向——以〈刑法修正案（九）〉为视角》等多场高水平学术报告。

（于　进）

【学科与平台建设】

学院成立学科评估工作组，保障第四轮学科评估工作。学科责任教授带队赴厦门大学法学院、中南大学法学院、湖南大学法学院走访调研，进一步明确学院法学一级学科建设的方向。

推进北京交通大学北京社会建设研究院建设，2 项课题结项。举办以“诚信交通与法治社会建设”为主题的第四届“首都社会建设与社会诚信论坛”。成立中国铁路法研究中心，与国家铁路局展开展战略合作，多位教师参与铁路法修订工作。

（于　进）

【对外交流与合作】

选派 2 位老师申报 1:1 配套项目分赴杜克大学、加州大学伯克利分校研修，1 人申请获批留学基金委全额资助项目赴康奈尔大学研修。7 名学生赴东吴大学和真理大学交流。2 名研究生赴圣约翰大学攻读学位。

共接待外宾来访 17 人，其中合作交流 13 人、讲学讲座 4 人。执行引智项目 1 项。与新竹交通大学签署交流与合作协议。

（杨天娲）

远程与继续教育学院

【概况】

远程与继续教育学院下设 12 个部门：学院办公室、招生办公室、财务部、教务部、教学服务中心、考务部、自考部、技术部、研发部、培训中心、留学服务中心、及校本部学习中心。学院有教职工 88 人，其中事业编制 33 人，非事业编制 55 人。

（温俊英）

【党建和思想政治工作】

学院共有教职工党员 40 人，其中正式党员 37 人、预备党员 3 人，分设 3 个党支部。学院党委深入学习贯彻党的十八大和十八届六中全会精神、习近平总书记系列重要讲话精神和对高校党建工作的重要指示，在全体党员中开展"学党章党规、学系列讲话，做合格党员"学习教育活动。在"两学一做"学习教育中，学院党委始终坚持学做结合，通过"亮明身份、公开承诺、示范带头、接受监督"活动等，将"学"与"做"落到"做合格党员"的要求上。加强和改进教职工思想政治工作，围绕学院的重点工作和发展目标，统一思想，提高认识，努力调动广大教职工的积极性主动性，增强凝聚力。组织纪念红军长征胜利 80 周年活动，开展爱国主义教育和社会主义核心价值观教育。完成党员组织关系集中排查、党组织党员信息核查、党费收缴工作专项检查等专项工作。本年度发展教工党员 3 人，确定教工发展对象 3 人。

（梅　迪）

【科研工作】

2016 年 5 个校级教改项目结题。组织完成校级优秀教学成果奖的申报，获得校级优秀教学成果特等奖 1 个："打造轨道交通行业继续教育基地，服务'一带一路'等国家发展战略"；一等奖 1 个："建设轨道交通继续教育基地服务国家铁路事业发展及'一带一路'战略"；二等奖 1 个："面向铁路行业的远程教育人才培养模式的改革与创新"。

（徐　琤）

【资源与平台建设】

对学院教学平台后台数据库系统的性能进行升级。升级的内容主要包含两台小型计算机及相关软件的购置、存储系统的重新规划、整个系统软硬件的集成，相应的数据迁移工作和系统整体的性能调优工作等。完善教学及管理平台各功能模块重点对网上学习的离线作业模块进行研究和改进，改善学生的操作体验。改进和完善移动学习平台的相关功能（包括移动客户端 APP 和微信应用），推动移动教学在学院的进一步深入应用，探索适合远程学院特点和发展要求的移动教育模式。

推进移动资源建设，分期分批对学院现有的和新开发的网络课程批量化改造，全年共改造移动网络课件 45 门。推进校际教学资源共建共享，几所学校共派优秀教师参编教材、制作一体化教学资源，深入探索网络教育优势互补、责任分担、资源共建共享的新模式。

做好 MOOC 中国联盟资源建设的相关工作，参与《计算机安全》和《C 语言程序设计》2 门课程的资源建设和支持服务工作，跟踪研究 MOOC 课程的资源建设和支持服务的优势和特色，探索 MOOC 课程与学院现有网络教育课程相互借鉴、融合发展的途径和方法。发挥学院虚拟演播室的技术和教学环境优势，支持学校本科教育探索先进的信息化教学模式，建设高水平的数字化教学资源。承担学校本科教育的大部分视频公开课和精品资源共享课，拍摄大量的教学名师课程、MOOC 课程以及高水平的学术讲座。2016 年完成 MOOC 课程 6 门（《大学物理》《创新方法》等），为电信学院、马克思主义学院等各类培训班拍摄制作近 40 余门课程，对铁路专业及其他专业本科层次进行 20 余门网络课程的开发，其中 12 门已经完成并上线；拍摄并上线运行自考课程 6 门，函授课程 12 门。

6 月 28 日，学校有 6 门课程被评为第一批国家级网络教育精品资源共享课，分别是：《大学英语》《C 语言程序设计》《计算机安全》《铁路行车组织》《多媒体技术应用》《企业物流管理》。

（郝建英）

【对外交流与合作】

4 月 14 日，承办赞比亚铁路官员研修班，有 18 位赞比亚铁路官员参加，为期 2 周，学习内容包括专题讲座、参观学习和文化体验等多种培训活动。7 月 14 日，承办秘鲁、巴西等国两洋铁路建设研修班，为期 30 天，学员包括巴西联邦参议院副参议长乔治·维亚纳（副国级）及其夫人、参众两院参议员（副部级），以及秘鲁、巴西两国从事铁路领域相关工作的政府官员和企业代表等共计 40 余人。10 月 18 日，承办老挝铁路运营管理研修班，采取集中授课、现场教学、实际操作和沟通交流等教学方式，课程涵盖通信、供电、工务、司机、机械师、调度员等铁路运输主要工种和影像观摩等内容，研修班 20 名学员均是来自老挝公共工程与运输部的政府官员。

2016 年，留学服务中心与美国、英国、加拿大、新西兰等国的 10 所院校开展合作交流，包括：美国的长岛大学、加州州立大学河滨分校、杜克大学，英国的伯明翰城市大学、赫特福德大学、格林威治大学、德蒙福特大学、桑德兰大学、提赛德大学，加拿大的戴尔豪斯大学等。本年度续签荷兰撒克逊大学和澳大利亚科廷大学 2 个合作项目。全年接待来访院校 34 所，涉及美国、英国、澳大利亚、加拿大等国。

（温俊英　李亚春）

2016

威 海 校 区

北京交通大学威海校区

【概况】

2016 年北京交通大学威海校区围绕学校整体办学目标与定位，实现建设与运营两手抓，保障校区稳步发展。8 月学校制定《北京交通大学威海校区运行管理暂行办法》，明确威海校区定位。北京交通大学兰卡斯特大学学院 4 月 18 日获得教育部正式批复，办学地点在威海校区，9 月 11 日揭牌，设有通信工程、计算机科学与技术、环境工程、数字媒体艺术 4 个本科专业，通信、物流 2 个硕士专业。

威海校区下设校区办公室、教务管理办公室、学务管理办公室、人事管理办公室、财务管理办公室、基础教学部、中美项目部、实验中心、培训学院、信息中心、图书馆、总务管理办公室 12 个部门。共有全日制统招本科生 475 人，国际学生 74 人，留学项目预科生 33 人，总学生数 582 人；任课教师 37 人，管理人员 46 人。

（潘　悦）

【党建和思想政治工作】

经威海校区申请、校党委批准，2016 年 10 月 10 日威海校区党总支成立。党总支下设 3 个党支部，强调支部建设规范与创新并重；严格落实各项制度，组织召开民主生活会，进行批评和自我批评，加强党内监督，制度落实严格进行公开公示和监督管理；加强党员队伍建设，开展党员发展和预备党员转正等工作，组织预备党员考试与集中学习等活动。

威海校区以“两学一做”学习教育活动为抓手，坚持学做结合，开展特色教育活动。健全完善党员档案，规范党费收缴管理，完成党员评优上报，开展党员帮扶，安排老党员对入党积极分子的入党介绍和帮带教育工作。

（潘　悦）

【教学工作】

威海校区同北京交通大学、美国罗彻斯特理工学院、英国兰卡斯特大学进行教学与教务系统搭建与网络对接，完善多媒体设施建设。筹建校区“语言中心”，与罗彻斯特理工学院探讨“联合培养青年英语教师计划”，从新生入学即开始实行军事训练与英语训练并行的培训计划，定期组织英语辩论赛和英语演讲比赛，学生参加大学英语四六级考试通过率达 85.33%。暑假期间，威海校区首次组织本科生出国留学交流活动，55 名信息管理与信息系统专业学生赴美国罗彻斯特理工学院学习。

启动“学业支持中心”服务，成立体育与训练中心，搭建第二课堂平台与 IT 教学实践创新基地，强化学生实践意识。组织中外学生语言伙伴与兴趣小组、各国文化节、中国文化课、兰卡斯特大学夏令营、各类体育节运动会等文化交流活动，促进中外学生交流、中外文化交融。

（潘　悦）

【基础设施建设】

威海校区二期建设稳步推进，年底完成 3 座新增学生公寓的建设，总建筑面积 5 万余平方米。5 月建成大学英语四六级考试标准化考场 37 个及保密室 1 个，实现外语播音、考场视频监控、考场通信屏蔽。

全国科普教育基地——国家级物理实验教学示范中心（威海）在威海校区建成，9 月 11 日揭牌，12 月成为威海市科普教育基地。中心启用后，向社会开放和共享，服务于威海市、烟台青岛威海地区以及整个山东省的科普教育事业，接待参访数百人次。

（潘　悦）

2016

首都大学生思想政治教育研究中心

首都大学生思想政治教育研究中心

【概况】

首都大学生思想政治教育研究中心（简称“思政中心”）由北京市委教育工委、北京市教委依托北京交通大学建立。中心围绕大学生思政教育热点难点问题开展专题研究提供决策参考；组织全市大学生思政课题的评审和立项及管理；编办《北京教育（德育）》，举办培训研讨活动；推动相关学科建设；协助开展大学生思政工作队伍培训。

（戚晓红）

【杂志编办】

全年编辑出版 11 期，其中有 7、8 合刊 1 期，共刊发 363 篇文章。坚持思想性、学术性、实践性和可读性“四位一体”的办刊特色，突出原有特色栏目建设，丰富刊物内容、扩大刊物影响力。

与思政课各研究会、北京高校党建研究会、北京高校党建研究基地、部分高校党委组织部开展合作共建座谈会，就杂志编办、栏目设置、未来合作发展等方面展开深度研讨，为《北京教育（德育）》杂志发展搭建平台。

（戚晓红）

【课题管理】

开设首都大学生思想政治教育课题研究，课题分战略课题、重点课题、一般课题、支持课题。2016 年共立项 288 项，其中战略课题 1 项，重点课题 11 项，一般课题 54 项，支持课题 222 项。战略课题、重点课题纳入北京市哲学社会科学规划办公室管理。召开 2013、2014 年度首都大学生思想政治教育战略、重点课题集中结题会议，开展 2015 年一般、支持课题期中检查和结题抽查工作。完善电子管理平台，推动课题管理的信息化建设。

（戚晓红）

【研究培训】

4 月，举办第 9 期科研专题培训班，设计“科研能力提升”“科学研究的若干体会”“高校思想政治教育课题研究的三个关键点”等 10 项专题课程，邀请教育部高等学校社会科学发展研究中心主任王炳林，市委党校常务副校长王民忠，北京第二外国语学院党委书记冯培，北京交通大学党委副书记、首都大学生思想政治教育研究中心副主任颜吾佴等专家现场授课，促进高校思想政治教育工作队伍科研能力和科研水平的提升。

协助北京市思想政治工作研究会开展“基层课题”评选、“丹柯杯”征文等活动，加强与北京市思想政治工作研究会的学习交流，提升思政中心在北京各高校的知名度和影响力。

（戚晓红）

独 立 学 院

海 滨 学 院

【概况】

北京交通大学海滨学院是在黄骅市委市政府的大力支持下，由北京交通大学和融河（黄骅）科教有限公司合作举办，经国家教育部正式批准设立的全日制本科层次独立学院。

学院有经济管理系、机械与电气工程系、土木工程系、电子信息与控制工程系、计算机科学系、艺术系、交通运输系、外语系、化学工程系和基础教学部等 10 个教学单位。设有自动化、光电信息科学与工程、测控技术与仪器、轨道交通信号与控制、机械工程、电气工程及其自动化、能源与动力工程、材料成型及控制工程、车辆工程、计算机科学与技术、软件工程、物联网工程、电子商务、土木工程、工程造价、交通运输、化学工程与工艺、资源循环科学与工程、物流管理、工商管理、旅游管理、工程管理、酒店管理、财务管理、英语、视觉传达设计、环境设计、数字媒体艺术、音乐学等 29 个本科专业。

2016 年，学院有专职教职工 446 人。其中，硕士及以上学历 287 人。 2016 年，学院招收新生 3 339 人，毕业 2 964 人，在校生人数 12 301 人

2016 年学院在武汉大学中国评价研究中心、中国教育质量评价中心发布的 2016 年全国独立学院总排名中名列全国第五，获评“回响中国”腾讯网教育年度总评榜“2016 年度综合实力独立学院”。

（郑冰然）

【党建和思想政治工作】

学院成立党群工作部，统筹学院党建工作。深入开展“两学一做”主题学习教育活动，召开座谈会深入学习习近平总书记在全国高校思想政治会议上的讲话。组织和引导各基层党支部和教职工及学生党员自主开展多样化的理论学习和实践活动。

学院严格党员发展标准和组织程序，做好入党积极分子的教育考察及党员发展工作。开展第十二期、第十三期党课培训，共培训学员 700 余人，完成积极分子的档案整理工作；累计发展学生党员 90 名。开展多种主题教育，加强思想政治教育；开展五四红旗团支部、优秀团干部、优秀团员的评选活动，强化团的自身建设，发挥基层团组织的自我教育作用。

学院定期召开全体辅导员工作例会、各系团委书记例会，确定工作思路和工作重点。加强辅导员队伍建设，提高学院学生管理队伍的专业化、专家化水平。

（郑冰然）

【教学工作】

学院加强学风例行检查，及时将检查结果报各系团委和相关辅导员老师，形成监管合力，督促学生形成纪律意识和学习自主性；组织春季学期开学与秋季学期开学 2 次教学秩序检查，加大日常教学巡视和教学通报力度；采用教务处、督导办、系的三层审查机制，加强毕业设计（论文）过程管理和质量监控，认真审核毕业资格。

结合专业特点，推动人才培养体制改革、创新人才培养模式，启动优秀人才培育试点班工作。加强与国外高校的教育交流合作，做好工商管理 2+2 双学位试点班教学管理工作，严格按照培养计划落实教学任务、安排课程教学；编制中英文教学大纲，做好中英文课程对接工作。在总结 2015 级工商管理 2+2 双学位试点班经验的基础上，选拔 40 名 2016 级经管系新生单独设置工商管理国际班，按照 2+2 双学位试点班培养计划开课，充分利用优质教学资源，强化学生国际交流能力。

注重学生实践动手能力的培养，稳步推进实验室规范化管理。以河北省高校实验室安全专项检查为契机，对省教育厅发布的近 300 项实验室安全标准逐项分析，完善实验室管理、实验实习实训管理；编写制定《实验室管理制度汇编》，对实验室规范化管理进行明确规定，对实验室进行安全改造；加强机电系金工厂管理，理顺金工实习组织管理体系，将金工实习录入教务系统落实教学任务，规范实习工作。

学院组织教师参加全国、省级教学类竞赛获奖 18 项，其中，教师参加比赛获奖 8 项，其他各类教学科研类奖项 10 项；教师发表教研论文 35 篇，专利授权 2 项。各教学单位参加校外学科竞赛，在 24 项全国、省级竞赛中获奖。各教学单位教师参加全国、省级教学类竞赛获奖 18 项。完成校级项目立项 9 项、优秀主讲项目 13 项。

（郑冰然）

【科研工作】

2016 年，学院完成河北省自然科学基金京津冀专项项目 1 项，河北省教育厅教研项目 3 项，河北省人社厅项目 6 项，申报沧州市各类科技项目 8 项，立项 3 项，新增省市科研经费 70 万。

（郑冰然）

【对外交流与合作】

学院全力推进与美国伯米吉州立大学等院校的 2+2 合作项目；推进优秀师生出国学习项目，选送 1 名学生参与《中美人才培养计划》 121 双学位项目到美国卡罗来纳海岸大学学习；引进美籍外教 1 名。

学院培训中心完成黄骅市教育局及民政局分别组织的年检，开展培训项目 17 个；为学生和社会人士考取本科二学历、各类考证、职业技能鉴定、考研辅导等活动提供保障。2016 年学院国家职业技能鉴定所工种鉴定级别升为高级，成功申办普通话测试站。

（郑冰然）

2016

学校大事记

2016年学校大事记

1月

● 1 月 8 日，宁滨教授等参加完成的“京沪高速铁路工程”项目获得国家科技进步奖特等奖，北京交通大学在此项目完成单位的高校中排名第一。

● 1 月 11 日，北京交通大学通信工程、车辆工程 2 个专业接受工程专业认证考查和《华盛顿协议》专家观摩，获得高度评价。考察结果成为6月2日国际工程联盟大会《华盛顿协议》全会全票通过中国转正申请、中国成为第 18 个《华盛顿协议》正式成员的重要依据。

● 1 月 13 日，学校申报的《系统设计“主核双驱”工作体系，全面构建“五星文明宿舍”第三课堂育人新平台》项目，荣获“第四届首都大学生思想政治教育工作实效奖”特等奖。

● 1 月 26 日，北京交通大学经济管理虚拟仿真实验教学中心入选国家级虚拟仿真实验教学中心。

● 1 月 28 日，国务院学位委员会同意北京交通大学增设列网络空间安全一级学科博士学位授权点，学校一级学科博士学位授权点增至21个。

● 1 月 29 日，北京交通大学语言实验教学中心被北京市教委认定为“2015 年北京市高等学校实验教学示范中心”。

● 1 月，北京交通大学与北京交控科技有限公司联合建设的“轨道交通控制与安全研究生联合培养实践基地”获评“全国示范性工程专业学位研究生联合培养基地”。

2月

● 2 月 1 日，北京交通大学共有 5 项成果获得 2015 年度高等学校科学研究优秀成果奖（科学技术）奖励，其中主持完成 4 项。

3月

● 3 月 3 日，中组部海外高层次人才引进工作专项办公室发布《关于公布第十二批国家“千人计划”青年人才、创业人才入选人员名单的公告》，北京交通大学拟引进的 2 名海外优秀青年人才邵明、许杰入选。

● 3 月 10 日，第二届北京市科普基地联盟优秀活动展评颁奖及经验交流会议召开，北京交通大学物理演示与探索实验室参评的“物理与生活”科普教育活动荣获一等奖。

● 3 月 17 日，中央宣传部办公厅公布了 2014 年文化名家暨“四个一批”人才入选名单，经管学院张明玉教授入选“四个一批”人才（理论界）。

● 3 月，北京交通大学共有 16 项成果获得 2015 年度中国铁道学会科学技术奖，其中学校主持完成的 7 项成果分别获得特等奖 1 项、一等奖 1 项、二等奖 4 项、三等奖 1 项；学校参加完成的 9 项成果获得特等奖 2 项、二等奖 5 项、三等奖 2 项。北京交通大学任福民副教授获得“中国铁道学会环保奖”。

● 3 月，美国汤森路透和英国 QS 公司分别发布了最新的 ESI 学科数据和 2016 世界大学学科排行榜。北京交通大学计算机科学、工程学、材料科学 3 个学科继续保持世界前 1%（按总被引频次）。在 QS2016 世界大学学科排名中，北京交通大学计算机科学、电气与电子工程、机械航空与制造工程、数学 4 个学科继续入围世界顶尖学科 400 强。

4 月

● 4 月 1 日，土建学院辅导员牛莉获得第四届北京高校辅导员职业能力大赛一等奖。

● 4 月 6 日，中国交建·中国路桥肯尼亚留学生铁道工程班开学典礼举行，中国路桥工程有限责任公司与北京交通大学签署《联合培养肯尼亚籍留学生本科学历教育协议》。依托与中国路桥合作的肯尼亚项目，轨道交通类全英文授课本科项目开班，首届 25 人。

● 4 月 6—8 日，北京交通大学汉能新能源学院举办主题为“新能源的未来”的国际研讨会暨北京交通大学 120 周年校庆新能源学术论坛。

● 4 月 8 日，北京交通大学轨道交通控制与安全国家重点实验室首席教授贾利民获得中宣部、国务院新闻办颁发的“讲好中国故事文化交流使者”聘任证书。

● 4 月 16 日，在国家外国专家局举办的第十四届中国国际人才交流大会上，北京交通大学“外专千人计划”专家 Poh Chiang Andrew LOH（卢保聪）教授受聘“外专千人计划”国家特聘专家。

● 4 月 17 日，在第 44 届日内瓦国际发明展上，北京交通大学轨道交通控制与安全国家重点实验室贾利民教授、秦勇教授团队提交的“轨道交通列车运行安全状态在线辨识与评估预警方法及装置”、“基于地磁传感器技术的交通车辆运行状态获取方法与装置”2 项发明分获金奖和银奖。

● 4 月 18 日，教育部正式批复同意设立北京交通大学兰卡斯特大学学院非独立法人中外合作办学机构。

● 4 月 18 日，全国人大常委会副委员长、交通大学校友严隽琪来校出席交通大学美洲校友总会校友返校座谈会，并为 120 周年校庆纪念石揭幕。

● 4 月 28 日，学校党委召开“两学一做”学习教育动员部署大会，校党委书记曹国永对学校“两学一做”学习教育进行动员部署。

5 月

● 5 月 16 日，科技部公布 2015 年创新人才推进计划入选名单，北京交通大学入选创新人才培养示范基地，计算机学院赵耀教授负责的“数字媒体信息处理创新团队”入选重点领域创新团队，电信学院闻映红教授入选中青年科技创新领军人才。

● 5 月 18 日，学校召开 2016 年人才培养工作会议，会议主题为：以“双一流”建设为引领，坚持立德树人，以“十三五”规划启动为契机，着力推进一流人才培养工作。

● 5 月 19 日，韩振峰教授荣获“高校思想政治理论课教师 2015 年度影响力人物”称号。

● 5 月 25 日，北京交通大学举办首届“解码网络·智慧共享”首届北京高校辅导员网络思政教育论坛，来自全国 57 所高校共 160 名辅导员参加。

6 月

● 6 月 15 日，为加强依法治校、民主管理、实现教授治学、规范学术行为，学校发布《北京交通大学学术委员会章程（试行）》，启动校学术委员会筹建工作。

● 6 月 28 日，北京交通大学“城市轨道交通规划与设计”等 19 门课程入选第一批“国家级精品资源共享课”。

● 6 月 29 日，《北京交通大学“十三五”发展规划（2016—2020 年）》经中共北京交通大学第十届委员会第七次全体会议审议通过，并正式印发实施。

7 月

● 7 月 3 日，由北京交通大学、圣彼得堡国立交通大学和莫斯科国立交通大学联合成立的中俄高铁研究中心揭牌仪式暨中俄高铁发展圆桌会议在圣彼得堡举行。中共中央政治局委员、国务院副总理刘延东为中心揭牌。

● 7 月 10 日，电信学院辅导员张琪获评 2015－2016 年度北京高校十佳辅导员。

● 7 月 18 日，教育部办公厅公布 2016 年度全国创新创业典型经验高校名单，北京交通大学入选首批 50 所全国创新创业典型经验高校。

● 7 月 24－27 日，由北京交通大学信息管理理论与技术国际研究中心、北京交通大学中国产业安全研究中心和北京交通大学经济管理学院主办“第六届 IEEE 物流、信息化与服务科学国际学术年会（简称 IEEE/LISS’2016）”和“第三届 IEEE 产业经济系统与产业安全工程国际学术年会（简称 IEEE/IEIS’2016），会议共收到来自全球 13 个国家和地区的学术论文 687 篇，录用 330 篇。

● 7 月 31 日，土建学院杨庆山、电气学院姜久春教授入选第二批国家“万人计划”科技创新领军人才，经管学院张明玉教授入选“万人计划”哲学社会科学领军人才。

8 月

● 8 月 1 日，在第九届中国－东盟教育交流周暨第二届中国—东盟教育部长圆桌会议期间，中共中央政治局委员、国务院副总理刘延东和 4 位东盟副总理级政要共同为北京交通大学牵头成立的“中国－东盟轨道交通教育培训联盟”揭牌，参观了由北京交通大学主办的“中国－东盟轨道交通教育培训高峰论坛暨成果展”。

● 8 月 2 日，北京交通大学与印度尼西亚泗水大学在中国教育部部长陈宝生和印尼技术研究与高教部部长 Mohamad Nasir 的共同见证下签署《北京交通大学与印尼泗水大学合作协议》，被纳入中国印尼人文交流机制成果。

● 8 月 17 日，高自友教授牵头申报的《城市交通管理理论与方法》获批国家自然科学基金委 2016 年度创新研究群体科学基金项目。

● 8 月 31 日，中共中央政治局委员、北京市委书记郭金龙来校进行专题调研，对学校在 2012 年教育部、铁道部、北京市政府签署共建北京交通大学协议以来取得的以 CBTC 为代表的一系列重大科研成果表示充分肯定。

● 8 月，学校成立重大项目管理办公室，具体负责科技部国家重点研发计划、国家科技重大专项，以及北京市重大专项（项目）的组织和管理服务工作。

9 月

● 9 月 2 日，交通运输部党组书记、部长杨传堂来校调研指导工作，考察了交通系统科学与工程研究院以及轨道交通运行控制系统国家工程研究中心。

● 9 月 2 日，学校召开暑期工作会，专题研讨信息化建设及学科建设工作。校党委书记曹国永主持会议并讲话，校长宁滨作题为《强化学科建设龙头地位，提升信息化建设水平，统筹推进学校“双一流”建设》的报告。

● 9 月 7—11 日，学校举办“以交通为名”庆祝北京交通大学建校 120 周年主题晚会。

● 9 月 8 日，北京交通大学与科技日报联合主办“轨道交通创新与‘一带一路’战略论坛”。

● 9 月 9 日，北京交通大学主办“2016 全球大学校长高峰论坛”，主题为“助力‘一带一路’——大数据时代的高等教育与科技创新”，来自美国、英国、法国等国家和地区近 50 所高校以及相关国家驻华大使馆的嘉宾进行了交流研讨。

● 9 月 9 日，中俄交通领域科研与教育可持续发展合作校长论坛在北京交通大学举行。中外嘉宾结合中俄铁路建设合作中的人才需求，本科生及研究生联合培养的方向与方法和科研合作与人才培养等议题做主旨发言并展开讨论。

● 9 月 9 日，第八届信息与通信技术领域国际大学校长论坛在北京交通大学举行，论坛以“信息时代的人才培养与教育协同”为主题，7 位发言嘉宾从不同角度阐述了信息时代背景下人才培养的内涵和创新型人才培养的模式，并提出加强教育协同与合作的对策和建议。

● 9 月 10 日，北京交通大学举行“大道交通　圆梦中华——建校 120 周年庆祝大会”，国务院副总理刘延东，全国人大常委会副委员长严隽琪致信祝贺。北京市市长王安顺和教育部副部长杜占元出席大会并讲话。北京交通大学党委书记曹国永主持大会。校长宁滨作题为“大道交通，筑梦一流”的主旨演讲。两岸五所交通大学校长共同发布《交通大学北京宣言》。

● 9 月 11 日，北京交通大学兰卡斯特大学学院举行揭牌仪式暨 2016 级新生开学典礼，招收新生 252 人，涉及通信工程、环境科学、计算机科学与技术和数字媒体艺术等 4 个本科专业。

● 9 月 11 日，学校举办第九届中国交通高层论坛。论坛分为“一带一路”战略下的综合交通体系建设、我国高铁走出去策略、城市群发展与交通体系建设 3 个议题，来自国内 10 所高校和近 20 家科研机构和交通行业的专家与学者近 300 人参加了会议。

● 9 月 14 日，学校成立中国马克思主义与文化发展研究院，挂靠马克思主义学院管理。

● 9 月 21 日，北京交通大学参加的城市轨道交通列车通信与运行控制国家工程实验室（依托国家重点实验室，主要负责人唐涛）、城市轨道交通系统集成国家工程实验室（依托机电学院，主要负责人李强）、城市轨道交通系统安全保障国家工程实验室（依托国家重点实验室，主要负责人贾利民）、城市轨道交通工程建设工艺与技术国家工程实验室（依托土建学院，主要负责人高亮）获国家发改委批复。

● 9 月 24 日，学校承办第三届北京市大学生创新创业教育成果展与经验交流会，主题是“创新放飞理想、创业开拓未来”。来自北京 65 所高校的学生现场交流了实物作品 322 件、创新项目成果 237 项，展会还开设了学生学术及实验室开放论坛 4 个，成果互动区及校企合作双创展区 2 个。

● 9 月，北京交通大学马克思主义学院被北京市委教育工委评为首批“北京高校思想政治理论课改革示范点”。

● 9 月，学校处级干部换届调整工作基本结束，115 名处级干部原岗继任，23 名干部轮岗交流，21 名“双肩挑”干部转教学岗，提拔任职 52 人。

10 月

● 10 月 17 日，教育部党组第一巡视组巡视北京交通大学工作动员会召开。

● 10 月 21 日，何梁何利基金 2016 年度颁奖大会召开，宁滨教授获得“科学与技术进步奖”。

11 月

● 11 月 4 日，学校成立交通系统科学与工程研究院，挂靠交通运输学院管理。

● 11 月 15 日，海淀区第十六届人大代表选举北京交通大学选区进行投票，白冰、王玉凤、仝欣当选区人大代表。

● 11 月 16 日，经管学院冯华教授作为首席专家主持的《促进科技与经济深度融合的体制机制研究》课题中标 2016 年度国家社会科学基金重大项目。

● 11 月 19－20 日，在第九届全国大学生创新创业年会上，理学院 2012 级学生王佶的论文“MnO3 超卤素团簇掺杂双层石墨烯电磁特性研究”获“优秀学术论文奖”。

● 11 月 24 日，教育部党组书记、部长陈宝生来校调研考察，听取有关单位工作汇报并讲话，对北京交通大学近年来加强和改进党建和思想政治工作、积极推进科技自主创新予以充分肯定。

12 月

● 12 月 3－4 日，在第五届大学生科技创新作品与专利成果展示推介会上，电信学院赵翔老师指导的 2015 级学生孟鑫的大创作品“用于延长多旋翼无人机滞空时间的挂靠机械臂及无人机充电桩”获先进制造业领域类一等奖暨创新金奖；计算机学院张树君老师指导的 2014 级学生程璐、袁丹、刘美娜大创作品“NFC 智能路标”获电子信息技术领域类二等奖。

● 12 月 7 日，高亮教授等发明的“一种高速铁路及城市轨道交通轨道结构试验模拟系统”获第十八届中国专利优秀奖。

● 12 月 10－11 日，学校举办第三届“管理·创新·发展”（MID2016）国际学术会议。来自中美英 20 多所高等学府的著名学者专家共谋“互联网时代的战略管理”的研究与发展。会议共收到来自国内外近 40 个大学及科研机构的论文 350 篇，在录用的 240 篇论文中评选出优秀论文 16 篇，其中一等奖 3 篇、二等奖 5 篇、三等奖 8 篇。

● 12 月 16 日，科技部 2016 年新认定的国际科技合作基地名单揭晓，由北京交通大学轨道交通控制与安全国家重点实验室牵头，联合本校轨道车辆结构可靠性与运用检测技术教育部工程研究中心，中车研究院、北京交控科技有限公司、英国伯明翰大学、德国布伦瑞克工业大学、西班牙马德里理工大学、德国 IMA 公司共同成立的“轨道交通控制与安全”国际联合研究中心正式获批建立。

● 12 月 17 日，由南京大学中国智库研究与评价中心和光明日报中国智库研究与发布中心联合公布来源智库名录并发布效能测评报告。北京交通大学北京交通发展研究基地成为首批入选智库。

● 12 月 23 日，北京交通大学获评教育部第二批“全国实践育人暨创新创业基地”。

● 12 月 29 日，北京交通大学 1 个项目在 2014—2015 年北京高等学校党的建设和思想政治工作优秀成果、创新成果评选中获评二等奖。

● 12 月，在 2016 中国国际远程教育大会上，北京交通大学远程学院获评“中国现代远程教育（1998—2016）终身教育特别贡献奖”。

● 2016 年，北京交通大学共举办短期涉外培训项目 8 期，包括：秘鲁、巴西等国两洋铁路建设研修班，泰国铁路高层管理研修班，泰国铁路师资培训班，泰国高级行政管理官员研修班，印度尼西亚铁路建设研修班，赞比亚铁路官员研修班，老挝铁路运营管理官员研修班，圣彼得堡国立交通大学高铁技术培训班，共计培训铁路高级管理人才 200 余名，其中副国级学员 2 名。

2016

附　录

2016年北京交通大学本科、专科招生专业目录

层次	招生单位名称	招生专业（类）	科类
本科	北京交通大学	电子信息类（通信与控制）	理工类
		计算机类	理工类
		经济管理试验班	理工类 文史类
		交通运输类	理工类
		土木类（土木与环境）	理工类
		机械类	理工类
		电气类	理工类
		理科试验班类	理工类
		文科试验班类（语言与传播）	理工类 文史类
		软件工程	理工类
		建筑类	理工类
		法学	理工类 文史类
		设计学类（需取得我校艺术校考合格资格）	艺术类
	北京交通大学（中外合作专业）	机械类（中外合作办学）（机械电子工程）	理工类
		材料类（中外合作办学）（纳米材料与技术）	理工类
	北京交通大学（威海校区）	管理科学与工程类（中外合作办学）（信息管理与信息系统）	理工类
		电子信息类（中外合作办学）（通信工程）	理工类
		计算机类（中外合作办学）（计算机科学与技术）	理工类
		环境科学与工程类（中外合作办学）（环境工程）	理工类
高职	北京交通大学清河职业技术学院	计算机应用技术	理工类
		交通运营管理	理工类
		汽车检测与维修技术	理工类

（招生就业处提供）

2016 年北京交通大学本科普通类专业各省区录取情况统计

省份	理工类										文史类					
	本部普通专业		本部中外专业		威海中外专业		一批	二批	三批	艺术	最低分	最高分	一批	二批	三批	艺术
	最低分	最高分	最低分	最高分	最低分	最高分										
北京	640	653	620	631	588	600	548	494	438	321	640	649	583	532	488	346
天津	615	631	578	584	564	582	512	424	—	—	599	607	532	460	—	—
河北	650	665	628	640	600	617	525	364	—	文化 308 专业 210	628	635	535	416	—	文化 278 专业 180
山西	603	620	564	573	550	575	519	438	—	335	563	573	518	460	—	一批 337 二批 299
内蒙古	594	638	—	—	555	583	484	346	—	汉 226	574	584	477	375	—	238
辽宁	633	648	580	595	561	593	498	373	—	272	595	604	525	417	—	296/180
吉林	613	645	—	—	—	—	530	402	286	263	541	592	531	413	275	268
黑龙江	621	638	551	591	566	602	486	369	—	235	579	584	481	401	—	242
上海	457	479	—	—	—	—	360	—	—	226	—	—	368		—	239
江苏	378	386	—	—	354	367	353	315	—	240	379	381	355	325	—	245/180
浙江	650	671	637	661	620	642	600	—	—	327	652	656	603		—	345
安徽	611	623	578	600	561	576	518	473	446	320	580	591	521	482	453	338A, 314B
福建	577	598	—	—	515	548	465	352	—	267	563	574	501	403	—	262/195
江西	600	617	—	—	547	572	529	445	—	200	569	576	523	450	—	240
山东	647	667	618	631	593	611	537	451	—	319	598	604	530	474	—	308
河南	620	635	586	599	567	612	523	447	370	文化 306 专业 200	585	593	517	458	393	298
湖北	620	640	613	619	573	591	512	350	—	285	580	586	520	403	—	文化 288 专业 183
湖南	596	618	—	—	543	561	517	439	396	—	586	601	530	476	431	358/227, 310/209

续表

省份	理工类										文史类					
	本部普通专业		本部中外专业		威海中外专业		一批	二批	三批	艺术	最低分	最高分	一批	二批	三批	艺术
	最低分	最高分	最低分	最高分	最低分	最高分										
广东	577	599	—	—	519	547	508	402	—	345	570	574	514	417	—	文化305 专业230
广西	595	630	—	—	504	551	502	333	—	208	595	600	545	400	—	260
海南	712	753	—	—	—	—	602	543	—	383	—	—	653	577	—	375
重庆	625	642	553	602	534	575	525	416	—	367	589	605	527	435	—	320
四川	615	642	588	597	579	595	532	453	—	—	595	602	540	480	—	385
贵州	594	617	—	—	478	553	473	365	—	—	614	634	551	457	—	—
云南	609	637	—	—	525	610	525	445	400	330	607	628	560	495	445	375
西藏	425	591	—	—	—	—	汉425 民285	汉315 民235	—	汉221 民165	—	—	—	—	—	—
陕西	607	642	—	—	539	559	470	423	344	286	591	601	511	460	381	299
甘肃	584	623	—	—	523	564	490	435	367	—	562	578	504	455	391	283/225
青海	436	577	—	—	—	—	416	380	353	480	—	—	457	415	379	—
宁夏	554	589	—	—	—	—	465	434	354	291	—	—	516	486	406	280
新疆	591	612	—	—	508	531	464	394	363	汉149 民119	576	594	487	415	372	—
新疆预科	481	548	—	—	—	—		—	—	—	463	480	—	—	—	—

（招生就业处提供）

2016年北京交通大学高职普通类专业各省区录取情况统计

省份	科类	专业名称	最低分
北京	理工	交通运营管理	166
北京	理工	汽车检测与维修技术	161
河北	理工	交通运营管理	402
河北	理工	汽车检测与维修技术	416
山西	理工	交通运营管理	393
山西	理工	汽车检测与维修技术	388
内蒙古	理工	交通运营管理	363
内蒙古	理工	汽车检测与维修技术	364

（招生就业处提供）

2016年北京交通大学本科专业目录

序号	专业代码	专业名称	修业年限	学位授予门类	备注
1	020101	经济学	四年	经济学	特、综
2	020301K	金融学	四年	经济学	
3	020401	国际经济与贸易	四年	经济学	
4	030101K	法学	四年	法学	
5	030503	思想政治教育	四年	法学	
6	050102	汉语言	四年	文学	
7	050201	英语	四年	文学	
8	050202	俄语	四年	文学	
9	050205	西班牙语	四年	文学	
10	050304	传播学	四年	文学	
11	070101	数学与应用数学	四年	理学	
12	070102	信息与计算科学	四年	理学	
13	070202	应用物理学	四年	理学	
14	080102	工程力学	四年	工学	
15	080201	机械工程	四年	工学	特
16	080207	车辆工程	四年	工学	卓、综
17	080301	测控技术与仪器	四年	工学	
18	080403	材料化学	四年	理学	
19	080501	能源与动力工程	四年	工学	
20	080601	电气工程及其自动化	四年	工学	特、卓、综
21	080702	电子科学与技术	四年	工学	
22	080703	通信工程	四年	工学	特、综
23	080705	光电信息科学与工程	四年	理学	
24	080706	信息工程	四年	工学	
25	080801	自动化	四年	工学	特
26	080802T	轨道交通信号与控制	四年	工学	卓
27	080901	计算机科学与技术	四年	工学	特、卓、综
28	080902	软件工程	四年	工学	特、卓
29	080904K	信息安全	四年	工学	
30	080905	物联网工程	四年	工学	
31	081001	土木工程	四年	工学	特、卓
32	081003	给排水科学与工程	四年	工学	
33	081801	交通运输	四年	工学	特、卓、综
34	081802	交通工程	四年	工学	特、卓

续表

序号	专业代码	专业名称	修业年限	学位授予门类	备注
35	082502	环境工程	四年	工学	
36	082601	生物医学工程	四年	工学	
37	082801	建筑学	五年	建筑学	
38	082802	城乡规划	五年	工学	
39	120102	信息管理与信息系统	四年	管理学	
40	120103	工程管理	四年	管理学	
41	120106TK	保密管理	四年	管理学	
42	120201K	工商管理	四年	管理学	
43	120202	市场营销	四年	管理学	
44	120203K	会计学	四年	管理学	综
45	120204	财务管理	四年	管理学	
46	120403	劳动与社会保障	四年	管理学	
47	120601	物流管理	四年	管理学	特
48	120602	物流工程	四年	工学	
49	120701	工业工程	四年	工学	
50	120801	电子商务	四年	工学	
51	120901K	旅游管理	四年	管理学	
52	130502	视觉传达设计	四年	艺术学	
53	130503	环境设计	四年	艺术学	
54	130508	数字媒体艺术	四年	艺术学	
55	071201	统计学	四年	理学	
56	080204	机械电子工程	四年	工学	
57	080413T	纳米材料与技术	四年	工学	
58	050232	葡萄牙语	四年	文学	

注：特－国家级特色专业，卓－卓越计划，综－教育部专业综合改革试点

（教务处提供）

2016年北京交通大学高职学院专业目录

学　院	专　业	年　级
燕郊职业技术学院	公路运输与管理 高等级公路维护管理 道路桥梁工程技术	2014 2014 2014
清河职业技术学院	城市交通运输 交通运营管理 汽车检测与维修技术	2014　2015 2016 2014　2015　2016

（教务处提供）

2016 年北京交通大学本科各专业在校生人数统计

院系	专业	延期	2012	2013	2014	2015	2016	总计
电子信息工程学院	电子科学与技术	4		69	75	87	31	266
	电子信息类（通信与控制）						370	370
	轨道交通信号与控制			135	142	140		417
	轨道交通信号与控制（理科试验班）			2	2			4
	通信工程	19		207	228	212	19	685
	通信工程（理科试验班）	4		47	30	27	28	136
	通信工程（试点班）			53	67	61		181
	自动化	5		30	25	31		91
	自动化（铁道信号）	7						7
	小结	39		543	569	558	448	2157
机械与电子控制工程学院	测控技术与仪器	4		53	38	58		153
	测控技术与仪器（理科试验班）				1			1
	车辆工程	1		58	89	86		234
	工业工程	1		22	10	37		70
	机械电子工程（中外合作办学）				35	87	64	186
	机械工程			112	123	104		339
	机械工程（国际班）			30				30
	机械工程（理科试验班）			1				1
	机械工程及自动化	7						7
	机械工程及自动化（铁路机车车辆）	1						1
	机械类						322	322
	能源与动力工程			66	28	25		119
	小结	14		342	324	397	386	1463
土木建筑工程学院	给排水科学与工程			7	7			14
	环境工程	1		31	33	37		102
	土木工程	9		238	207			454
	土木工程（城市轨道工程）	1		32	32			65
	土木工程（理科试验班）			2				2
	土木工程（铁道工程）	2		30	54			86
	土木类					304		304
	土木类（土木与环境）						317	317
	小结	13		340	333	341	317	1 344

续表

院系	专业	延期	2012	2013	2014	2015	2016	总计
建筑与艺术学院	城乡规划			23	23	21	11	78
	环境设计			24	23	22	25	94
	建筑学	1	55	52	53	53	50	264
	视觉传达设计			25	25	25	23	98
	数字媒体艺术			26	26	31	31	114
	小结	1	55	150	150	152	140	648
经济管理学院	保密管理			20	17	15		52
	财务管理			36	31	26		93
	工程管理	1		31	28	23		83
	工商管理	1		29	22	27		79
	会计学	3		88	112	85	23	311
	会计学（理科试验班）			2	2	10		14
	金融学	2		91	83	74		250
	金融学（理科试验班）			7	5	9		21
	经济管理试验班				2	2	314	318
	经济管理试验班（理科试验班）						28	28
	经济学	2		51	49	46		148
	经济学（理科试验班）			1	1			2
	物流管理			49	50	42		141
	物流管理（理科试验班）			5	2			7
	信息管理与信息系统	1		25	10	29		65
	小结	10		435	414	388	365	1612
交通运输学院	电子商务			25	20	34		79
	交通工程	3		65	43	54		165
	交通工程（理科试验班）				2	13		15
	交通运输			12				12
	交通运输（城市轨道交通）	1		52	54	57		164
	交通运输（城市轨道交通，理科试验班）			2	1	2		5
	交通运输（高速铁路客运组织与服务）					18		18
	交通运输（铁道运输）	3		119	175	121		418
	交通运输（铁道运输，理科试验班）	2		8	14	5		29
	交通运输（智能运输工程）	1		24	31	30		86

续表

院系	专业	延期	2012	2013	2014	2015	2016	总计
交通运输学院	交通运输（智能运输工程，理科试验班）				1	5		6
	交通运输类						307	307
	交通运输类（理科试验班）						29	29
	物流工程			30	30	35		95
	物流工程（理科试验班）					1		1
	小结	10		337	371	375	336	1429
法学院	法学	6		92	106	106	119	429
	小结	6		92	106	106	119	429
语言与传播学院	传播学			51	45	51	52	199
	葡萄牙语					16	26	42
	西班牙语			25	26	51	27	129
	英语			48	44	42	49	183
	小结			124	115	160	154	553
理学院	材料化学	4		44	42	29		119
	工程力学（基础学科试点班）			14	7	8		29
	光电信息科学与工程			74	66	101		241
	光电信息科学与工程（理科试验班）			1				1
	光信息科学与技术	6						6
	光信息科学与技术（理科试验班）	1						1
	基础学科试点班						44	44
	理科试验班				1			1
	理科试验班类						257	257
	理科试验班类（理科试验班）					29	30	59
	纳米材料与技术（中外合作办学）			49	35	52	61	197
	数学类					116		116
	数学与应用数学（基础学科试点班）			10	20	28		58
	通信工程（理科试验班）	1						1
	统计学				48			48
	统计学（理科试验班）				3			3
	信息与计算科学	2		86	43			131
	信息与计算科学（理科试验班）			6	6			12
	信息与计算科学（生物信息学，基础学科试点班）			7	2	5		14
	应用物理学（基础学科试点班）			4	6	4		14
	小结	14		295	279	372	392	1352

续表

院系	专业	延期	2012	2013	2014	2015	2016	总计
计算机与信息技术学院	计算机科学与技术	7		93	144	200		444
	计算机科学与技术（理科试验班）			2	2			4
	计算机科学与技术（铁路信息技术）	4		39	23	20		86
	计算机类					2	335	337
	生物医学工程	3		33	25	14		75
	物联网工程	1		20	15	20		56
	物联网工程（理科试验班）				1			1
	信息安全	1		24	22	24		71
	信息安全（保密技术）			30	27	30		87
	小结	16		241	259	310	335	1161
软件学院	软件工程	8		140	167	164	168	647
	小结	8		140	167	164	168	647
电气工程学院	电气工程及其自动化			263	264	286	24	837
	电气工程及其自动化（轨道牵引电气化）			56	51	47		154
	电气工程及其自动化（理科试验班）				1			1
	电气工程及其自动化（新能源国际班）						58	58
	电气工程与自动化	17						17
	电气工程与自动化（轨道牵引电气化）	6						6
	电气类						242	242
	小结	23		319	316	333	324	1315
威海校区	通信工程（中外合作办学）						75	75
	环境工程（中外合作办学）						75	75
	数字媒体艺术（中外合作办学）						31	31
	信息管理与信息系统（中外合作办学）					111	112	223
	计算机科学与技术（中外合作办学）						71	71
	小结					111	364	475
总计		154	55	3 358	3 403	3 767	3 848	14 585

（教务处提供）

2016 年北京交通大学高职学院专科各专业在校生人数统计

学院	专业	2014	2015	2016	总计
清河	城市交通运输	95	140	0	235
	交通运营管理	0	0	81	81
	汽车检测与维修技术	59	40	30	129
	小结	154	180	111	445
燕郊	道路桥梁工程技术	122			122
	高等级公路维护与管理	25			25
	公路运输与管理	49			49
	小结	196			196
总计		350	180	111	641

（教务处提供）

2016 年北京交通大学双培生各专业在校生人数统计

学院	专业	2016 级
电子信息工程学院	电子科学与技术	4
	轨道交通信号与控制	17
	电子信息类（通信与控制）	1
机械与电子控制工程学院	车辆工程	17
土木建筑工程学院	土木工程	12
经济管理学院	物流管理	17
交通运输学院	交通工程	16
	电子商务	14
理学院	信息与计算科学	5
电气工程学院	电气工程及其自动化	16
	电气工程及其自动化（轨道牵引电气化）	14
总计		133

（教务处提供）

北京交通大学 2016 年通过博士生导师招生资格审核教师名单

电子信息工程学院（83 人）	简水生	王均宏	宁 滨	延凤平
	刘 云	宋永端	张宏科	陈后金
	钟章队	侯忠生	唐 涛	朱 刚
	杨 维	周华春	闻映红	徐洪泽
	蔡伯根	裴 丽	王化深	王目光
	王 剑	王海峰	尹逊和	艾 渤

续表

电子信息工程学院（83人）	宁提纲	任国斌	刘 泽	刘 颖
	孙 昕	孙 强	苏 伟	李 旭
	步 兵	吴 昊	沈 波	张振江
	罗洪斌	周永华	赵友平	赵会兵
	赵军辉	赵林海	赵 燕	荆 涛
	侯建军	秦雅娟	高德云	郭宇春
	陶 成	董海荣	雷 蕾	谭中伟
	魏学业	上官伟	杨 冬	宋 飞
	张 展	曹 源	董 平	王方刚
	徐少毅	王春灿	郜 帅	刘 颖
	郑 伟	王俊峰	陈福恩	李修函
	李 铮	李 鹏	娄淑琴	何德全（兼）
	刘尚合（兼）	Cliver Roberts（兼）	王飞跃（兼）	谢智刚（兼）
	Hak－Keung Lam（兼）	Qiang Ni（兼）	Phillip Benachour（兼）	Robert Edwards（兼）
	Qingsheng Zeng（兼）	刘俊杰（兼）	吕家国（兼）	
计算机与信息技术学院（71人）	方维维	王 伟	林春雨	张大伟
	金 一	常晓林	董兴业	刘建刚
	黄惠芳	钟章队	梁满贵	阮秋琦
	胡绍海	刘 峰	李红辉	韩 臻
	赵 耀	尹 辉	黄雅平	刘吉强
	于 剑	刘 杰	林友芳	卢 苇
	苗振江	倪蓉蓉	刘渭滨	鲁凌云
	朱振峰	杜 晔	王 宁	邹 琪
	李清勇	田丽霞	孙永奇	郎丛妍
	杨唐文	周雪忠	贾彩燕	岑翼刚
	白慧慧	安高云	景丽萍	徐金安
	冯松鹤	李浥东	韦世奎	王公仆
	杨 凤	刘 一	王 东	熊 轲
	荆 涛	邢薇薇	吴尽昭（兼）	陈性元（兼）
	杜 虹（兼）	樊建平（兼）	姜建国（兼）	李凡长（兼）
	林宙辰（兼）	马朝斌（兼）	孟洛明（兼）	沈昌祥（兼）
	石 勇（兼）	田 捷（兼）	杨义先（兼）	汤 帜（兼）
	朱跃敏（兼）	宗成庆（兼）	赵 峰（兼）	

续表

经济管理学院（81 人）	卜 伟	冯 华	柯金川	李雪梅
	林晓言	欧国立	荣朝和	石美遐
	谭克虎	佟 琼	武剑红	叶蜀君
	张 力	张梅青	周耀东	荀娟琼
	张润彤	傅少川	侯汉平	华国伟
	兰洪杰	李伊松	穆 东	施先亮
	张菊亮	赵启兰	周建勤	黄 磊
	郝生跃	刘伊生	刘玉明	叶苏东
	高红岩	顾元勋	刘颖琦	程小可
	崔永梅	丁慧平	李文兴	马 忠
	肖 翔	张秋生	周绍妮	唐方成
	王树祥	邬文兵	张明玉	张文松
	余 青	张 辉	徐寿波	王雅璨
	殷 平	刘世峰	张真继	叶 龙
	郭雪萌	屈晓婷	裴劲松	司显柱
	毕 颖	卞文良	常 丹	何晓明
	邢怿君	关忠良	汤 明（兼）	宋敏华（兼）
	魏际刚（兼）	李学伟（兼）	郑吉春（兼）	季晓南（兼）
	李朴民（兼）	王 灏（兼）	陈喜庆（兼）	周 静（兼）
	赖 明（兼）	葛新权（兼）	T.C.Edwin Cheng（兼）	孙永福（兼）
	陈安国（兼）			
交通运输学院（75 人）	毕 军	曹成铉	陈绍宽	陈旭梅
	董宝田	董宏辉	高 亮	高自友
	关 伟	韩宝明	韩 梅	何世伟
	纪寿文	贾 斌	贾利民	贾顺平
	贾元华	郎茂祥	李海鹰	李克平
	林柏梁	刘红璐	刘 军	刘仍奎
	吕永波	毛保华	孟令云	聂 磊
	钱大琳	秦 勇	邵春福	宋国华
	宋 瑞	孙会君	孙全欣	王喜富
	魏秀琨	魏玉光	吴建军	徐 猛
	徐维祥	闫学东	杨立兴	姚恩建
	于 雷	袁振洲	张星臣	张长青
	赵 鹏	赵小梅	周磊山	朱晓宁
	柏 赟	姜秀山	李得伟	宋丽英

续表

交通运输学院（75 人）	王江锋	汪晓霞	王子洋	卫　翀
	卫振林	杨小宝	岳　昊	赵　晖
	朱广宇	张　超	姜　锐	李新刚
	四兵锋	任华玲	冯雪松	徐　杰
	武　旭	周学松（兼）	林兴强（兼）	
土木建筑工程学院（94 人）	安明喆	白　冰	白明洲	蔡小培
	陈阿丽	陈　波	陈　峰	陈铁林
	陈文化	陈　曦	董晓峰	杜进生
	兑关锁	傅洪贤	高　亮	高　日
	郭雅芳	韩　冰	韩林飞	何　平
	贺少辉	黄海明	季文玉	江　辉
	金　明	柯燎亮	雷俊卿	李　波
	李德生	李久义	李　涛	李兴高
	李　旭	梁青槐	刘保东	刘保国
	刘建坤	刘维宁	刘　颖	毛　军
	朋改非	齐梅兰	乔春生	石志飞
	税国双	谭忠盛	田玉基	汪越胜
	王　锦	王连俊	王梦恕	王晓峰
	王永红	王元丰	王　哲	夏海山
	向宏军	项彦勇	肖　宏	谢　楠
	徐　丰	徐龙河	杨成永	杨　娜
	杨庆山	杨松林	杨维国	姚　宏
	于桂兰	袁大军	张成平	张顶立
	张鸿儒	张　楠	张如炳	章梓茂
	赵伯明	赵成刚	周长东	朱尔玉
	房　倩	郭　璇	井国庆	李　波
	李兆平	刘卫丰	骆建军	时　瑾
	王爱民	王毅泽	文永奎	邢佶慧
	魏泽崧	张　纯		
机械与电子控制工程学院（61 人）	段志鹏	郭北苑	沈海阔	谭谆礼
	肖燕彩	张志力	王爽心	谭南林
	张竹茜	常秋英	田　颖	陈　琪
	周明连	齐红元	蔡永林	陈梅倩
	程卫东	方卫宁	房海蓉	郭　盛
	韩建民	何伯述	黄振莺	惠卫军
	贾　力	兰惠清	李长春	李翠伟

续表

机械与电子控制工程学院（61 人）	李国岫	李建勇	李　强	李世波
	刘志明	宁　智	任尊松	史红梅
	孙守光	王文静	王　曦	邢书明
	徐宇工	延　皓	杨立新	姚燕安
	余祖俊	翟洪祥	张乐乐	张　欣
	赵建东	周　洋	朱力强	朱晓敏
	李德才	刘小平	张　丹	陈伯施（兼）
	曾广商（兼）	翁宇庆（兼）	杜彦良（兼）	魏宇杰（兼）
	杨建伟（兼）			
电气工程学院（43 人）	荆　龙	王琛琛	孙丙香	李　艳
	施洪生	佟庆彬	焦超群	吴俊勇
	游小杰	郑琼林	李伟力	夏明超
	张维戈	戴少涛	吴命利	李　虹
	刘文正	姜久春	刁利军	吴学智
	张立伟	刘志刚	王立德	杨中平
	林　飞	吕　刚	刘建强	Poh Chiang Andrew Loh
	张和生	方　进	张小青	和敬涵
	黄　辉	刘慧娟	刘明光	张　沛（兼）
	雷清泉（兼）	董新州（兼）	Leiyi Wang（兼）	Frede blaabjerg（兼）
	Bor Yann Liaw（兼）	Vassilios Georgios Agelidis（兼）	Wenzhong Gao（兼）	
理学院（59 人）	KWAK	常彦勋	陈志南	冯衍全
	高自友	关　伟	郝荣霞	孔令臣
	马志明	商朋见	王金亭	王立春
	修乃华	于永光	张作泉	郑神州
	周进鑫	周君灵	陈云琳	邓振波
	段武彪	冯其波	富　鸣	高　瞻
	何大伟	何金生	何志群	洪　涛
	侯延冰	胡　斌	胡煜峰	金光日
	李政勇	刘　博	娄志东	盛新志
	唐爱伟	滕　枫	吕燕伍	王永生
	王　智	谢　芳	徐叙瑢	徐　征

续表

理学院（59人）	姚建铨	衣立新	由芳田	张福俊
	张　辉	张希清	赵谡玲	郑　义
	梁春军	张　超	王　熙	渠刚荣
	王力群（兼）	赵辉（兼）	邓红文（兼）	
马克思主义学院（8人）	陈树文	韩振峰	何玉芳	林建成
	刘秀萍	路日亮	施惠玲	颜吾佴
合计	575人次（其中兼职63人）			

（研究生院提供）

北京交通大学2016年新增通过博士生导师招生资格审核教师名单

电子信息工程学院（14人）	王春灿	郜　帅	刘　颖	郑　伟
	王俊峰	陈福恩	李修函	李　铮
	李　鹏	Qiang Ni（兼）	Phillip Benachour（兼）	Robert Edwards（兼）
	Qingsheng Zeng（兼）	刘俊杰（兼）		
计算机与信息技术学院（7人）	方维维	王　伟	林春雨	张大伟
	金　一	常晓林	董兴业	
经济管理学院（5人）	卞文良	常　丹	何晓明	邢怿君
	陈安国（兼）			
交通运输学院（8人）	姜　锐	李新刚	四兵锋	任华玲
	冯雪松	徐　杰	武　旭	林兴强（兼）
土木建筑工程学院（14人）	房　倩	郭　璇	井国庆	李　波
	李兆平	刘卫丰	骆建军	时　瑾
	王爱民	王毅泽	文永奎	邢佶慧
	魏泽崧	张　纯		
机械与电子控制工程学院（6人）	段志鹏	郭北苑	沈海阔	谭谆礼
	肖燕彩	陈伯施（兼）		
电气工程学院（9人）	荆　龙	王琛琛	孙丙香	李　艳
	施洪生	佟庆彬	焦超群	戴少涛
	董新州（兼）			
理学院（3人）	梁春军	张　超	王　熙	
合计	66人（其中兼职9人）			

（研究生院提供）

北京交通大学 2016 年新增硕士生指导教师名单

学院				
电子信息工程学院（26 人）	章嘉懿	何睿斯	沈　超	倪旻明
	丁建文	林思雨	郑　涛	牛　儒
	黄赞武	陆德彪	宋　琦	王义惠
	吕继东	张金宝	李雨键	邓　涛
	李艳凤	赵文山	郭　勇	彭亚辉
	余晶晶	Qiang Ni（兼）	Phillip Benachour（兼）	Robert Edwards（兼）
	Qingsheng Zeng（兼）	刘俊杰（兼）		
计算机与信息技术学院（7 人）	万怀宇	滕　竹	武志昊	任　爽
	黄　华	刘　飞	张　喆	
经济管理学院（13 人）	赵颖斯	翟怀远	魏　炜	蓝晓霞
	双　晴	邱　奇	穆文歆	周辉宇
	尚小浦	荆竹翠	刘铁鹰	屠建平（兼）
	周　静（兼）			
交通运输学院（14 人）	付慧伶	高　原	贺正冰	黎浩东
	李　峰	谭宇燕	唐金金	谢征宇
	熊志华	徐　鹏	许心越	闫小勇
	杨　凯	朱思聪		
土木建筑工程学院（3 人）	张艳荣	王子甲	曹百川	
机械与电子控制工程学院（8 人）	张　敏	虞育松	温伟刚	曲海波
	刘月明	刘　超	黄铁球	何新智
电气工程学院（7 人）	叶晶晶	杜　欣	周明磊	鲍　谚
	张晓晨	徐建军	陈　杰	
理学院（6 人）	王　恺	朱湘禅	宋诗畅	戴春爱
	王　熙	吴松梅		
语言与传播学院（2 人）	赵艳明	乔澄澈		
软件学院（1 人）	张顺利			
建筑与艺术学院（2 人）	孙　媛	祝明建		
法学院（1 人）	蔡曦蕾			
合计	90 人（其中兼职 7 人）			

（研究生院提供）

北京交通大学 2016 年授予博士、硕士学位人员名单

北京交通大学第十三届学位评定委员会
第十次全体会议授予博士学位人员名单（66 人）
（2016 年 1 月 18 日）

电子信息工程学院（8 人）

交通信息工程及控制

安　毅

通信与信息系统

陈瑞凤　苗　笛　饶　迎　张　萌　赵　晶

信息与通信工程　信息网络与安全

马　腾　ENGOUANG TRISTAN DALADIER

计算机与信息技术学院（6 人）

计算机科学与技术

刘　锋

信号与信息处理

刘海伦　耿　杰　王　树　吴　昊

信息与通信工程　信息安全

孙　奕

经济管理学院（18 人）

产业经济学

高　鹏　郭　云　厉　骞　刘　客　张朋松

会计学

张　瑶

企业管理

褚福磊　严　燕　张　玮

管理科学与工程

艾　郁

管理科学与工程　工程与项目管理

刘海萍

管理科学与工程　管理科学

窦水海　冯运卿　李栋林　刘永平　罗国宏　魏景芬

管理科学与工程　物流管理与工程

蔡　让

交通运输学院（8 人）

交通运输规划与管理
刘星材　陆　华　武慧荣　张亮亮
系统分析与集成
徐小明
系统工程
孙宇星　熊　杰　玄兆辉

土木建筑工程学院（15 人）

力学
孔艳平　汤笑之
道路与铁道工程
侯博文　吴奇兵
灾减灾工程及防护工程
赵春雷
固体力学
周　磊
交通运输工程　城市轨道工程
刘继强
结构工程
王建军　解会兵
桥梁与隧道工程
万良勇
岩土工程
潘建立　朱浩波
土木工程　地下工程
应国刚　张海彦
土木工程　水文地质与工程地质
张　峰

机械与电子控制工程学院（6 人）

车辆工程
李志强　刘业博
机械设计及理论
汪从哲
载运工具运用工程
吕　明　张　燕

安全技术及工程

李　响

理学院（5人）

光学工程

刘岚岚　刘国栋

光学

胡佐富　彭　瑛

运筹学与控制论

陈永强

北京交通大学第十三届学位评定委员会
第十次全体会议授予硕士学位人员名单（722人）
（2016年1月18日）

全日制学术型硕士学位（15人）

经济管理学院（8人）

国际贸易学

董肖丹　江　希　田志萍

安全科学与工程

杨　琪

管理科学与工程　管理科学

吴　鹏

会计学

吴晓文

旅游管理

石伟伟

技术经济及管理

张　臣

交通运输学院（2人）

交通运输规划与管理

马海涛　方　哲

土木建筑工程学院（5人）

土木工程

白青波　吴　尽

岩土工程
卢韦男
桥梁与隧道工程
李雄风
铁路与铁道工程
林罗斌

全日制专业学位硕士（31 人）

经济管理学院（28 人）

工商管理硕士
蔡　蓉　陈联华　堵志国　樊青霞　高志勇　黄　均　李记强　李　璐　李维丰
刘舒媛　彭智颖　任新新　桑　姗　苏红泼　苏立华　王丹丹　王国超　王　岳
魏士凯　吴博涵　武丽丽　杨　杰　姚凤巍　臧德乐　张　金　赵　涛　赵　煜
邹荆松

交通运输学院（1 人）

交通运输工程
陈　震

软件学院（2 人）

软件工程
杨　行　郑　倩

在职人员攻读硕士学位　（676 人）

电子信息工程学院（42 人）

电子与通信工程
曹广金　车　锋　邓　旭　丁伟龙　冯　野　耿　超　巩凤华　郝腾飞　林茂伟
刘清涛　刘雨青　刘玉超　刘子非　彭　博　沈静静　师旌旗　王　慧　王少飞
王文俊　吴文术　谢丽霞　徐海滨　杨　涛　于　蒙　翟　曜　张燕来　张溢斌
赵　薇
控制工程
崔忠意　邓伟龙　董俊兰　李文涛　李晓琨　刘　亮　宋　明　王　凯　刑　磊
于新生　张　花　张利彪　周　檀　朱正网

计算机与信息技术学院（114 人）

电子与通信工程
宋小莉　武湘蓉

计算机技术

韩　磊　何　浩　姬彦茹　雷　玲　李来琦　邱逸昌　滕裕洲　王　省　王　洋
夏　信　杨　浠　张辉东

软件工程

安　宁　曹燕军　常　镝　常　艳　陈常金　单志春　董淑彦　杜　政　冯海波
盖广仓　高晓伶　葛　亮　郭江博　郭莎莎　郭亚东　韩　波　何仕燕　何有强
洪朝俊　胡彩霞　胡　韬　胡　源　贾国宝　贾　杰　姜　何　金　晶　靳　波
康　昊　孔海英　李　晨　李　丹　李　德　李利刚　李　赛　李雪薇　李妍葳
李园园　刘　畅　刘　洁　刘　力　刘铁成　刘万荣　刘唯墨　刘雅婷　刘　颖
吕　可　马敏杰　任自杰　时　喆　宋　利　苏丰才　孙立娟　孙雪峰　唐红兵
陶宣谕　王　晨　王　静　王　玫　王　鹏　王生浩　王铁君　王彦生　王　燕
王瑒杰会　王　月　王　峥　王子跃　吴新平　武　笔　徐　杰　徐向楠　薛　波
杨瑞峰　杨铁军　杨雯婷　杨向晖　尹晓勤　郁志云　袁　彬　袁一楠　张宝红
张军雷　张　蕾　张仁刚　张　伟　张文华　张惜冰　张晓建　张振兴　赵晓媛
郑建林　郑一波　周光夏　周笑生　朱　林　朱　珊　朱相国

项目管理

雷　波　李　耀　隗永楠

经济管理学院（103 人）

会计硕士

杜远胜

软件工程

曹金海　曹　雷　陈秀峰　杜亦楠　果长悦　刘丽娜　刘　震　宋　磊　孙弘承
王琮琤　翟俊丽

安全工程

欧泽兵　张琛晨

工业工程

曹宏磊　陈　波　董巍巍　郝　飞　郝万清　姜　超　康瑞强　刘　鑫　牛　箐
任晓刚　王华拓　王　萍　王秋枝　王晓华　于清华

项目管理

柴　楠　陈国杰　陈　羽　程文飞　董永奎　冯　旭　傅小燕　高军鹏　关文波
关晓晔　郭　策　郭翠琼　韩利军　韩　涛　贾　轩　蒋　欣　阚艳红　李　朝
李　洁　李　莉　连亮亮　梁　旭　林　立　刘　毅　陆　虹　毛欣爱　蒲克元
桑明辉　绳博通　司　辉　苏静云　孙茂鑫　王　景　王立群　王　延　王子刚
吴　威　吴英豪　徐水营　徐振兴　杨铁男　尹登旺　余加有　张国华　张　嘉
张鹏强　张艳红　章　斌　赵成举　周　路　周智辉

物流工程

蔡文华　曹伟华　邓承浩　韩若愚　贾　晋　李晓东　刘　飞　刘　华　马　强
孟志强　宋　魁　索建波　唐剑峰　唐文博　王明喆　严　涛　余自强　张　帆

张　欢　张　磊　张宇皓　仉雯丽　赵　博

交通运输学院（29 人）

交通运输工程

白　杰　高　飞　何　超　何　平　纪　争　康德建　李向前　刘宇博　刘玉辉
卢绝晟　齐建军　齐　振　饶　丽　申　莉　史佳锐　王　波　王丽新　王　龙
王殊慧　王晓蕾　王兴华　席建龙　肖致明　薛恩宏　杨雪峰　张　建　张静轩
张利军　张莹颖

土木建筑工程学院（35 人）

建筑与土木工程

曹海林　陈　鹏　陈素君　陈玉伟　付　娜　高明星　葛　猛　关　炜　李爱成
李宏祥　李彦贺　李艳春　刘朝鹏　刘　敬　盛三湘　史彩武　汪锡铭　王　柳
王　涛　魏德智　谢发亮　谢瑜昱　杨　俊　于敬涛　张　冰　张　浩　张军林

交通运输工程

刘宏禹　李春鹏

环境工程

郑　丹

项目管理

孔凡东　裴子贤　田　怡　熊　林　尤　佳

机械与电子控制工程学院（4 人）

机械工程

王丙涛　王海龙

车辆工程

楚中杰　李景元

理学院（1 人）

光学工程

蒋　松

软件学院（348 人）

软件工程

艾　丹　白　铭　白雪松　薄昌盛　边　策　蔡晓娟　蔡智磊　曹国强　曹海龙
曹浩彬　曹界明　曹　群　曹思琳　曹　源　柴志刚　常　彬　陈建武　陈科龙
陈　丽　陈　亮　陈龙国　陈　娜　陈　琪　陈　思　陈　艳　陈　杨　陈　英
陈云龙　成广祥　崔　锐　崔铁军　崔　岩　崔永清　丁　杰　丁培深　董玲玲
董　伟　董晓宇　董振波　范文杰　冯海东　冯　娜　冯长明　高金苍　高金雷
高鹏宇　高亚丽　高玉轩　耿春悦　耿艳霞　弓大开　谷皓申　郭　澄　郭晓媛

郭胤轩 郭颖 郭勇 韩爱国 韩湘 韩钰雯 韩月昌 郝靖 郝羽
何健 洪海涛 侯大成 侯恺 侯唐军 黄泽宇 吉仁都日布 纪坤山 蒋华立
蒋经纬 蒋雅琴 焦飞 金睿 康廉军 孔敏达 来燕 李滨涛 李策
李大星 李帆 李翻 李岗 李建强 李建伟 李建业 李金坤 李锦鹏
李俐 李连军 李林森 李龙刚 李乔 李茹 李瑞俊 李社英 李维斯
李伟 李伟男 李晓宇 李欣 李欣刚 李学静 李彦 李颖 李勇
李玉璞 李远 廖大勇 刘畅 刘琛 刘春华 刘纯子 刘丹妮 刘飞
刘丰 刘福涛 刘刚 刘会 刘建标 刘建锋 刘金慧 刘金鹏 刘娟
刘磊 刘鹏 刘芮华 刘霄 刘小龙 刘晓峰 刘新昱 刘馨 刘银亮
刘寅光 刘雨强 刘志 刘志广 吕飞 吕茹 吕喜正 马吉寅 马骏亚
马力 马满全 马男 马涛 马驭驰 马原 毛金沙 孟庆祥 苗健
苗云龙 穆美强 那玲 倪铭亮 聂斌 宁义杰 彭妍薇 齐迹 邱健
邱琳 屈哲 瞿晓 曲大学 全芸辉 冉伊翘 任娜 任帅 任爽
萨仁塔娜 尚晴晴 邵春杰 邵瑜 盛琪芝 石洪信 石雄 史征途 宋波
宋海涛 宋楠 宋新宇 苏记华 苏有斌 孙洁 孙俊伟 孙涛 孙秀方
孙艳 谭卓 唐斌 腾克 田蕾 田洋 汪凯 汪应 王超
王凤莲 王浩宇 王合昌 王和通 王洪元 王建高 王进智 王静娟 王俊明
王磊 王立楠 王立生 王利华 王琳琳 王龙江 王明雪 王娜 王森
王珊珊 王姝楠 王铁仲 王廷 王伟 王蔚然 王雯倩 王霞 王晓静
王晓亮 王岩 王一磊 王胤 王宇 王雨蒙 王跃华 王展礼 王振青
王铮 王政 王志远 王智军 卫小飞 魏凯 魏来 魏晓霞 魏秀琴
温浩 温立辉 温原 吴凡夫 吴菲 吴光华 吴雪青 吴颖 武保同
武琼 夏雪丽 肖杰 谢翔雁 邢博涵 邢江 徐健 徐倩 徐堂
徐祥 徐鑫 徐阳 许宁 薛凌峰 闫铭 严勇 燕星宇 杨成本
杨宏亮 杨晶 杨军 杨科伟 杨宽 杨晓波 杨晓健 杨亦宁 杨永胜
杨志强 姚远 姚作华 叶海林 叶梓薇 衣雪婷 尹军 尹书伟 尹薇涵
于林友 于淼 于许莉 于洋 余飞 袁凤玲 袁菁 袁晓 云中凤
詹灿鑫 张必威 张德强 张海龙 张晗 张昊 张恒 张慧君 张家兵
张嘉琦 张建 张建杰 张健 张金城 张久云 张磊 张立方 张莉
张琳 张宁 张萍丽 张润骁 张淑娟 张思佳 张涛 张涛 张腾飞
张伟 张武雯 张旭（13137285） 张旭（12135561） 张洋 张媛
张源 张增良 张志成 赵晨 赵德航 赵登旺 赵建宁 赵磊 赵锐
郑园媛 周红霞 周娟 周鑫 周阳 朱弘志 朱美玲 邹鹏飞 邹兴华

北京交通大学第十三届学位评定委员会
第十一次全体会议授予博士学位人员名单（41 人）
（2016 年 4 月 5 日）

电子信息工程学院（7 人）

电路与系统

朱明强

通信与信息系统

陈炳昊　高阳阳　刘　超　温晓东　赵　佳　周　伟

计算机与信息技术学院（5 人）

信号与信息处理

梁清华　高莹莹

信息与通信工程　信息安全

马　威

计算机科学与技术

王　超　武亚丽

经济管理学院（9 人）

应用经济学

叶旭廷

产业经济学

董晓庆　姜丕军　孟光宇　张改平

安全科学与工程

袁朋伟

管理科学与工程　工程与项目管理

李建玲

企业管理

张献锋

旅游管理

童碧莎

交通运输学院（8 人）

系统分析与集成

张纪升

系统工程

马旭辉

交通运输规划与管理

李晓娟　王爱丽　杨　扬　周玮腾　朱宇婷

交通运输工程　城市交通工程

廖军洪

土木建筑工程学院（7 人）

岩土工程

王笃国

防灾减灾工程及防护工程

孟　兮

桥梁与隧道工程

刘　强

土木工程　地下工程

郭炎伟　李　萌　任少强

道路与铁道工程

沈建文

机械与电子控制工程学院（3 人）

机械设计及理论

崔红超　叶　伟

载运工具运用工程

袁　野

理学院（2 人）

系统理论

王彩霞

光学工程

王　甫

北京交通大学第十三届学位评定委员会
第十一次全体会议授予硕士学位人员名单（1 171 人）
（2016 年 4 月 5 日）

全日制学术型硕士学位（1 104 人）

电子信息工程学院（278 人）

电子科学与技术

曹振坤　陈炳城　陈　冉　陈　受　陈亚杰　窦为伟　高俊浩　管　超　郭　胜
韩　超　韩运皓　江　钧　江　山　姜一娇　季　凯　纪效存　李冰洁　李静雪

李立朝　刘冬琴　梅　轩　彭　丹　齐美玲　邱伶俐　任雪倩　王炳旭　王南南
王　鹏　王　琪　王欣然　汪雪琴　吴俊生　邢　维　徐文艳　徐征帅　严博毅
杨金永　杨苏倩　杨晓生　尹　健　张俊泽　张　亮　张　颜　张占松　仲玲利

通信与信息系统

赵建勋　卞朋朋　边玉腾　曹荣珍　曹思聪　曹志远　陈　功　陈慧鹏　陈　靓
陈紫卿　楚　青　慈龙祥　丁志东　董佳烨　董　猛　范依依　冯伟龙　冯　岳
郭佳颖　郭　燕　顾子玲　郝梓萁　何　静　何世鹏　何笑冬　何云瑞　侯天为
侯小月　胡　鸿　呼树同　贾　曼　姜婷婷　郏亚东　季睿军　邝奕如　梁　彪
李　根　李明浩　李乃鹏　林　旺　林　怡　李松朋　刘海燕　刘　婧　刘玲玲
刘立影　刘　珊　刘越甲　李卫东　李文娟　李奕凯　李　影　马重阳　牛可可
潘　鑫　亓大鹏　齐景好　綦晓伟　司运梅　宋腾辉　宋一冰　孙　乾　谭元蕊
谭　哲　王　聪　王　帆　王海清　王　磊　王宁伟　王　婷　王同柱　王笑天
王艳彬　王一明　王　颖　王昭越　王志国　吴建强　吴　骏　吴晓阳　吴　昱
肖晶成　谢婉君　徐海飞　许晶晶　徐权辉　杨　柳　杨绮茗　杨泽祺　晏　伟
闫小军　姚懿烜　由明昕　袁　冲　院楚君　于竞一　于坤江　于　莉　于淑青
于洋文　张炳淑　张　超　张　风　张　柠　张嘉驰　张　咪　张　淼　张　楠
张　鹏　张文宇　张　晓　张艳秋　张　玥　张志豪　赵　冰　赵　丹　赵国庆
赵珊珊　郑晓琳　郑兴娟　周　明　朱佳佳　朱　丽　朱世雄　祝小光　朱艺丹
祁　阳

信息与通信工程

张中岳　韩亚楠　林　萍　刘　畅（13120200）　刘　畅（13120201）　刘　璐
李志臻　马　柳　王　萌　王小妮　王旭欣　闫素英　姚　戈　周津扬

控制科学与工程

曹　哲　储明帅　崔道旺　段晗晗　蒋诗慧　李　雯　吕丹丹　宋文婷　王安琦
余小冬

控制理论与控制工程

李　智

交通信息工程及控制

张晓杰　曹冰清　曹晓明　程宇佳　陈思捷　陈小龙　范礼乾　高志远　郭弘倩
韩景强　韩晓婕　侯晓伟　黄鼎慧　黄虹苇　贾春肖　江超阳　来海森　李玲玉
姜天宇　刘成龙　刘木齐　柳淑琦　刘玉慧　李玉兰　吕城锦　孟祥松　时素铭
宋瑞刚　谭力天　田建兆　任鹏程　王彦宁　王郑委　万里绢　吴希荣　徐佳佳
杨文轩　杨宇希　颜如月　张捷敏　张腾飞　张宇阳　赵秉贤　赵佳鹤　查尤平
郑璟瑜　袁重阳　蔡　虎　常　新　程　宝　丁　明　郭　亮　胡　瑞　李　腾
梁　靓　马　骁　李　雪　李　遥　任　飞　王　伟　唐　亮　王　峰　汪　沛
王　颖　万　千　万　玮　吴　蒙　吴　昱　邢　琦　辛　未　杨　扬　杨　翼
闫　妍　姚　媛　叶　婧　袁　敏　张　伟　于　健　宇　阳　张　斌　张　亮

计算机与信息技术学院（132人）

教育技术学

贺秋雨　马艳萍　王真真　乌兰托娅　杨丽青

信号与信息处理

柏　强　陈佳侨　戴福双　杜海洋　郭健生　韩丽晓　韩修礼　郝盼盼　胡碧莹
霍玉婷　梁　海　李　敏　刘泽宇　孟祥瑞　乔宇彬　邵小倩　隋勇践　孙裕超
王培英　王锐拓　王婷婷　魏汝翔　徐凤阳　徐　凯　杨佳丽　杨　涛　杨　旭
张　丹　张慧雯　张　蒙　张小晖　左振勇

信息与通信工程　信息安全

曹　超　陈贺男　谷子伟　兰安娜　兰　雪　李桂芝　刘人玮　刘晓明　陆　黎
马君丽　王　森　杨　馨　张亚丹　周芳林

模式识别与智能系统

付启沐　江静宇　李　桐　王　琦　王松芳　王志强　郑亚男

计算机科学与技术

黄璐璐　白媛媛　陈张猛　陈志阁　邓文超　郭争文　何东梅　何以然　黄文华
贾瑶丽　汲磊举　李慧霞　李军伟　栗明威　刘华西　李耀强　李越川　路春霞
罗骁原　牛品菽　潘杨杨　秦艳菲　曲晓雅　商荣柱　邵晓康　宋晓莉　王丹丹
王东明　王凤娇　王梦娇　吴高航　吴天爽　荀睿伯　闫陈静　杨诚笃　叶绍贵
于风格　章华燕　张少康　张玉桃　张志绮　周岳骞　朱帅军　陈　雷　胡　阳
戴　昕　周　婉　黄　丹　黄　杰　李　杰　李　龙　刘　畅　刘　漫　李　伟
马　培　齐　佳　单　华　吴　洁　徐　岩　杨　扬　张　倩　赵　巍　赵　轩
周　超

生物医药工程

赵　佳　赵　伟

软件工程

卜宇斯　张　帆　蔺　川　刘啸宇　王宇航　薛庆元　尹瑞雪　张博洋

经济管理学院（217人）

国民经济学

崔　瑾　赵　蓓　单　玮　李　慧　王　慧　王　静　王彦泽　武聪聪

财政学

刘力思　庞玉洁　齐　婷　秦一天　任　远　宋珏遐　孙冬阳　王　欣　郑　昊

金融学

韩行行　林　扬　刘雄峰　牛得英　逄茜茜　孙　畅　王大中　王　璇　许莎莎
张岱岳　张　燕

产业经济学

边　啸　陈　宇　高劼祎　高瑞洁　胡大洋　胡顺香　梁　爽　李　琳　李　欣
栾子越　邵宁荃　谭熙熙　王晓艳　张银雁　周　勇　周子萁　左娟娟

国际贸易学

庞　淼　王　晶　张笑冰　张鑫鑫　赵　远　周素艳

ALHAIDAN ABDULRAHMAN SALEH A

劳动经济学

刘　静　柳立志　刘诗扬　马丽莎　孙媛媛　姚　媛　张　雪

统计学

秦雪飞　王博文　徐璐妮　朱浩中

安全科学与工程

何倩卉　李晓彤　乔　凯　史　娜　张　蕊

管理科学与工程　管理科学

郭云泽　杨娇娇　杨　幸　于　雷　张　洋

管理科学与工程　物流管理与工程

曹译文　高　憬　侯艳芬　李丹凝　林　茵　刘洁花　龙　菲　罗　丹　钱光宇
苏　萌　孙　静　唐明玉　汪小红　王晨蕾　王丹丹　王鹤楠　王　津　翟　硕
张　璐　张天娇　张　颖
张子键　赵　辉

管理科学与工程　信息管理

曹轶男　曾超凡　陈晓曼　胡嫣然　冀晓玲　康来松　李　晗　刘　静　刘　苗
骆　敏　马瑞芳　乔　欢　乔　磊　王　娜　王　颂　王溢绅　吴雪娇　武志婷
许江峰　颜高峰　晏裕生　杨　星　于　皓　张　康　张淑珺　赵宝钰　郑佩钰
庄红男

管理科学与工程　工程与项目管理

靳家佳　亢良兆　廖雅双　罗　远　宋海滨　田　潇　晏　姿　杨　晓　岳静宜
岳小莉　张晓然

会计学

陈　洁　耿冠宇　刘　源　陈红岩　陈　曦　陈贻蒲　陈怡然　付爱莉　韩　丽
何　倩　贾孟冉　姜伯敏　姬晓燕　刘晨倩　刘　炜　李晓霞　李　游　吕　璇
马　静　彭翌哲　王　俊　王　玲　汪岳瑜　谢依云　徐　嘉　余瑞娟　张红玲
张慧祯　张奕妙　张忠阳

企业管理

白凤娇　白雪玘　蔡学森　程娟娟　陈仰超　崔雪杨　邓传林　董文文　段亚楠
郭晓晨　纪佩宁　贾义正　贾源淇　寇　迪　兰潇骁　李普军　刘　畅　苗坤坤
强光昊　孙　罡　唐颖琳　王俊佳　王　萌　王愫愉　王　昕　王艳艳　杨　敏
张亚平　邹　妮

旅游管理

蔡文婧　范梦余　何　赢　李　婷　刘玉菲　满丹彤　牟庆江　商景群

技术经济及管理

陈晓彬　郝亚平　姜玲丽　梁　艳　杨红妆　袁　雪　赵　薇　周　曦

社会保障

韩 璐　李 婷　刘彬彬　刘沁菲　徐广亚　张晓亚　邹海燕

交通运输学院（137 人）

系统科学

高万晨　姜沂兵　李　琪　刘京京　单晶晶

控制科学与工程

陈世贵　陈鑫杰　顾海艇　郭晓俊　林宝山　刘　京　刘　敏　刘昕宇　刘　洋
李　赢　李柱欢　鹿高娜　牛天河　欧阳喜军　史　浩　孙欢欢　孙剑青　汤俊青
王　姣　王克楠　王颖翀　王永聪　韦理云　夏贤鹏　叶　婧　袁　娜　张　玲
张　璐　张　佩　朱　颖

系统工程

何张源　王森磊　余明捷

交通运输规划与管理

安　琪　陈明钿　陈　娜　陈　玥　陈智娟　程家兴　程玲燕　董亚茹　冯力源
冯　瑜　盖振州　高同进　郭竞文　郭子渝　郝亚秋　何　红　和飞飞　侯依梦
华诗雨　黄令海　黄婷婷　贾　皓　姜　曼　靳秋思　寇春歌　李　昂　李　岚
李玲利　李恬恬　李勇达　梁妍娇　刘文文　刘　潇　刘欣萌　刘　艳　刘　洋
刘　勇　鲁　楠　逯红兵　马雪婧　穆振涛　荣亚谊　邵静静　沈婷婷　孙捷萍
孙小菲　唐　涵　田文丽　涂文苑　王丹丹　王　傑　王莉莉　王　露　王　敏
王诗琪　王世峰　王　帅　王馨叶　王智鹏　王中奇　吴丽娟　吴婉晶　辛汇文
徐梦萍　徐　翔　杨文静　要婷婷　詹光军　张和美子　张珊珊　张　霞　张　翔
张晓晴　张　妍　张　野　张振宇　赵　微　赵亚辰　郑津楚　周钰严　朱　明
朱颂雅

环境工程

昌　梦　高秀丽　李　梅　夏冬飞　姚　旭

安全科学与工程

毕利锋　曹伟晔　贺延芳　刘　锴　刘艳婷　李文宇　李卓玥　王乃珍　王亚飞
王亚涛　薛　山

管理科学与工程　电子商务

王　琛

土木建筑工程学院（54 人）

力学

梁利娜　马茹凤　许　菁　严珠妹　张瑶瑶　赵　鹏

土木工程

陈鹏飞　陈智聪　范亚娟　高　达　高丁丁　高未未　葛光辉　郭奇锐　韩明明
郝伟东　蒋　涛　马　腾　齐　俊　任　俊　王海涛　王双娇　郁佳杰　张启凯
张胜龙

地质工程

杨姗妮

道路与铁道工程

陈民子　郭　骁　郭晓欢　李芳至　李红伟　李　骥　刘　畅　刘　婕　刘克旭
刘亚男　谭玉荣　尤明熙　赵华刚　和启星　赵　提　朱美蓝

交通运输工程　城市轨道工程

马斌军

环境科学与工程

毕丽姣　龚月湘　果志伟　黄成慧　刘　芳　卢海元　孟晓东　王嘉进　吴芳芳
吴　菡　于　洋

机械与电子控制工程学院　（127 人）

机械制造及其自动化

豆华哲　冀士哲　马烨萌　莫　翔　宋腾腾　谈家谱　王荣全　王文清　郑顺凯
周　斌

机械电子工程

蔡存坤　傅欢欢　郭红霞　侯文国　霍文健　李凯旋　卢重阳　任文强　石　文
吴贞桢　赵敏敏

机械设计及理论

常定勇　常建军　陈华建　冯　云　李　尊　乔姣飞　王　磊　郑思凯

车辆工程

白海飞　范海龙　胡志峰　雷恩强　龙鹏飞　马利军　庞松林　桑　尚　商继东
宋　琳　王常龙　王金莎　王　珊　王　燕　许倩倩　袁文东　于琳琳　张　骋
张国栋　周海涛

机械工程　工业工程

高敏雄　任雪甜　项　溪　杨　萌

材料科学与工程

安佰锋　程炳超　陈　霖　陈鹏飞　杜志光　傅　航　梁　浩　李逢源　罗　平
吕汉勋　王晨阳　王夏莉　王雅正　吴　雷　熊　彬　杨　菁　张林泉　张亚平

材料学

罗　潇

材料加工工程

赖建宏

工程热物理

成　骥　李正浩　陆谦逸　彭晶楠　唐亚洲　魏远航　张　旺

热能工程

陈是楠　刘　轩　张雪玉

动力机械及工程

谷利亚　黄凯宇　靳晓飞　刘靖天　刘新胜　李兆乐　秦智晗　王成龙　王松涛

谢鹏敏　姚波善　张小帅　周仁卓

控制科学与工程

林宜江　刘文祺　吕　超　穆星达　潘晓宇　田贵宾　王继东　王　星　杨柳旭
张　楠　张　婷　张　伟　郑甜甜

载运工具运用工程

崔　檬　杜唐云　高润鸿　雷　威　路梓照　王小伟　杨　航　杨　涛　杨　阳

安全科学与工程

白　玉　韩明敏　郇　滢　马　硕　潘梁生　沙　迪　王　力　王　治　徐菲菲

电气工程学院（120 人）

电气工程

巴腾飞　毕　圣　蔡思宇　陈　财　陈怀鑫　陈睿欣　陈赛慧　陈　雯　陈奕舟
陈玉玺　陈泽龙　陈志帅　程永颢　崔春蕊　戴　超　董圆圆　高　科　高瑞雪
郭怀龙　韩宝珠　韩　娜　郝　越　贺　涛　胡　骏　黄　波　黄　飞　黄美婷
黄　巍　纪明明　贾明泽　贾兆欣　江　晨　蒋李晨昕　雷　晓　李春敏　李　静
李连印　李　楠　李　鹏　李淑英　李　爽　李新秀　李亚坤　李彦儒　李　扬
李耀恒　李雨轩　栗赛男　连巧娜　刘德龙　刘盼盼　刘　帅　刘　湘　刘　翔
刘　遥　刘　钊　龙　杭　卢　扬　陆金耀　陆长海　逯康康　罗　浩　罗秋风
孟　顺　聂　宁　聂志强　钱学成　桑秉谦　尚佳宁　邵　雷　盛　雨　司夏河
孙博城　孙月嘉　覃伟进　田丽华　田明杰　王德丽　王鹤晓　王惠平　王　俊
王俊兴　王姝凝　王一依　王艺钊　吴　伟　吴跃林　肖　翔　谢旭钦　谢毓毓
徐国蕊　徐　鹤　徐艳明　徐云鹍　闫　琛　杨　乐　杨　晓　杨晓楠　姚爱芬
姚江艺　于美丽　袁　园　苑晓垚　翟　燕　张东欣　张甫国　张冀川　张尚腾
张新宇　张云飞　张蕴馨　赵　涵　赵　鹏　赵　强　赵　婷　赵　宇　钟亚娇
周朝阳　周路遥　朱　祥

理学院（4 人）

光学

盛逐风

系统理论

于　洋

光学工程

金士琪

材料物理与化学

李　晨

马克思主义学院（23 人）

马克思主义哲学

白　杰　刘虹希　杨　照　赵若彤　赵　舒

科学技术哲学
刘奕杉　王镜超
马克思主义理论
陈　刚　程运麒　高　舰　江佳玉　刘芳芳　李　燕　路承亚　吕　媛　吕　越
田晓婷　王　兰　魏　然　杨建君　杨　阳　周俊臻
思想政治教育
韩彬然

软件学院（2 人）

软件工程
肖　蒙　施凯伦

建筑与艺术学院（5 人）

城乡规划学
谢　宇
设计学
李　根　陈　蔚　唐 滔　温雅文

语言与传播学院（5 人）

新闻传播学
蒋丹彤　刘瑞华　刘　双　宋海胤　王　丛

全日制专业学位硕士（16 人）

电子信息工程学院（2 人）

电子与通信工程
刘鹏宇
集成电路工程
刘海峰

计算机与信息技术学院（1 人）

计算机技术
杨　柳

土木建筑工程学院（3 人）

环境工程
王　璐
建筑与土木工程
安宇骢　杨景超

机械与电子控制工程学院（4人）

机械工程

库拉什·沙亚别克　刘　犇　王　娜

工业工程

张予昊

建筑与艺术学院　（5人）

建筑学硕士

韦成龙　陈苏娜　崔　淦　闫国强　赵　晨

法学院（1人）

法律硕士

王　玺

在职人员攻读硕士学位（51人）

经济管理学院（1人）

会计硕士

闫　妍

交通运输学院（17人）

交通运输工程

高　雯　项　杨　安冰洁　张　硕　高会荣　赵子洪　牛海民　章　亮　刘　钢
任维征　常毅强　刘志国　赵申蕊　杨　志　李　强　郭晓鹏

安全工程

班晓京

土木建筑工程学院（1人）

建筑与土木工程

林　毅

机械与电子控制工程学院（6人）

车辆工程

傅文生　席艳红

机械工程

许建国　韩　锐　闫　肃　李　伦

电气工程学院（26 人）

电气工程

才宝权　陈东坡　崔　岩　高　鑫　韩　盟　何志宁　侯　伟　胡丽丽　黄　存
靳　宁　李　虎　李振华　刘爱连　刘　曦　孟文全　唐亮亮　王　恒　王　喆
王振远　吴华伟　杨绍江　于海涛　于勤录　余　丹　赵媛媛　邹　萌

北京交通大学第十三届学位评定委员会第十二次全体会议授予博士学位人员名单（128 人）

（2016 年 6 月 17 日）

电子信息工程学院（19 人）

电磁场与微波技术

陈建玲　李大伟

通信与信息系统

陈　哲　刁苏蒙　樊婷婷　甘　曈　韩少春　贾　濡　李超然　梁　骁　宋秋艳
孙　将　王　鑫　尹　彬　周　涛

交通信息工程及控制

李振轩　王龙生　张瑞坤　赵顺利

计算机与信息技术学院（12 人）

信号与信息处理

魏云超　姚　超

信息与通信工程　信息安全

王中华　原变青

计算机科学与技术

白晨燕　付　彬　付　军　纪　科　谢博鋆　杨　柳　赵晓凡　朱　杰

经济管理学院（25 人）

应用经济学

李　然　孙正东　王　丹　王羽涵

产业经济学

逯　宇　汤　浒　唐　石　王海波　于晓萍　张　侃

管理科学与工程　管理科学

唐　冉

管理科学与工程　物流管理与工程

李守林　梁　晨　邱　莹　宋志刚　朱惠琦

会计学

房小兵　王家康　吴春雷　许　钊　杨程程　于　江　张自巧　郑立东　钟　凯

交通运输学院（18 人）

系统分析与集成

温旭红　赵秀丽

系统工程

陈　驰　段　敏　郭建媛　黄智星

交通运输规划与管理

陈　雷　陈滋顶　康柳江　雷　凯　李慧轩　李明高　刘　路　吴珂琪　夏胜利
向　往　张　辉　赵　琦

土木建筑工程学院（18 人）

力学

马　驹　杨　华

土木工程

郭彩霞

岩土工程

陈佩佩　方　昱　刘　丽　夏　晨

结构工程

刘心男　王益鹤

市政工程

王　辉

桥梁与隧道工程

李慧乐　孟德鑫　台启民　吴宗臻

土木工程　地下工程

秦东平　汪　波

道路与铁道工程

吕　鹏　王鹏程

机械与电子控制工程学院（4 人）

机械制造及其自动化

宋龙龙

车辆工程

朱　宁

载运工具运用工程

李洪萌　王军强

电气工程学院（6 人）

电气工程

杜会卿　杨少兵　张　宁　PHAM VAN TIEN

电子电力与电力传动

刘思佳

载运工具运用工程

方晓春

理学院（19 人）

运筹学与控制论

牛红丽　杨大伟

光学

何家琪　李剑焘　李　玲　王铭扬　许海腾　杨冰洋　张进宏　张　智　周东站

SALIK MUHAMMAD

系统理论

程冉冉

统计学

史文彬

光学工程

崔存星　崔　越　孙振超　王　健　赵　玲

马克思主义学院（7 人）

马克思主义理论

安　娜　田训龙　闫利颖　张文卿

思想政治教育

潘丹丹　田永静　徐　帅

北京交通大学第十三届学位评定委员会第十二次全体会议授予硕士学位人员名单（2 386 人）

（2016 年 6 月 17 日）

全日制学术型硕士（481 人）

电子信息工程学院（11 人）

通信与信息系统

刘繁硕　刘　涛　郎其心

信息与通信工程　信息网络与安全

胡　潇

信息与通信工程　信息安全

付　雷

控制科学与工程

王志群

交通信息工程及控制

冯麟淞　唐武梅　王　琦　王锡奎　甄玉磊

计算机与信息技术学院（28 人）

教育技术学

刘　岩

信号与信息处理

肖　彦

信息与通信工程　信息安全

程　骏　郭成林　马德棚　慕　悦　杨　珺

模式识别与智能系统

赵崇名

计算机科学与技术

陈　龙　焦晓宇　李亚军　史腾飞　万晓松　王　彬　王　辉　熊富蕊　尹　蕊
张鲁营　张美娟　张晓静　吐尔逊江·托合提

生物医学工程

曹　武　何青松　胡熠昉　欧阳斌　吴姬彦　周桂妃

软件工程

王聪雅

经济管理学院（44 人）

财政学

刘　敏

金融学

段贝贝　胡　宇　蒋超楠　李蒙蒙

产业经济学

崔继鹏　李　洋　史瑞利　张玉洁　赵　飞　朱保念

国际贸易学

陈美池　廉子萱　GOFFOROVMAMURJON　KALIYEVASSET
SHAIMOVULUGBEK　VOLODKONIKITA　ZHANUZAKSYMBAT

安全科学与工程

赵　婧

管理科学与工程　工程与项目管理

BOLDBAATAR UNURTSETSEG

管理科学与工程　物流管理与工程

串丽娜　刘　璇　万於谦　杨萍萍　张一昕

管理科学与工程　信息管理

刘敬敬　王芬芬

管理科学与工程　工程与项目管理

杜普龙　胡迎运　檀凯兵

会计学

李　欢　李　爽　睢素萍　王玉娇　王　征　谢洪文　张璟瑶　张耀天　周　晶

企业管理

王海燕

技术经济及管理

高　婉　亢艺霖　匡贞胜　周美辰

交通运输学院（44 人）

系统科学

李霄涵　李　欣　杨国菁　于　淼

系统分析与集成

张笑杰

控制科学与工程

樊浩坤　甘杨杰　吕　阳　宁　尧　吴慧敏　杨孟娇

系统工程

李宇飞

交通运输规划与管理

丁晓青　段蕴桔　龚大鹏　江　昆　李天石　廖略伶　孟昕馨　史荣丹　孙耿杰
童佳楠　王　晨　王　洋　王玉焕　熊若曦　徐广岩　许　璐　杨　波　杨　珂
张　磊　张庆瑜　张颖达　赵　慧　甄　慧　郑清杰　宗维烟

安全科学与工程

李　倩　邵伟娟　魏　依　朱　鹏

管理科学与工程　电子商务

靳肖楠　梁　冰　滕挥云

土木建筑工程学院（163 人）

力学

杜明昊　马彤辉　吴永峰

固体力学

刘晓峰

土木工程

曾　险　晁建秋　陈安亮　陈　川　陈　吟　崔亭亭　崔文迪　代长顺　单文姗
杜　坤　樊海柱　冯立力　盖会林　高小艳　桂　静　郭坤鹏　郭殊伦　何春晓
胡　春　胡继实　胡俏文　胡庆龙　黄　俊　霍　国　姬　海　江　鹏　靳晨辉
孔祥飞　雷海波　李　贝　李登辉　李昊阳　李　凯　李少孟　李喜庆　李彦宇
李玉忠　李韫鑫　李　正　刘　超　刘关虎　刘江南　刘　洁　刘　玲　刘鹏飞
刘声修　刘　涛　刘长帅　龙　菲　鲁冠亚　马瑞珍　毛建贞　潘卫兵　庞俊英

彭春燕　齐　明　齐旭东　乔易飞　乔　志　任　艳　商程宇　尚亚杰　申巧凤　申　扬　孙　新　陶瑞轩　田　双　田增顺　汪雅婷　王安华　王　刚　王国有　王　虎　王　健　王立强　王　鹏　王　薇　王　伟　王伟明　王文武　王晓昱　王　雁　王永静　王玉亭　吴俊波　吴晓宇　武俊奇　向文腾　肖鸿治　谢桥漾　徐西彬　徐　召　薛瑞松　杨公标　杨光昌　杨旭东　杨智慧　于绍静　余浩琦　余　辉　余小溪　张　剑　张　敬　张　凯　张敏强　张　帅　张晓阳　张星灿　张学敏　张彦闰　张中辉　赵继罡　郑　婕　郑星辰　周赤伟　朱昊辉　朱　坤　朱　蕾　左亚飞

CHIRINDJA SILVIO ARMANDO ZEFANIAS　DINA DAVINA MC DONALD

HABARUGIRA FELIX

结构工程

张艳霞

市政工程

宿云海

桥梁与隧道工程

鲁　山

摄影测量与遥感

李　震　汪　松　王　坤　周志全

地质资源与地质工程

丁　强　杜云乡　江　帆　马　琳　聂一聪　王　炎　杨　征　张　宇

道路与铁道工程

曾亚光　陈明安　陈永凯　杜朝敏　范祥君　郭云龙　金佳敏　李　超　李松峰　梁富利　刘景宇　任闯闯　谭华刚　王辉煌　邢　行　于海龙　张益铭　赵文龙　周　涛

环境科学与工程

成笠萌　李素君　魏　骎

机械与电子控制工程学院（8 人）

机械电子工程

韩洪兆

机械设计及理论

王笑非　吴海波　ALSAQER SALEH ABDULAZIZ K

材料科学与工程

习志鹏

动力机械及工程

王　尧

控制科学与工程

段永强　奚　俊

电气工程学院（8 人）

电气工程
陈　佳　董世骏　李晚晴　李莹莹　李云鹏　阮白水　史丽鑫　卫　巍

理学院（103 人）

基础数学
党　帅　韩坤丽　胡西娟

计算数学
史　颂　宋林林　王　丹　王　敬　吴玉武　翟　璐　张亚琴

概率论与数理统计
胡　伟　刘　杰　王　媛　魏泽林　张　波　周　壮

应用数学
何滋润　刘　艳　吴　昊　许　斐　张亚楠

运筹学与控制论
代素慧　郭美荣　郭盼盼　李玮玥　李燕静　罗　欢　王　青　文　盼　张　环
张雅茜　赵红伟

理论物理
李晓彤　彭　博　詹翔空

凝聚态物理
孙立志　王　鑫　文颖秀　张　鸽

光学
戴薇薇　董艳芳　荆富强　龙志娟　马宏茹　石骥硕　王　林　薛　花　尹慧丽
张慧敏　赵振宁

生物化学与分子生物学
李晓丽　李　雪　林舒晔　牛帅帅　乔明旭　王海潮　王宗岳　叶丽丽　张婧思
张　腾　张　钊　郑元博

生物物理学
申宗旭　张洁莹

系统理论
胡志强　李月娥　苗　壮　张梦姿

统计学
洪维嘉　蒋晨光　卢　丹　田　嫱　王雪娇　赵跃波

光学工程
陈毅翔　邓丽娟　董晓斌　范哲珲　巩　哲　郭凯丽　洪晓霞　蒋文丽　柯笑晗
李　彦　凌　成　刘冰倩　刘珊珊　马　乐　佟　曼　王尉谦　袁瑞霞　张天雍
张小琼　章　威

材料物理与化学
高少伟

电子科学与技术

刘　娟　刘统方　彭云飞

化学工程

郜珺珩

应用化学

唐文婷　王海卫　王　淼　王　硕

软件学院（9 人）

软件工程

曹　鹏　陆慧君　王鲁飞　王伟强　吴冬雪　张思琪　赵祥宇　赵亚辉　周文韬

建筑与艺术学院（21 人）

城乡规划学

高阳　韩俊艳　韩雪婷　宋振昂　王蔚　项立强　许文聪　PHAM DUC HUNG

设计学

蔡昱昊　陈　娟　戴慧芬　窦　潇　李晓晴　石林英　苏　慧　肖婕妤　晏雅静

姚维维　尹艺霏　张　弛　张翔云

语言与传播学院（21 人）

外国语言文学

段汝佳　谷玉英　侯林彤　李　倩　刘梦茜　刘晓哲　罗成旭　吕　君　梅　景

唐晓晓　田　洁　王　雪　肖　斐　徐婧雯　殷彩艳　袁　玥

英语语言文学

王　冰

外国语言学及应用语言学

SANGARE SAMBE

新闻传播学

李澍　王艺凝　TALAP MEREY

法学院（21 人）

宪法学与行政法学

郭敏娜　康　云　李营辉　张　维　张　亚

民商法学

陈　辰　毛　丹　乔磊　乌云嘎　翟明蝶

经济法学

丁　琪　李梦杨　李　朔　刘云娟　邱威棋　杨　柳　尹　欣

国际法学

郭翠平　刘　超　刘艳蕊　AL－AWADHI MAGED ALI QASEM

专业学位硕士（1 905 人）

电子信息工程学院（150 人）

电子与通信工程

白　霄　蔡红标　陈方园　陈剑秋　褚冲之　房　珅　付秋艳　高　闯　何　韡
侯　倩　侯志超　侯荣杰　候海军　胡建宁　黄海毅　黄　毅　计晓龙　贾　极
贾添淇　姜远海　焦言伟　阚春秀　康　敏　赖允平　李　丹　李海燕　李　玲
李梦妍　李鹏举　李勇亮　李重阳　李帚群　梁赟磊　廖声磊　林丽莹　刘　璐
刘旭婉　刘志飞　卢利颖　马晨晨　秦　雪　裘凯迪　史清杰　史亚楠　硕天鸾
苏凯莉　孙　倩　田荣丰　王尚耀　王晓林　王　瑶　王毅恺　王　宇　吴一凡
夏　杰　谢　昕　徐葛森　薛　亮　闫张浩　杨春亮　杨金雪　杨秋凡　叶　玥
于　静　于彦兵　袁亚伟　张　聪　张福至　张曼丽　张胜楠　赵　珂　赵　鹏
赵天明　钟　昊　周晨光　周孟跃　周天豪　周雪琪　朱耀中　邹　引

集成电路工程

郭桂雨　李　冰　卢美娟　骆　升　王　刚　王　悦　邢志国
古丽尼格尔・迪力夏提

控制工程

蔡昌笑　蔡明屿　成丽玲　成志鹏　邓伟波　董亚楠　杜永博　范晓雷　付　哲
郭　焱　韩　笑　和晟姣　黄印旻　贾小芙　江丹迪　姜　淞　姜雨馨　兰远锋
李保民　李梦琦　李小婉　梁荷东　梁天晓　梁　潇　刘　鼎　刘　丰　刘　璐
刘　哲　卢宵晨　罗金旺　马　龙　莫振栋　施琛玉　石　磊　孙延欣　唐黎明
王成莉　王　婧　王祥基　王潇濛　王　莹　温　翔　吴　渊　伍　玺　肖　楠
谢明哲　徐　浩　徐永波　闫宏伟　杨亚伟　张　兵　张　涵　张宏扬　张楠乔
张秋明　张艳华　张耀回　张泽昊　赵一鹏　郑博文　钟燕彬　邹运怀

计算机与信息技术学院（285 人）

电子与通信工程

曹丽莉　耿　雪　阚世超　李金泉　李凯月　李　烨　廖理心　刘　洋　马怀冲
潘云领　邱平平　石晓晴　史　诗　檀雅琳　唐　斌　王步放　王建涛　王　尹
王迎香　王　悦　吴　彤　吴文娟　盈广明　于少博　张小霞　张亚男　赵　斌
周作鹏　朱芸芸

计算机技术

曾儒艺　陈　国　陈文汗　储丹丹　代　娇　单开元　董俊超　杜营营　冯毅超
高梓豪　韩　莉　侯　杰　胡文振　胡　越　黄　珍　蒋璐玥　金　傳　李丹萍
李广辉　李　杰　李　响　连　婧　梁　栋　刘博佳　刘存领　刘达申　刘军生
刘文才　刘　璇　卢　康　栾海洋　毛思琪　米雪然　潘雪纯　裴蕴艺　彭弼代
权　鑫　宋　航　苏　喆　孙海舰　覃国幸　谭　茁　王　頔　王军博　王　琦
王　强　王　维　王英杰　王　勇　谢佩华　谢郑楠　辛荣国　邢妍妍　熊　杰

杨立涛　杨　茜　杨　颂　尹艳艳　于海跃　于馨桐　张赫男　张　雷　张瑞琴
张　帅　赵鹏姚　赵晓洁　赵鑫欣　赵　宇　郑　杰　周佳婧　周书橙

软件工程

白　静　白　鹏　曹佳骏　曹　燕　曾映辉　陈静婕　陈立强　陈禹汐　陈中明
程　皓　崔宏旺　崔玉温　邓顺平　邓文伟　丁　丁　丁　谦　丁仁山　董成俭
董春森　段立华　范广进　范　雪　方　圆　冯国伦　付坤饶　盖　松　高　宁
高伟伟　高秀博　谷　楠　韩晓静　郝　龙　郝子鸣　洪常雨　侯　静　侯乃琦
胡志和　黄　翰　黄　敬　黄　松　纪　冉　贾荣新　贾晓会　江　鹏　姜　波
姜　君　蒋金强　蒋钦安　蒋　勇　金　彬　寇　祎　李　建　李　骏　李匡一
李　黎　李　澧　李龙睿　李瑞杰　李伟韬　李　欣　李　鑫　李彦锋　李月波
李　喆　李政博　李仲义　梁　杰　梁利平　梁　霞　林　颖　刘川西　刘　恒
刘　婧　刘　炯　刘希玮　刘燕华　刘耀元　刘一辰　刘　颖　刘　赟　卢虹宇
吕　璐　吕志鹏　彭清芳　朴洪波　齐琳琳　齐　燕　邱清春　饶　雷　任白鹭
任　毅　任　远　邵　波　石璞玉　时运凯　宋舒心　宋卫晓　宋晓光　苏　里
苏志华　孙建卫　孙　林　孙凌峰　孙　腾　孙　艳　唐广昱　唐　佳　滕春颖
田　波　田　冲　田　伟　涂　涛　万　宇　汪姗姗　王　超　王海燕　王　辉
王　晶　王　璟　王立红　王　娜　王　盛　王伟俊　王文刚　王小波　王晓辉
王　颖　王　愿　魏　超　魏显伟　吴　杰　吴晓春　武　鹏　武　帅　夏　明
肖伦文　谢珊珊　吁志刚　徐　亮　徐榆坤　薛　俭　杨　波　杨春荣　杨东旭
杨冬冬　杨魏丽娜　杨旭辉　姚景方　易　凯　于　霞　喻　龙　元　慧　袁艳龙
苑　林　岳　峥　翟　羽　张昌令　张大鹏　张东涛　张继龙　张　晶　张俊高
张立会　张旭东　张亚璇　张　岩　赵洪琴　赵晋波　赵　宇　赵　远　郑晓瑾
钟　铮　周建芳　周建仁　周瑞堂　周书娟　朱婷婷　朱文平　宗晓亮　邹　睿

项目管理

恩媛媛　洪　宇　李凌文　林伟华　徐海平

经济管理学院（560人）

高级管理人员工商管理硕士（EMBA）

陈　娜　方红明　李　胜　刘家宇　刘天飞　刘　毅　陆　涛　石华高　树　亚
孙会民　王敬原　王一斌　王永吉　王志伟　薛建华　杨　帅　杨玉洋　张　婷
张　巍　郑云宏

工程管理硕士

董亚杰　傅文娇　高　硕　胡晓晨　黄治国　李　刚　刘　斌　刘　荆　刘亦凡
穆禹汗　潘佳良　吴超群　夏　爽　徐　青　徐　洋　张华丞　张　璞　赵　帅
周　博

工商管理硕士

毕晓娟　曹子龙　柴曰廷　常惠芳　陈　禄　陈晓华　陈晓君　陈　妍　陈　洋
陈竹青　陈　卓　仇　婷　崔洪熙　崔鹏飞　邓华秀　丁修恒　丁妍君　董　楠
方慧慧　符芳攀　高　超　高　加　耿晓鸫　谷　雯　郭　俊　韩希宇　韩　旭

杭洁翔 郝静 何琨 何兰 何强 胡泊 黄琳 黄梦依 黄嵩
黄鑫 纪珍平 贾思思 贾婉君 贾延平 姜来 金鑫 井玉新 雷东生
雷毅 李端端 李国忠 李莉 李清海 李双杰 李伟 李小芳 李晓野
李岩 李阳 李祎 梁欣阳 梁义国 林郁 刘博 刘晨浩 刘赓
刘瑾 刘竟婷 刘恋 刘双 刘旭 刘学渊 刘远方 刘昭斐 刘振远
刘子凯 柳杨 娄海燕 卢旭霆 鲁洁 鲁先鹏 路文良 罗炜 雒旭彦
马丽娜 毛宏晶 聂超棠 彭露婷 彭乾 齐凯 邱海燕 任媛媛 阮航
阮晓华 阮秀平 石羽 司飞 宋江涛 苏卫东 孙浩然 孙建涛 孙颖
谭笑 唐玉磊 田茜 帖经凯 万玉 汪旭 王晨辰 王芳 王风发
王冠 王辉 王姬 王军杰 王磊 王琪 王茜 王秋萍 王若卉
王婷 王妍斐 王一凡 王月汇 王云 王长保 魏春晖 魏晋丽 魏忠源
温馨 文亚英 闻洁 吴菲菲 吴风 吴立琼 吴燕飞 吴亦婷 夏冰欣
向锐 谢佳妮 辛勤 熊菊花 宿晓东 徐金萍 徐晶 许琭 许乃匀
薛晖 薛昀 严博 杨柳青 姚娜 尹寒 于玲玲 于强 于晓亮
于云 余洋 袁博 袁和融 袁俊华 张迪 张红露 张亮 张梦丽
张明 张恬 张潇文 张晓冲 张阳 张英 张雨 张岳 张中悦
赵东来 赵辉 赵建 赵鹏 赵世杰 赵旭 赵雨田 郑佳谋 郑雅静
周龙 周振霆 左云西

工业工程

曹洪涛 曹星 陈菁雅 程伟 仇振刚 丁宣淦 杜娟娟 黄亮 黄艺蜚
菅梓君 李大伟 李婉斌 刘培源 马丹丹 马静 齐木仁 强思邈 邱钺
任佳玥 宋佳伟 宋卓男 王丹丹 王伶 王奇峰 魏玲 徐旭 阎旭
杨家朋 杨杰 俞小凤 张皓南 张洋洋 赵驰 郑峰 郑红连 周伟丹

公共管理硕士

任文静

会计硕士

巴山雨 陈光 陈坤 陈玲 陈曼 陈雯 陈晓 陈远洋 代妮
党礼新 杜方舟 段旭凌 冯丽琼 冯琪 高邦 高静文 高梦瑶 葛安茹
郭晨 郭瑞 郭蕴莹 郭芷青 韩雨汐 何义勇 侯佳颖 胡海洋 胡涵
胡丽彬 黄冰 黄升 黄铮涛 霍杨 蒋松松 焦歆茹 解朝娜 康睿强
孔绚 李刚 李凌杰 李双燕 李妍 梁博 梁曾圆 林雪婷 刘军
刘璐璐 刘英伟 卢雨潇 罗豪 罗文超 马蓉 孟令环 娜日苏 宁娟
牛艳萍 庞俊星 彭莹 秦常桂 任峥 沈昊宇 曙光 孙超 孙飞
孙楠 孙蕊 孙轶赟 唐叔敏 唐艺山 王丹慈 王梦阳 王蕊 王嵩
王天华 王婷 王薇 王星 王雅 王玉 乌日罕 吴迎春 熊晶晶
许鹭 许文平 薛震宇 杨丽曼 杨琳帆 杨云 叶乃宝 阴巧仙 于峰
于文斌 余晓 张佳 张杰 张磊 张丽娜 张玲 张维 张卫军
张文璐 张文艺 张雪梅 章宪律 赵莞君 赵华琼 赵荣 甄文迪 郑俊
郑钦月 周凯 周淑杰 周婷婷

软件工程

蔡博涵　刁运飞　胡　勇　花　萌　冀高娜　李沫霓　李杨波　刘　博　刘　芳
刘　颖　马增江　毛　宏　孟　欣　齐　凯　史　维　王　迪　王　颖　王泽翊
杨国栋　杨　瑞　张　鹏

审计硕士

艾　博　蔡　杰　蔡逸群　曾映茜　陈　莹　程宇曦　刁　雅　董　骅　董　瑜
傅琳荃　甘一洋　高新霞　郭文姣　郭雨婷　郭媛卿　侯佳昕　贾　惠　贾　妮
贾振祺　姜　曦　姜　洋　蒋廷钰　金之艺　赖小慧　冷　爽　李岱桐　李　丹
李康平　李　润　李襄南　李媛媛　李　卓　梁译文　刘晓宇　马姗姗　庞晓佳
蒲照欣　桑　蕾　尚佩佩　宋佳音　宋妙倩　宋雅伟　孙　柏　孙宏菲　孙启昕
滕宇飞　王柏平　王佳羽　王　晶　王　睿　王　垚　王　晔　魏路平　文　艺
问　天　吴　桐　杨子青　阴峰竹　尹释霖　院欣竹　张　婵　张　佩　张淞宁
张钰惠　赵　波　赵　鹏　赵　晟　赵雪琳　周晓英　周宇牧月

物流工程

毕全记　陈国伟　崔宝亮　冯　宇　高军宁　高亚平　郭　芳　李文佼　梁　元
林婉婷　刘文羽　吕　昶　宁　特　逄　宇　彭程程　宋明明　苏　冰　苏醒嵘
孙叶梁　汪学勤　王　诚　王清华　王双金　王　硕　王　婷　王引弟　王之威
温明月　项　斌　徐　瑾　颜延伟　杨晓征　翟晓冬　张嘉豪　张　奕　张子娟
赵文韬　赵兴龙　朱石超

项目管理

陈　锋　陈　文　程　建　丁邦建　刘乃博　刘永军　齐新斌　万鹏辉　王晶磊
席小刚　薛国华　薛婷婷　杨　博　尹帮安　张刘红　张鑫锐　赵兴文

应用统计硕士

褚　凡　崔　斌　杜旭阳　顾文娟　郭晓娜　郝晓青　郝　翌　黄　迪　刘佳宁
聂雪艳　齐　欣　孙　雯　吴晓雪　杨冰洁　杨雪琪　余凯航　袁嘉欣　张　峒
赵新颖　赵莹莹

资产评估硕士

陈媛媛　范芙蓉　贾延娜　李欣慧　林怀南　刘　琦　刘　甜　刘　玺　刘臻祎
马良媛　苏　娜　王　玺　王影超　闫　石　周丽萍

交通运输学院（122人）

控制工程

汤志国

交通运输工程

曹　姝　崔汗星　董　慧　窦宝军　杜文丹　樊羽裳　方　柯　冯　帅　高　畅
高　山　高　毅　郭洪文　韩顺平　何兆流　贺英奇　姬亚鹏　贾程皓　姜　飞
姜　磊　荆　敏　李　成　李　华　李慧娟　李　洁　李　亮　李　宁　李全生
李宛曈　李文文　李　潇　梁庆峰　廖建奇　刘　弟　刘　罡　刘海滨　刘　静
刘思宁　刘彦君　刘艳芳　卢　丹　逯婷婷　栾黎强　吕又冉　马雪松　马占奎

彭小波 乔　木 屈经超 曲志恒 任佳栋 桑俊京 沈晶伟 沈维全 苏　寅
孙士钊 孙玉杰 唐　力 滕志伟 万金辉 万　雪 王进超 王婧怡 王梦圆
王　帅 王　涛 王小光 王　晅 王雪冬 王　言 王彦肖 韦　潇 魏昌海
魏　玉 文佳星 吴朝辉 吴晨玮 徐留常 鄢永超 闫文焕 杨炳磊 杨淞程
张　栋 张　帆 张海东 张翰良 张　梅 张文犀 张翔宇 张晓宇 张馨文
赵　静 赵烈樱 赵　威 赵　页 赵　莹 郑明明 郑思瑶 朱家正
朱　磊 朱周元

安全工程

汪　伟 王　伟

物流工程

方　堃 冯秋星 胡　杰 胡雪梅 黄　颖 金　石 李堂奎 刘亚军 刘　阳
刘园园 石美慧 孙凯迪 王慧婷 王琬萱 吴　席 吴勇锋 辛晓宇 张振勇
赵静茹

土木建筑工程学院（134 人）

建筑与土木工程

艾秀玲 才宝华 陈俊武 伏永政 付志强 高　楠 葛　明 郭宪辉 郭郅威
侯晓伟 侯育栋 胡敬梁 胡益先 黄　昊 贾雪菲 江　楠 焦广盈 康亚雄
孔振亚 李　军 李俊文 李丽军 李思堃 李小鹏 李增光 林　晨 刘宾顺
刘军辉 刘　宁 刘　旭 刘芷廷 刘志伟 马　欣 毛荣吉 孟跃朋 任春光
尚龙飞 沈　捷 宋若雨 宋先哲 苏　亮 粟　威 孙培珊 孙　鹏 孙振亚
唐志明 陶小俊 童希明 王柄辉 王大勇 王　红 王　慧 王　健 王俊杰
王一皓 王云云 王昭庆 王志潼 谢晨光 徐光鹏 徐龙龙 闫　觅 杨保琦
杨成艳 杨　鑫 杨　勇 于孝东 郁占彪 袁茂林 袁志宇 张安琪 张冬冬
张　伦 张　闵 张铭举 张硕瑜 张学森 张　扬 张雨雄 张越峰 张占超
章欣宇 赵德全 赵建明 赵龙生 赵　星 郑清广 郑雪莹 郑　卓 朱永泽
朱自鹏

测绘工程

张轩轶 赵　萌

交通运输工程

包宸豪 薄在忠 陈璐如 杜　民 黄乐艺 焦　轩 李启航 李　锐 李瑞凡
刘　超 刘谌轶男 刘东明 刘光鹏 刘雪剑 孙　立 孙小薇 王　欢 吴尚泽
邢健伟 闫晓春 严　妍 张建成 张　梦 张梦然 张晓波 张长远 赵　柯

环境工程

陈月明 韩姗山 李映寰 裴　翠 吴　静 赵　磊

项目管理

杜婧媛 林连福 马能先 毛广梅 通振远 张富田 张　健 赵宴刚

机械与电子控制工程学院（74 人）

机械工程

蔡世超 陈凌羿 成航航 崔　傲 丁泽宇 范志静 范中雷 冯高群 冯中立
高安迪 高亚军 姜良伟 雷　鹏 李明理 李姝洁 李　伟 林恩田 刘　超
刘　金 刘　蓉 龙　飞 吕晓辰 马国栋 马　勋 马玉琪 毛　焕 邱　博
饶国希 荣永欣 孙　璐 唐　琦 王　丹 王　刚 王俊洋 王　凌 王强强
王　瑞 王　洋 王智森 位兴民 魏文波 郤成健 夏　旭 肖　瑶 谢宇迪
修松博 杨　超 于春洋 于洪传 岳伟丽 臧家普 张栋梁 张海旭 张晓丹
赵福群 赵廷彪 周　灿 周子航 朱文杰

车辆工程

郭志成 韩德成 姜　成 马永志 牟晓莎 万岳雄 郑　伟

工业工程

白少鹏 孔顺雨 孔维荣 刘建鑫 倪群高 王少敏 杨景祥 周俊鹏

电气工程学院（111 人）

电气工程

巴合提别克 白　雷 鲍志伟 边国潮 步顺德 曹晨旭 陈飞宇 陈　锋
陈嘉垚 成　铭 崔志博 代昀杨 杜韶华 樊耀国 符　里 高　艳 耿亚男
龚泽宇 郭荣欢 郭　鑫 韩　丹 韩尚卿 贺　明 贺子琦 黄　菲 黄佳佳
黄家龙 黄　静 黄绍亮 黄　伟 贾晨曦 贾文鹏 贾岩鑫 姜贵明 焦　阳
金　辉 康　强 孔珺婷 李炳文 李金龙 李茂兴 李　扬 李　阳 梁德欣
梁　刚 廖云涛 林芳雯 林　俊 刘　聪 刘惠萍 刘　晶 刘　军 刘瑞欣
刘熙铭 刘晓宇 罗海全 罗凯宇 马金玉 马　伟 孟宪鹏 沙　淼 苏保强
苏兆斌 孙　鹏 孙琪颖 孙晓东 孙雪飞 田　亮 田普州 汪　志 王尔为
王光江 王金玲 王俊超 王梦兰 王天宇 王婷婷 王文剑 王　鑫 王学慧
王雨婷 韦绍远 吴　凡 吴昊亭 邢高启 邢小平 徐　磊 徐芸霞 闫　琪
阎铁华 杨　彬 杨春霞 杨从鹏 杨红青 杨嘉琛 杨劲丰 杨　凯 杨　霄
殷　悦 于　姗 袁环宇 张　帆 张海波 张　腾 张宇爽 张　元 张哲瑞
张志恒 郑　雷 钟　韦

项目管理

鲁广东

理学院（43 人）

光学工程

陈天夫 陈侦康 邓雅丹 丁顺达 高晨家 高　轩 谷　群 郝　飞 郝　艺
侯林会 阚　帅 兰振国 李北松 李家源 刘　杰 刘延迪 卢　浩 卢元达
彭　磊 唐雯雯 陶然之 涂晓燕 王尚淳 王　帅 吴　玉 肖玉晗 徐征阳
杨峻朋 姚　鹏 姚　帅 张　璐 赵可强 周　杨

化学工程

白夏夏 段　薇 胡佳骥 王会利 王　杨 王子叶 袁　瑶 张蔓玲 张婷婷
赵萍萍

软件学院（344 人）

软件工程

白　博 白　玲 白　元 鲍晶晶 贲　月 毕　鑫 曹　艳 陈　非 陈　晗
陈弘林 陈　俊 陈　炼 陈曼曼 陈檬檬 陈　勤 陈盛力 陈文平 陈晓光
陈昕博 陈　雪 陈怡同 崔　凯 崔　敏 戴晓丹 单宝军 单晓兰 邓　芳
丁　厉 丁利刚 丁文迪 丁泽宇 董登科 董旭红 杜　潇 杜跃武 段丁阳
段　慧 段康康 段　炼 段晴晨 范来强 范玲珊 房瑾堂 封　勇 冯　俊
符亚彬 付建鹏 高春雷 高媛媛 葛媛媛 宫文超 巩文霞 苟堡铭 桂　菱
郭　静 郭　君 郭　奇 郭晓霞 郭一峰 郭　勇（13136244）
郭　勇（14126092） 韩　冰 韩博胜 韩伟伦 韩伟玮 郝晨栋 何　帅
贺　晨 胡　昊 胡钤苇 胡　霞 胡小洁 胡小宁 胡志伟 黄光平 黄健文
黄　蓉 黄婉祎 冀辰午 姜　严 焦继笑 金　辉 金姝彤 金志国 荆　蓓
康斯雨 孔　巍 雷文雅 雷晓娟 李德刚 李东萍 李红宝 李　化 李　欢
李慧芬 李　婕 李锦绣 李　蕾 李　琳 李　楠 李　谦 李　青 李　铁
李文强 李　显 李　翔 李晓楠 李晓奇 李雪白 李　岩 李忆南 李　瑜
李宇轩 李兆廷 廖佳明 林　静 刘　斌 刘晨光 刘纯纯 刘海军 刘晗旭
刘红华 刘佳奇 刘　佼 刘　娟 刘俊莹 刘让根 刘日辰 刘瑞芳 刘　庶
刘天航 刘伟威 刘文泰 刘　曦 刘晓琴 刘晓涛 刘欣玉 刘亦培 刘　懿
刘玉卿 刘　玥 刘　卓 柳元涛 龙秋波 娄婷婷 罗　颖 罗梓超 吕大龙
马晨夕 马　佳 马　骞 马健瑞 马思敏 马　骁 蒙　宁 孟维一 孟伟华
孟小龙 米国宗 牛　露 牛　瑞 欧志聪 潘红军 庞也驰 裴　华 皮亚雷
齐忠福 乔　帅 阮梦驰 申　琛 申　震 石　婧 史伟栋 史卫峰 宋　健
宋　静 宋　倩 宋　涛 苏国伟 苏　磊 苏　琳 睢　涛 孙晓琳 孙　熠
谭　帅 唐玥玚 陶姝钰 滕琦荣 田　歌 田兴旺 万欢欢 汪卓琦 王　滨
王　超 王　超 王　晨 王大伟 王　丹 王丹玲 王　芳 王　飞 王海军
王　豪 王　颢 王　宏 王焕肖 王　辉 王　晶 王　静 王　鹏 王　倩
王树利 王司妍 王　腾 王　伟 王伟懿 王新营 王雅坤 王一同 王　义
王　音 王　颖 王永钢 王宇飞 王宇佳 王玉春 王跃进 王泽生 王　哲
王震霄 韦　锐 韦　薇 闻枭佚 吴　辰 吴　昊 吴　烨 吴　莺 吴智辉
武燕萍 武依文 夏　昊 夏　彦 肖锴群 肖　力 肖仕琦 肖云龙 谢晓辉
辛雪昌 邢慧欣 邢　乙 熊　晟 熊奕昕 胥继云 徐　洋 徐　瑒 徐云雷
薛琨炜 薛清富 薛文静 薛紫洋 寻晓明 闫峻函 严　帅 杨德顺 杨　戈
杨　光 杨慧茹 杨　军 杨开欣 杨立琦 杨　珉 杨天华 杨文军 杨晓辉
杨晓丽 杨彦妍 杨玉龙 叶茂华 尹成良 于成龙 于浩川 于　杰 于起超
余鑫淼 袁　琳 岳　媛 岳子珂 翟博渊 翟　媛 张　蓓 张　博 张　灿

张　臣　张广煦　张　皓　张焕甫　张佳琪　张　杰　张倞钎　张　乐　张　琳
张　琳　张　美　张培奇　张　茜　张　擎　张　韬　张婉莹　张延玲　张　烨
张　宇　张宇阳　张　羽　张玉庆　张振华　赵保森　赵传征　赵大鹏　赵　虎
赵　琨　赵　娜　赵相洁　赵轶凡　赵志敏　赵子栋　郑洪智　郅　彪　智佳宁
钟振兴　种肇睿　周传文　周　豪　周金路　周　洋　周　圆　周章浩　朱文聃
朱希鹏　朱晓琳　朱宇典
ANGSUCHOTMETEE PONGTORN　PANHUBER CHRISTIAN　SENG SOPHEAK
WIRATAMA DHARMA CIPUTRA

建筑与艺术学院（32 人）

建筑学硕士

曹鹏飞　常　磊　陈嘉然　程佳伟　郭　帅　黄　鹤　冀　玮　井　慧　雷雪璨
李惠桦　李禧婧　李煜茜　刘亚彬　刘　洋　童梦露　王勤熙　温　雯　徐　旸
张嘉琦　张　翔　朱宗周

建筑与土木工程

贾　贝　李晓路　王宝磊　张婷婷

工业设计工程

毕明莉　李常隆　李慧琳　王司马　袁泳凡　张斐然　赵荣鑫

语言与传播学院（21 人）

翻译硕士

毕甜甜　曹丽丽　东　京　胡景雯　黄安琦　贾敏敏　李潇雪　李亚婷　刘春晨
刘聪颖　索　思　汤　琦　田广山　王慧慧　王　松　许丽华　严慧玲　尹富义
于婉婷　原　平　张林洲

法学院（29 人）

法律硕士

崔素娟　冯　钊　富金英　高新新　郭雪然　韩　曦　何树倡　贾志华　李婉宁
刘　博　刘为同　马　辰　马　冲　商允超　王　硕　王　远　辛淑静　徐菲聆
徐天一　杨　洋　杨　钰　张　宠　张　婷　赵　思　甄心怡　周　晓　朱文会
邹佳佳　邹玉婷

北京交通大学第十三届学位评定委员会第十三次全体会议
授予博士学位人员名单（95 人）
（2016 年 10 月 20 日）

电子信息工程学院（14 人）

通信与信息系统

曾宇晶　冯婷婷　任　飞　王志军　吴　哲　许胜锋　鄢　欢　张　毅　张子淇

交通信息工程及控制
高士根　宿　帅　严细辉　杨　欣　周　果

计算机与信息技术学院（8 人）

信号与信息处理
李小利　王雪峤
信息与通信工程　信息安全
吕从东　唐昌龙　邢　彬
计算机科学与技术
王伟东　原继东
软件工程
蔡圆媛

经济管理学院（18 人）

应用经济学
陈亚琦
产业经济学
高小博　屈继成　宋晨晨　王　弓
管理科学与工程　工程与项目管理
李　擘　刘常乐　王肖文
会计学
谷增军　陶春华　杨志海
企业管理
邓会勇　符亚男　李远慧　彭聚珍　DO MINH KIEN
旅游管理
崔保健　李　萌

交通运输学院（12 人）

控制科学与工程
周映筱
系统工程
冯　雪　何蜀燕
安全技术及工程
田　钊
交通运输规划与管理
褚文君　郭凡良　胡兴华　李明华　鲁　放　吴昊灵　周洋帆
交通运输工程　城市交通工程
吴家庆

土木建筑工程学院（19 人）

力学

崔会敏　刘　辰

岩土工程

肖丛苗　杨兵明　张鹏远

结构工程

王　月　徐仲卿　章玉容

桥梁与隧道工程

刘　腾　刘仰鹏　彭智勇　孙　毅　田　园　王　凯

土木工程　地下工程

何历超　宋瑞刚

道路与铁道工程

常　丹　王　贺　张向民

机械与电子控制工程学院（10 人）

机械电子工程

杨雪松

机械设计及理论

蔡玉强

车辆工程

丁叁叁　石晓玲　王　萌　武　哲　袁雨青

载运工具运用工程

靳　彪　郑士卓

安全科学与工程

段晓红

电气工程学院（5 人）

电气工程

何宣虎　卢远宏　马泽宇　孟　鑫

载运工具运用工程

杜玉亮

理学院（7 人）

应用数学

于海燕

运筹学与控制论

倪旭敏

凝聚态物理
冯晓敏
光学
李　旭　王　欣
光学工程
李　彬　王　晶

马克思主义学院（2 人）

思想政治教育
刘贝贝　武　颖

北京交通大学第十三届学位评定委员会
第十三次全体会议授予硕士学位人员名单（294 人）
（2016 年 10 月 20 日）

全日制学术型硕士（23 人）

计算机与信息技术学院（5 人）

教育技术学
覃聪聪
模式识别与智能系统
冯星辰
计算机科学与技术
杨　健　虞云梅
生物医学工程
黎雨佳

经济管理学院（1 人）

金融学
闫　睿

交通运输学院（5 人）

系统科学
刘孝文　潘　丽
控制科学与工程
黄宝静
交通运输规划与管理
孙　宇

交通运输工程　运输与物流

颜　骙

土木建筑工程学院（6人）

土木工程

王　海

桥梁与隧道工程

时　超

摄影测量与遥感

李雷娟

道路与铁道工程

ALHARTHI，ABDULAZIZ MUSAAD A　ALSHEHRI，TALAL ABDULLAH M

NAHAS，ABDULRHIM ADNAN A

机械与电子控制工程学院（1人）

载运工具运用工程

郎　鹏

理学院（2人）

生物化学与分子生物学

张　驰

光学工程

张　振

语言与传播学院（3人）

外国语言文学

梁文聪　孙娇娇

传播学

沈　岩

全日制专业硕士（24人）

计算机与信息技术学院（3人）

计算机技术

严　程　颜良炤　翟昱昊

经济管理学院（3人）

审计硕士

马思超　王　玚

工程管理硕士

杨承恩

交通运输学院（4 人）

交通运输工程

刘　然　岳　冶　王璐婷　张　睿

土木建筑工程学院（4 人）

建筑与土木工程

莫培佳　王立峰

交通运输工程

韩星慧　朱　力

软件学院（8 人）

软件工程

范凌云　高晓慧　刘天祥　李永楠　武志强　CHUAYJAN THIRAK
MOKHOSI REFUOE　UMAR AZHAR DARMA

建筑与艺术学院（1 人）

建筑学硕士

张元峰

法学院（1 人）

法律硕士

成　淑

在职专业硕士（247 人）

计算机与信息技术学院（18 人）

电子与通信工程

申佳胤

计算机技术

王优秀　王兆国　尹　星　张衍泽

软件工程

胡　佳　刘庆海　罗　丽　王福勇　王　磊　张根祥　张　健　张　力　张世文
张　艳　张　正

项目管理

卢玉华　袁永贵

经济管理学院（10 人）

会计硕士

李尚斌　唐振华

项目管理

杨海超

高级管理人员工商管理硕士（EMBA）

何洪波　李杰峰　温志东　薛亚东　张海宽　张　军　章晓敏

交通运输学院（2 人）

交通运输工程

王　娜　周忠海

土木建筑工程学院（6 人）

建筑与土木工程

王福祥　王伟勋　张德成　郑丁山

交通运输工程

郭家凯

项目管理

戴伟泉

机械与电子控制工程学院（1 人）

车辆工程

李明蔚

电气工程学院（7 人）

电气工程

杜　健　郝宏峰　马慧卿　史金成　王　亮　许　渊　臧林泉

软件学院（202 人）

软件工程

赵　阳　周　锋　邓沛文　冯贺春　贾　佳　向耀红　赵海武　楚建欣　魏晓鹏
岳　涛　常　城　杨　勇　郭静波　路翠芬　林　敏　郭晋辉　李秀丽　李治亮
苗荣杰　张　磊　刘　涌　刘　佳　刘丽萍　刘文泉　林　楠　王改生　王永祥
薛晓敏　张志锋　高　原　陈　骁　杨　丽　鱼江英　张力峰　曲　强　周红雨
赵喜斌　陈红梅　刘春萍　薛　创　王　楠　赵　健　王殿宝　张亚敏　李　因
李红琳　马海兵　陈勇岳　张文强　解　晶　于　洋　白　洁　张维侠　葛方明
张　威　李燕茹　赵然晴　张国瑞　吴其华　李　鑫　申　燕　方　蕾　赵文兴
詹焕辉　刘　凯　郑川岳　郑海燕　姚梦潇　赵欣锋　张　丽　王　钢　甄　超

廖凌云　刘卫华　邢　雪　陆春冬　金增华　刘敏杰　刘京彦　吴　迪　夏　昊
马　双　朱志辉　姚常鹏　张　鹏　胡美萍　赵轶骢　薛轶戈　赵俊伟　李　媛
尤　异　陈　默　范宸恺　王连华　尹　海　张雪梅　张梦凡　宋庆伟　辛静清
凌　宁　褚　江　朱　楠　孙芳普　袁琳翔　王　琳　陈曦希　许一兵　杨记芳
何志俊　宾　清　王　瑾　陈　琦　任芬莹　胡甜甜　陈　然　王晓杰　马铭谣
李蓉蓉　张正雪　张　军　任　明　龙　波　赵甫刚　宋博伟　李　敏　孙丽娟
陈佳君　白黎鹏　范炳雷　薛　鑫　马　玲　郭　锋　吴魏君　冯晓楠　程　龙
徐九玲　邓培佩　刘梦玲　赛里克　李　娟　黄　傲　陈　怡　陈东生　薛德峰
黄　明　王建军　马永杰　樊汉超　赵宏亮　米　密　胡　瑶　沙　云　成丽园
徐跃冉　丁　笛　王鹏邦　朱继广　曹海勇　何华超　崔　巍　吕　猛　李　辉
白华军　夏阳春　张　宇　邹文达　厚洪鹏　范伟强　布文佼　刘　琛　刘　瑶
徐　波　马宗伟　刘颖丽　隋　亮　李庆洲　王祥斌　王允驰　贾双文　马　锋
朱　翔　朱　斌　刘宇航　李亚红　谷　玥　张秉涛　曾彩军　周北雪　许晓霞
王　彬　史　婧　丛　磊　卢京涛　王春梅　沈　义　刘敏峰　潘　鑫　刘　涛
潘　涛　金　磊　黄　平　钢特木尔

建筑与艺术学院（1 人）

建筑与土木工程
王　维

（研究生院提供）

北京交通大学 2015—2016 年度获奖奖项及名单

一、综合类

2015 年国家杰出青年科学基金入选者　裴　丽　吴建军
第二批国家“万人计划”科技创新领军人才　姜久春　杨庆山
2015 年“千人计划”青年项目入选者　邵　明
2014 年“万人计划”青年拔尖人才　柯燎亮
2015 年“长江学者奖励计划”青年学者项目入选者　贾　斌
2015 年创新人才推进计划中青年科技创新领军人才　闻映红
2014 年文化名家暨“四个一批”人才　张明玉
2015 年全国高校思想政治理论课教学科研团队择优支持计划入选团队
马克思主义学院　牵头人：韩振峰
2015 年宝钢优秀教师特等奖　李德才
2015 年宝钢优秀教师奖　路　勇　刘伊生
第十四届中国青年科技奖　闻映红
第七届全国优秀科技工作者　秦　勇
2016 年“科技北京”百名领军人才培养工程入选者　李德才
2016 年度北京市“科技新星计划”入选者　刘　留

2016 年北京市有突出贡献科学、技术、管理人才　　李德才

2015 年北京市三八红旗奖章　　房海蓉

2016 年北京交通大学优秀教师

尹　辉　孙　强　张立民　张鸿儒　张　斌　周红红　郭　盛

2016 年北京交通大学优秀教育工作者

李宏林　宋　瑞　崔永梅

2016 年北京交通大学智瑾奖教金（优秀青年教师奖）

王　东　刘小燕　刘玉婷　李红昌　岳　昊　赵建东　徐龙河　彭亚辉

2016 年北京交通大学智瑾奖教金（优秀青年教育工作者奖）

李香山　周俞波

2016 年北京交通大学“三育人”先进集体

理学院《微积分》课程组　　校医院护理部

后勤集团学生公寓管理中心　　土建学院市政环境工程系

党委宣传部

2016 年北京交通大学“三育人”先进个人（教书育人）

蔡永林　石克辉　邢薇薇　刘建强　李翠伟　鲁晓春　石美遐　王金连

张瑞萍　张振江　孔令臣　郑　凯　项彦勇　刘　姗　文卫华　韦世奎

任　爽　孙丙香　黄爱玲　景　云

2016 年北京交通大学“三育人”先进个人（管理服务育人）

曹洪章　何　洁　卢云涛　陈　伶　潘显钟　刘宏波　刘世峰　雷　凯

王　伟　李佳智　牛　莉　贺彬侠　邓少亭　侯晓辉　蔡　雪　唐元明

二、人才培养类

2015 年国家级虚拟仿真实验教学中心

经济管理虚拟仿真实验教学中心

《全民科学素质行动计划纲要》“十二五”实施工作先进集体

物理演示与探索实验室

2015 年北京市级实验教学示范中心

语言实验教学中心

2015 年北京高等学校示范性校内创新实践基地建设单位

电气工程创新实践基地

第十二届北京市高等学校教学名师奖

张晓冬　胡　健

第八批精品视频公开课

物流与生活　　负责人：汝宜红

第一批精品资源共享课

运输经济学　　负责人：欧国立

大学英语　　负责人：蒋学清

大学物理　　负责人：吴　柳

大学物理实验　负责人：冯其波
城市轨道交通规划与设计　负责人：毛保华
道路交通管理与控制　负责人：袁振洲
电子系统课程设计　负责人：侯建军
工程力学　负责人：汪越胜
交通安全工程　负责人：肖贵平
桥梁工程　负责人：季文玉
数字图像处理　负责人：阮秋琦
运输组织学　负责人：何世伟
交通规划　负责人：邵春福
大学计算机基础　负责人：王移芝
信号与系统　负责人：陈后金
数字逻辑与系统　负责人：侯建军
ERP 理论与实践　负责人：张真继
物流学　负责人：汝宜红
电子商务　负责人：张润彤
大学英语（网络教育）　负责人：戴丽萍
C 语言程序设计（网络教育）　负责人：赵　宏
计算机安全（网络教育）　负责人：朱卫东
铁路行车组织（网络教育）　负责人：何世伟
多媒体技术应用（网络教育）　负责人：许宏丽
企业物流管理（网络教育）　负责人：赵启兰

2015 年北京交通大学教学名师

王　昕　吕晓寅　刘伊生　李效东　李海鹰　张建群　范　瑜　修乃华
高晓莹　程小可　路　勇

2015 年北京交通大学课堂教学教风标兵

向宏军　刘　林　邵小桃　林友芳　程小可　税国双

2015 年国家大学生创新训练项目优秀组织奖

电信学院　机电学院　电气学院

2015 年国家大学生创新创业训练计划项目优秀指导教师

马庆龙　马晓春　王义惠　王方石　王江锋　王国栋　王爱民　王　智
王　锦　田秀君　付文秀　冯凤娟　冯　弢　吕燕伍　朱力强　刘玉琳
刘　伟（工号：6***）　刘　伟（工号：7***）　刘建华　许宏丽
孙熙安　杜秀霞　李　丹　李玉菊　李正交　李纯喜　李　虹　杨湘玉
肖　宏　肖燕彩　何伯述　何　涛　汪维家　宋志坤　宋　瑞　张成平
张秀丽　张英俊　张润彤　张菊亮　陈云琳　陈后金　陈旭东　陈　征
陈　新　周春月　郎丛妍　赵永祥　赵　翔　柯新生　闻国光　姜学东
姚　宏　姚恩建　耿　聪　贾彩燕　钱满义　徐建军　高　亮（工号：6***）
高　亮（工号：8***）　高海林　郭保青　唐爱伟　陶大江　陶　杨

曹鸿钧　常　鹏　鄂明成　梁　生　彭亚辉　董　春　曾国宏　谢　桦
路　勇　蔡国庆　戴胜华

2016 年全国电工电子基础课程实验教学案例设计竞赛

一等奖　摩斯电码通信系统　　负责人：马庆龙　王　睿　赵　翔
二等奖　模拟机车信号系统　　负责人：王　睿
　　　　带去噪功能的存储回放信号电路研究　　负责人：朱明强
三等奖　基于 DSP 的信号发生器的设计　　负责人：高海林　钱满义
　　　　利用 DSP 实现信号的实时滤波　　负责人：钱满义　高海林　李居朋

第 40 届 ACM 国际大学生程序设计竞赛区域预赛银奖指导教师

黄　华　李清勇

第 14 届“挑战杯”全国大学生课外学术科技作品竞赛二等奖指导教师

陈后金　陈　新

第八届全国大学生创新创业年会

优秀论文指导教师　吕燕伍
入选论文指导教师　陈　曦　林春雨

2016 年美国大学生数学建模竞赛

一等奖指导教师　王兵团
二等奖指导教师　闻国光　俞　勤

2015 年全国大学生数学建模竞赛一等奖指导教师　王兵团

2015 年全国大学生“西门子杯”工业自动化挑战赛

特等奖指导教师　徐建军
一等奖指导教师　蒲孝文　胡小刚

2015 年中国节能竞技大赛第一名指导教师　何　涛　刘建华

第八届全国大学生节能减排社会实践与科技竞赛

一等奖指导教师　徐建军
二等奖指导教师　王　锦

2015 全国移动互联创新大赛

一等奖指导教师　路　勇　吴俊勇　李　虹
二等奖指导教师　徐建军　马晓春　姜久春　蒲孝文　董　春

第六届中国大学生服务外包创新创业大赛一等奖指导教师　袁　岗

2015 年全国大学生电子设计竞赛二等奖指导教师

马庆龙　王　睿　赵　翔

2015 年中国大学生物理学术竞赛二等奖指导教师

王波波　王　智　彭继迎　张兴华　郑　凯　朱亚彬　陈　征　闫　君
梁　生

第十五届全国大学生机器人大赛三等奖指导教师

洪建平　杜秀霞

2016 年全国大学生电子商务创意、创新及创业挑战赛（北京赛区）特等奖指导教师

姚恩建　周磊山　唐金金

2015 年北京市大学生交通科技大赛一等奖指导教师　宋　瑞
2015 年北京市大学生物理实验竞赛一等奖指导教师　陈云琳
2015 年北京市大学生创业设计竞赛一等奖指导教师　袁　岗
2015 年北京市大学生物流设计大赛一等奖指导教师　穆　东　华国伟
2015 年北京市大学生人文知识竞赛一等奖指导教师　鲁　竹

三、科学研究类

（注：标注“★”的科研项目主持单位为北京交通大学）

2016 年度国家自然科学基金创新研究群体项目

城市交通管理理论与方法　主持人：高自友

2015 年创新人才推进计划创新人才培养示范基地

北京交通大学创新人才培养示范基地

2015 年创新人才推进计划重点领域创新团队

数字媒体信息处理创新团队　主持人：赵　耀

2015 年国家科学技术进步奖特等奖

项目名称：京沪高速铁路工程
获 奖 人：宁　滨

2015 年中国铁道学会铁道科学技术奖特等奖 3 项

项目名称：铁路现代物流理论体系与集成技术★
获 奖 人：张晓东　郎茂祥　秦四平
项目名称：高速检测列车动车组
获 奖 人：闻映红　王文静
项目名称：严寒地区高速铁路建造与维护关键技术
获 奖 人：高　亮

2015 年高等学校科学研究优秀成果奖技术发明奖一等奖

项目名称：新能源车辆电池管理系统关键技术及应用★
获 奖 人：姜久春　张维戈　张彩萍　王占国　龚敏明

2015 年高等学校科学研究优秀成果奖科学技术进步奖一等奖

项目名称：复杂高层建筑结构大震失效分析、评价及控制的关键技术与工程应用
获 奖 人：徐龙河

2015 年中国铁道学会铁道科学技术奖一等奖

项目名称：自主化高铁列控点式信息传输系统关键技术与应用★
获 奖 人：宁　滨

2013 年中国铁道学会铁道科学技术奖一等奖

项目名称：软弱围岩隧道变形特征与稳定性控制技术
获 奖 人：张顶立　李鹏飞

2015 年高等学校科学研究优秀成果奖自然科学奖二等奖 2 项

项目名称：高速移动复杂场景的无线信道理论与方法研究★
获 奖 人：艾　渤　钟章队　谈振辉　官　科　何睿斯　刘　留　刘寅生

项目名称：视觉媒体内容保护的理论与方法★

获 奖 人：赵　耀　倪蓉蓉　韦世奎

2015 年高等学校科学研究优秀成果奖科学技术进步奖（科普类）二等奖

项目名称：高速列车技术科普★

获 奖 人：杨中平

2015 年上海市科学技术进步奖二等奖

项目名称：城轨交通基础设施全息化移动检测与运维关键技术及系统研制

获 奖 人：贾利民　魏秀琨

2015 年河北省科学技术进步奖二等奖

项目名称：大直径土压平衡盾构装备设计、制造及示范工程

获 奖 人：袁大军

2015 年云南省科学技术进步奖二等奖

项目名称：高速铁路双线特长隧道富水复杂地质与环境综合施工技术

获 奖 人：谭忠盛　李　涛

2015 年中国铁道学会铁道科学技术奖二等奖 7 项

项目名称：高速铁路运力资源优化配置技术及决策支持系统★

获 奖 人：韩宝明　李得伟　张　琦　聂　磊　鲁　放

项目名称：铁路视频物联网监控平台关键技术与系统应用★

获 奖 人：秦　勇　贾利民　于　革　谢征宇　彭怀军
董宏辉

项目名称：基于国民经济基础设施属性的铁路运输企业财税支持政策研究★

获 奖 人：关忠良　苟娟琼　谢　祥　张红亮　石艳丽　周耀东　王馨迪
吕希艳　张　磊　郭春芳

项目名称：基于在线监测的高速铁路动车组主动运维技术及应用★

获 奖 人：刘　峰　张　春　张　杰　张　宁　刘志明　杨芳南　李红辉
张骏温

项目名称：复杂线路条件下寒冷地区无缝线路设计关键技术研究

获 奖 人：高　亮　肖　宏　辛　涛

项目名称：青藏铁路格拉段开办铁路危险货物运输安全技术条件的研究

获 奖 人：杨月芳

项目名称：北京地下直径线浮置板道床技术的研究

获 奖 人：谷爱军

2014 年中国铁道学会铁道科学技术奖二等奖 2 项

项目名称：高速铁路建设工程质量安全控制一图四表法

获 奖 人：刘仍奎　王福田

项目名称：中国铁路货车摆动式转向架技术研究及推广应用

获奖单位：机电学院

2013 年中国铁道学会铁道科学技术奖二等奖

项目名称：CRH 380A－001 高速综合检测列车研制

获 奖 人：李 强

2015 年北京市科学技术奖三等奖 3 项

项目名称：复杂环境厚砾漂石地层地铁车站深孔注浆帷幕止水施工关键技术

获 奖 人：张德华

项目名称：基于数据挖掘技术冠心病证治规律及临床评价的真实世界研究

获 奖 人：周雪忠

项目名称：电动汽车充电网络运营服务智能化提升关键技术研究及应用

获 奖 人：牛利勇

2015 年河北省科学技术进步奖三等奖

项目名称：山区公路纵向桥台冲刷机理试验研究

获 奖 人：齐梅兰 季文玉

2015 年河南省科学技术进步奖三等奖

项目名称：道路视频监控设施光伏发电系统规范

获 奖 人：赵建东

2015 年中国铁道学会铁道科学技术奖三等奖

项目名称：铁路运输行业实行增值税的实际操作研究★

获 奖 人：赵健梅 孙 敏 邢 颖 姚爱群

2014 年中国铁道建筑总公司科学技术奖一等奖

项目名称：城际桥梁技术标准及无咋大跨桥与组合桥式创新技术

获奖单位：土建学院

2015 年卫星导航定位科学技术奖二等奖

项目名称：基于北斗星导航的铁路运输安全监测系统应用（产品与软件）★

获 奖 人：张 杰 杨芳南 张骏温

2015 年科技兴检奖三等奖

项目名称：油气管道泄漏特性及事故应急关键技术研究

获 奖 人：兰惠清

2015 年中国专利优秀奖

项目名称：一种实现一体化网络服务的体系结构★

获 奖 人：张宏科 秦雅娟 周华春 郜 帅 杨 冬

第 44 届瑞士日内瓦国际发明展金奖

项目名称：轨道交通列车运行安全状态在线辨识与评估预警方法及装置★

获 奖 人：贾利民 秦 勇

第 67 届德国纽伦堡国际发明展金奖

项目名称：一种基于 LMD 和 PCA 的滚动轴承状态辨识方法★

获 奖 人：秦 勇 贾利民

2015 年中国产学研合作创新奖

获奖单位：北京市高速铁路宽带移动通信工程技术研究中心

第七届高等学校科学研究优秀成果奖（人文社会科学）二等奖

项目名称：北京市轨道交通司机安全性评价与管理研究★

获 奖 人：叶 龙

第七届高等学校科学研究优秀成果奖（人文社会科学）三等奖 3 项

项目名称：综合交通运输体系研究——认知与建构★

获 奖 人：荣朝和

项目名称：集约型城镇化与我国交通问题研究★

获 奖 人：赵 坚

项目名称：文化资本论（海外版）★

获 奖 人：皇甫晓涛

2014 年度能源软科学研究优秀成果奖二等奖

项目名称：新能源汽车产业技术创新与示范运行研究★

获 奖 人：刘颖琦

2014/2015 年度商务发展研究成果奖论著类三等奖

项目名称：境外资本进入中国传媒市场——行为、影响与政策★

获 奖 人：闻 学

2015 年北京市哲学社会科学基金重大项目

项目名称：新媒体环境下对外英语新闻翻译及传播效果创新研究★

负 责 人：司显柱

四、党建及其他奖励

（一）党建类

我校党委被北京市教工委评为 2014 年度党内统计分析报告优秀单位

我校申报的《系统设计“主核双驱”工作体系，全面构建“五星文明宿舍”第三课堂育人新平台》获得第四届首都大学生思想政治教育工作实效奖特等奖

我校申报的《构建“研途相伴”网络新媒体平台，确保研究生思想政治教育工作实效》获得第四届首都大学生思想政治教育工作实效奖优秀奖

我校研究生工作部制作的《研究生党员教育培训一党员发展工作篇》获得北京高校“两学一做”专题精品党课、微党课、微视频、微动漫征集推广活动三等奖

（二）其他奖励

集体奖：

我校获得 2016 年度全国创新创业典型经验高校

我校获得 2015 年度国家安全人民防线建设工作先进集体

我校获得第一批北京地区高校示范性创业中心

我校获得北京市 2015 年度交通安全先进单位

我校获得 2014 年度北京市教育事业统计工作优秀集体一等奖

我校获得 2015 年北京高校红色“1+1”示范活动优秀组织奖

我校获得 2015 年度北京市高校征兵工作先进单位

我校获得第五届北京市大学生戏剧节优秀组织奖

我校获得2015年北京市来华留学生管理优秀团队

我校获得2015年度首都高校青春红丝带社团先进集体

我校获得2014－2015年度首都无偿献血工作先进集体

我校2014年获得“中国能效之星”四星级

我校推行的“教育节能”和“节能教育”项目2015年获得中国“双十佳”最佳节能技术和实践项目

我校后勤集团工会获得2015年全国模范职工小家

我校马克思主义学院毛泽东思想与中国特色社会主义理论教研部党支部、研究生工作部和交通运输学院交通信息管理工程系获得2015－2016年度北京高校德育工作先进集体

我校工会获得北京市教育工会2015年特色工作奖

我校计算机学院工会和语言学院工会获得2015年北京市教育工会先进教职工小家

我校统战部获得2015年度党外知识分子建言献策信息工作先进单位

我校学报（社会科学版）获得2014年度“中国科技论文在线优秀期刊”一等奖

我校人文社会科学处获得2015年度北京市社会科学基金项目优秀二级管理单位

我校教育基金会获得2015年度教育基金工作先进单位

我校申报的“北京交通大学‘书香杯’读书活动”获得首届全国高校图书馆阅读推广案例大赛优秀奖

我校图书馆获得2015年度北京科技情报学会优秀会员单位

我校红十字会获得2015年度首都高等院校红十字会系统先进集体

我校能源管理办公室获得2013－2015年度北京市节能减排先进集体

个人奖：

高校思想政治理论课教师2015年度影响力人物：韩振峰

2016年国际风工程协会终身成就奖：田村幸雄

2015年国家保密专业教育优秀教师奖：黎妹红

第二届中国外语微课大赛北京市三等奖获得者

张海燕　陈　杰　范书城

《组织管理研究》期刊创刊12年首度管理哲学高影响力与重要杰出贡献“赫尔曼奖”：邢怿君

2015年度握奇奖教金获得者

王　莉　刘婷婷　陈芬菲　周辉宇　郑　凯

段建强　童碧莎　穆文歆

2016年全国保密工作先进工作者：韩　臻

2016年北京高校“心桥工程”十佳个人：钟章队

2015年优秀党外知识分子建言献策信息员：田卫平　李克平

2015—2016年度北京高校优秀德育工作者

丁金凤　田宝伟　曲永政　刘迎东　吴　琼　何永淼

陈　晨　陈　磊　董敬祝　潘显钟

2015—2016年度北京高校十佳辅导员：张　琪

2015－2016 年度北京高校优秀辅导员

牛　莉　兰　坤　杨　涛　何　洁　张　琪

2016 年北京高校辅导员工作室

“琪人琪语”网络思政工作室　主持人：张　琪

第四届北京高校辅导员职业能力大赛一等奖：牛　莉

2015 年度北京市社会科学基金项目管理工作先进个人：毕　颖

2015 年中国学位与研究生教育学会评估委员会突出贡献奖：绳丽惠

2014 年度北京市教育事业统计工作优秀个人一等奖：李丽丽

2015 年度教育基金工作先进工作者：徐劲松　黄　晨

第五届北京市大学生戏剧节最佳编剧奖：刘景杨

2015 年北京大学生舞蹈节三等奖指导教师：刘　姗

2013－2015 年首都国家安全工作先进个人：孙长索

2015 年度国家安全人民防线建设工作先进个人：孙长索　邓小凤

2015 年北京市高校青年留学生管理干部业务技能大赛二等奖：刘晓芳

2015 年度北京科技情报学会优秀学会会员

裴劲松　郑　兰　曹桂芬

2016 年北京市健康教育工作先进个人：孔令伟

2014－2015 年度首都无偿献血工作先进个人：康　俊

2015 年度首都高等院校红十字会系统先进个人：张锦莉

2015 年度全国教育后勤系统信息宣传工作先进个人：李凌宇

五、从事教育工作三十年表彰人员名单

（按姓氏笔画排序）

于　洁　王玉萍　王世海　王冬梅　王向阳　王志海
王利平　王　虹　王　强　卢保军　叶　龙　史月生
付　俐　白江涛　冯其波　司显柱　吕晓寅　朱运峰
刘凤英　刘　伟　刘伊生　刘志明　刘更新　刘英武
刘建华　刘春兰　刘晓锐　江中豪　许韵华　李凤山
李建勇　李　莉　李常青　李　斌　杨玉国　杨培飞
吴灵敏　何金生　汪家升　宋凤娟　张励忠　张明久
张　欣　张　淘　陈云琳　陈　英　邰葆红　欧国立
金　明　周亚俊　郑改华　郑神州　郎　军　屈晓婷
赵　卫　荣庭宝　胡天军　南玉霞　祝　瑛　袁为民
耿增忠　贾　影　夏丽志　钱大琳　徐　琤　高　岩
郭玉明　唐志明　唐金生　海　健　陶若虹　黄　宇
曹宝忠　常　丹　崔雅楼　崔　铸　梁长缨　梁换亮
蒋广军　蒋学清　曾巧玲　鲍志斌　翟美云　薛菊梅

（来源：《北京交通大学 2016 年教师节光荣册》，人事处提供）

2016 年北京交通大学资产统计

单位：元

资产总额	7 301 170 867.33
流动资产	2 653 631 190.89
固定资产	4 087 176 157.60
土地、房屋及构筑物	2 395 153 811.27
仪器设备	1 515 403 416.37
图书	84 956 297.51
文物和陈列品	9 094 947.36
家具、用具、装具	82 567 685.09
长期投资	157 012 018.35
在建工程	403 351 500.49

（国资处提供）

2016 年北京交通大学房产统计

房产类型	建筑面积/m^2
一、教学及辅助用房	256 901.53
其中：教室	57 055.04
图书馆	16 357.10
实验室、实习场所	140 950.69
专用科研用房	23 081.50
体育馆	6 390.20
会堂	13 067.00
二、行政办公用房	39 417.96
三、生活用房	434 654.86
其中：学生宿舍	191 149.88
学生食堂	18 542.43
教工单身宿舍	130 996.38
教工食堂	326.90
生活福利及其他	93 639.27
四、教工住宅	196 268.02
五、其他用房	105 201.00
总计	1 032 443.37

（国资处提供）

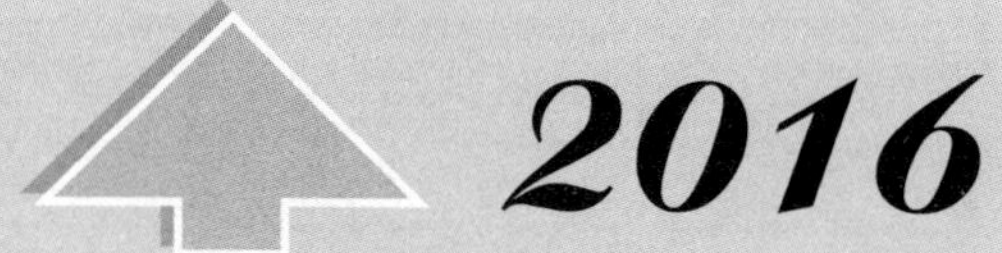

索　　引

主 题 索 引

使 用 说 明

一、本索引采用主题分析索引法编制。除“大事记”外，选取有检索意义的重点内容予以标引，以供检索使用。

二、本索引主体采取主题词分析索引方法，按主题词首字汉语拼音字母顺序排列；文中表格及附录数据信息按其标题首字汉语拼音字母顺序排列。以数字开头的标目排在最前面。

三、索引标目后的数字，表示索引内容所在的年鉴正文页码。表格标题标目后括注“表”字，以区别于文字标目。

0～9

A

B

C

D

E

F

G

K

L

M

N

P

Q

R

S

T

W

X

Y

Z